中国科学院规划教材·经济管理类实训教程系列

电子商务运营与管理实训

主　编　李建军　王　松　杨　玉
副主编　田英伟　曲慧梅　张　磊

科学出版社

北　京

内 容 简 介

本书中的每个实训都按照实训简介、实训目的及实训内容与操作步骤的顺序进行介绍。首先,介绍 Internet 的功能与应用;其次,对电子商务网站建设流程进行详细说明;再次,重点介绍当前电子商务交易模式的应用,并从网上支付与结算、电子商务物流、电子商务安全、网络营销等电子商务支撑体系方面展开相应的实训操作;最后,结合数码商城系统的开发与设计,对电子商务应用系统规划与设计进行综合实训操作。全书体系结构清晰,内容新颖,通俗易懂,信息量丰富,实践性强。

本书可作为电子商务、信息管理、计算机、物流管理、工商管理、市场营销、国际贸易等专业本专科实训课程的教材,也可作为其他对电子商务感兴趣的读者的实训参考书。

图书在版编目(CIP)数据

电子商务运营与管理实训 / 李建军,王松,杨玉主编. —北京:科学出版社,2012

中国科学院规划教材·经济管理类实训教程系列

ISBN 978-7-03-035266-8

Ⅰ. ①电⋯ Ⅱ. ①李⋯②王⋯③杨⋯ Ⅲ. ①电子商务—高等学校—教材 Ⅳ. ①F713.36

中国版本图书馆 CIP 数据核字(2012)第 185464 号

责任编辑:兰 鹏 / 责任校对:黄江霞
责任印制:徐晓晨 / 封面设计:蓝正设计

科 学 出 版 社 出版
北京东黄城根北街 16 号
邮政编码:100717
http://www.sciencep.com

北京中石油彩色印刷有限责任公司 印刷

科学出版社发行 各地新华书店经销

*

2012 年 8 月第 一 版 开本:787×1092 1/16
2018 年 8 月第八次印刷 印张:18 1/2
字数:365 000

定价:49.00 元

(如有印装质量问题,我社负责调换)

中国科学院规划教材·经济管理类实训教程系列

编 委 会

前　言

电子商务对经济社会的影响日益广泛和深刻。2011 年，由工业和信息化部牵头，发展和改革委员会等各部委联合制定的《电子商务"十二五"规划》（初稿）已经草拟完成，根据该规划，电子商务被列入国家战略性新兴产业的重要组成部分。

据艾瑞咨询最新统计数据显示，2011 年中国电子商务市场整体交易规模达到 7.0 万亿元，同比增长 46.4％。预计未来 3～5 年内，中国电子商务市场仍将维持稳定的增长态势，平均增速超过 35％，2015 年将达到 26.5 万亿元。电子商务的快速发展为应用型电子商务人才提供了广阔的就业空间。因此，培养高技能、应用型电子商务人才，是高等院校电子商务人才培养亟须解决的问题之一。

本书根据电子商务应用型人才培养模式的要求，以能力为中心，以培养电子商务应用型专门人才为目标，紧密结合最新电子商务网上应用实例进行实际操作。此外，本书还提供大量补充电子资源和实训网站程序代码，读者可以通过以下网址下载：www.hrbec.com/xzzx。

本书由李建军、王松、杨玉任主编，由田英伟、曲慧梅、张磊任副主编，王纳威、运丽丽参加编写。具体分工如下：李建军（第 2 章），王松（第 3 章），杨玉（第 8 章），田英伟（第 1 章），曲慧梅（第 7 章），张磊（第 4 章），王纳威（第 5 章），运丽丽（第 6 章）。

本书在编写过程中参阅了国内外著名电子商务网站和相关电子商务方面的教材、文献、资料，并从公开发表的书籍、报刊和网站上选用一些案例和资料，在此向有关单位和个人表示感谢。由于电子商务发展迅速及编者水平有限，书中难免有疏漏之处，在此恳请各位专家、读者批评指正，以使本书能够进一步提高和完善。

编者
2012 年 5 月

目　录

第一章

Internet 功能与应用

中国互联网络信息中心（CNNIC）《第29次中国互联网络发展状况统计报告》显示，截至2011年12月底，中国网民规模突破5亿，达到5.13亿，全年新增网民5580万。互联网普及率较2010年年底提升4个百分点，达到38.3%。中国手机网民规模达到3.56亿，占整体网民的比例为69.3%，较2010年年底增长5285万人。互联网的快速发展，为电子商务的大力发展提供了有利的环境基础。

实训一　IE 浏览器的设置与使用

【实训简介】

浏览器是应用互联网的必备工具之一，熟悉浏览器的操作与设置对提高网络应用能力和保证网络安全起着非常重要的作用。目前，浏览器工具有很多，技术相对成熟和使用较多的浏览器有IE浏览器、火狐浏览器、搜狗浏览器、360浏览器等。为了更好地掌握浏览器的操作，本书以IE浏览器为例进行介绍，主要包括浏览器的基本应用和浏览器的设置与优化。

【实训目的】

1. 掌握 IE 浏览器的常规设置。
2. 掌握 IE 浏览器的安全设置。
3. 掌握 IE 浏览器的代理服务器设置。
4. 掌握 IE 浏览器的高级设置。

【实训内容与操作步骤】

（一）IE 浏览器的常规设置

1. 进入 IE 浏览器设置

进入 IE 浏览器设置可以通过两种方式：第一种是在 IE 浏览器上单击右键，选择属性，即可进行设置；第二种是在浏览页状态选择"工具"菜单，再选择"Internet 选项"子菜单，即可进行设置，如图 1-1 所示。

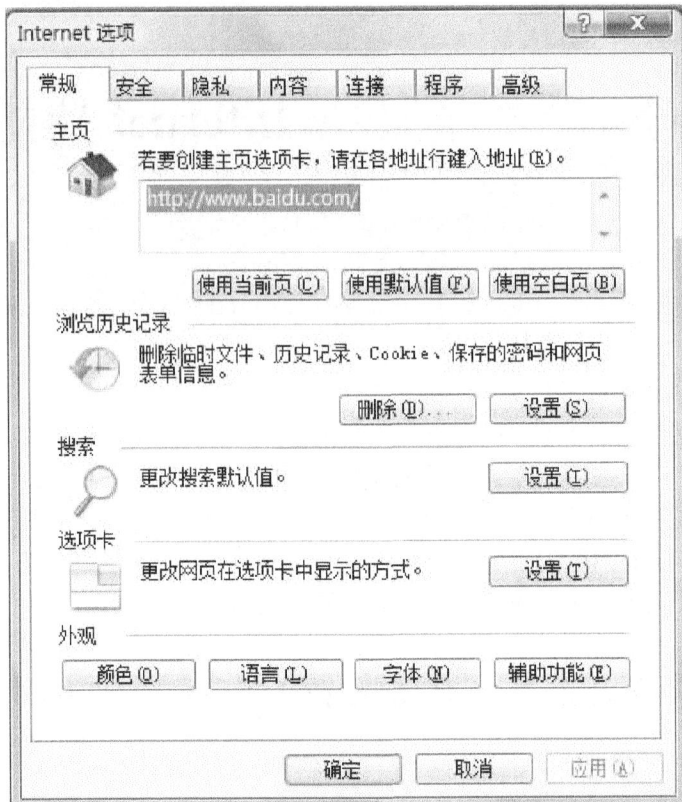

图 1-1　Internet 常规选项

2. 默认主页设置

默认主页设置是方便网络浏览的一种主要方式，设置默认主页后，在打开浏览器时即可直接显示您希望看到的网站。例如，若要设置默认主页为 www. sohu. com，在"Internet 选项"的"常规"项目中，在"主页"处"若要创建主页选项卡，请在各地址行键入地址"中填入 www. sohu. com，单击"确定"，即可完成设置，如图 1-2 所示。

3. 删除浏览记录

由于电脑优化、网络安全的需要，定期对访问记录与垃圾文件进行清理是十分必要的。下面我们来介绍一下如何对临时文件、历史记录等信息进行清理与删除。如图 1-3 所示，在"浏览历史记录"界面下，选择"删除"即可。

(二) IE 浏览器的安全设置

为了保护本地网络和访问网站的安全性，需要对 IE 浏览器进行安全设置。

图 1-2　Internet 选项设置

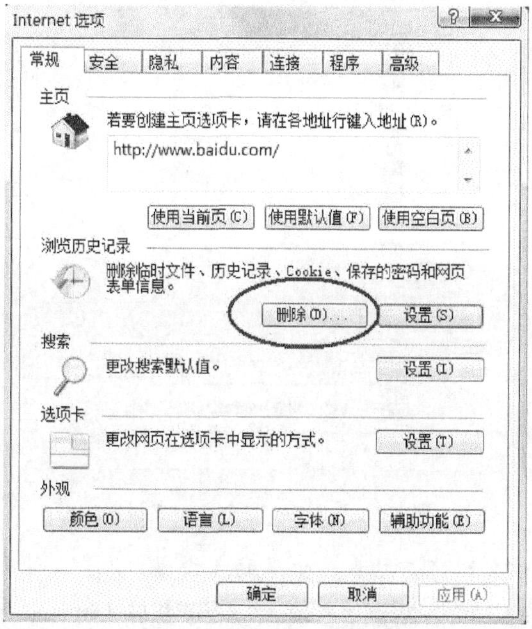

图 1-3　Internet 选项中的常规设置

1. Internet 的安全设置

在 IE 浏览器的设置界面，选择"安全"，如图 1-4 所示，单击"Internet"图标，并选择"自定义级别"，根据实际需要进行设置，如图 1-5 所示。

图 1-4　Internet 安全设置

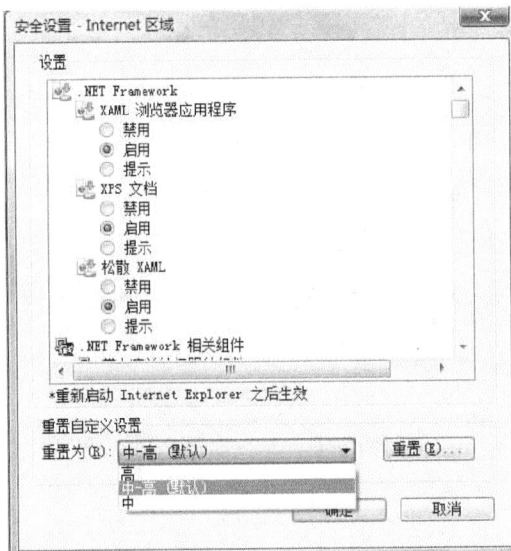

图 1-5　Internet 安全自定义设置

2. 本地 Internet 设置，可信站点、受限站点设置

本地 Internet 设置，可信站点、受限站点设置与 Internet 设置相同，这里不再赘述。

(三) 代理服务器的设置

代理服务器上网，是通过其他服务器进行网络访问的一种方式，在实际生活和应用中也经常用到，下面介绍一下其设置方法。

在"Internet 选项"下，选择"连接"，之后选择"局域网设置"，如图 1-6 所示。在"代理服务器"下，选中"为 LAN 使用代理服务器"，并填入代理服务器的地址和端口，如图 1-7 所示，即可通过代理服务器进行上网。

图 1-6　Internet 连接项设置

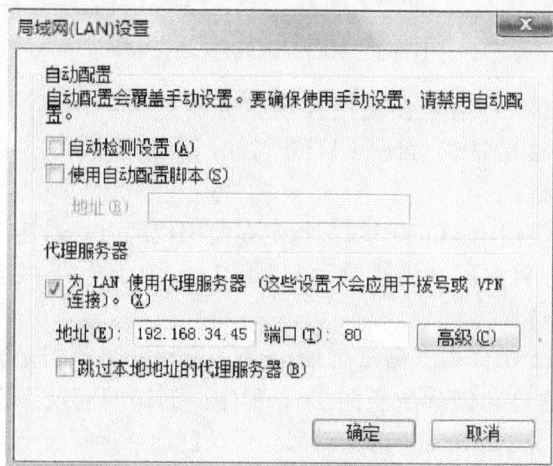

图 1-7　Internet 代理服务器设置

（四）高级设置

Internet 的高级设置主要是为专业用户提供的，通过设置可以为用户的网络安全提供保障，也可以使用户更方便地应用浏览器。下面逐项介绍一下其设置内容，如图 1-8 所示。

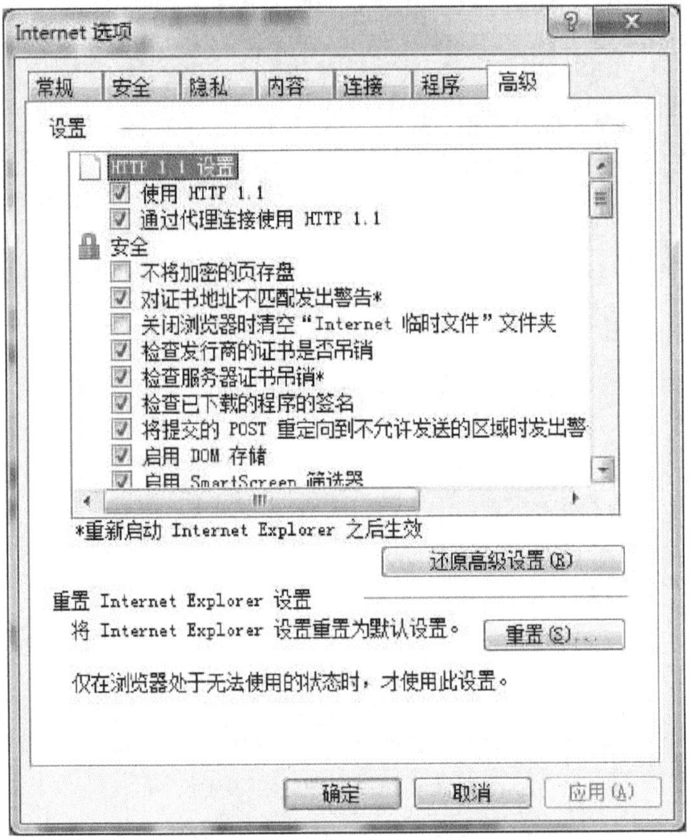

图 1-8 Internet 高级选项设置

（1）使用 HTTP1.1：指定在使用代理服务器连接到网站时是否尝试使用 HT-TP1.1 协议。由于许多网站仍然使用 HTTP1.0，因此如果在连接某些网站时遇到困难，可以清除此复选框。

（2）通过代理连接使用 HTTP1.1：指定在使用代理服务器连接到网站时是否使用 HTTP1.1 协议。由于许多网站仍然使用 HTTP1.0，因此如果在连接某些网站时遇到困难，可以清除此复选框。

（3）启用 Java JIT 编译器（需重启）：指定 Internet 浏览器是否应该通过使用内部 Microsoft VM 编译器自动创建所有的 Java 程序。如访问和使用 Java 程序的网站时，不论使用何种操作系统，Internet 浏览器都会自动创建并运行 Java 程序。

（4）启用 Java 记录：指定 Internet 浏览器是否应该创建所有 Java 程序活动的日志。这有利于安全性和疑难解答。

（5）启用 Java 控制台（需重启）：指定是否使用 Java 控制台。该功能用于网站开发者测试 Java 程序。如果更改该设置，则必须重新启动计算机才能使所做的更改生效。

（6）不将加密的页面存入硬盘：指定是否在 Internet 临时文件夹中保留安全信息。如果您正在通过共享的计算机使用 Internet 浏览器，而且不希望他人访问自己的安全信息，可以使用此设置。例如，同安全的网站交换的任何信息（如密码或信用卡信息）可能会存储在该文件夹中，该信息可能经过加密以防止未经授权者随意查看。

（7）对证书地址不匹配发出警告：指定网站的安全证书中的地址（URL）失效时，Internet 浏览器是否发出警告。

（8）关闭浏览器时清空 Internet 临时文件夹：指定在关闭浏览器时是否清空 Internet 临时文件夹。

（9）检查发行商的证书是否吊销：指定 Internet 浏览器是否检查软件发行商的证书，以便在按有效证书接受它之前确定该证书是否已被废除。

（10）检查服务器证书吊销（需重启）：指定 Internet 浏览器检查 Internet 站点的证书以了解证书在合法接受之前是否已被撤销。

（11）检查已下载的程序的签名：指定 Internet 浏览器检查下载程序的身份。下载程序时，将出现一个对话框，显示 Internet 浏览器在检查过程中找到的信息。

（12）启动配置文件助理：指定是否接受网站关于访问配置文件助理信息的请求。如果清除该复选框，系统将不提供配置文件助理信息，而且也不会提示您提供这些信息。如果选中该复选框，那么当网站请求配置文件助理信息时，将提示您选择要共享的信息。同时，您也可以选择今后不用提示即可让该网站共享该信息。

（13）启用集成 Windows 验证（需重启）：指定启用集成的 Windows 身份验证。

（14）使用 SSL2.0：指定是否要通过 SSL2.0（安全套接字层 2，安全传输的标准协议）发送和接收安全信息。所有网站均支持该协议。

（15）使用 SSL3.0：指定是否要通过 SSL3.0（安全套接字层 3，比 SSL2.0 更安全的协议）发送和接收安全信息。请注意某些站点不支持该协议。

（16）使用 TLS1.0：指定是否使用 TLS（传输层安全性）发送和接收安全信息，TLS 是一种类似于 SSL3.0 的开放式安全标准。请注意某些站点不支持该协议。

（17）在安全和非安全模式之间转换时发出警告：指定在安全的和不安全的 Internet 站点之间进行切换时，Internet 浏览器是否发出警告。

（18）重定向提交的表单时发出警告：指定将网页表单上输入的信息发送到您当前浏览的网站之外的其他网站时是否发出警告。

（19）启用图像工具栏（需重启）：指定在 Internet 浏览器中是否打开图像工具栏。图像工具栏使得从网页打印图像、通过电子邮件发送图像以及保存图像更加容易。

（20）显示每个脚本错误的通知：指定网页上的脚本出现问题导致网页无法正常显示时，是否显示实际的脚本错误。该功能默认情况下是关闭的，但在测试网页时对开发人员非常有用。

（21）对无效站点证书发出警告：经常在网上购物的朋友都有一个苦恼，就是在进入银行的支付网关时，经常会弹出几个"安全警告"提示。我们完全可以通过设置来避免这些多余的操作而不必担心会因此引发什么安全问题。解决方案是清除"对证书地址不匹配发出警告"的勾选。

（22）播放网页中的动画：当网页中的 gif 动画图片无法以动态方式显示时，可以检查这一项是否已勾选。

（23）启用自动图像大小调整：人们在论坛中看到一个有趣的图片时，当然会第一时间点击它放大看看，可是在新的 IE 浏览器窗口里，图片反而缩得更小了。解决方案是清除"启用自动图像大小调整"的勾选。

实训二　ADSL 与无线网络的设置与连接

【实训简介】

ADSL 是 asymmetrical digital subscriber loop（非对称数字用户环路）的英文缩写。ADSL 技术是运行在原有普通电话线上的一种新的高速宽带技术，它利用现有的一对电话铜线，为用户提供上、下行非对称的传输速率（带宽）。无线网络连接也是现实生活和工作中经常遇到的情况，因此，本实训主要介绍 ADSL 宽带连接与无线网络连接的流程。

【实训目的】

1. 掌握 ADSL 宽带连接设置。
2. 掌握无线网络连接设置。

【实训内容与操作步骤】

（一）ADSL 宽带连接设置

先在桌面上用鼠标右键点击"网上邻居"图标，选择"属性"，出来网络连接的界面，在左边任务栏中有一个"设置新的连接或网络"的选项，如图 1-9 所示。

点击"设置新的连接或网络"，出来"欢迎使用新建连接向导"，点击"下一步"，如图 1-10 所示。

选择"连接到 Internet"，再点击"下一步"，如图 1-11 所示。

选择"手动设置我的连接"，再点击"下一步"，如图 1-12 所示。

选择"使用需要用户名和密码的 DSL 或电缆连接"，再点击"下一步"，如图 1-13 所示。

然后输入 ISP 名称，如输入"宽带连接"，再点击"下一步"，如图 1-14 所示。

之后再输入联通或电信提供的用户名和密码，点击"下一步"，如图 1-15 所示。

勾选上"在我的桌面上添加一个到此连接的快捷方式"，单击"完成"后桌面上就有宽带连接的图标了，如图 1-16 所示。

最后，再在桌面上用左键双击宽带连接图标，点击"拨号"就可以上网了，如图 1-17 所示。

图 1-9　创建新连接

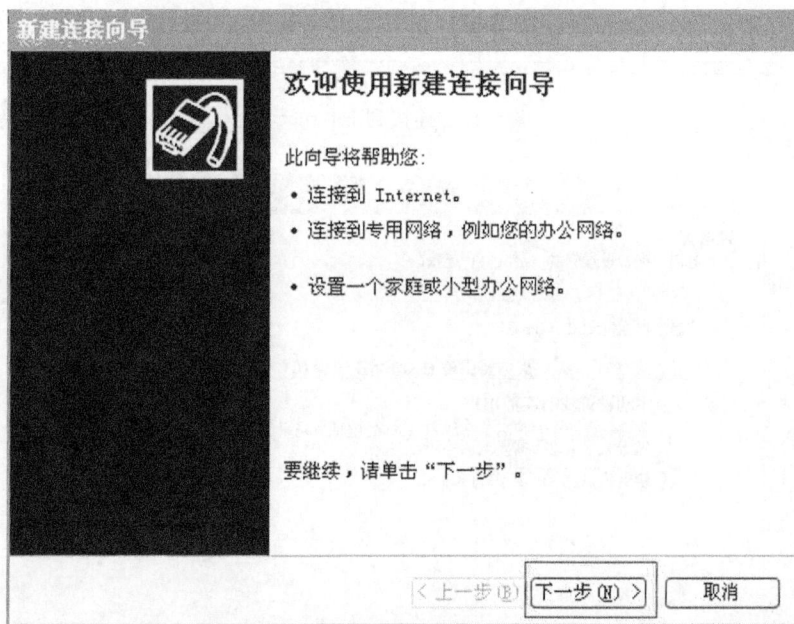

图 1-10　新建连接向导

图 1-11　连接到 Internet

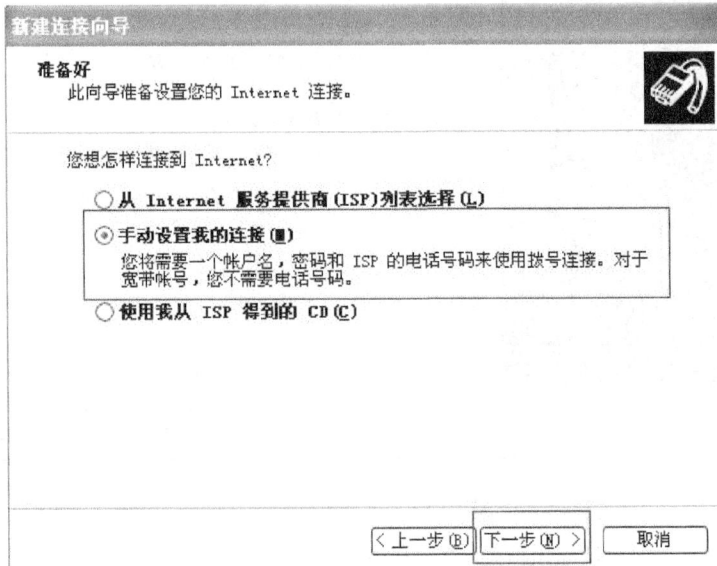

图 1-12　手动设置我的连接

图 1-13　用要求用户名和密码的宽带连接

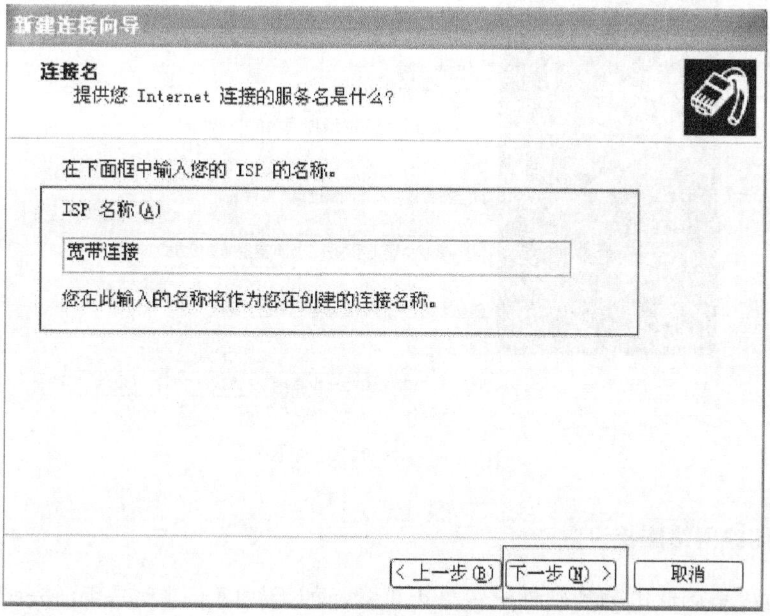

图 1-14　填写 ISP 名称

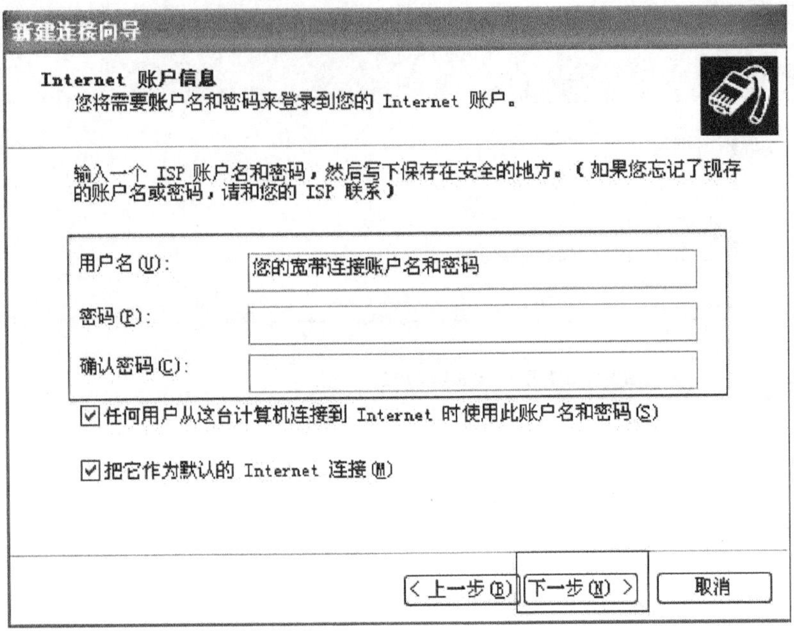

图 1-15 填写账户信息

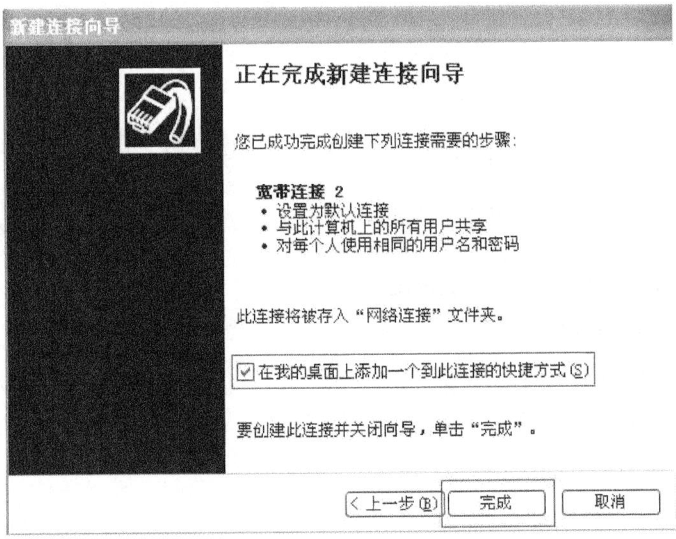

图 1-16 完成连接向导

(二) 无线网络连接设置

(1) 首先要确认电脑的硬件配置是否正常，如无线网卡驱动是否已安装。

在桌面上右击"我的电脑"，点击"管理"菜单，进入"计算机管理"界面，打开"系统工具"菜单，双击进入"设备管理器"界面，如图 1-18 和图 1-19 所示。

(2) 在"网络适配器"下，可以看到您现在安装或内置的无线网卡状态。若您的

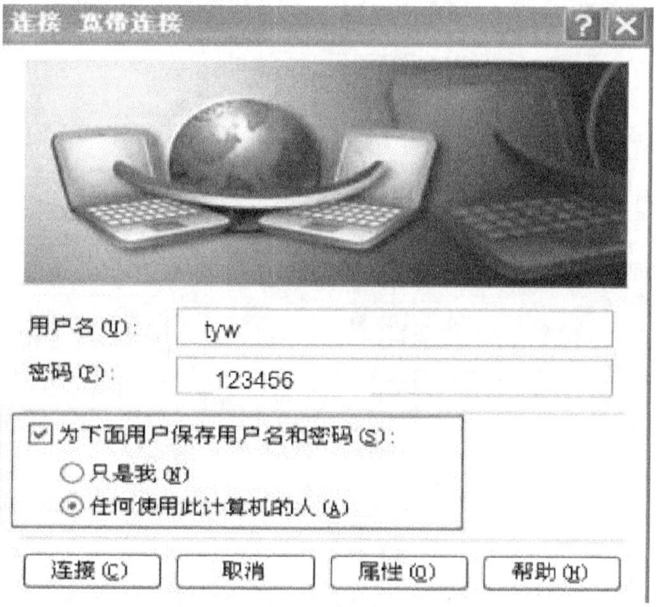

图 1-17　宽带登录界面

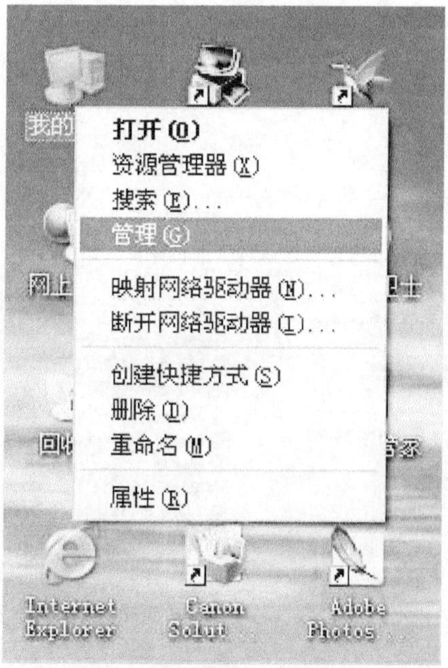

图 1-18　设置进入界面

无线网卡前有黄色的感叹号，则说明这台电脑的无线网卡安装有问题，请重新安装驱动或联系电脑提供商，图 1-19 中为正常状态的无线网卡。

　　（3）网络的配置。进入"计算机管理"界面后打开"服务和应用程序"菜单，双击进入"服务"界面，如图 1-20 所示。

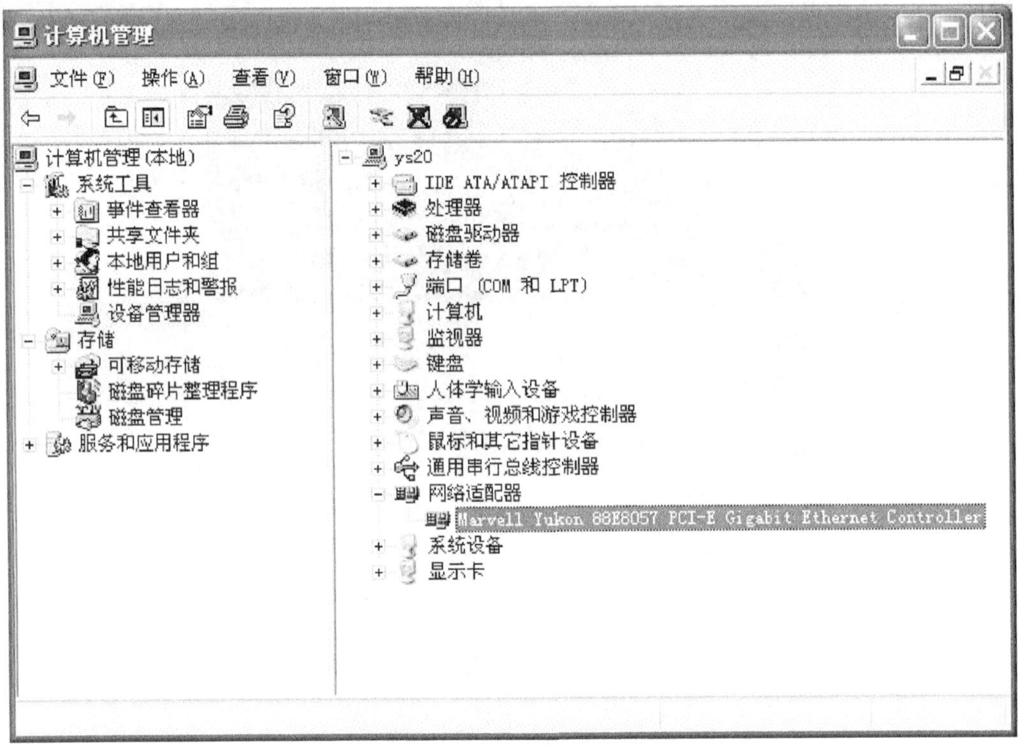

图 1-19　计算机管理设置界面

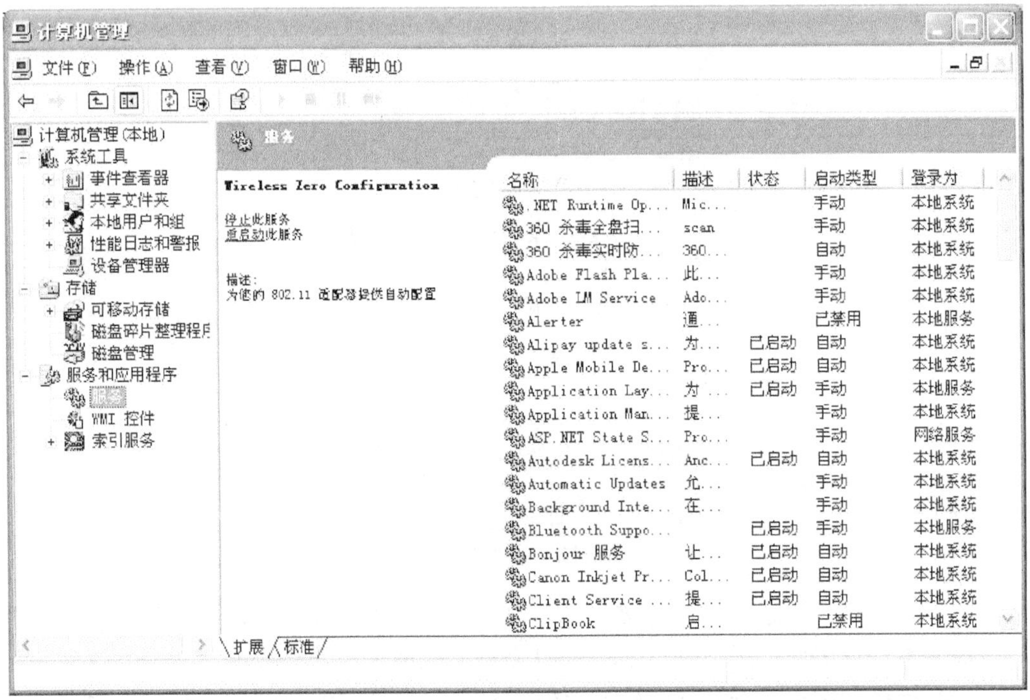

图 1-20　服务和应用程序界面

（4）在"服务"列表中找到"Wireless Zero Configuration"应用程序，查看其是否处于"已启动"状态，如未启动，请单击鼠标右键选择"启动"菜单，如图 1-21 所示。

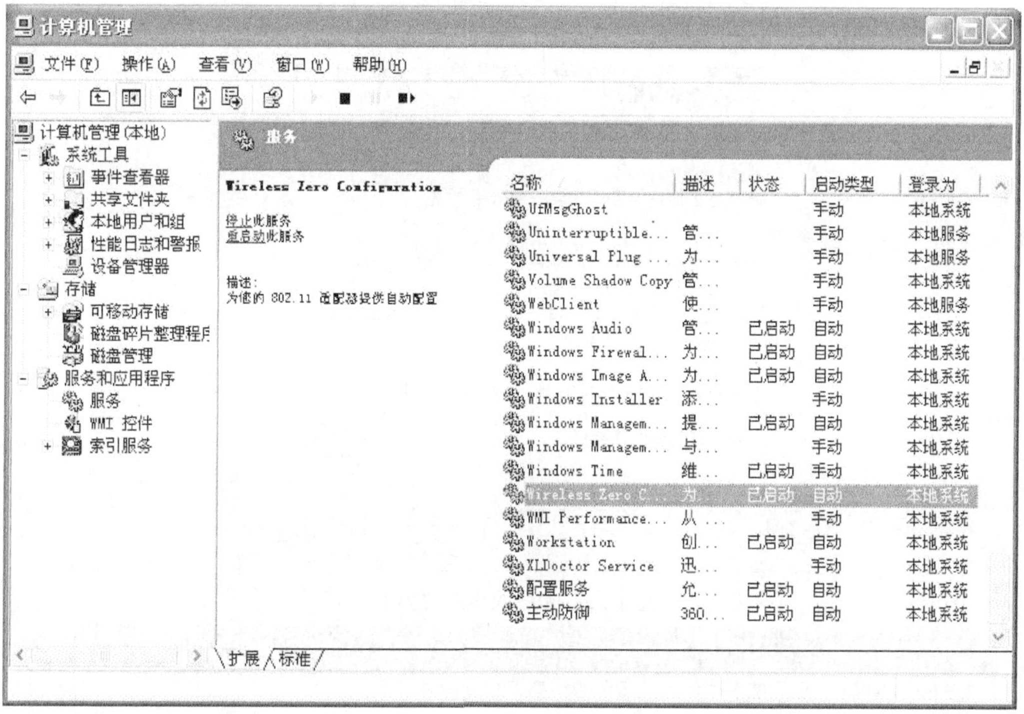

图 1-21　服务设置界面

（5）进入"控制面板"→"网络连接"界面，右键点击"无线网络连接"→"属性"，选择"无线网络配置"菜单，在"无线网络配置"中勾选"用 Windows 配置我的无线网络设置"，如图 1-22 所示。

（6）完成以上操作后，进入无线网络的连接。

进入"控制面板"→"网络连接"界面，查看"无线网络连接"是否为"启用"状态，如为"禁用"状态，请右键点击"无线网络连接"，选择"启用"菜单即可，如图 1-23 所示。

（7）上述设置均完成后，您可以进入"控制面板"→"网络连接"界面，右键点击"无线网络连接"→"查看可用的无线连接"，您也可以直接双击电脑桌面右下角的"无线网络连接"，查看您的电脑搜索到的所有可用的各运营商的无线网络。注意：此时虽然您已经搜索到无线网络，但由于还没有连接具体的接入点，故"无线网络连接"图标仍然为红色的叉，即处于尚未连接的状态，如图 1-24 所示。

（8）选择正确的 SSID（service set identifier）连接无线网络，SSID 用于区分不同的网络，也就是不同的路由器，为便于区分，请在路由器里面设置个性的方便记忆的名称。在搜索到的无线网络中双击选择"shangwuguanli"的接入点连接，如图 1-25 所示。

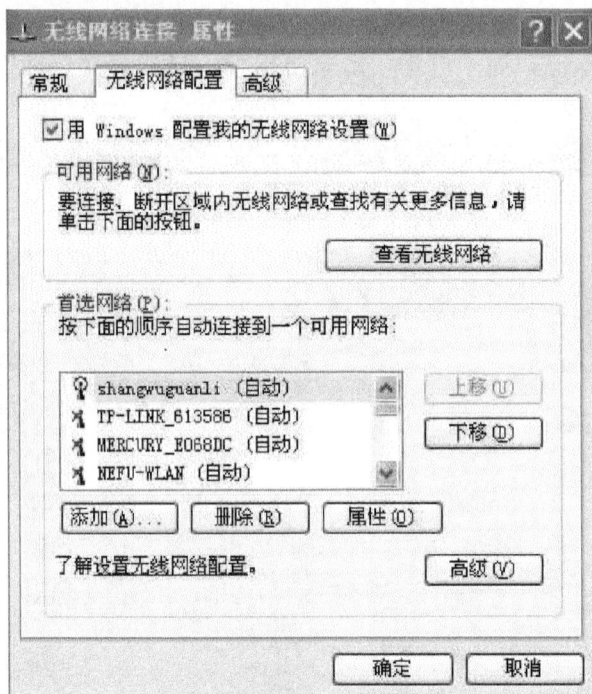

图 1-22　无线网络配置界面

图 1-23　启用无线网络连接

图 1-24 选择无线网络

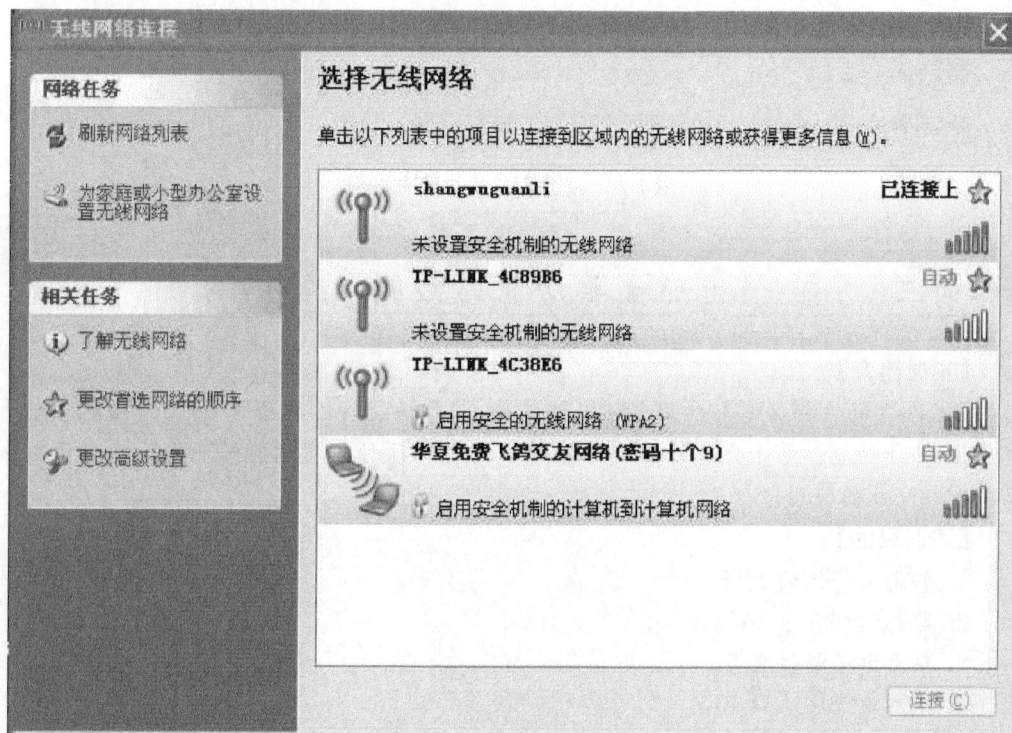

图 1-25 无线网络连接提示

（9）此时您电脑桌面右下角的"无线网络连接"图标上的红叉应已消失，双击后您可以查看到当前无线网络连接的状态，包括接入的网络名称等，如图 1-26 所示。

图 1-26 无线网络连接状态提示

实训三 Internet 的主要功能与应用

【实训简介】

Internet 的主要功能与应用包括文件传输 FTP 功能、远程登录 Telnet 功能、电子邮件 E-mail 功能、电子公告牌 BBS 功能等。通过本项目的实训能够使学生充分了解和掌握 Internet 的使用。

【实训目的】

1. 熟悉文件传输 FTP。

2. 熟悉远程登录 Telnet。

3. 熟悉电子邮件服务。

4. 熟悉电子公告牌 BBS。

【实训内容与操作步骤】

（一）文件传输 FTP

FTP 是 file transfer protocol（文件传输协议）的英文简称，而中文简称为"文传协议"，用于 Internet 上控制文件的双向传输。同时，它也是一个应用程序（application），用户可以通过它把自己的 PC 机（personal computer）与世界各地所有运行 FTP 协议的服务器相连，访问服务器上的大量程序和信息。FTP 的主要作用就是让用户连接上一个远程计算机（这些计算机上运行着 FTP 服务器程序），查看远程计算机有哪些文件，然后把文件从远程计算机上拷到本地计算机上，或把本地计算机上的文件传送到远程计算机上。

FTP 服务器系统是典型的客户机/服务器工作模式，只要在网络中的两台计算机上分别安装 FTP 服务器和客户端软件，就可以在这两台计算机之间进行文件传输。如果用户有足够的权限，还可以在客户端对服务器上的文件进行管理，如文件重命名、文件删除以及目录的建立和删除等。利用 FTP 传输的文件可以是数据、图形或文本文件。把文件从远程服务器上拷贝到本地主机上的过程称为"下载"，把本地主机上的文件拷贝到远程服务器上的过程称为"上传"（要求远程计算机上的 FTP 配置允许存储客户文件，并预留必要的空间）。

要登录 FTP 服务器，必须有该 FTP 服务器的账号。如果用户已是该服务器主机的注册客户，其就会拥有一个 FTP 登录账号和密码，并以该账号和密码连上服务器。但 Internet 上有很大一部分 FTP 服务器被称为"匿名"（anonymous）FTP 服务器。这类服务器向公众提供文件拷贝服务，但不要求用户事先在该服务器上进行登记注册。

目前常用的 FTP 客户端程序可分为三类：传统 FTP 命令行、浏览器和专用 FTP 工具。

（1）传统 FTP 命令行。传统的 FTP 命令行是最早的 FTP 客户端程序，需要在 MS-DOS 环境中运行，对初学者来说较难掌握。

（2）浏览器。启动 FTP 客户程序工作的另一途径是使用 IE 浏览器，用户只需要在 IE 浏览器的地址栏中输入如下格式的 URL 地址：FTP://［用户名：口令@］FTP 服务器域名［：端口号］。通过 IE 浏览器启动 FTP 的方法尽管可以使用，但是速度较慢，还会将密码暴露在 IE 浏览器中，不安全。

（3）专用 FTP 工具。用户在使用 FTP 命令行或浏览器下载文件时，如果在下载过程中网络连接意外中断，那么已经下载完的那部分文件也会被丢弃，从而导致前功尽弃。而专用 FTP 工具具有断点续传功能，可以在网络重新连接后继续进行剩余部分文件的传输。目前常用的 FTP 工具有 CuteFTP、LeapFTP（图 1-27）、FlashFXP 等。

（二）远程登录 Telnet

Telnet 服务属于客户机/服务器工作模式，其意义在于实现了基于 Telnet 协议的远程登录。所谓登录是指分时系统允许多个用户同时使用一台计算机，为了保证系统的安全和记账方便，系统要求每个用户有单独的账号作为登录标识，系统还为每个用户指定了

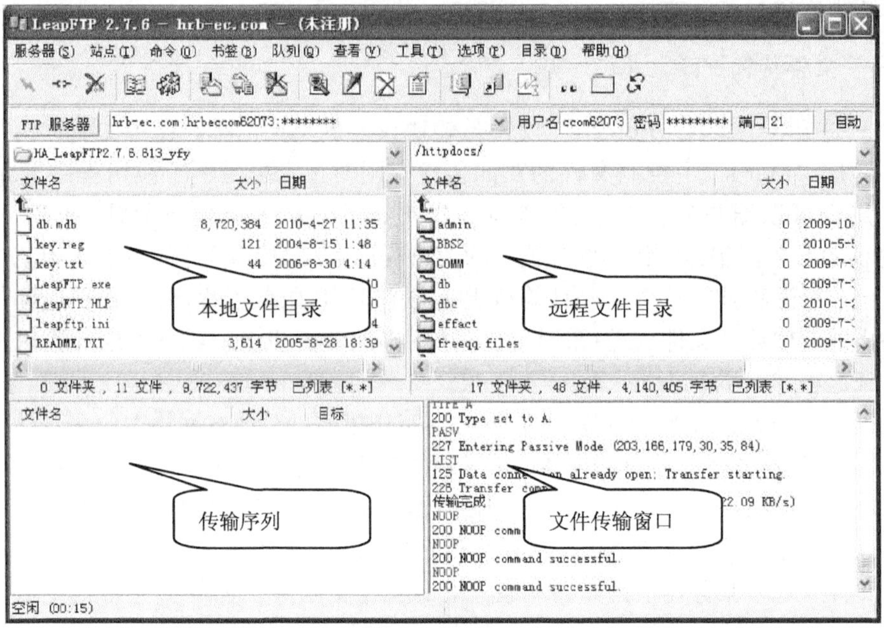

图 1-27　LeapFTP 的登录界面

一个口令。用户在使用该系统之前要输入标识和口令，这个过程被称为"登录"。

远程登录是指用户使用 Telnet 命令，使自己的计算机暂时成为远程主机的一个仿真终端的过程。仿真终端等效于一个非智能的机器，它只负责把用户输入的每个字符传递给主机，再将主机输出的每条信息回显在屏幕上。

Telnet 协议进行远程登录时需要满足以下条件：在本地计算机上必须装有包含 Telnet 协议的客户程序；必须知道远程主机的 IP 地址或域名；必须知道登录标识与口令。

Telnet 远程登录服务分为以下四个步骤：

第一，本地与远程主机建立连接。该过程实际上是建立一个 TCP（transmission control protocol，传输控制协议）连接，用户必须知道远程主机的 IP 地址或域名。

第二，将本地终端上输入的用户名和口令及以后输入的任何命令或字符以 NVT（net virtual terminal）格式传送到远程主机。该过程实际上是从本地主机向远程主机发送一个 IP 数据报。

第三，将远程主机输出的 NVT 格式的数据转化为本地所接受的格式并送回本地终端，包括输入命令回显和命令执行结果。

第四，本地终端对远程主机进行撤销连接。该过程是撤销一个 TCP 连接。

远程登录有两种形式：

第一种是远程主机有用户自己的账号，用户可用该账号和口令访问远程主机。

第二种形式是匿名登录，一般 Internet 上的主机都为公众提供一个公共账号，不设口令。大多数计算机仅需输入"guest"即可登录到远程计算机上。这种形式在使用权限上会受到一定限制。Telnet 命令格式如下：

Telnet<主机域名><端口号>。

主机域名可以是域名方式，也可以是 IP 地址。一般情况下，Telnet 服务器使用 TCP 端口号 23 作为默认值，使用默认值的用户可以不输入端口号。但当 Telnet 服务器设定了专用的服务器端口号时，必须输入端口号才能使用该命令登录。

Telnet 在运行过程中，实际上启动的是两个程序：一个是 Telnet 客户程序，运行在本地计算机上；另一个是 Telnet 服务器程序，运行在需要登录的远程计算机上。执行 Telnet 命令的计算机是客户机，连接到上面的那台计算机是远程主机。

在开始菜单→运行→输入 Telnet：bbs. tsinghua. edu. cn，如图 1-28 所示。

图 1-28　Telnet 的登录界面

（三）电子邮件服务

电子邮件（electronic mail，简称 E-mail，标志为@，也被大家昵称为"伊妹儿"）又称电子信箱，它是一种用电子手段提供信息交换的通信方式，是 Internet 应用最广的服务。通过网络的电子邮件系统，用户可以以非常低廉的价格（不管发送到哪里，都只需负担电话费和网费即可），以非常快速的方式（几秒钟之内可以发送到世界上任何指定的目的地），与世界上任何一个角落的网络用户联系，这些电子邮件可以是文字、图像、声音等各种形式。同时，用户可以得到大量免费的新闻、专题邮件，并实现轻松的信息搜索，如图 1-29 所示。

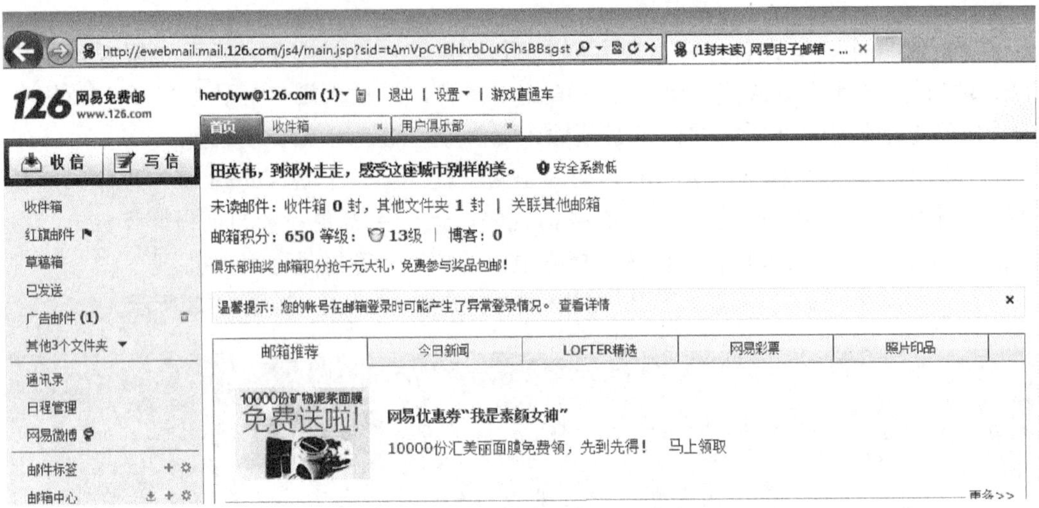

图 1-29　电子邮件的登录界面

1. 电子邮件的发送和接收

电子邮件在 Internet 上发送和接收的原理可以很形象地用我们日常生活中邮寄包裹来形容：当我们要寄一个包裹的时候，我们首先要找到一个有该项业务的邮局，在填写完收件人姓名、地址等之后，包裹就被寄出而到了收件人所在地的邮局，那么对方取包裹的时候就必须去这个邮局才能取出。同样的，当我们发送电子邮件的时候，这封邮件由邮件发送服务器（任何一个都可以）发出，并根据收信人的地址判断对方的邮件接收服务器，从而将这封信发送到该服务器上，收信人要收取邮件也只能通过访问这个服务器才能够完成。

2. 电子邮件地址的构成

电子邮件地址的格式是"user@server.com"，由三部分组成：第一部分"user"代表用户信箱的账号，对于同一个邮件接收服务器来说，这个账号必须是唯一的；第二部分"@"是分隔符；第三部分"server.com"是用户信箱的邮件接收服务器域名，用以标识其所在的位置。

3. 电子邮件的工作过程

电子邮件的工作过程遵循客户—服务器模式，每份电子邮件的发送都要涉及发送方与接收方，发送方构成客户端，而接收方构成服务器，服务器含有众多用户的电子信箱。发送方通过邮件客户程序，将编辑好的电子邮件向邮局服务器（SMTP 服务器）发送。邮局服务器识别接收者的地址，并向管理该地址的邮件服务器（POP3 服务器）发送消息。邮件服务器将消息存放在接收者的电子信箱内，并告知接收者有新邮件到来。接收者通过邮件客户程序连接到服务器后，就会看到服务器的通知，进而打开自己的电子信箱来查收邮件。

（四）电子公告牌 BBS

BBS（bulletin board service，公告牌服务）是 Internet 上的一种电子信息服务系统。BBS 最早起源于美国，克瑞森（Krison）和苏斯（Russ Lane）两人因为经常在各方面进行合作，但两个人并不住在一起，使用电话只能进行语言的交流，而有些问题用语言是很难表达清楚的，所以，他们就借助于当时刚上市的 Hayes 调制解调器（modem）将他们家里的两台苹果 Ⅱ 通过电话线连接在一起，实现了世界上的第一个 BBS，这样他们就可以通过计算机聊天、传送信息了。他们把自己编写的程序命名为计算机公告牌系统（computer bulletin board system，CBBS），这就是第一个 BBS 系统的开始。当时，有一位软件销售商考尔金斯看到这一成果，立即意识到它的商业价值，在他的推动下，CBBS 加上调制解调器组成的第一个商用 BBS 软件包于 1981 年上市。

早期的 BBS 是一些电脑爱好者团体自发组织的，以讨论计算机或游戏问题为多，后来 BBS 逐渐进入 Internet，出现了以 Internet 为基础的 BBS，政府机构、商业公司、计算机公司也逐渐建立自己的 BBS，使 BBS 迅速成为全世界计算机用户交流信息的园地。如东北网论坛（图 1-30）。

图 1-30　BBS 的登录界面

在 Internet 上有许多 BBS 服务器，每一个服务器由于发布的信息内容不同而各有特色，但大多都具有以下基本功能：

（1）传递信息。这是 BBS 最基本的功能之一，用户使用 BBS 的目的在于通过阅读和撰写文章以及收发信件来互相交流信息。

（2）邮件服务。BBS 一般都提供了邮件服务功能，用户可以在站点上给其他的用户发信，而不管对方是否在站点上；同样，用户也可以在站点上收到其他人发来的邮件。有些 BBS 站点还提供在不同的 BBS 站点之间通过某种程序相互转信的功能。Internet 上的 BBS 有时还提供在站点上收发 E-mail 的功能。

（3）在线交谈。这是 BBS 最为吸引人的一个功能，站点上的用户可以通过键盘输入进行实时对话。在线交谈时面对的只是对方的账号，交谈的双方是隐蔽的，这使得交谈的双方感觉彼此平等、安全。

（4）文件传输。在不同的计算机用户之间，经常需要传输大量的数据和资料，这也是 BBS 的主要用途之一。大多数计算机软件公司都有自己的 BBS 系统，用户可以通过 BBS 购买并下载各种软件产品，获取软件的升级版本，寻求技术支持等。在许多电脑爱好者所建立的业余 BBS 站点上，用户不仅可以从站点上下载自己所需要的文章，而且还可以获取一些常用的免费软件或试用软件。有些 BBS 站点还提供上传功能，用户可以将自己编制的程序或自己得到的一些免费软件与别人分享。

（5）网上游戏。这是 BBS 提供的网上互动功能。大多数站点都提供网络游戏，用户可以找个网友在 BBS 上打牌、下棋或玩更新颖的游戏。

【实训习题】

1. 将 IE 浏览器的 Internet 安全属性设置为"高"，并将网站默认主页设置为 www.tom.com。

2. 运用无线网络实现无线上网过程。

3. 运用 ADSL 实现宽带的连接过程。

4. 使用文件传输 FTP、远程登录 Telnet、电子邮件 E-mail、电子公告牌 BBS 等 Internet 的主要功能。

第二章

电子商务网站建设流程

电子商务的快速发展在给企业带来挑战的同时也带来了机遇，对现代企业而言，电子商务网站起着重要作用。电子商务网站建设流程包括域名申请、虚拟主机申请、LeapFTP 文件上传工具的使用等。

■ 实训一　域名申请

【实训简介】

域名（domain name），是由一串用点分隔的名字组成的 Internet 上某一台计算机或计算机组的名称，用于在数据传输时标识计算机的电子方位（有时也指地理位置）。目前域名已经成为互联网品牌、网上商标保护所必备的产品之一。本实训项目能使学生充分了解域名注册、审核、解析等过程。

【实训目的】

1. 掌握域名注册流程。
2. 掌握域名审核流程。
3. 掌握域名解析过程。
4. 了解国际域名注册证书。

【实训内容与操作步骤】

1. 登录域名注册网站中资源 www.zzy.cn 进行域名查询

（1）登录域名注册网站，如图 2-1 所示。

（2）在查询的表单中输入要查询的域名 www.hrbec.com，弹出如图 2-2 所示的窗口。

（3）单击"立即购买"按钮，输入用户名和密码后，单击"登录"，页面跳转到如图 2-3 所示的页面，进行域名注册基本信息的填写。

2. 国际和国内域名注册审核流程

（1）单击"接受协议并注册"，进入国际域名注册审核流程，如图 2-4 所示，或进

图 2-1　域名查询

图 2-2　域名查询结果

入国内域名注册审核流程，如图 2-5 所示。

在域名申请过程中需要注意以下事项：

第一，请填写真实、准确、完整的域名注册信息。若域名注册信息不真实、不准确、不完整，域名将被注册局注销。针对国内域名，个人用户不能注册，仅允许单位用户注册。

图 2-3　域名注册基本信息

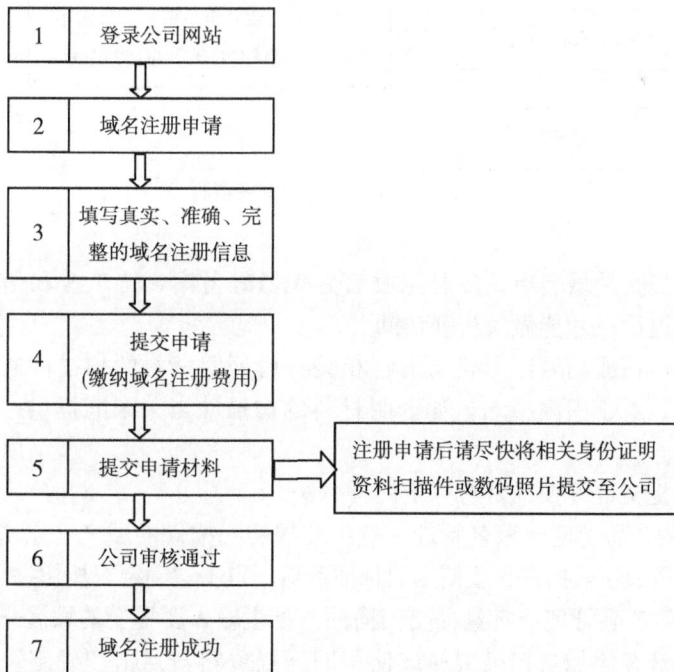

图 2-4　国际域名注册审核流程

　　第二，域名注册人不易修改，请慎重填写。同时，域名注册人请填写真实姓名，与身份证上的姓名保持一致；注册公司名称请填写真实的公司名，与营业执照上的名

| 1 | 登录公司网站 |

| 2 | 域名注册申请 |

| 3 | 填写真实、准确、完整的域名注册信息 |

| 4 | 提交申请（缴纳域名注册费用） |

| 5 | 成功申请后5个自然日内需提交相关身份证明资料至公司 | → | 若公司5日内未收到相关身份证明资料或收到后审核不通过，该域名将予以注销并退款 |

| 6 | 公司审核通过 |

| 7 | CNNIC审核通过 | → | 若CNNIC收到申请资料后审核不通过，该域名将予以注销并退款 |

| 8 | 域名注册成功 |

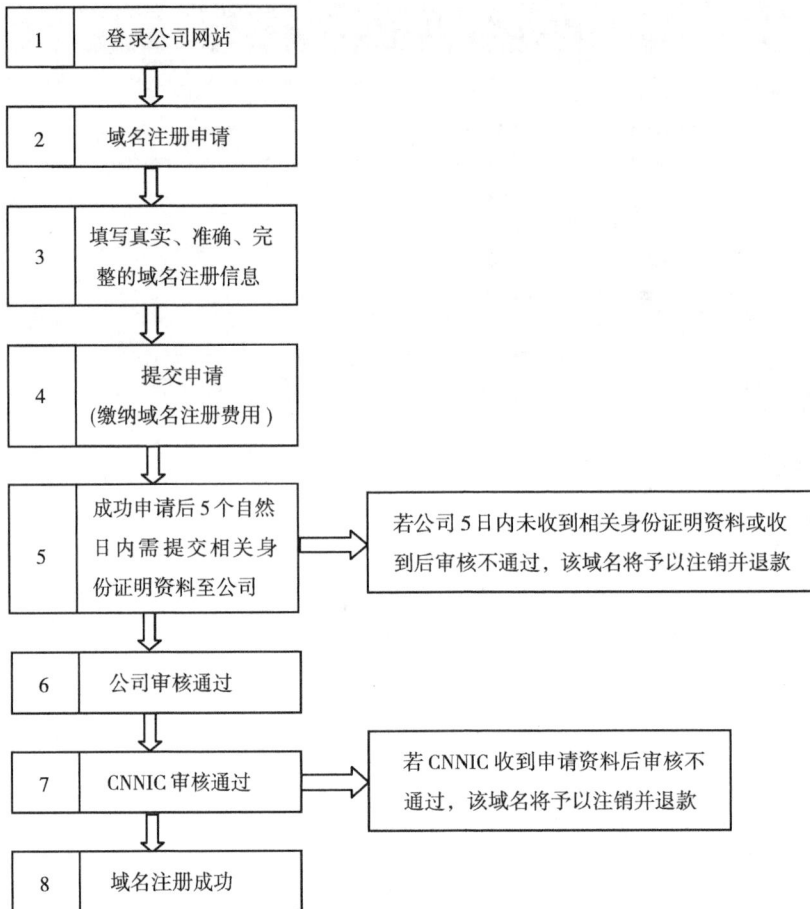

图 2-5　国内域名注册审核流程

称保持一致。

第三，所有提交的域名申请注册完成后需先做好备案，待工业和信息化部（简称工信部）审核通过后，才能做解析和访问。

第四，域名申请成功后，需要马上将相关身份证明资料的扫描件通过系统上传到中资源进行审核。对于国内域名，如证明材料的扫描件当天未能提供，该域名将可能被 CNNIC 注销。

域名审核时提交证件扫描件有以下两种方法。

方法 1：我的产品管理→域名管理→选中要提交扫描件的域名→点击"提交域名资料"按钮→选择添加新扫描资料或使用旧扫描资料→点击"确定"按钮提交→提交成功。

方法 2：我的产品管理→批量提交扫描件→批量输入要提交的域名→点击"提交域名资料"按钮→选择添加新扫描资料或使用旧扫描资料→点击"确定"按钮提交→提交成功。

相关身份证明资料包括组织机构代码证（扫描件或数码照片）、国内域名提交注册联系人身份证/国际域名提交法人身份证（扫描件或数码照片）（注：图片格式请使用 jpg 格式）。

（2）域名注册成功后，显示域名概况，如图 2-6 所示。

图 2-6 域名概况

3. 域名解析过程

（1）域名解析。域名解析就是域名到 IP 地址的转换过程。IP 地址是网路上标识站点的数字地址，为了简单好记，采用域名来代替 IP 地址标识站点地址。域名的解析工作由 DNS 服务器完成。域名解析过程如图 2-7 所示。

图 2-7 域名解析

（2）A记录（主机记录）。A（address）记录是用来指定主机名（或域名）对应的IP地址记录。用户可以设置该域名或子域名（高级解析服务专有功能），将其指向到自己的网站服务器的IP地址上，从而实现通过该域名找到相应的网站。

主机名：您需设置指向的主机名，如图2-8所示，没有输入主机名则显示@（表示为空）。线路：您需选择解析的线路类型，依据不同线路做不同类型的解析（高级解析服务专有功能）。IP地址：您需指向的网站服务器的IP地址，如图2-8所示，需符合IP格式，不允许为字母。TTL（生存时间）：TTL是IP协议包中的一个值，域名的TTL值就是一条域名解析记录在DNS服务器上的存留时间，即图2-8中的3600。

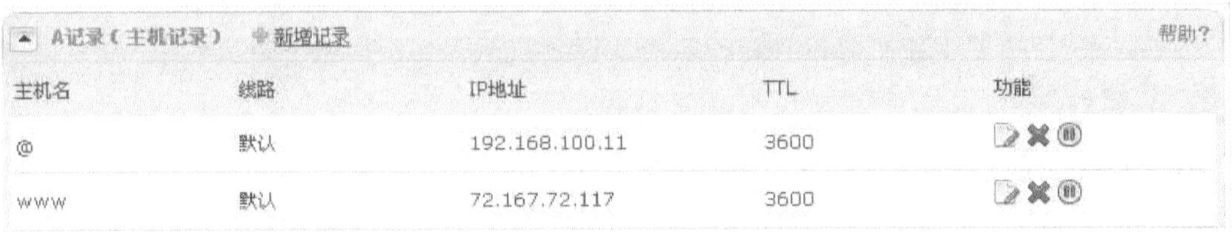

图2-8 主机记录

（3）增加解析记录。通过会员登录在线业务管理系统→我的产品管理→域名自助解析→单条解析→输入注册的域名→查询。点击"新增记录"按钮，在下方新增行输入主机名、IP地址、TTL值及选择线路类型，点击"⊙"按钮即可新增记录，如图2-9所示。

图2-9 增加解析记录

（4）修改解析记录。点击主机记录行右侧的 ✎ 功能按钮，在此行便可输入主机名、IP地址、TTL值及选择线路类型，点击修改解析记录 ⊙ 功能按钮即可进行修改，点击修改解析记录 ⊘ 功能按钮可以直接取消操作，关闭当前新增行，如图2-10所示。

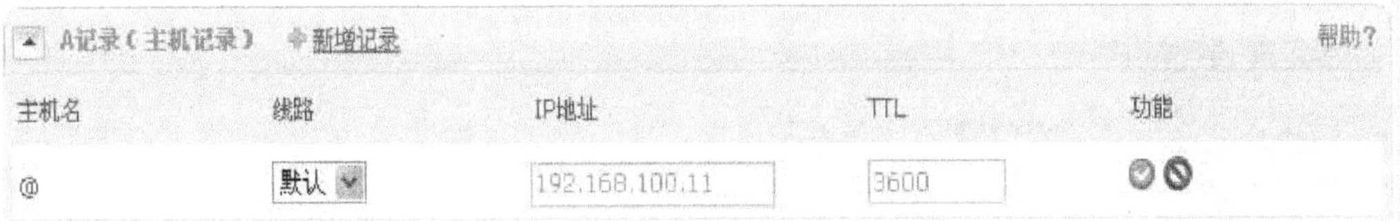

图2-10 修改解析记录

（5）暂停解析记录。点击主机记录行右侧的 ⏸ 功能按钮，则此条记录会标记成灰色，暂停记录且无法访问。点击暂停解析记录 ↻ 功能按钮即可再次生效该记录，如图2-11所示。

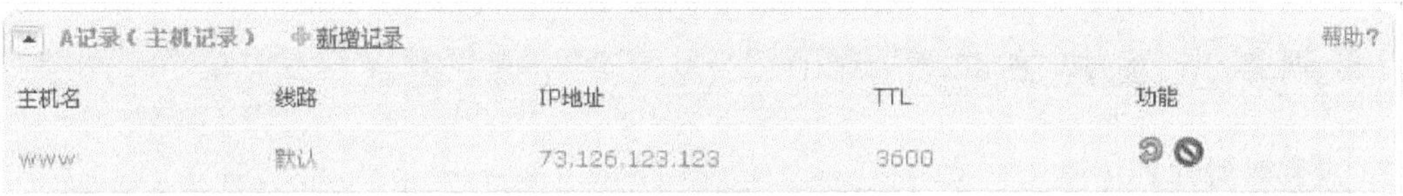

图 2-11　暂停解析记录

(6) 删除解析记录。点击记录行右侧的功能按钮，在弹出的提示框内点击“确定”按钮即可删除记录，如图 2-12 所示。

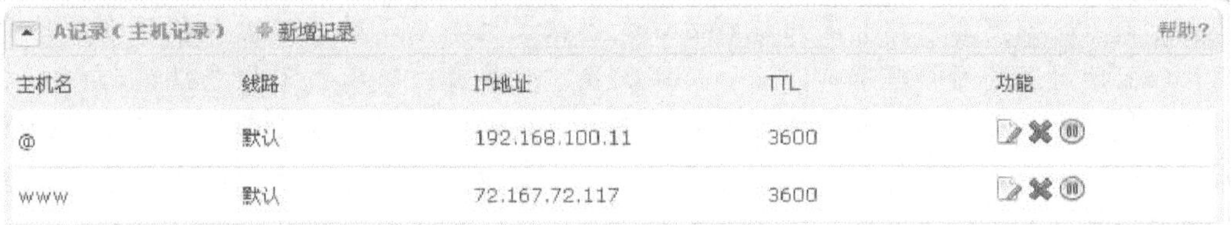

图 2-12　删除解析记录

4. 获得国际域名注册证书

域名 hrbec. com 已被注册，并已在国际顶级域名数据库中记录，图 2-13 显示了其国际域名注册证书。

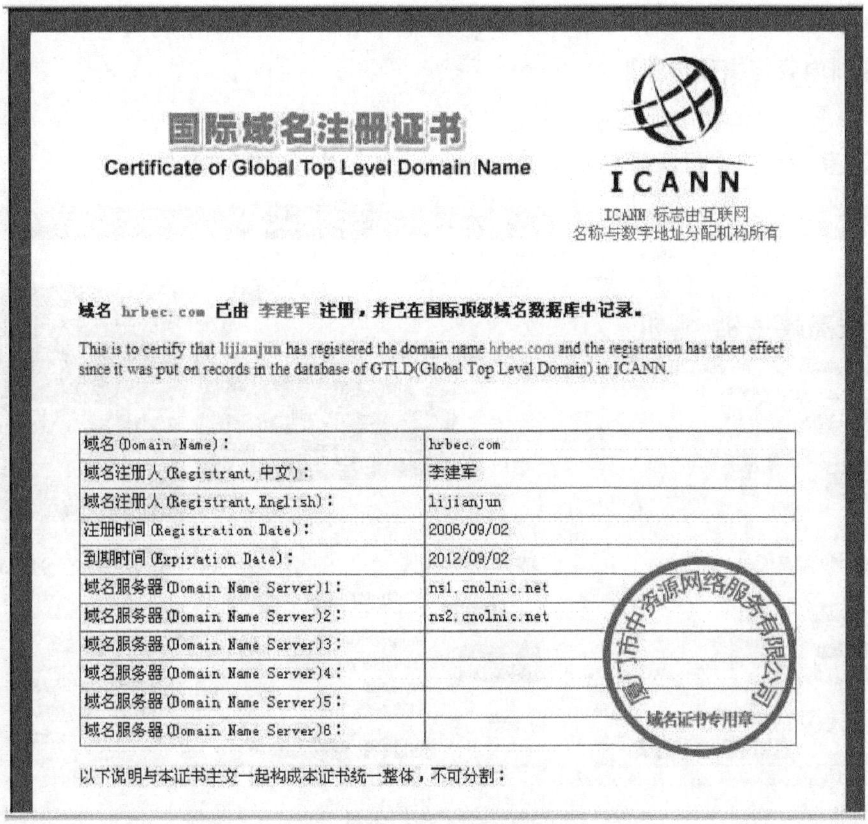

国际域名注册证书

Certificate of Global Top Level Domain Name

ICANN

ICANN 标志由互联网名称与数字地址分配机构所有

域名 hrbec.com 已由 李建军 注册，并已在国际顶级域名数据库中记录。

This is to certify that lijianjun has registered the domain name hrbec.com and the registration has taken effect since it was put on records in the database of GTLD(Global Top Level Domain) in ICANN.

域名(Domain Name)：	hrbec.com
域名注册人(Registrant,中文)：	李建军
域名注册人(Registrant,English)：	lijianjun
注册时间(Registration Date)：	2006/09/02
到期时间(Expiration Date)：	2012/09/02
域名服务器(Domain Name Server)1：	ns1.cnolnic.net
域名服务器(Domain Name Server)2：	ns2.cnolnic.net
域名服务器(Domain Name Server)3：	
域名服务器(Domain Name Server)4：	
域名服务器(Domain Name Server)5：	
域名服务器(Domain Name Server)6：	

厦门市中资源网络服务有限公司 域名证书专用章

以下说明与本证书主文一起构成本证书统一整体，不可分割：

图 2-13　国际域名注册证书

实训二　虚拟主机申请

【实训简介】

虚拟主机，也叫"网站空间"，就是把一台运行在互联网上的服务器划分成多个"虚拟"的服务器，每一个虚拟主机都具有独立的域名和完整的 Internet 服务器（支持 WWW、FTP、E-mail 等功能）。由于多台虚拟主机共享一台真实主机的资源，每个虚拟主机用户承担的硬件费用、网络维护费用、通信线路费用均大幅度降低。目前，许多电子商务企业建立网站都采用这种方法，不仅大大节省了购买机器和租用专线的费用，而且网站服务器管理简单，诸如软件配置、防病毒、防攻击等安全措施都由专业服务商提供，大大降低了服务器管理的复杂性；同时也不必为使用和维护服务器的技术问题担心，更不必聘用专门的管理人员。本实训项目通过虚拟主机的申请过程，介绍电子商务网站虚拟主机的注册与备案流程。

【实训目的】

1. 掌握虚拟主机注册。
2. 熟悉虚拟主机类型转换与绑定域名。
3. 掌握虚拟主机备案流程。
4. 掌握 ICP 信息报备流程。

【实训内容与操作步骤】

1. 登录虚拟主机注册网站

（1）登录虚拟主机注册网站中资源 www.zzy.cn，如图 2-14 所示。

图 2-14　虚拟主机

（2）单击"立即购买"按钮，输入用户名和密码后，单击"登录"，进行虚拟主机注册基本信息的填写，如图 2-15 所示。

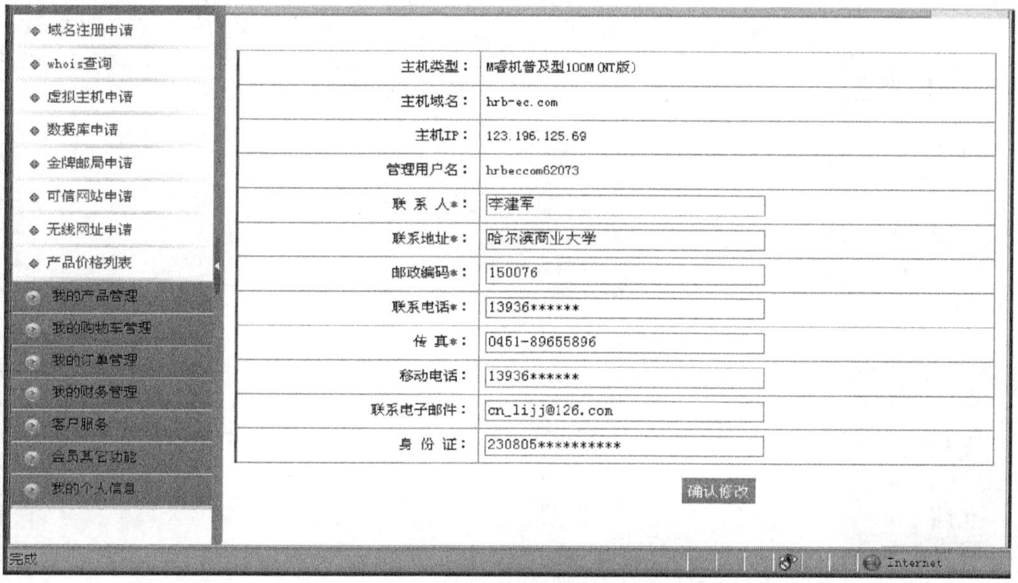

图 2-15　虚拟主机注册基本信息

（3）虚拟主机注册成功后，显示虚拟主机概况，如图 2-16 所示。

图 2-16　虚拟主机概况

2. 虚拟主机类型转换与绑定域名

（1）hrb-ec.com 的虚拟主机转换为 100M、200M、300M、20 用户（500M）、10

用户（1000M）型号的虚拟主机，如图 2-17 所示。

图 2-17　虚拟主机类型转换

（2）hrb-ec.com 的虚拟主机绑定域名 www.hrbec.com，如图 2-18 所示。

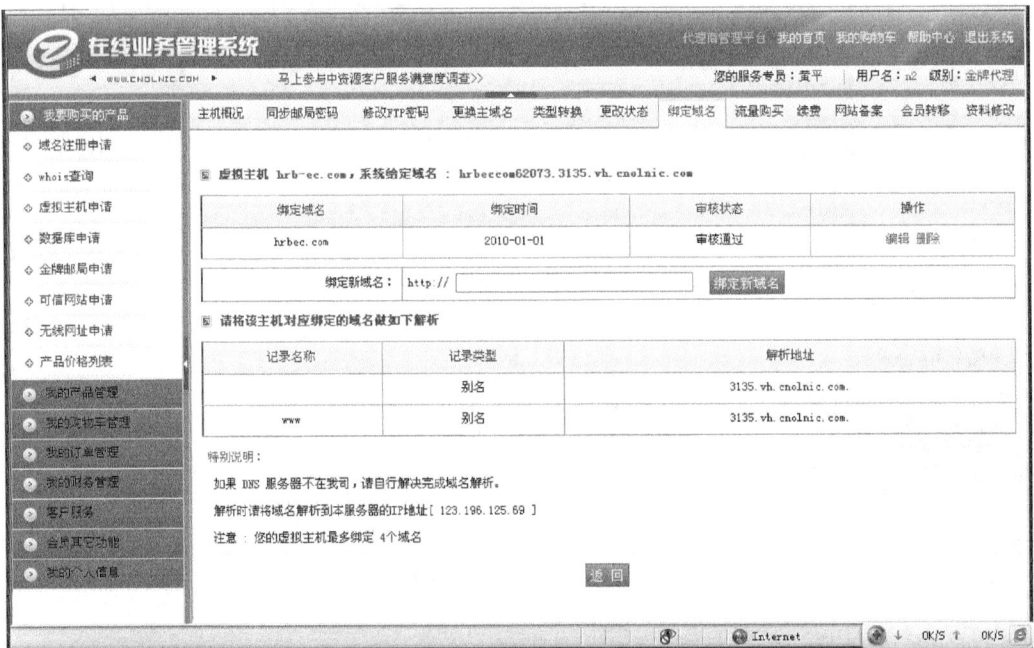

图 2-18　虚拟主机绑定域名

3. 虚拟主机备案

（1）虚拟主机备案显示 ICP 备案主体信息、ICP 备案主办单位分管网站的负责人信息，如图 2-19 所示。

图 2-19　ICP 备案信息

（2）虚拟主机备案的步骤如图 2-20 所示。

（3）登录工信部 ICP/IP 地址/域名信息备案管理系统进行网站备案，如图 2-21 所示。

（4）ICP 信息报备流程如图 2-22 所示。

4. ICP 信息报备流程

（1）网站主办者登录接入服务商企业侧备案系统。

网站主办者进行网站备案时可有以下三种供选择的登录方式。

方式一：网站主办者登录部级系统，通过主页面"自行备案导航"栏目获取为网站提供接入服务的企业名单（只能选择一个接入服务商），并进入企业侧备案系统办理网站备案业务。

方式二：网站主办者登录住所所在地的省局系统，通过主页面"自行备案导航"栏目获取为网站提供接入服务的企业名单（只能选择一个接入服务商），并进入企业侧备案系统办理网站备案业务。

方式三：网站主办者直接登录到接入服务商企业侧备案系统。

（2）网站主办者登录接入服务商企业系统自主报备信息或由接入服务商代为提交信息。

```
┌─────────────────────────┐
│  登录中资源在线业务系统       │
│  www.conlnic.com        │
└─────────────────────────┘
            │
            ▼
┌─────────────────────────┐
│  在"我的产品管理"—"虚拟    │
│  主机备案"中录入备案信息     │
└─────────────────────────┘
```

```
┌──────────────┐   ┌──────────────┐   ┌──────────────┐
│  填写主机信息   │   │  填写网站信息   │   │  填写接入信息   │
└──────────────┘   └──────────────┘   └──────────────┘
```

```
┌─────────────────────────┐
│  通知网站主办者持相关证件     │
│  原件到公司进行现场审核       │
└─────────────────────────┘
            │
            ▼
      ┌──────────┐
      │   拍照    │
      └──────────┘
            │
            ▼
```

```
┌──────────────┐   否   ◇──────────────────◇
│  修改备案信息   │◄──────│  校验信息是否正确     │
└──────────────┘       ◇──────────────────◇
                              │ 是
                              ▼
              ┌─────────────────────────┐
              │  填写真实性核验单           │
              └─────────────────────────┘
                              │
                              ▼
              ┌─────────────────────────┐
              │  签订信息安全管理协议书       │
              └─────────────────────────┘
                              │
                              ▼
              ┌─────────────────────────┐
              │  提交通信管理局审核          │
              └─────────────────────────┘
                              │
                              ▼
```

```
┌──────────────┐   否   ◇──────────────────◇
│  退回主办者     │◄──────│  审核是否通过        │
└──────────────┘       ◇──────────────────◇
       │                      │ 是
       ▼                      ▼
┌──────────────┐      ┌──────────────┐
│  修改备案信息   │      │   取得备案号    │
└──────────────┘      └──────────────┘
                              │
                              ▼
                      ┌──────────────┐
                      │   开通网站     │
                      └──────────────┘
```

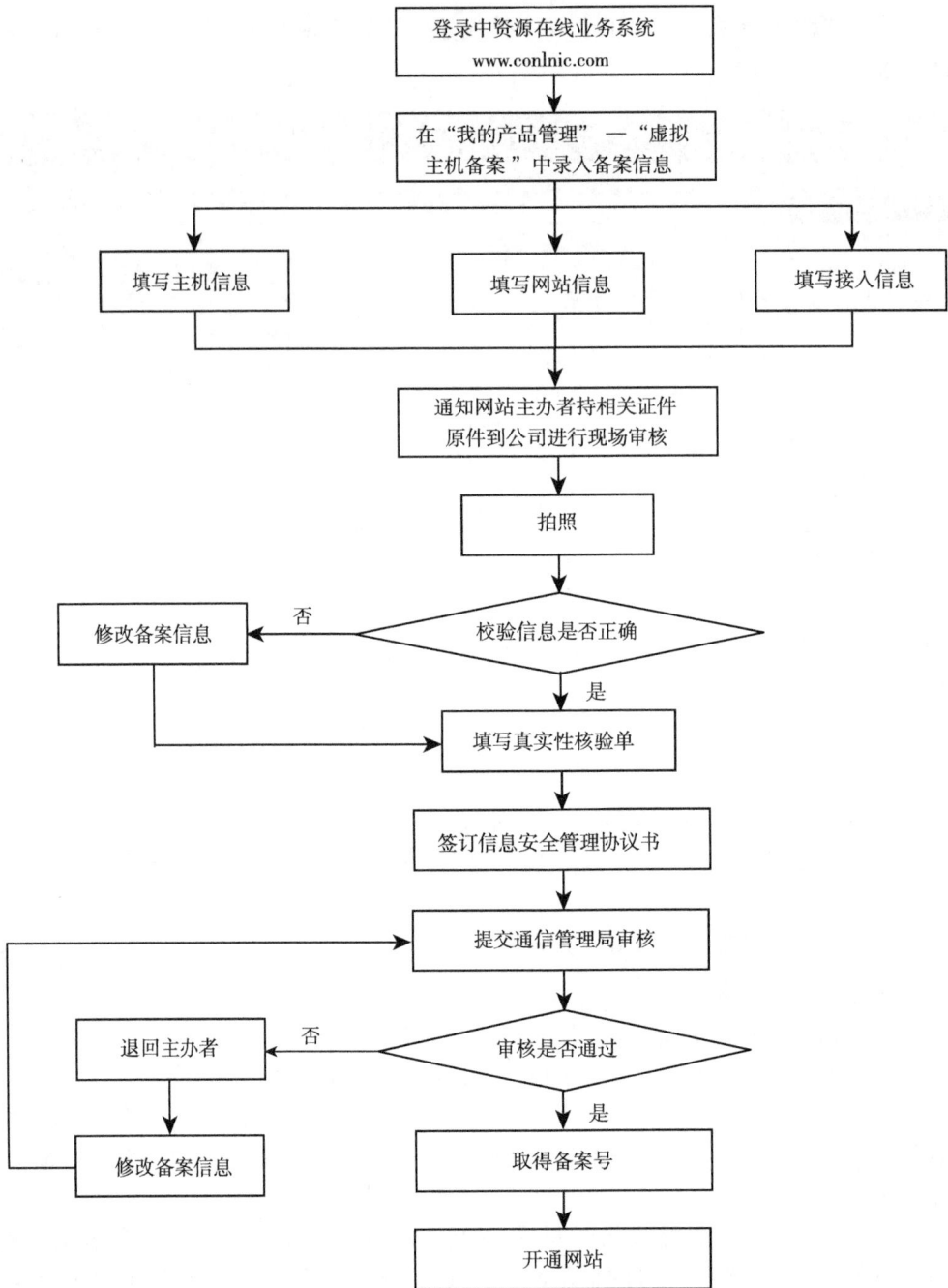

图 2-20　虚拟主机备案的步骤

图 2-21　工信部 ICP/IP 地址/域名信息备案管理系统

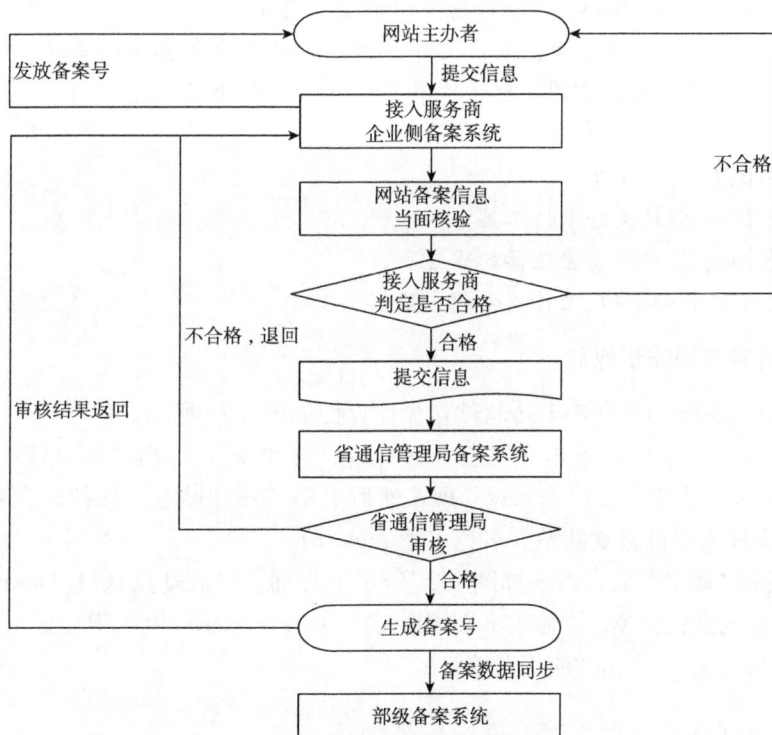

图 2-22　ICP 信息报备流程

网站主办者可通过三种登录方式登录到企业侧备案系统，注册用户→填写备案信息→接入服务商校验所填信息，并反馈给网站主办者。

网站主办者也可委托接入服务商代为报备网站的全部备案信息并核实信息真伪→接入服务商核实备案信息→将备案信息提交到省通信管理局（简称省管局）系统。

（3）接入服务商核实备案信息。接入服务商对网站主办者提交的备案信息进行当面核验：当面采集网站负责人照片；依据网站主办者的证件信息核验提交至接入服务商系统的备案信息；填写《网站备案信息真实性核验单》。如果备案信息无误，接入服务商提交给省管局审核；如果信息有误，接入商在备注栏中注明错误信息提示后退回给网站主办者进行修改。

（4）网站主办者所在省管局审核备案信息。网站主办者所在省管局对备案信息进行审核，若审核不通过，则退回给企业侧备案系统由接入服务商修改；若审核通过，将生成的备案号、备案密码（并发往网站主办者的邮箱）和备案信息上传至部级备案系统，并同时下发到企业侧备案系统，接入服务商将备案号告知网站主办者。

实训三　LeapFTP 文件上传工具

【实训简介】

FTP 是 TCP/IP 网络上两台计算机传送文件的协议，FTP 是在 TCP/IP 网络和 Internet 上最早使用的协议之一，它属于网络协议组的应用层。FTP 客户机可以通过给服务器发出命令来下载文件、上传文件、创建或改变服务器上的目录。本实训通过 LeapFTP 文件上传工具的使用，使学生熟练掌握如何将电子商务网站的网页上传到虚拟主机上。

【实训目的】

1. 了解 LeapFTP 文件上传工具。
2. 熟悉 LeapFTP 站点管理器的设置。
3. 掌握使用 LeapFTP 上传文件的方法。

【实训内容与操作步骤】

（1）运行 LeapFTP 文件上传软件，操作界面如图 2-23 所示。

（2）运行 LeapFTP，点击"站点"→"站点管理器"，弹出"站点管理器"窗口，如图 2-24 所示。选择"My Servers"项，然后点击"添加站点"按钮，在弹出的窗口（图 2-25）中输入自己喜欢的站点名称（如 mysite）。

（3）点击"确定"后，出现如图 2-26 所示的界面，输入站点地址（如 hrbec.com），将"匿名"前的选钩去掉，再输入 FTP 用户名（如 hrbeccom）和 FTP 密码（将"保存密码"前的选钩打上），点击"应用"按钮。

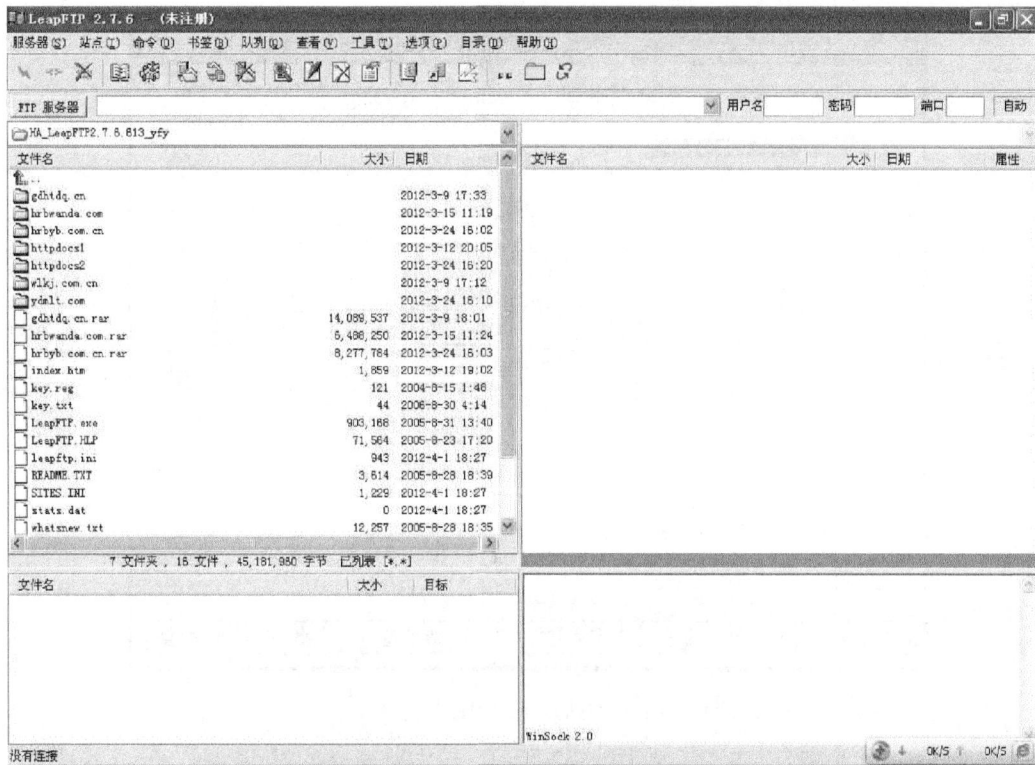

图 2-23　LeapFTP 文件上传软件

图 2-24　站点管理器

图 2-25　添加站点

图 2-26　站点管理器常规选项

（4）切换到"高级"标签，如图 2-27 所示。选中刚建立的站点名称（mysite），在"传输模式"下选择二进制，点击"应用"按钮。至此 FTP 站点已经建立成功。

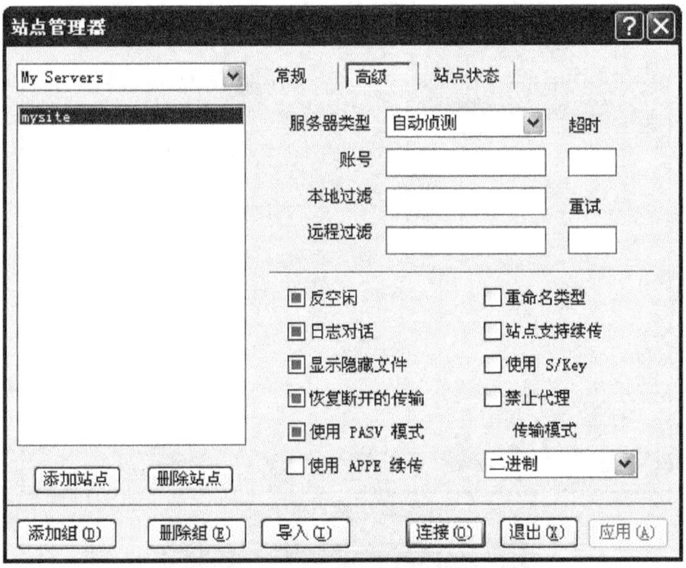

图 2-27　站点管理器高级选项

（5）连接成功后的界面如图 2-28 所示。在本地文件目录窗口中选择要上传的文件，并点鼠标右键→"上传"，这时在队列栏里会显示正在上传及未上传的文件，当文件上传成功后，在命令栏里会出现"传送完成"的提示，此时在过程目录栏里就可以看到上传的文件了。

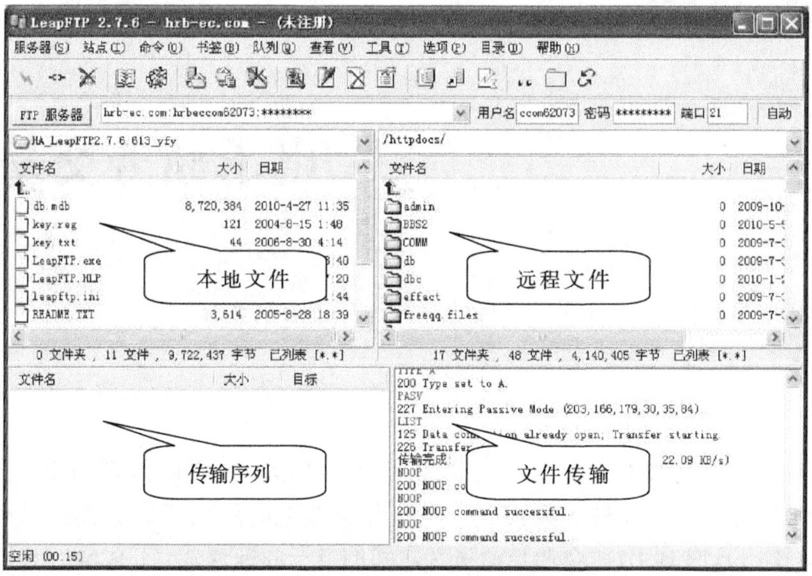

图 2-28　LeapFTP 连接成功界面

【实训习题】

1. 登录中资源（http://www.zzy.cn），实现域名的查询与注册。

2. 登录中资源（http://www.zzy.cn），实现虚拟主机的注册与备案。

3. 运用 LeapFTP 实现将网页上传到虚拟主机。

第三章

电子商务交易模式

电子商务可以按照不同的标准划分为不同的类型，按实质内容和交易对象来分，电子商务可以分为以下几种主要模式：企业与企业之间的电子商务模式（business to business，B to B 或 B2B）、企业与消费者之间的电子商务模式（business to consumer，B to C 或 B2C）、消费者与消费者之间的电子商务模式（consumer to consumer，C to C 或 C2C）。通过网上模拟操作，可以把课本上的电子商务理论与具体实践相结合，加深对理论知识的掌握，加强感性认识，掌握实际应用的技能。

实训一　B2B 电子交易——阿里巴巴

【实训简介】

企业与企业之间的电子商务模式（B2B）是指企业通过内部信息系统平台和外部网站将上游供应商的采购业务和下游代理商的销售业务有机地联系在一起，从而降低彼此之间的交易成本，提高客户满意度的商务模式，如谈判、订货、签约、付款以及索赔处理、商品发送管理等。本实训项目以阿里巴巴中文网站为例，使学生掌握阿里巴巴中文网站运作应包括的工作过程和步骤，了解国内贸易中各项具体工作环节所需的基本操作技能。

【实训目的】

1. 了解阿里巴巴中文网站会员注册流程。
2. 掌握阿里巴巴中文网站卖家操作流程。
3. 掌握阿里巴巴中文网站买家操作流程。
4. 掌握网上贸易通信工具操作流程。

【实训内容与操作步骤】

（一）阿里巴巴中文网站会员注册流程

（1）双击桌面上的 IE 浏览器，在地址栏中输入http://www.alibaba.com.cn 或者

http://www.china.alibaba.com，登录到阿里巴巴中文网站（图 3-1）。

图 3-1　阿里巴巴中文网站

（2）单击阿里巴巴中文网站主页的"免费注册"按钮，填写会员信息并进行手机验证，输入手机收到的验证码，即可注册成功，验证码的有效期是 12 个小时。如果不方便使用手机验证，还可以在注册页面右边点击"没有手机？使用邮箱验证"，输入邮箱收到的验证码，即可注册成功，验证码的有效期是 12 个小时（图 3-2）。信息填写完毕后，选择"我已看过并同意《阿里巴巴服务条款》"，单击"立即注册"。

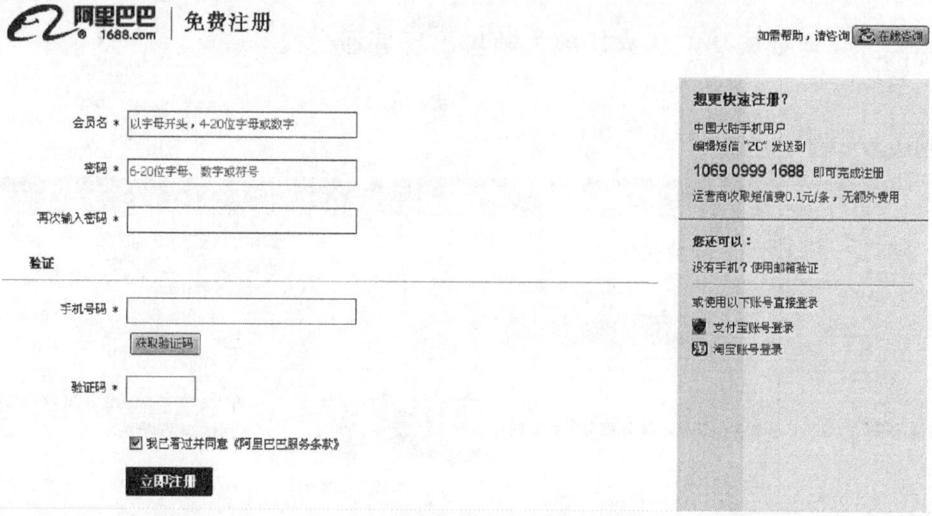

图 3-2　阿里巴巴会员注册页面

（3）会员注册完成后，系统提示您查收确认信。3分钟内将会收到"确认验证"的邮件，标题是"赶快验证，马上享受更全面的阿里巴巴会员服务!"，请打开并点击"点此确认"按钮（图3-3）。验证成功后将会打开提示验证成功的页面（图3-4）。

图 3-3　确认邮箱页面

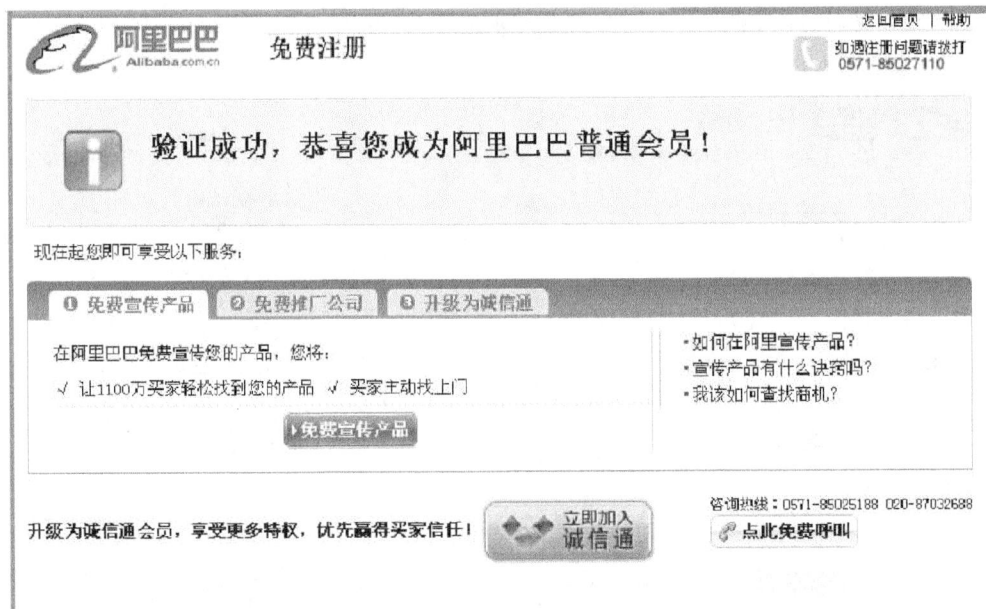

图 3-4　注册成功页面

（4）登录到阿里巴巴中文网站，单击"诚信通服务"，这样就可以由普通会员升级为诚信通会员。在诚信通服务主页上，有"诚信通"、"服务与套餐"、"我要办理"、"我要续费"、"我要培训"、"会员中心"等模块（图3-5）。单击"我要办理"，就可以进入申请窗口（图3-6）。

图3-5　诚信通服务主页

图3-6　诚信通申请页面

（5）网上申请需要将公司名称、申请人姓名、性别、职位、各种通信方式等资料提交给阿里巴巴公司（图3-7）。当相关信息填写完毕后，单击"提交申请"，系统显示提交成功的信息。阿里巴巴将企业的资料转交认证公司认证，认证公司受理并联系企业，企业将营业执照和认证申请人授权书传真给认证公司。认证公司进行多渠道交叉认证后，严格审核。诚信通会员申请者通过专业认证公司的认证后，阿里巴巴就会在第一时间对诚信通会员申请者提供各种诚信通会员才能拥有的资讯与服务。企业可以通过银行转账、在线支付或邮局汇款向阿里巴巴支付相关服务费用。

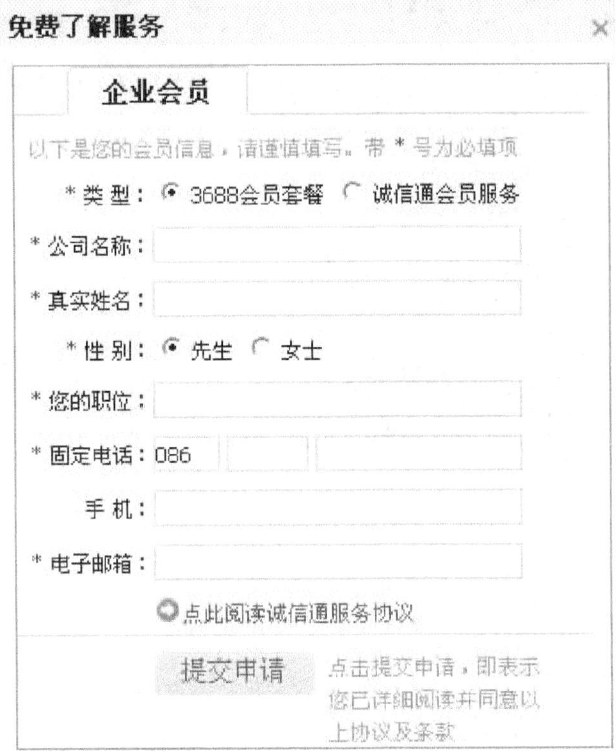

图 3-7　诚信通信息填写页面

（二）阿里巴巴中文网站卖家操作流程

（1）在 IE 浏览器中输入http://www.alibaba.com.cn 或者http://www.china.alibaba.com，登录到阿里巴巴中文网站，单击"请登录"或者主页导航条上的"我的阿里"，输入会员名和密码（图3-8）。

（2）登录"我的阿里"，在"我的阿里"首页点击"旺铺"，再点击"公司介绍"（图3-9），完整地填写公司介绍，公司名称要用中文完整地填写在工商局注册的公司的全称；如果是个体经营，公司名称要填写自己的中文姓名。在填写主营产品时，每一空格限填写一种产品名称（图3-10）。在填写公司简介时，要用中文详细填写。基本信息填写完成后要补充填写详细信息，最后点击"保存并发布"（图3-11）。发布后系统会提示发布成功，企业资料会提交审核（图3-12）。

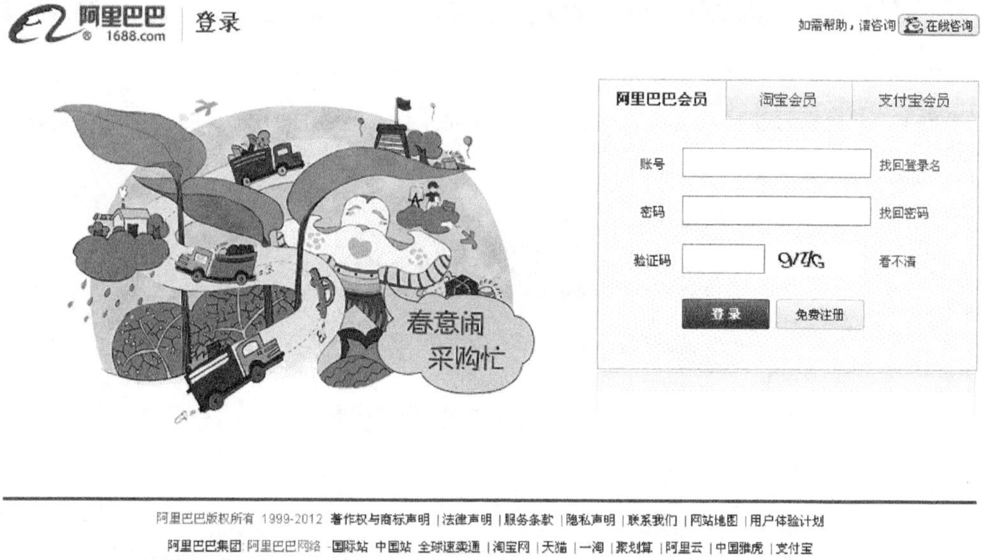

图 3-8 阿里巴巴中文网站登录页面

图 3-9 我的阿里

（3）进入"我的阿里"首页，选择"发布供应产品"，单击"我要发布"（图 3-13）。

（4）选择合适的产品类目，使产品信息出现在买家面前（图 3-14）。

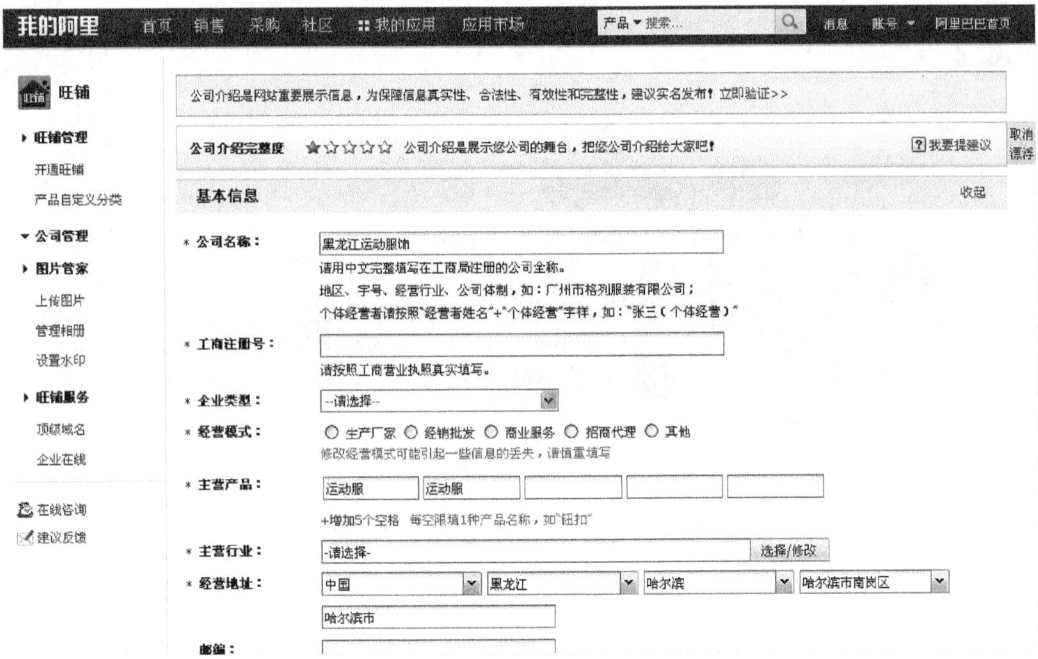

图 3-10　公司基本信息填写页面

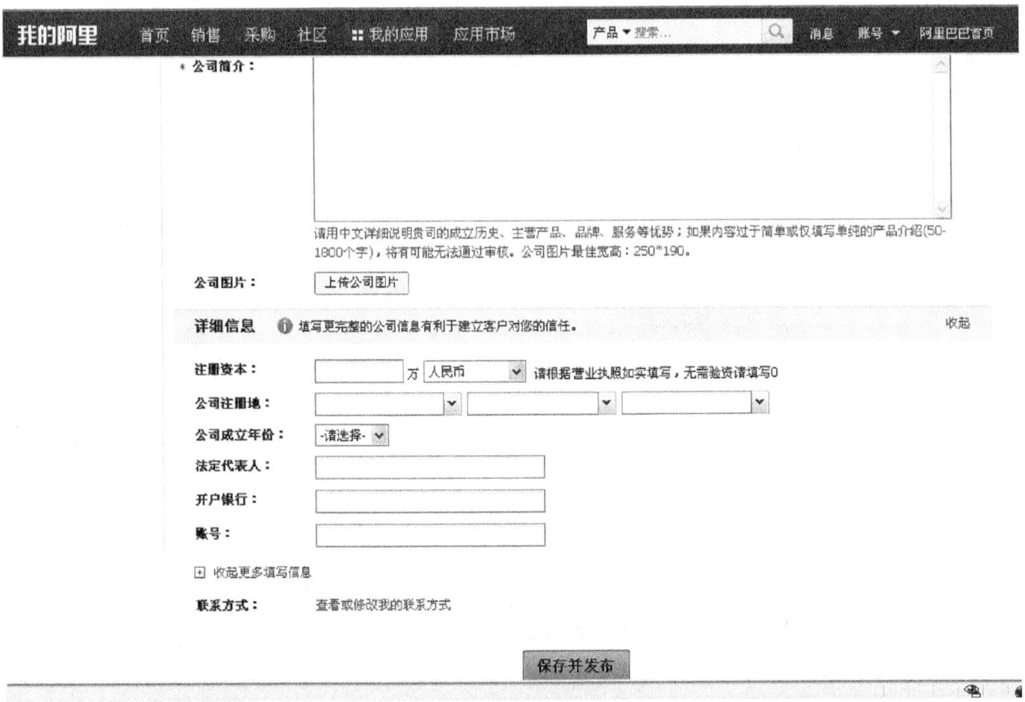

图 3-11　保存并发布公司介绍

（5）填写产品基本信息，包括产品属性、信息标题、产品图片和详细说明（图

图 3-12　发布成功

图 3-13　发布产品供应信息

3-15)，其中产品图片最多可上传 3 张（图 3-16）。最后填写交易条件并发布信息，以促成买家主动询盘（图 3-17）。

　　（6）进入"我的阿里"首页，选择"交易管理"，单击"我要销售"中的"已卖出的货品"。卖家可以通过选择买家会员名、交易状态、成交时间来查询产品的销售情况（图 3-18）。然后即可选择一条交易信息进行交易管理操作，包括订单详情、修改价格、

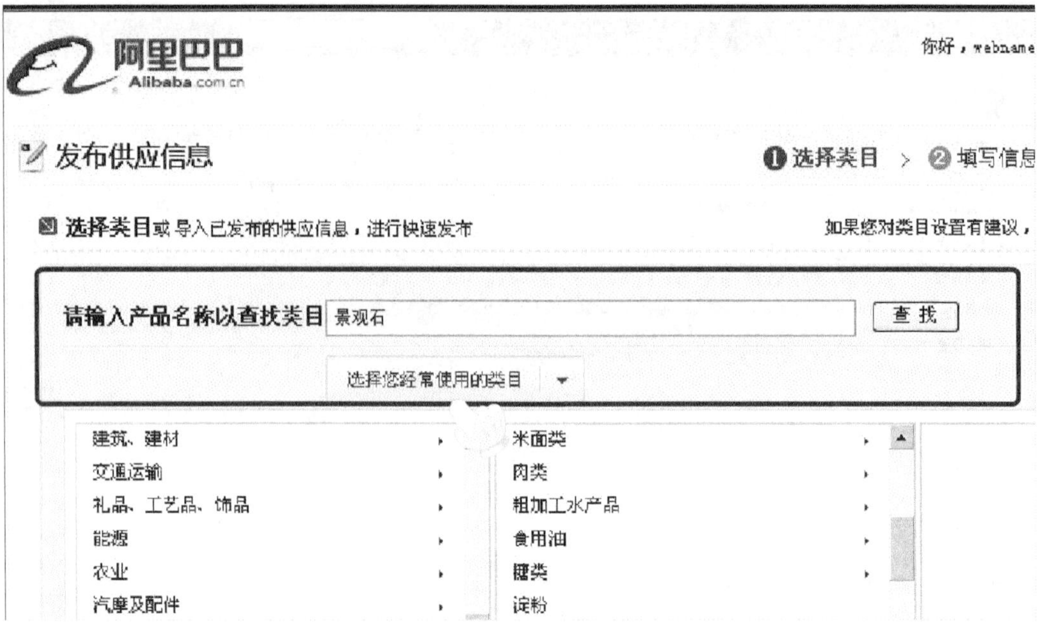

图 3-14　选择产品类目

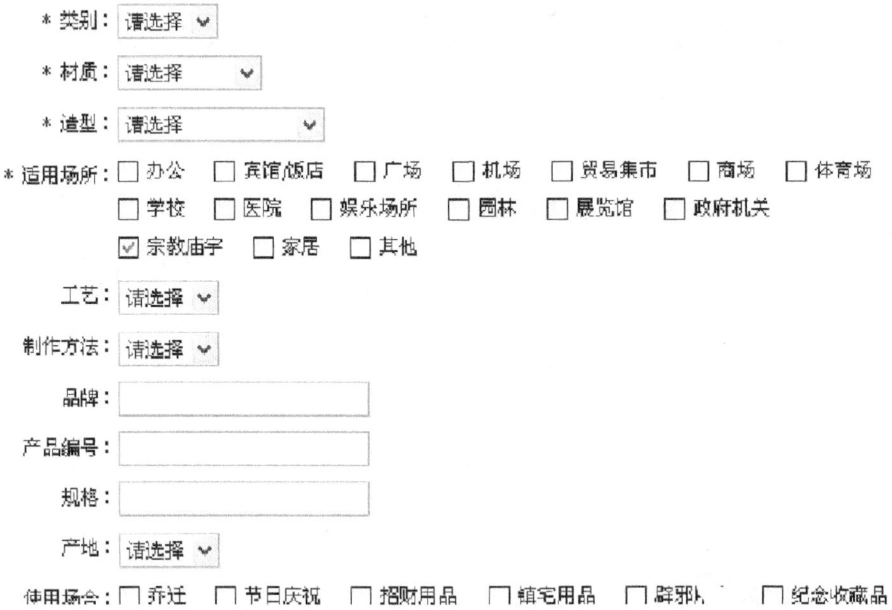

图 3-15　产品基本信息填写

关闭交易（图 3-19）。最后点击"发货"，并填写相关的物流信息（图 3-20）。

（三）阿里巴巴中文网站买家操作流程

（1）在 IE 浏览器中输入 http://www.alibaba.com.cn 或者 http://www.china.alibaba.com，登录到阿里巴巴中文网站，单击"请登录"或者主页导航条上的"我的

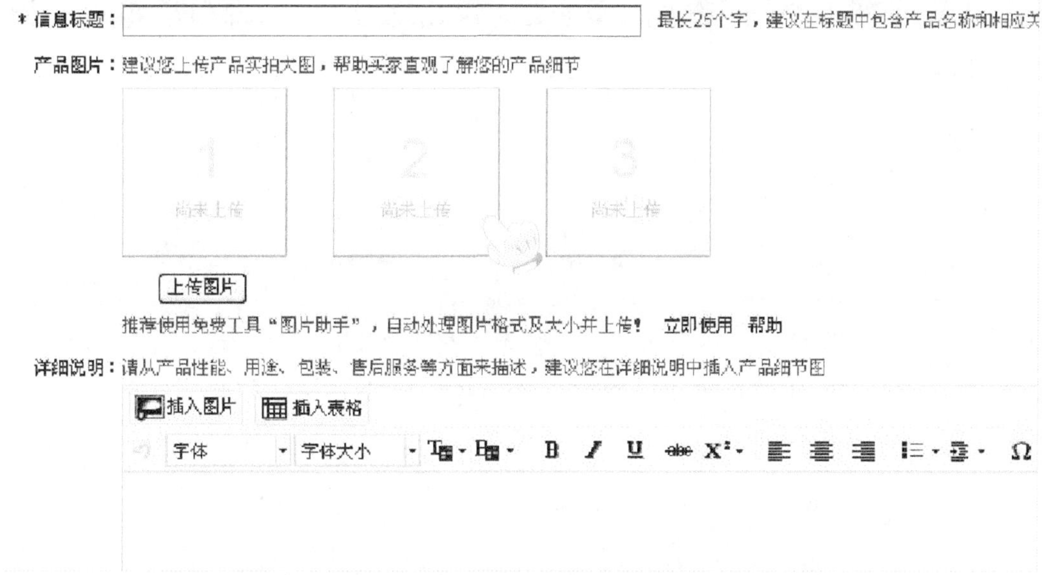

图 3-16　产品图片上传

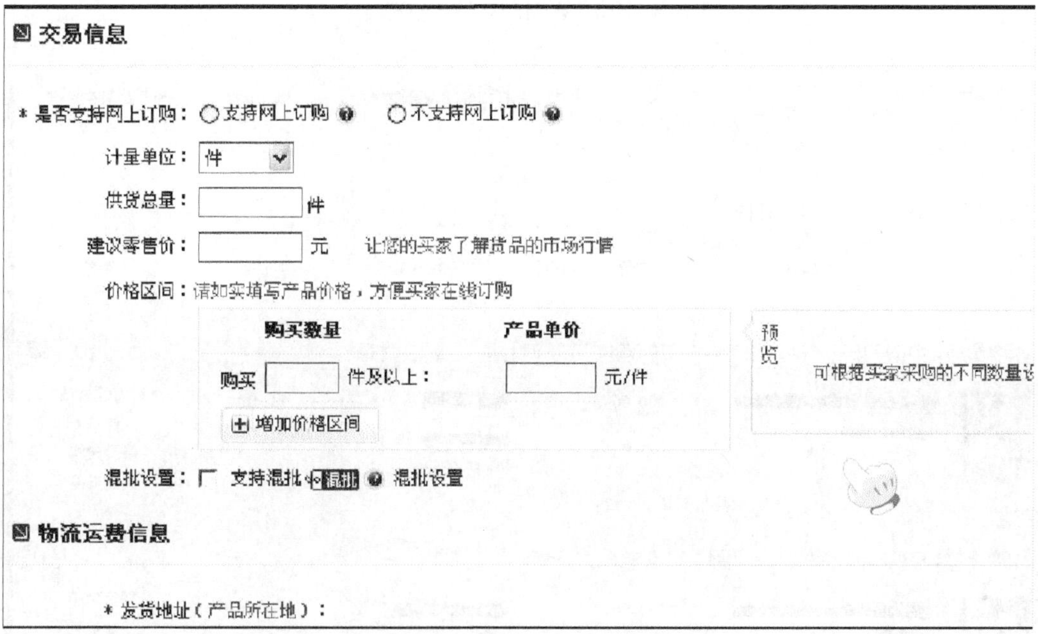

图 3-17　产品交易信息填写

阿里"，输入会员名和密码。

（2）在阿里巴巴中文网站的主页面中，买家可以单击"产品"、"公司"、"求购"按钮，并在搜索条上输入需要查找的信息关键字，单击"搜索"按钮就可以查找到相应的信息（图 3-21）。

图 3-18　查询产品销售情况

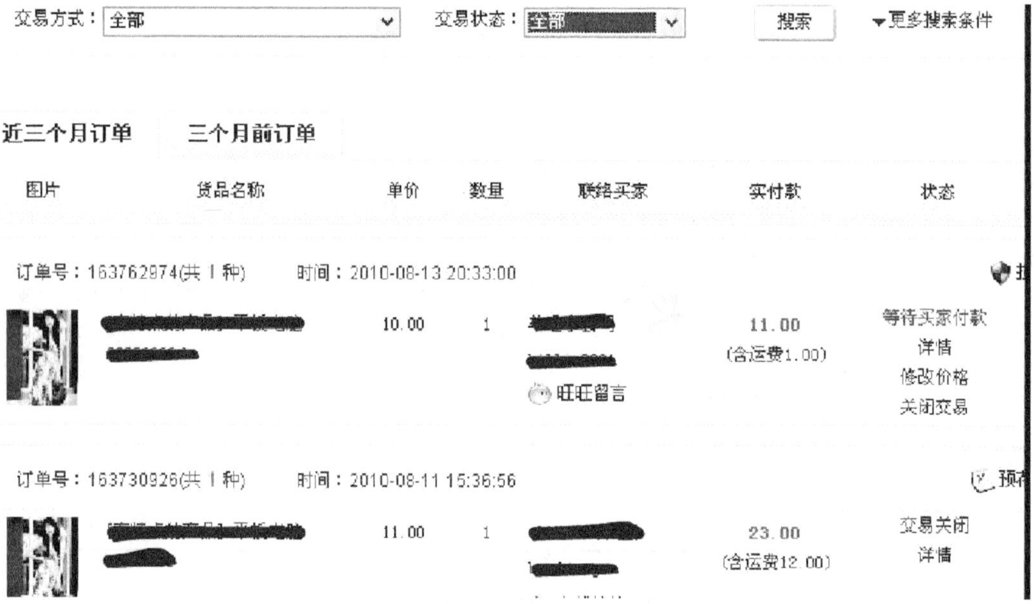

图 3-19　管理交易信息

（3）当选中查找到的商品中的两种或两种以上时，在页面的右侧会出现对比小窗口（图 3-22）。用户可以查看同类产品的性能、参数、供应公司实力的对比，然后再询价了解（图 3-23）。

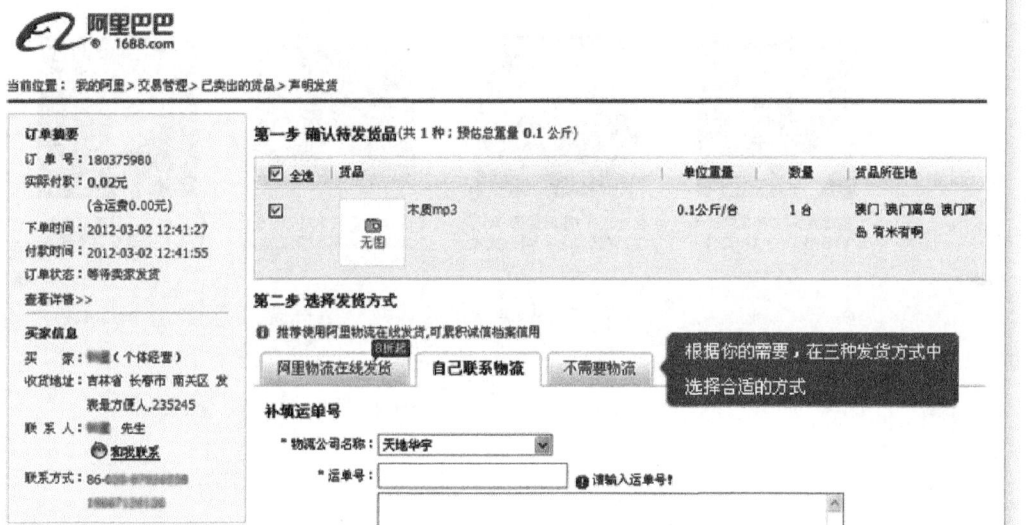

图 3-20　填写相关物流信息

图 3-21　搜索页面

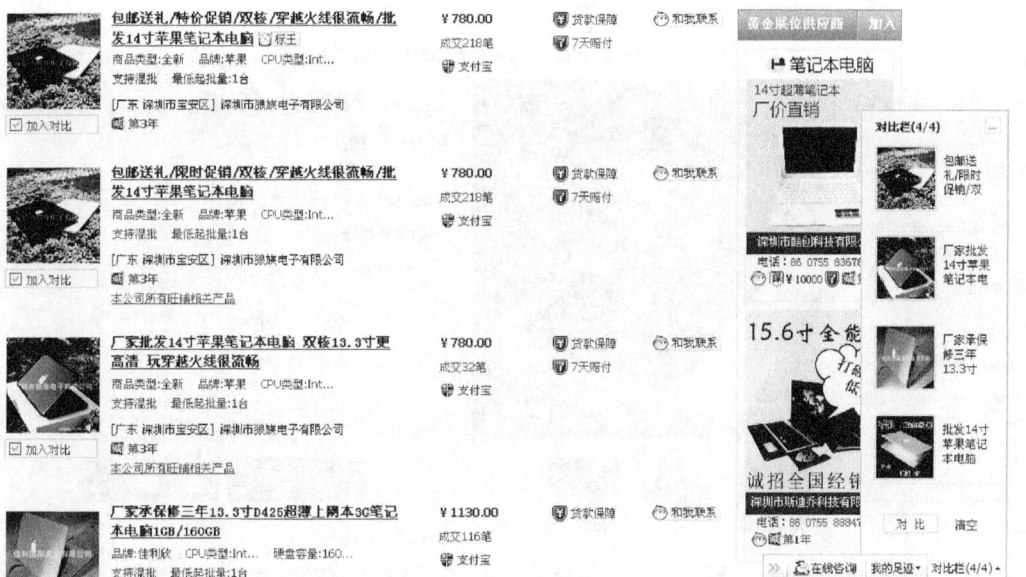

图 3-22　商品信息对比窗口

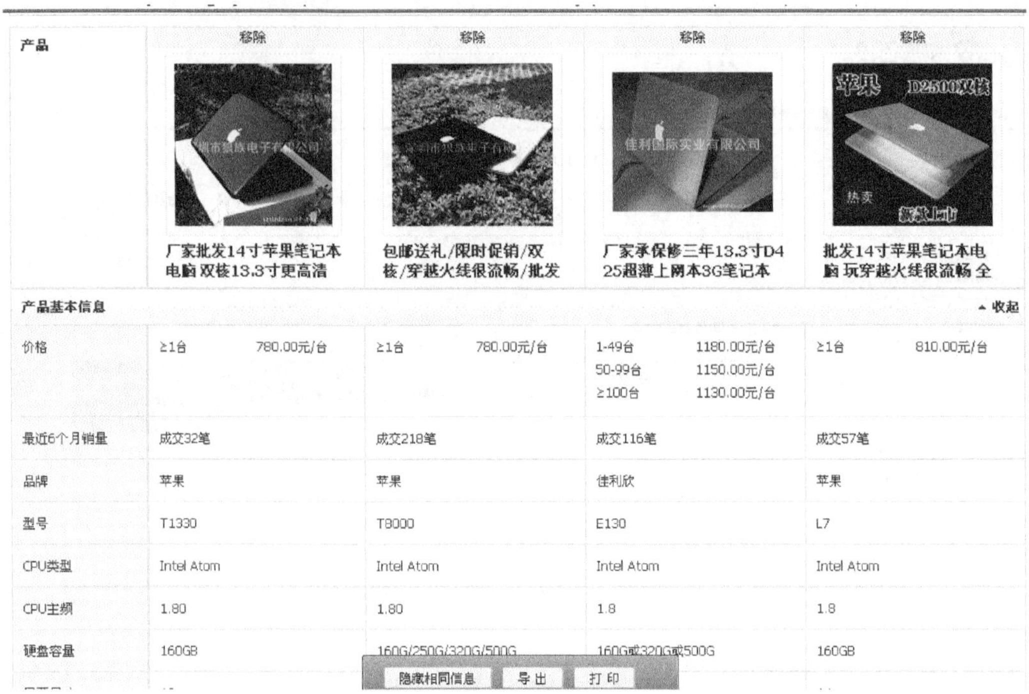

产品	移除	移除	移除	移除
	厂家批发14寸苹果笔记本电脑双核13.3寸更高清	包邮送礼/限时促销/双核/穿越火线很流畅/批发	厂家承保修三年13.3寸D425超薄上网本3G笔记本	批发14寸苹果笔记本电脑玩穿越火线很流畅 全

产品基本信息				▲ 收起
价格	≥1台 780.00元/台	≥1台 780.00元/台	1-49台 1180.00元/台 50-99台 1150.00元/台 ≥100台 1130.00元/台	≥1台 810.00元/台
最近6个月销量	成交32笔	成交218笔	成交116笔	成交57笔
品牌	苹果	苹果	佳利欣	苹果
型号	T1330	T8000	E130	L7
CPU类型	Intel Atom	Intel Atom	Intel Atom	Intel Atom
CPU主频	1.80	1.80	1.8	1.8
硬盘容量	160GB	160G/250G/320G/500G	160G或320G或500G	160GB

隐藏相同信息　导出　打印

图 3-23　商品具体参数对照

（4）了解完产品的详细情况后，进入订购页面后可以直接点击"立即订购"，如果还想要购买其他产品，可以将产品放入进货单（图 3-24），最后再进行付款。

1688首页 ＞供应产品 ＞数码、电脑 ＞笔记本电脑及配件 ＞笔记本电脑　　　　举报该信息

厂家批发14寸苹果笔记本电脑 双核13.3寸更高清 玩穿越火线很流畅　　　〈上一件 下一件〉

司 名：深圳市狼族电子有限公司
系 人：罗文学
证：
营模式：生产厂家
在地区：广东 深圳市宝安区
铺 数：共有 2 个旺铺

旺铺信息
信通指数：
品满意率：
员勋章：AA

收藏本旺铺 收藏数：10815

品名
价格　　　到

分享　收藏商品(81)

商品价格：780.00 — 1500.00 元/台 (不含运费)
最小起订量：1台
供应商支持：诚 退换
发货地点：广东 深圳 宝安区
累计出售：51台

选择规格　购买多款

内存容量：1G内存160G硬盘　2G内存160G硬盘
4G内存160G硬盘　1G内存250G硬盘
展开所有 ∨

我要订购：1　台 (可售数量：2589台)

立即订购　　加入进货单

商品评价：（共29条评价）
付款方式：网上银行付款　快捷支付　支付宝 ≫　在线咨询 我

图 3-24　商品购买页面

（5）如果暂时没有找到合适的供应商，买家可以在网上发布求购信息。在"我的阿里"页面中点击"采购"，选择"马上发布询价单"（图 3-25），详细填写询价单信息并确认提交（图 3-26）。

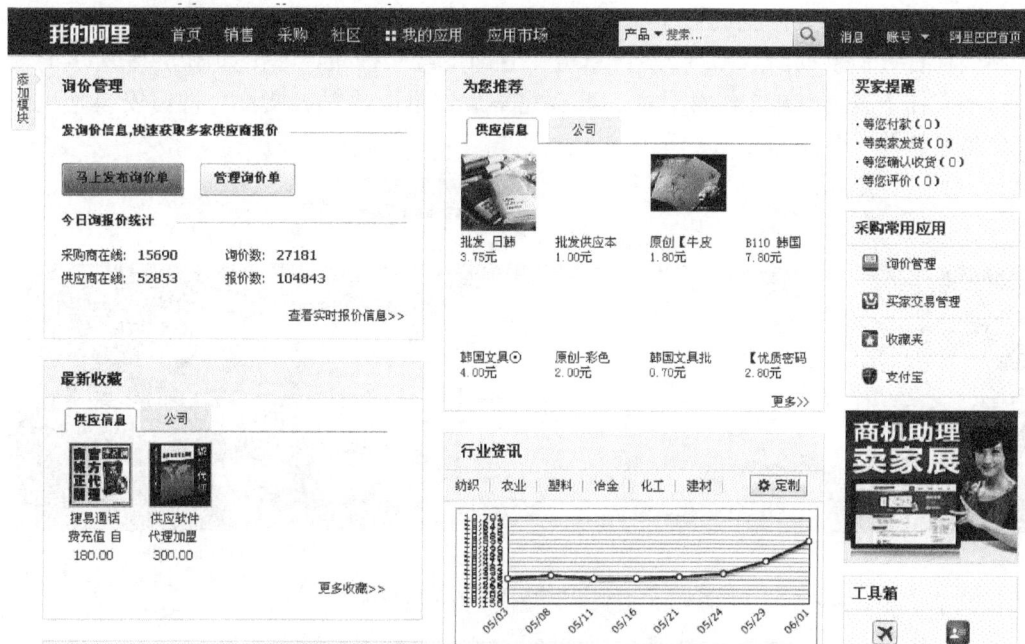

图 3-25　买家填写询价单

图 3-26　询价单填写页面

（四）网上贸易通信工具操作流程

（1）在 IE 浏览器中输入 http：//www. alibaba. com. cn 或者 http：//www. china. alibaba. com，登录到阿里巴巴中文网站，单击"阿里旺旺"按钮，进入阿里旺旺（中文站版）官方下载页面（图 3-27），单击"立即下载"按钮，弹出如图 3-28 所示的窗口，将文件下载到本地文件目录中。下载完毕后，单击"安装文件"按钮安装阿里旺旺贸易通软件（图 3-29）。

图 3-27　阿里旺旺（中文站版）主页

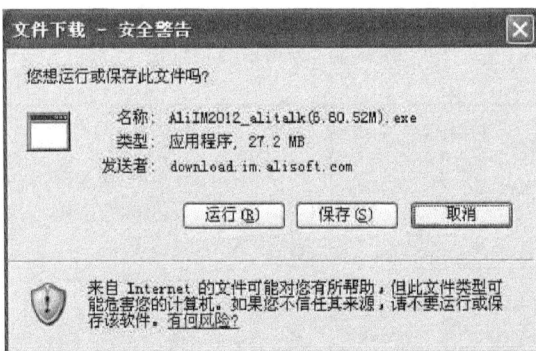

图 3-28　阿里旺旺（中文站版）保存页面

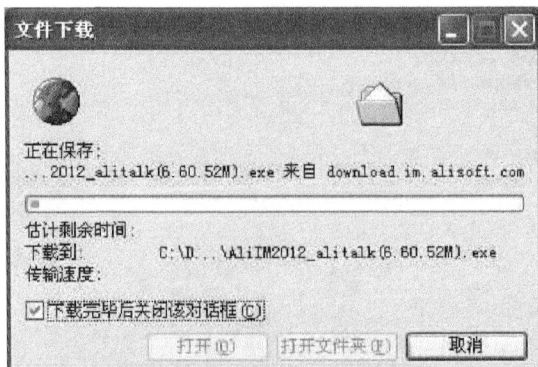

图 3-29　阿里旺旺（中文站版）下载页面

（2）安装完毕后，选择运行阿里巴巴贸易通软件，弹出登录界面（图 3-30）。单击"登录"按钮，进入联系人管理界面（图 3-31）。还可以查找并添加联系人（图 3-32）。

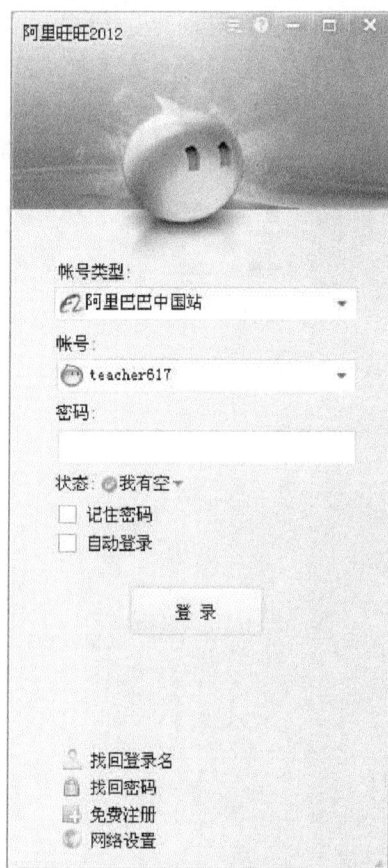

图 3-30　阿里旺旺（中文站版）登录页面　　　图 3-31　阿里旺旺（中文站版）登录成功页面

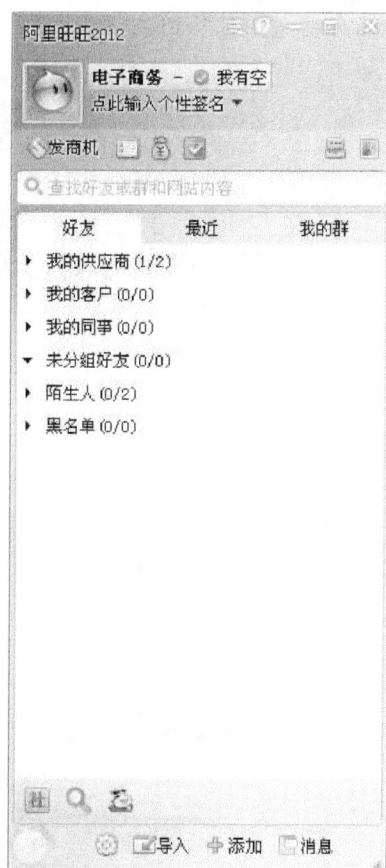

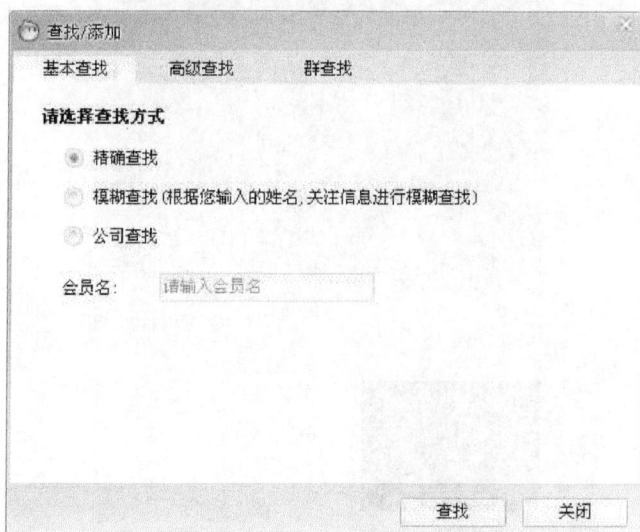

图 3-32　查找添加联系人

（3）双击贸易通上的卖家名字及时联系卖家（图3-33）。如果对方在线，可以即时通信，发送文本消息，交流产品信息，进行商业洽谈；如果对方不在线，可以给对方留言或给对方发送短信。单击"视频"图标可以和商友在网上面对面地进行视频（图3-34）。单击"发送文件"图标可以将产品图片、报价表和合同直接传给对方（图3-35）。

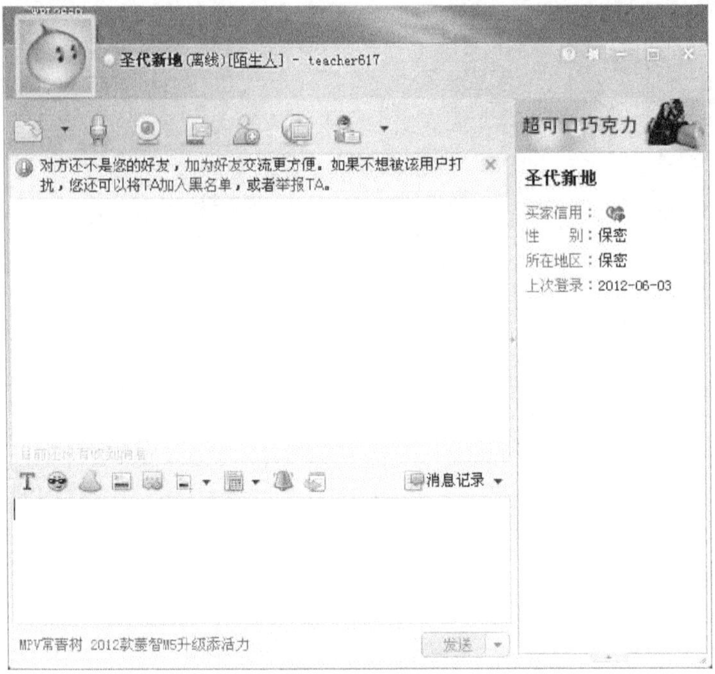

图 3-33　发送消息窗口

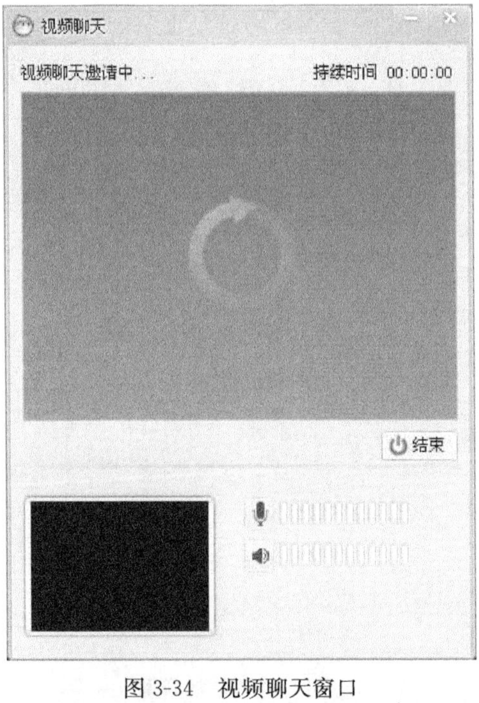

图 3-34　视频聊天窗口

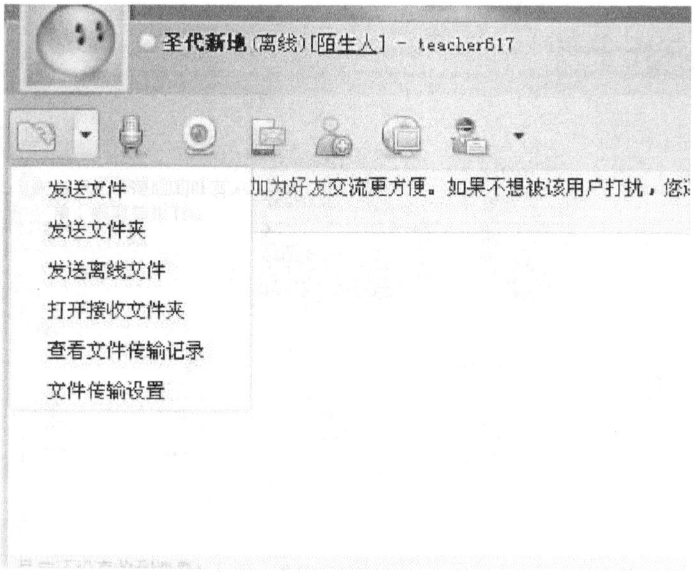

图 3-35　发送文件窗口

实训二　B2C 电子交易——亚马逊中国

【实训简介】

企业与消费者之间的电子商务模式（B2C）是指企业与消费者之间依托互联网等现代信息技术手段进行的商务活动。B2C 模式是一种电子化的零售，主要采取在线销售形式，以网络手段实现公众消费或向公众提供服务，并保证与其相关的付款方式的电子化。目前有各种类型的网上商店或虚拟商业中心向消费者提供从鲜花、书籍、食品、饮料、玩具到计算机、汽车等各种商品和服务，几乎包括了所有的消费品。本实训项目以亚马逊中国网站为例，通过网站会员注册、网上购物以及订单的管理，从而使学生真正了解到消费者通过网络在网上购物和支付的便利性。

【实训目的】

1. 了解亚马逊中国网站会员注册流程。

2. 掌握亚马逊中国网站网上购物操作流程。

3. 掌握亚马逊中国网站订单管理操作流程。

【实训内容与操作步骤】

（一）亚马逊中国网站会员注册流程

双击桌面上的 IE 浏览器，在地址栏中输入http://www. amazon. cn，登录到亚马逊中国网站首页，单击"点这里注册"按钮（图 3-36）。如果是新用户，先输入一个用户名，选择"我是一个新客户"，单击"登录"按钮；输入姓名、E-mail 地址、密码后点击"完成"，注册完成（图 3-37、图 3-38）。如果是已注册用户，直接输入用户名和密码登录。

图 3-36　亚马逊中国网站主页

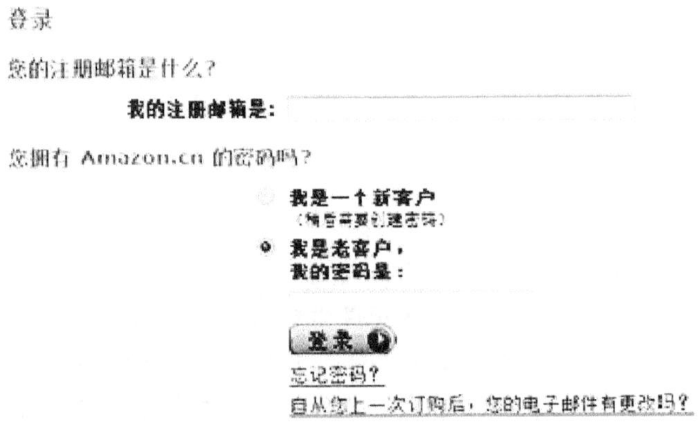

图 3-37　亚马逊中国网站注册页面

图 3-38　亚马逊中国网站注册信息填写页面

（二）亚马逊中国网站网上购物操作流程

（1）在搜索栏中输入需要购买的商品名称或关键字进行商品搜索，此时搜索栏下拉菜单中将显示与之相关的商品内容，用户选择后单击"搜索"按钮，即可搜索出所有符合条件的商品（图3-39）。

图 3-39　商品搜索页面

（2）搜索商品后，进入商品详细介绍页面。在此页面中用户可以查看到商品的价格、商品库存信息（图3-40）。当用户单击商品图片后，可以看到大图（图3-41）。

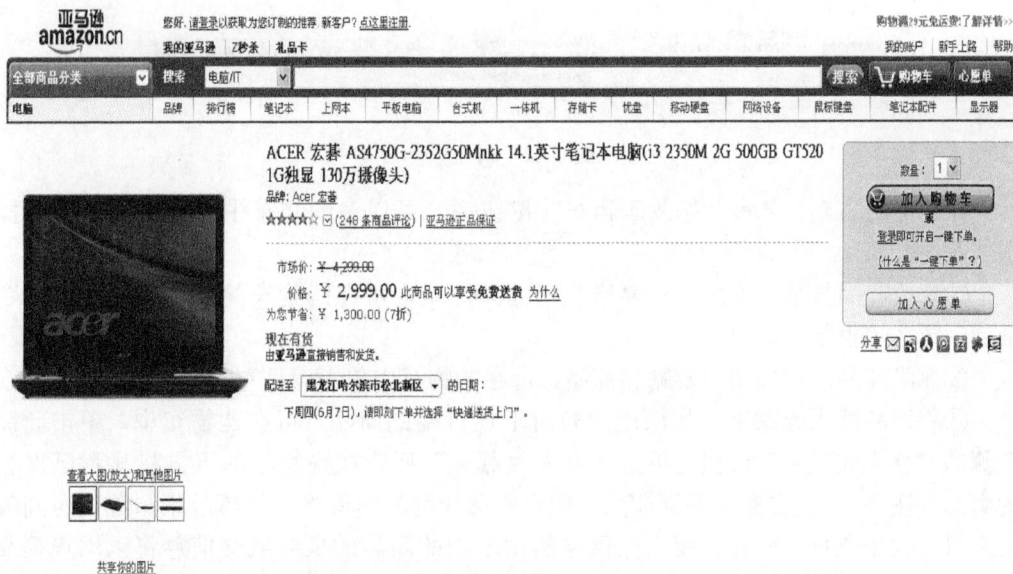

图 3-40　商品购买页面

图 3-41　商品大图

（3）选择完商品后，单击"加入购物车"，商品放入购物车后，页面自动转入购物车页面（图 3-42）。

图 3-42　购物车

在页面的右侧，单击"修改购物车"按钮后，可以对购物车中的商品进行下列操作（图 3-43）：

①修改商品数量。如果用户要修改商品的数量，可在购物车的"数量"处输入数量后，单击"更新"按钮。

②删除商品。如果用户要删除商品，可在购物车中单击商品左侧的"删除"按钮。

③将商品移入收藏夹。如果用户暂时不想订购此商品，可在购物车中，单击商品左侧的"移入收藏夹"按钮，单击"移入收藏夹"后，在购物车的下方将显示已保存的商品（图 3-44）。在商品保留期间，用户所选择商品的价格、优惠政策、配送时间等信息可能发生变化。因此，用户保留在购物车中的商品的最终成交信息将以用户提交订单成功时亚马逊中国公布的信息为准。

（4）用户确认选购商品无误后，可单击"进入结算中心"，进行结算。在结算中心

图 3-43　修改购物车信息

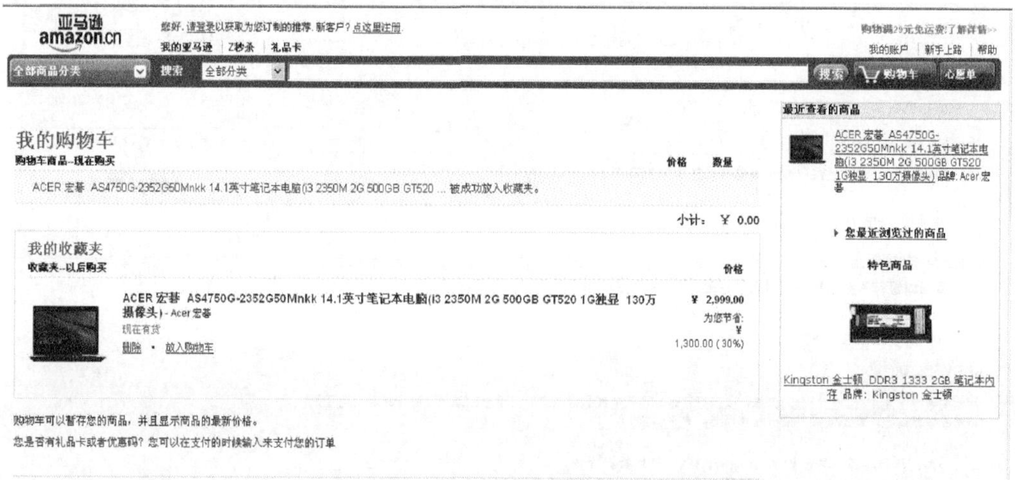

图 3-44　收藏商品信息

页面中包括送货地址、付款方式等信息，如果用户有礼品卡充值码或促销优惠码，可以在付款时输入礼品卡充值码或促销优惠码（图 3-45、图 3-46）。

（三）亚马逊中国网站订单管理操作流程

（1）登录"我的账户"后，用户可以查看最近和未发货的订单（图 3-47）。

（2）如果订单包裹状态为"已从库房发出"，可以联系配送公司修改订单信息（图 3-48）；如果订单包裹状态为"即将发货"，可以点击"联系我们"修改订单信息或者待成功发货后，直接联系配送公司进行修改；如果订单包裹状态为"尚未发货"，可以自己修改订单信息（图 3-49）。具体包括以下几个操作步骤。

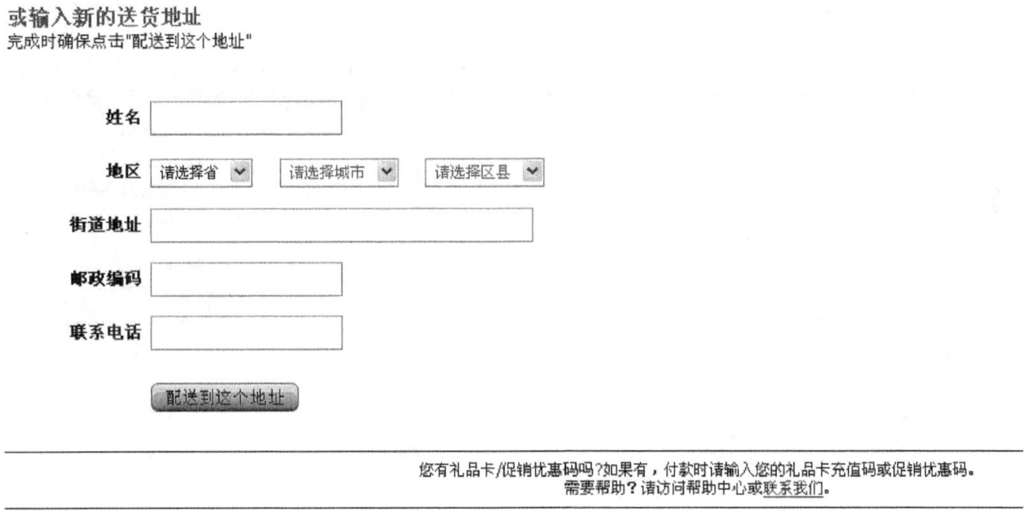

或输入新的送货地址
完成时确保点击"配送到这个地址"

姓名 [　　　　　]

地区 [请选择省 ▾] [请选择城市 ▾] [请选择区县 ▾]

街道地址 [　　　　　　　　　]

邮政编码 [　　　　　]

联系电话 [　　　　　]

[配送到这个地址]

您有礼品卡/促销优惠码吗?如果有,付款时请输入您的礼品卡充值码或促销优惠码。
需要帮助?请访问帮助中心或联系我们。

图 3-45　填写物流信息

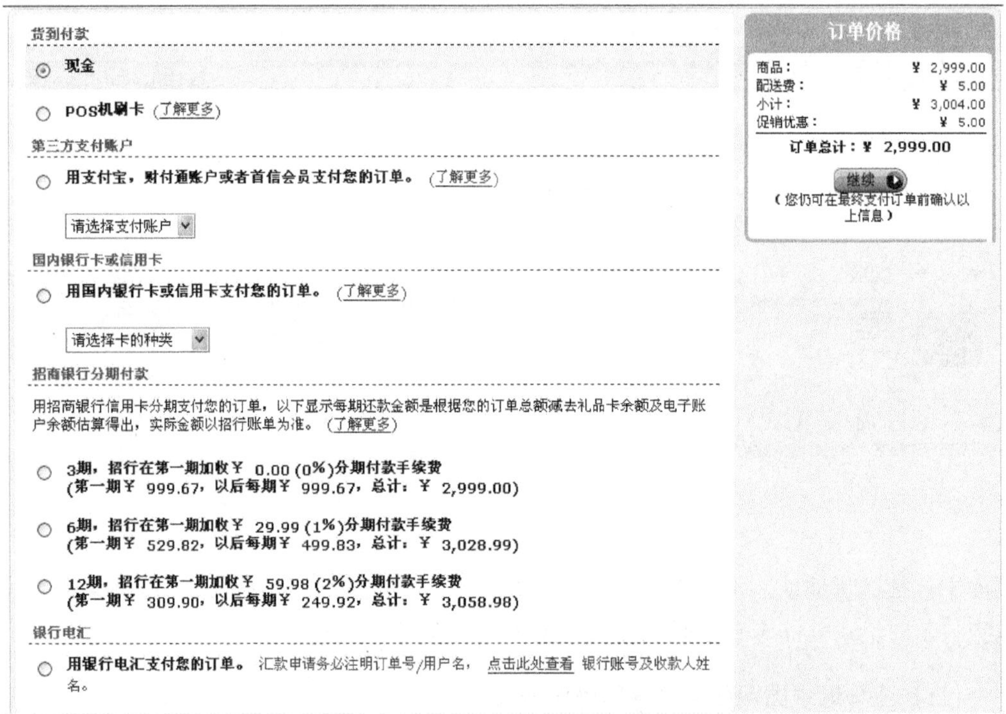

图 3-46　填写付款信息

①修改支付方式。在"我的账户"订单信息中查询到需要修改的订单,并且该订单的操作状态显示为"查看或修改订单"。

在付款信息中单击"修改支付方式"按钮,为尚未支付款项选择其支付方式。但是,用户只能在订单中修改未支付或未全部支付部分的支付方式。修改后等待后台处

我的账户

查看订单
查看和修改最近的订单

查看历史记录
我的订单 ▶
查看未结订单

更多订单操作
退换商品
查看您与卖家之间的电子邮件

图 3-47　查看订单记录

第1个包裹，共1个包裹
已从库房发出
预计送达日期：**11年 3月 30日**

刮痧拔罐祛百病
《国医绝学健康馆》编委会
卖家：亚马逊
能做什么 ▼

跟踪您的包裹

需要退货

图 3-48　修改已发货订单信息

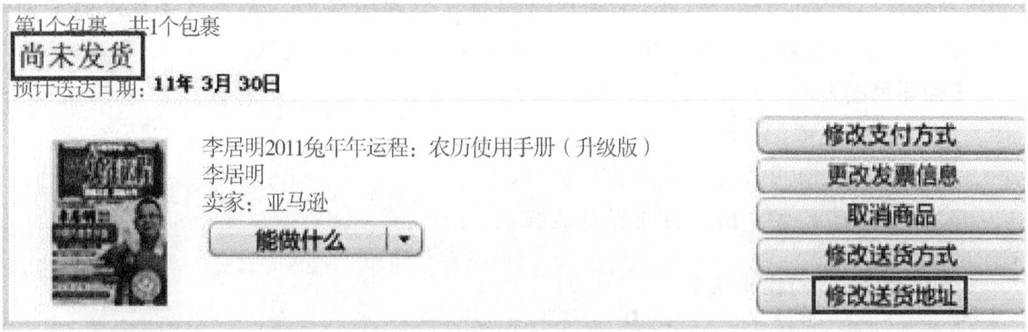

第1个包裹，共1个包裹
尚未发货
预计送达日期：**11年 3月 30日**

李居明2011兔年年运程：农历使用手册（升级版）
李居明
卖家：亚马逊
能做什么 ▼

修改支付方式
更改发票信息
取消商品
修改送货方式
修改送货地址

图 3-49　修改未发货订单信息

理，1～2分钟后，系统会提示用户修改是否成功。

②修改送货地址。在"我的账户"订单信息中查询到需要修改的订单，并且该订单的操作状态显示为"查看或修改订单"。

在配送地址处单击"修改送货地址"按钮，可修改收货人姓名、地址、邮编、E-mail、电话。用户在选择送货地址或者使用新的送货地址时，请填写同一城市内的送货地址。修改后等待后台处理，1～2 分钟后，系统会提示用户修改是否成功。

③修改发票。在"我的账户"订单信息中查询到需要修改的订单，并且该订单的操作状态显示为"查看或修改订单"。

在付款信息中单击"更改发票信息"按钮，选择发票开具。填写发票抬头并选择商品名称。修改后等待后台处理，1～2分钟后，系统会提示用户修改是否成功。

④修改送货方式。在"我的账户"订单信息中查询到需要修改的订单，并且该订单的操作状态显示为"查看或修改订单"。

在送货方式处单击"修改送货方式"按钮，选择所需的送货方式。修改送货方式如引起运费增加，可对未支付金额选择支付方式。修改后等待后台处理，1～2分钟后，系统会提示用户修改是否成功。

⑤删除商品。在"我的账户"订单信息中查询到需要修改的订单，并且该订单的操作状态显示为"查看或修改订单"。

在订单浏览页面单击"取消商品"按钮。等待后台处理，1～2分钟后，系统会提示用户修改是否成功。

对于订单中已发货的包裹，则无法添加或修改其商品。订单发货后，选择送货上门的用户如需修改地址，建议拒收全部商品后重新订购。平邮、国内特快专递、海外订单因邮局无法操作，发出后无法修改地址。

实训三　C2C 电子交易——淘宝网

【实训简介】

消费者与消费者之间的电子商务模式（C2C）是指消费者与消费者之间通过互联网进行的个人交易，如网上拍卖等。这种模式使卖方可以主动提供商品网上拍卖，而买方可以自行选择商品进行竞价，为消费者提供了便利与实惠。本实训项目以淘宝网为例，使学生亲身体验买家和卖家进行网上购物和网上开店的流程。

【实训目的】

1. 了解淘宝网会员注册流程。
2. 掌握淘宝网买家网上购物操作流程。
3. 掌握淘宝网卖家网上开店操作流程。

【实训内容与操作步骤】

（一）淘宝网会员注册流程

（1）双击桌面上的 IE 浏览器，在地址栏中输入 http://www.taobao.com，登录到淘宝网，单击首页中的"免费注册"按钮，开始注册（图 3-50）。

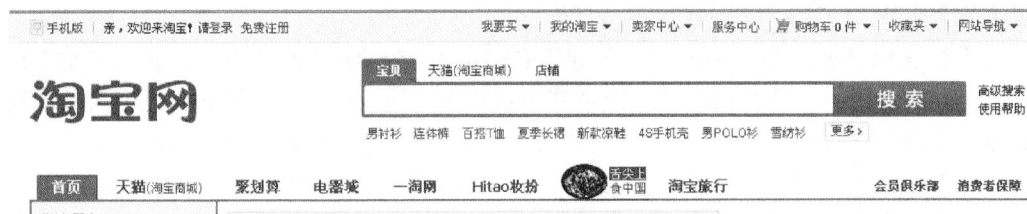

图 3-50　淘宝网

（2）进入注册页面（图 3-51），填写会员名、密码和验证码，单击"同意以下协议并注册"按钮，进入验证用户信息页面，用户可以通过填写手机号码获取校验码，填写校验码后账户验证成功（图 3-52）。用户也可以通过电子邮箱验证账户信息（图 3-53）。

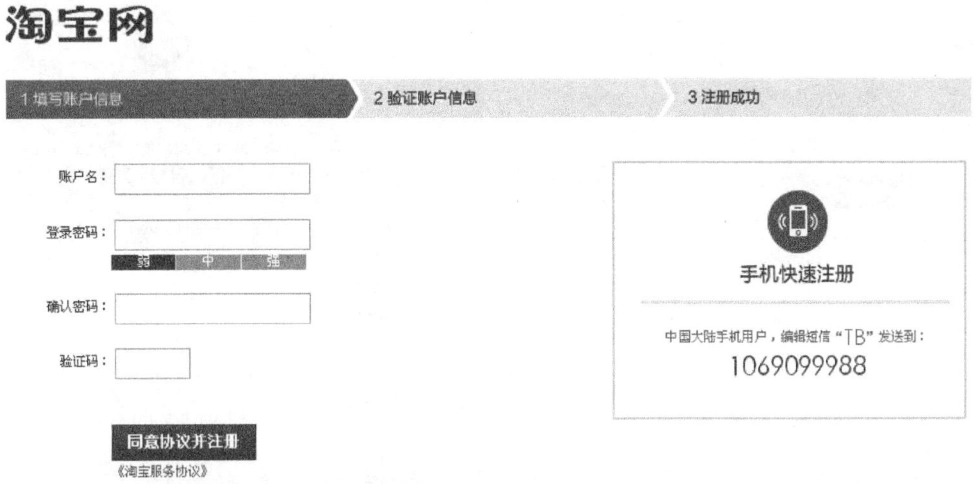

图 3-51　淘宝网注册

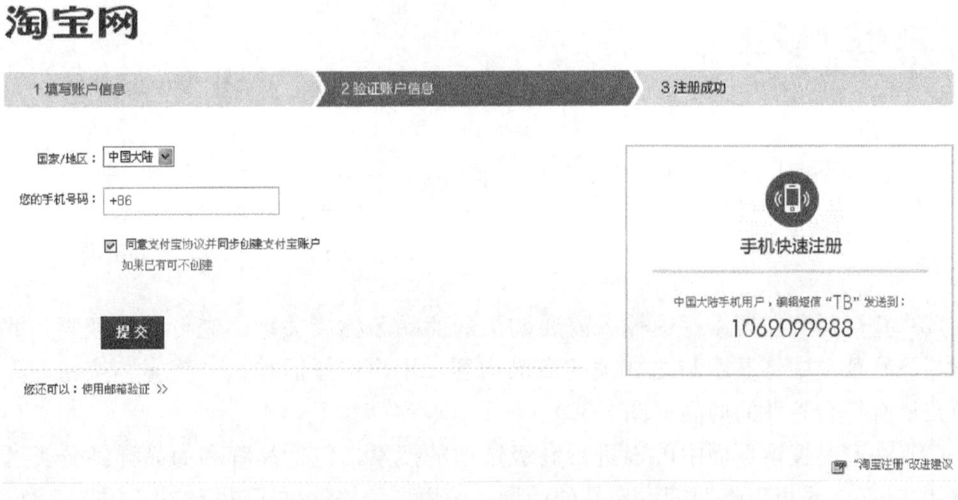

图 3-52　手机验证注册信息

（3）账户验证成功后，即可通过用户名或手机号码进行登录。登录账号后，要进行支付宝账户的注册和激活（详见第四章）。

（二）淘宝网买家网上购物操作流程

（1）双击桌面上的 IE 浏览器，在地址栏中输入 http://www.taobao.com，登录到淘宝网，单击首页中的"登录"按钮（图 3-54）。在登录页面中输入账户名和密码，单击"登录"按钮（图 3-55）。

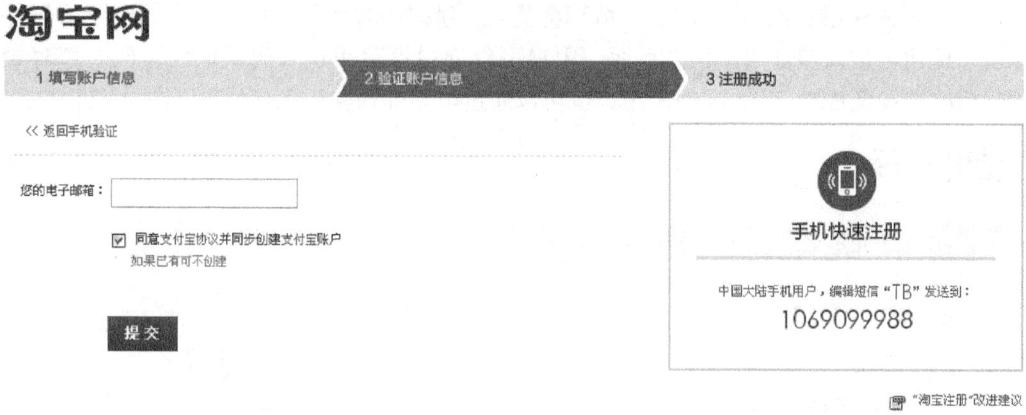

淘宝网

| 1 填写账户信息 | 2 验证账户信息 | 3 注册成功 |

《 返回手机验证

您的电子邮箱：[　　　　　　　　　　　]

☑ 同意支付宝协议并同步创建支付宝账户
　　如果已有可不创建

[提 交]

📱
手机快速注册

中国大陆手机用户，编辑短信 "TB" 发送到：
1069099988

"淘宝注册"改进建议

图 3-53　邮箱验证注册信息

www.taobao.com/

📱手机版 | 亲，欢迎来淘宝！请登录 免费注册 新会员专

淘宝网

图 3-54　登录页面

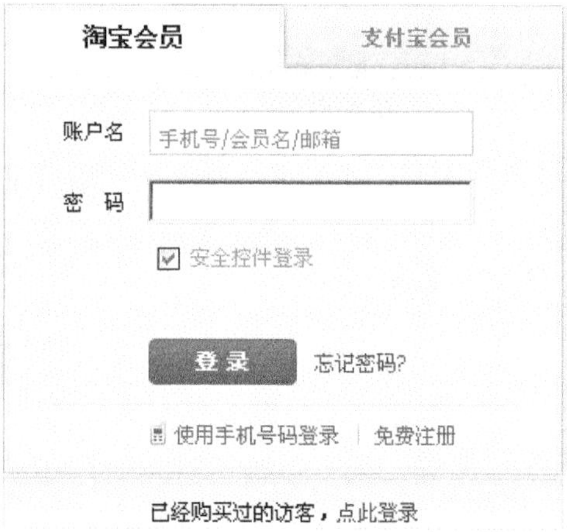

| 淘宝会员 | 支付宝会员 |

账户名　[手机号/会员名/邮箱]

密　码　[　　　　　　　　　]

☑ 安全控件登录

[登 录]　忘记密码?

使用手机号码登录 | 免费注册

已经购买过的访客，点此登录

图 3-55　填写账户名和密码

（2）登录后可在搜索栏中输入需要购买的商品名称或关键字进行商品搜索，此时搜索栏下拉菜单中将显示与之相关的商品内容，用户选择后单击"搜索"按钮，即可搜索出所有符合条件的商品（图 3-56）。

（3）在商品搜索页面中可以进行高级选项的搜索，包括品牌和商品详细分类的选择（图 3-57），也可以按照搜索商品的销量、信用、价格的排序进行选择（图 3-58）。

（4）在搜索页面中选择想要购买的商品（图 3-59），单击商品图片或名称进入商品详细介绍页面（图 3-60）。选择要购买商品的颜色、规格、数量后，如果还想继续购买该商家的其他商品，可以将现在的商品先放入购物车中，页面中会出现已成功添加到购物车中的提示窗口（图 3-61）。关掉提示窗口后你可以继续选择商品，单击进入"我的购物车"页面，可以对购物车里的商品进行数量的增加、收藏和删除等（图 3-62）。

（5）商品选择完后点击"结算"按钮进入结算页面，其包括收货地址和订单的详细信息（图 3-63）。在此页面中买家可以修改收货地址、商品数量等。最后单击"提交订单"按钮（图 3-64）。

图 3-56 商品搜索页面

图 3-57 按品牌搜索

（6）在支付页面中，可以直接用支付宝中的余额进行付款。如果支付宝账户余额不足，可以先充值再进行付款（图3-65）。

（7）在付款页面中，可以选择快捷支付（图3-66）、网银付款（图3-67）、找人代付（图3-68）、货到付款（图3-69）四种方式进行付款。付款成功后，系统会显示提示付款成功的页面，买方等待收货（图3-70）。

（8）登录"我的淘宝"，单击"已买到的宝贝"（图3-71），选择"确认收货"按钮。

在弹出的页面中输入支付宝支付密码后单击"确定"按钮（图3-72）。

图 3-58　按销量、信用、价格搜索

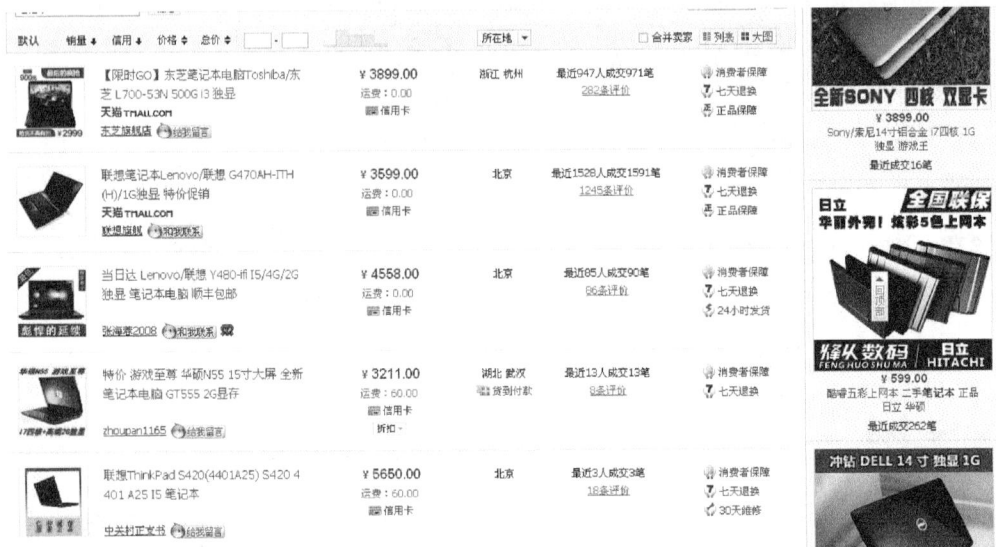

图 3-59　商品信息介绍页面

（9）支付宝交易成功后，整个交易过程还没有结束，买卖双方还需要对对方的交易行为进行客观的评价。通过评价，使其他买家和卖家对交易双方的交易行为有一个客观的认识，为评判双方的信誉提供客观依据，增加双方交易过程中的约束力。因此，买家在交易结束后，还需要对卖家做出公正、客观的评价。单击"给对方评价"按钮（图 3-73），填写完评价后，单击"提交评论"（图 3-74），买家做出评价后，系统会有相应提示，如图 3-75 所示。

（三）淘宝网卖家网上开店操作流程

（1）双击桌面上的 IE 浏览器，在地址栏中输入http：//www. taobao. com，登录到淘宝网，单击首页中的"登录"按钮（图 3-54）。在登录页面中输入账户名和密码，单击"登录"按钮（图 3-55）。

（2）单击"卖家中心"，选择"免费开店"按钮（图 3-76），网上开店要完成三项任务，开店任务不分先后顺序，可以同时进行，包括开店认证、在线考试和完善店铺

SONY14寸索尼笔记本电脑二代酷睿i7四核双显卡1G独显游戏本包邮

价　　格：　~~3050.00~~—~~5000.00~~ 元

参加促销：　**促销价 3665.10** 元

物流运费：　广东深圳 | 卖家承担运费

30天售出：　8件

评　　价：　★★★★★5.0分 | 6条评价

宝贝类型：　全新 | 6236次浏览

颜色分类：　[I7双核四线程] [I7四核八线程] [I5双核四线程]

笔记本套　　[套餐一] [套餐二] [套餐三]
餐：

购买数量：　[－ 1 ＋] 件（库存446件）

[立刻购买] [加入购物车]

图 3-60　商品详细介绍页面

价　　格：　~~4000.00~~元

参加促销：　**促销价 4643.60** 元

物流运费：　广东深圳 | 卖家承担运费

30天售出：　8件

评　　价：　★★★★★5.0分 | 6条评价

宝贝类型：　全新 | 6236次浏览

颜色分类：　[I7双核四线程] [I7四核八线程] [I5双核四线程]

笔记本套　　[套餐一] [套餐二] [套餐三]
餐：

✓ **宝贝已成功添加到购物车！**　　　× 关闭

购物车共有 1 种宝贝，合计：4888.00 元

[去购物车结算]　关闭宝贝页面

❤ 喜欢 (4)　　📖 收藏宝贝 (124)

搜索店内宝贝

关键字：[　　　　]

价格：[　　] 到 [　　]

[搜索]

宝贝详情

品牌：Sony/索尼

屏幕尺寸：14寸

Intel Core/酷睿 i7

购买此宝贝的用户还购买了：

HP/惠普 cq40　Sony/索尼　【全新原装】　微软Microsoft
cq45 DV4集成　VPCSE1S1C笔　HP　　　　鼠标垫 超柔超
￥390.00　　￥3240.00　￥185.00　￥10.00
已售28件　　已售35件　　已售12件　　已售5件

图 3-61　购物车小窗口

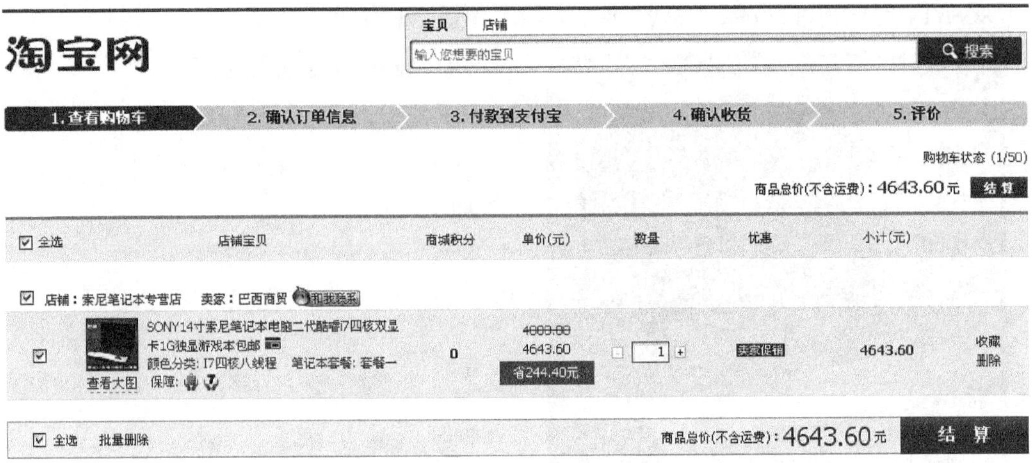

图 3-62　购物车详细信息

图 3-63　确认收货地址

信息（图 3-77）。

　　①开店认证包括支付宝实名认证（详见第四章）和淘宝身份信息认证。在"我是卖家"页面中，单击"开店认证"进行淘宝身份信息认证（图 3-78）。淘宝身份信息认证需要提交一张手持身份证正面头部照和一张上半身照，单击"点击上传"按钮，提交完照片后单击"提交照片审核"（图 3-79）。提交成功后淘宝会在 1 个工作日内完成审核，审核通过后页面会显示"已认证"（图 3-80）。

　　②开店认证结束后，可以进行在线考试，单击"开始考试"按钮，开始进行在线答题（图 3-81）。

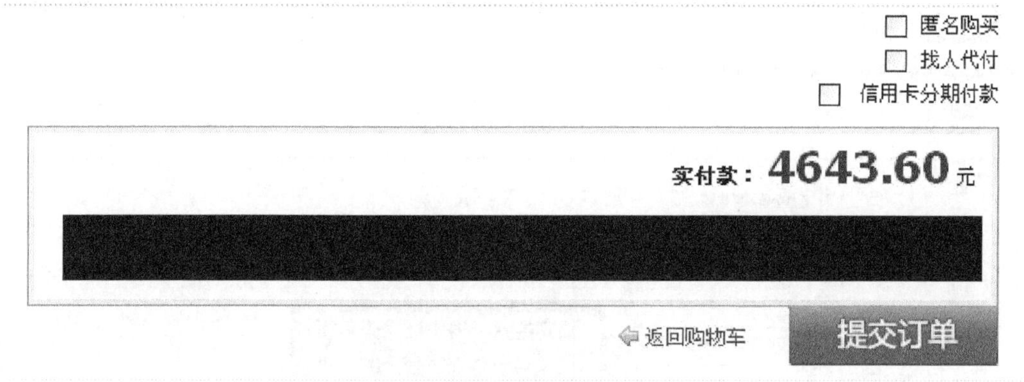

☐ 匿名购买
☐ 找人代付
☐ 信用卡分期付款

实付款：**4643.60** 元

⇦ 返回购物车　　提交订单

图 3-64　提交订单

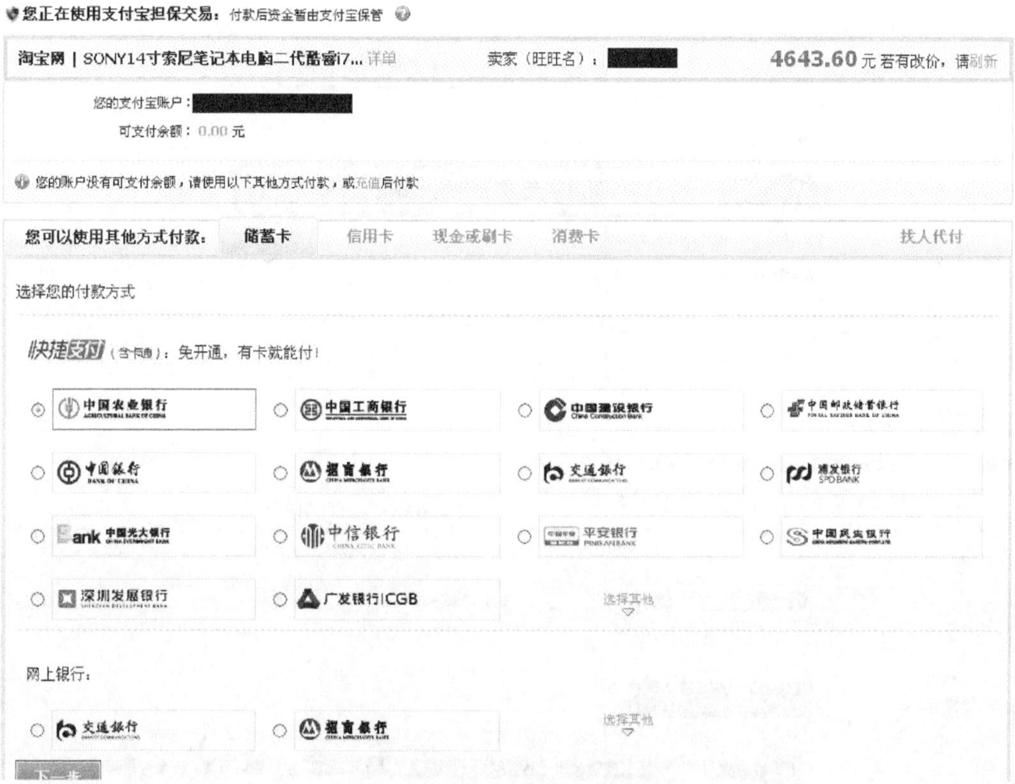

● 您正在使用支付宝担保交易：付款后资金暂由支付宝保管 ❓

| 淘宝网 \| SONY14寸索尼笔记本电脑二代酷睿i7… 详单 | 卖家（旺旺名）： | 4643.60 元 若有改价，请刷新 |

您的支付宝账户：

可支付余额：0.00 元

⚠ 您的账户没有可支付余额，请使用以下其他方式付款，或充值后付款

| 您可以使用其他方式付款： | **储蓄卡** | 信用卡 | 现金或刷卡 | 消费卡 | 找人代付 |

选择您的付款方式

快捷支付 (含快捷)：免开通，有卡就能付！

○ 中国农业银行　　○ 中国工商银行　　○ 中国建设银行　　○ 中国邮政储蓄银行

○ 中国银行　　○ 招商银行　　○ 交通银行　　○ 浦发银行

○ 中国光大银行　　○ 中信银行　　○ 平安银行　　○ 中国民生银行

○ 深圳发展银行　　○ 广发银行|CGB　　　　选择其他 ▽

网上银行：

○ 交通银行　　○ 招商银行　　　　选择其他 ▽

下一步

图 3-65　付款页面

③在线考试通过后，选择"请点击这里填写店铺信息，创建店铺吧"，单击"填写店铺信息"按钮（图3-82）。弹出"诚信经营承诺书"窗口，单击"同意"按钮（图3-83）。在店铺基本信息页面中填写店铺名称、店铺标志、店铺类目、店铺简介、经营类型、联系地址、邮政编码、店铺介绍、主要货源等信息（图3-84）。填写完毕后，单击"保存"按钮，提交成功后，会显示"恭喜你！开店成功啦！"（图3-85）。

（3）单击"卖家中心"，选择"我要卖"按钮（图3-86），选择一种方式发布宝贝，如选择"一口价"（图3-87），选择出售宝贝所属的类目后确认继续，单击"好了，去发布宝贝"按钮（图3-88）。

图 3-66　快捷支付

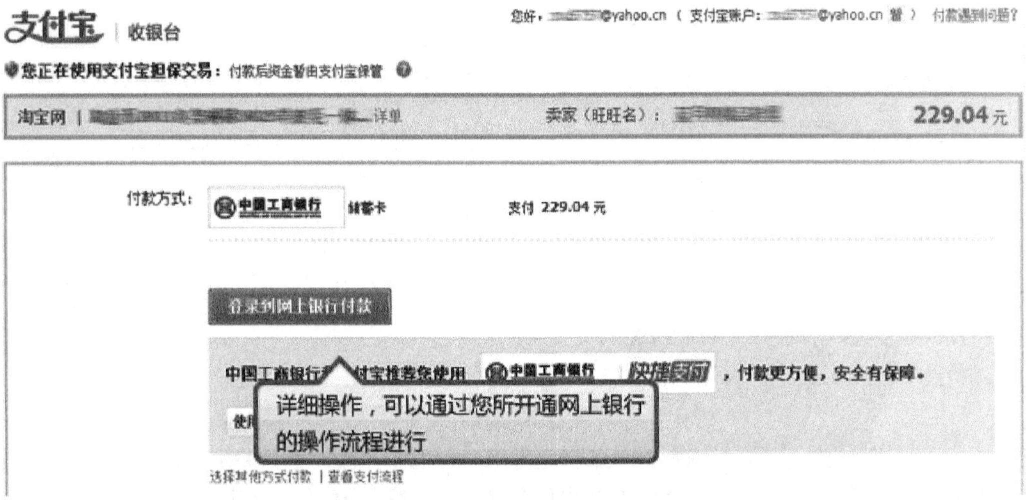

图 3-67　网银支付

　　（4）在宝贝基本信息页面中，要填写宝贝详细信息，包括宝贝类型、宝贝属性、宝贝标题、一口价、颜色分类、尺码、商品编号、宝贝数量、宝贝图片、宝贝视频、宝贝描述、宝贝物流信息、售后保障信息、其他信息。填写完毕后，单击"发布"按钮提交（图 3-89）。宝贝发布成功后，通常 30 分钟后才能在店铺、分类、搜索中显示（图 3-90）。

图 3-68　找人代付

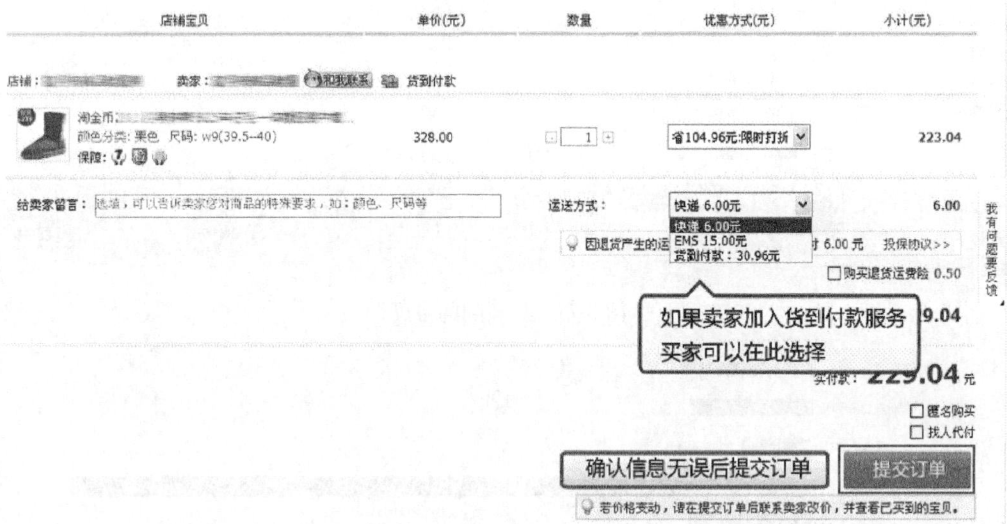

图 3-69　货到付款

（5）单击"卖家中心"，选择交易管理中的"出售中的宝贝"按钮（图 3-91），在订单显示页面中，选择买家已付款的订单，单击"发货"按钮（图 3-92），进入填写发货通知页面。发货通知页面中包括确认收货信息及交易详情、确认发货/取货信息和选择物流公司。选择完物流公司后，单击"确认"按钮完成下单操作（图 3-93）。

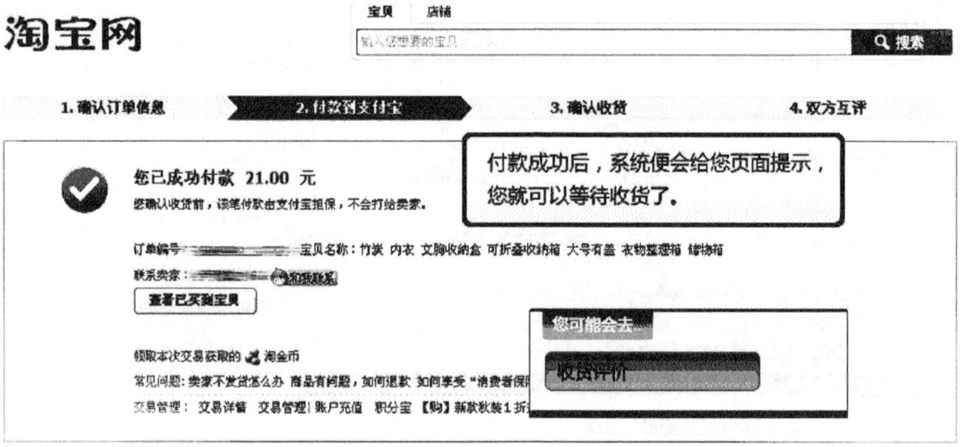

图 3-70　付款成功提示

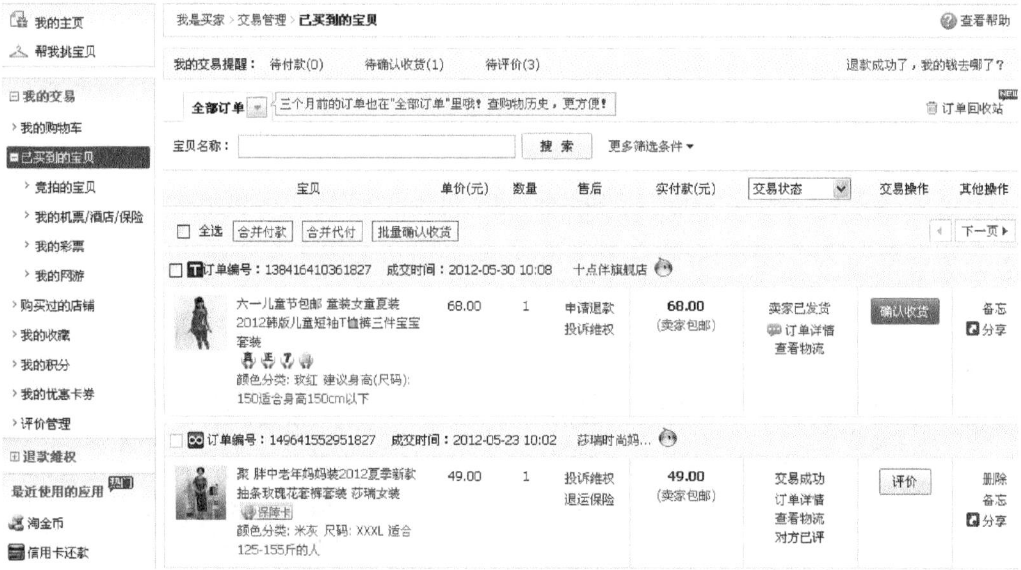

图 3-71　已买到的宝贝

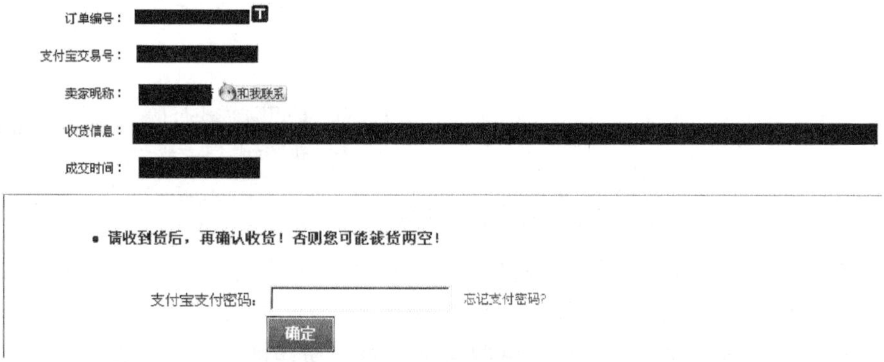

图 3-72　支付密码输入页面

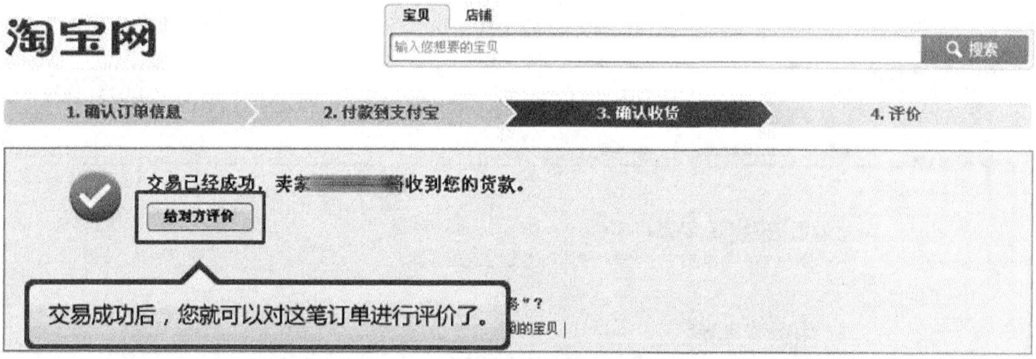

淘宝网

宝贝　店铺

输入您想要的宝贝　🔍 搜索

1. 确认订单信息　　2. 付款到支付宝　　3. 确认收货　　4. 评价

✓ 交易已经成功, 卖家　　　　将收到您的货款。

给对方评价

交易成功后，您就可以对这笔订单进行评价了。

务"?
到的宝贝 |

图 3-73　给对方评价页面

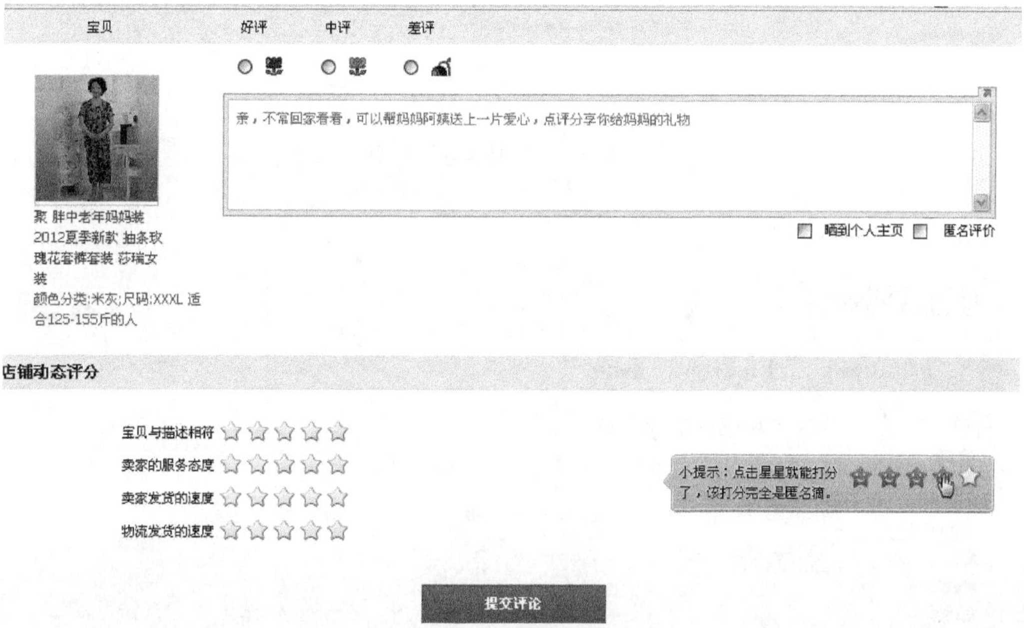

| 宝贝 | 好评 | 中评 | 差评 |

○ 😊　　○ 😐　　○ 😿

亲，不常回家看看，可以帮妈妈阿姨送上一片爱心，点评分享你给妈妈的礼物

☐ 晒到个人主页　☐ 匿名评价

聚 胖中老年妈妈装
2012夏季新款 抽条玫
瑰花套裤套装 莎瑞女
装
颜色分类:米灰;尺码:XXXL 适
合125-155斤的人

店铺动态评分

宝贝与描述相符 ☆☆☆☆☆
卖家的服务态度 ☆☆☆☆☆
卖家发货的速度 ☆☆☆☆☆
物流发货的速度 ☆☆☆☆☆

小提示:点击星星就能打分
了,该打分完全是匿名的。 ☆☆☆☆☆

提交评论

图 3-74　评价填写页面

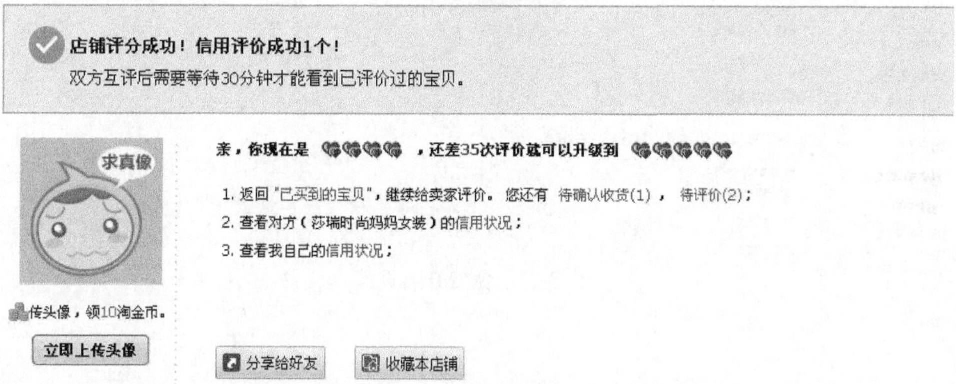

✓ 店铺评分成功！信用评价成功1个！
双方互评后需要等待30分钟才能看到已评价过的宝贝。

求真像

亲，你现在是 　　　　，还差35次评价就可以升级到 　　　　

1. 返回 "已买到的宝贝"，继续给卖家评价。您还有 待确认收货(1)， 待评价(2)；
2. 查看对方（莎瑞时尚妈妈女装）的信用状况；
3. 查看我自己的信用状况；

传头像，领10淘金币。

立即上传头像

📤 分享给好友　　📥 收藏本店铺

图 3-75　评价成功页面

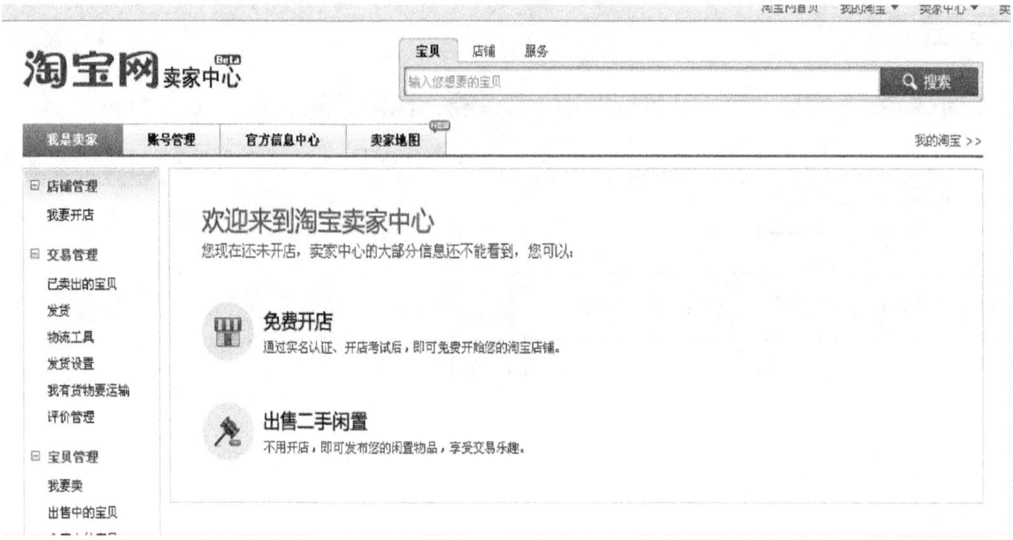

图 3-76   "我是卖家"页面

图 3-77   免费开店页面

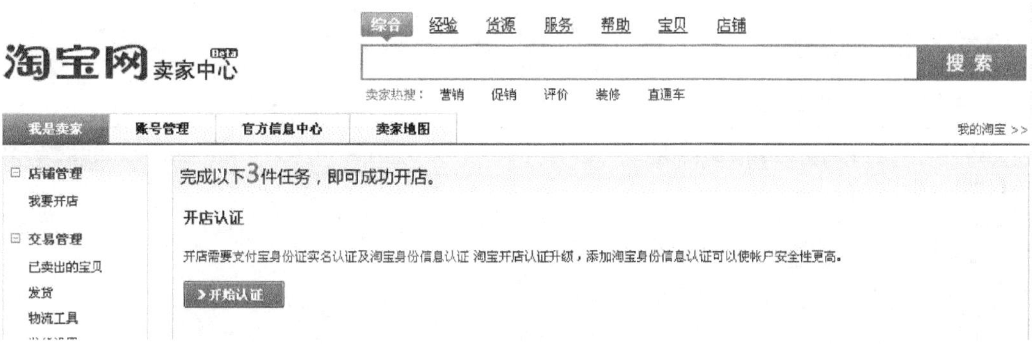

图 3-78 开店认证

图 3-79 上传身份证

图 3-80 "已认证"页面

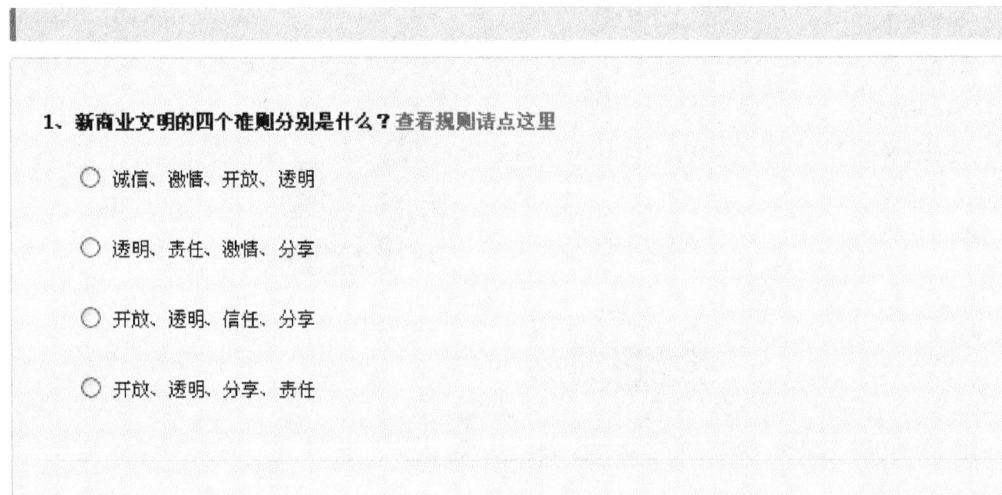

图 3-81 免费开店考试

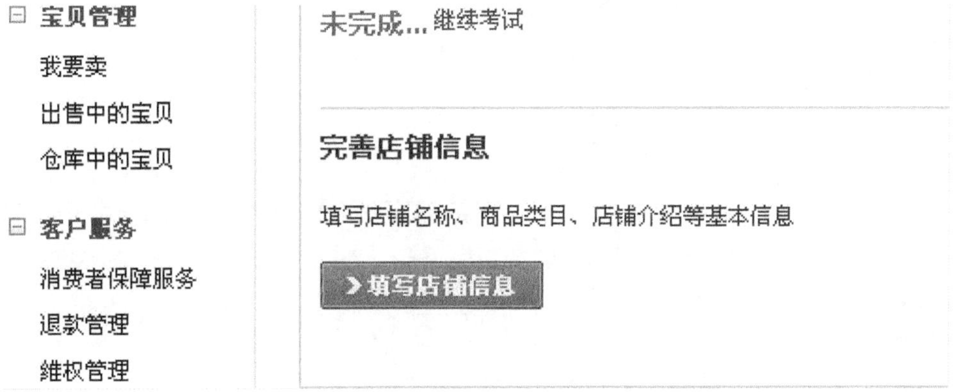

□ 宝贝管理
　我要卖
　出售中的宝贝
　仓库中的宝贝

□ 客户服务
　消费者保障服务
　退款管理
　维权管理

未完成...继续考试

完善店铺信息

填写店铺名称、商品类目、店铺介绍等基本信息

> 填写店铺信息

图 3-82　填写店铺信息

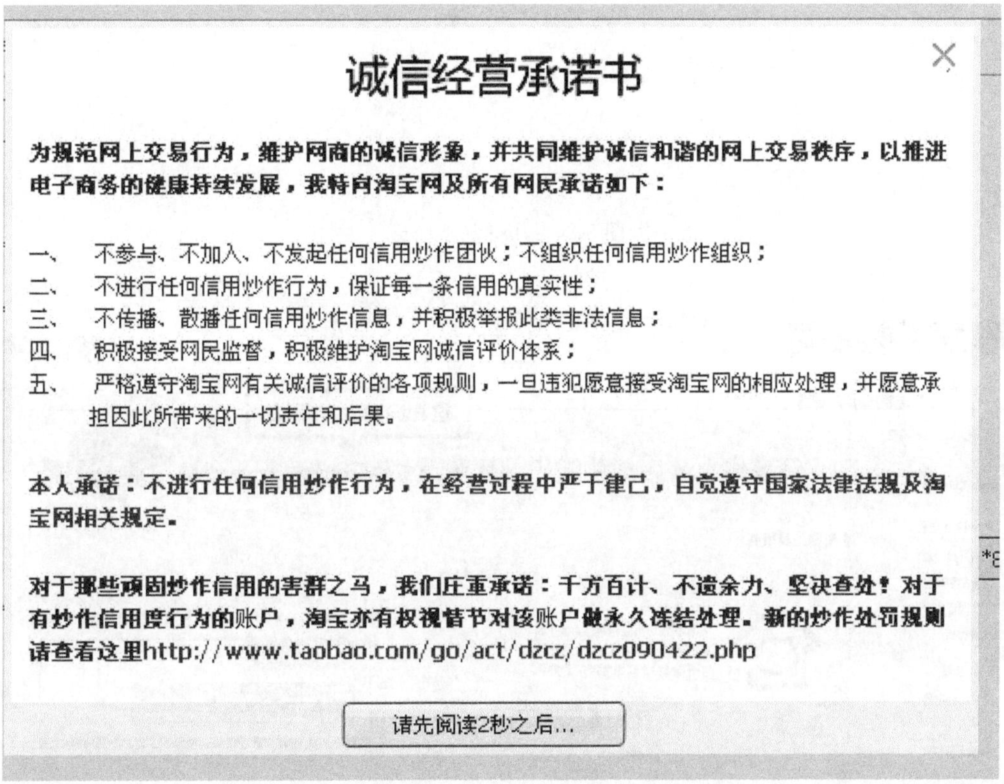

诚信经营承诺书

为规范网上交易行为，维护网商的诚信形象，并共同维护诚信和谐的网上交易秩序，以推进电子商务的健康持续发展，我特向淘宝网及所有网民承诺如下：

一、　不参与、不加入、不发起任何信用炒作团伙；不组织任何信用炒作组织；
二、　不进行任何信用炒作行为，保证每一条信用的真实性；
三、　不传播、散播任何信用炒作信息，并积极举报此类非法信息；
四、　积极接受网民监督，积极维护淘宝网诚信评价体系；
五、　严格遵守淘宝网有关诚信评价的各项规则，一旦违犯愿意接受淘宝网的相应处理，并愿意承担因此所带来的一切责任和后果。

本人承诺：不进行任何信用炒作行为，在经营过程中严于律己，自觉遵守国家法律法规及淘宝网相关规定。

对于那些顽固炒作信用的害群之马，我们庄重承诺：千方百计、不遗余力、坚决查处！对于有炒作信用度行为的账户，淘宝亦有权视情节对该账户做永久冻结处理。新的炒作处罚规则请查看这里http://www.taobao.com/go/act/dzcz/dzcz090422.php

请先阅读2秒之后...

图 3-83　诚信经营承诺书

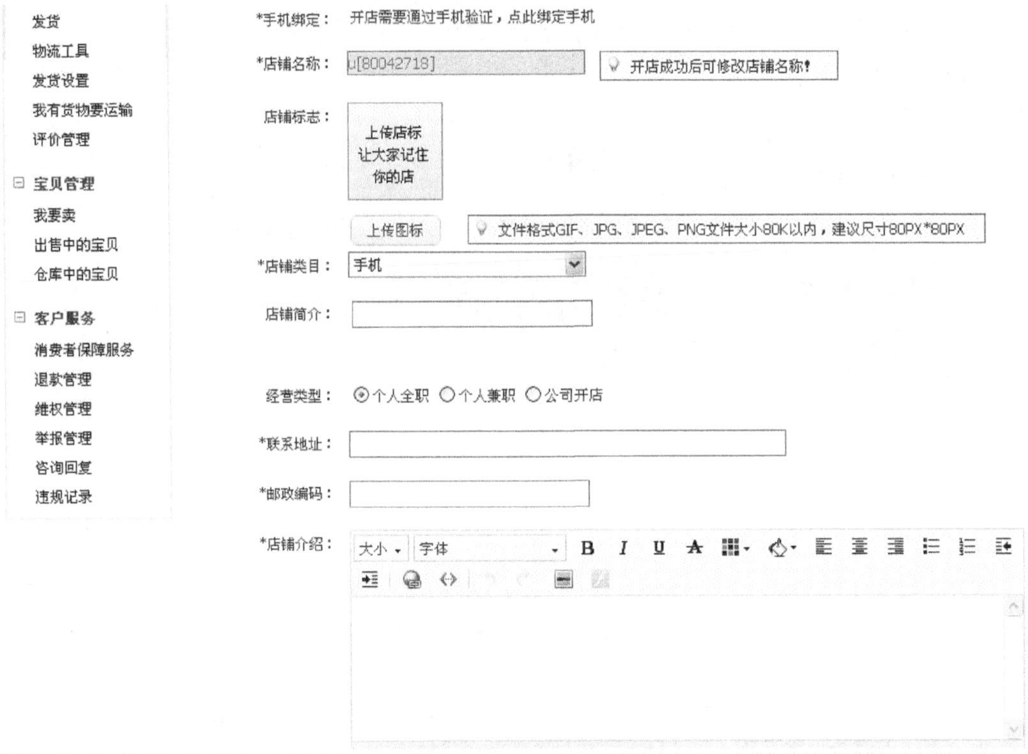
发货
物流工具
发货设置
我有货物要运输
评价管理
宝贝管理
我要卖
出售中的宝贝
仓库中的宝贝
客户服务
消费者保障服务
退款管理
维权管理
举报管理
咨询回复
违规记录
*手机绑定： 开店需要通过手机验证，点此绑定手机
*店铺名称： u[80042718]
开店成功后可修改店铺名称！
店铺标志：
上传店标
让大家记住
你的店
上传图标
文件格式GIF、JPG、JPEG、PNG文件大小80K以内，建议尺寸80PX*80PX
*店铺类目： 手机
店铺简介：
经营类型： 个人全职 个人兼职 公司开店
*联系地址：
*邮政编码：
*店铺介绍：
大小
字体

图 3-84 店铺基本信息

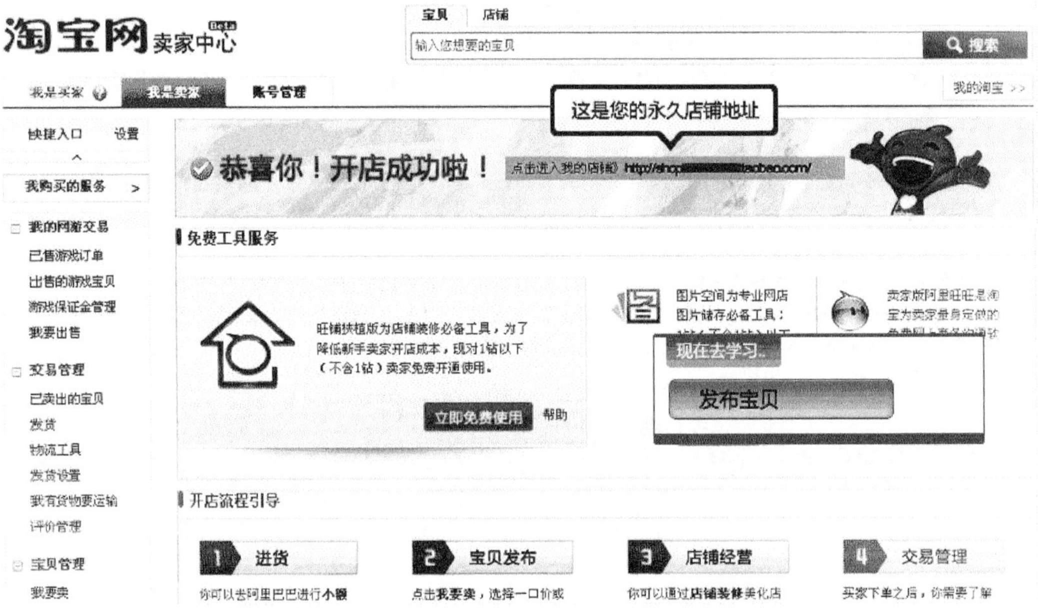
淘宝网卖家中心 Beta
宝贝 店铺
输入您想要的宝贝
搜索
我是买家
我是卖家
账号管理
我的淘宝 >>
这是您的永久店铺地址
快捷入口 设置
我购买的服务 >
恭喜你！开店成功啦！
点击进入我的店铺 http://shop[redacted]taobao.com/
我的网游交易
已售游戏订单
出售的游戏宝贝
游戏保证金管理
我要出售
交易管理
已卖出的宝贝
发货
物流工具
发货设置
我有货物要运输
评价管理
宝贝管理
我要卖
免费工具服务
旺铺扶植版为店铺装修必备工具，为了
降低新手卖家开店成本，现对1钻以下
（不含1钻）卖家免费开通使用。
立即免费使用
帮助
图片空间为专业网店
图片储存必备工具：
现在去学习
发布宝贝
开店流程引导
1 进货
你可以去阿里巴巴进行小额
2 宝贝发布
点击我要卖，选择一口价或
3 店铺经营
你可以通过店铺装修美化店
4 交易管理
买家下单之后，你需要了解

图 3-85 开店成功页面

图 3-86　卖家中心

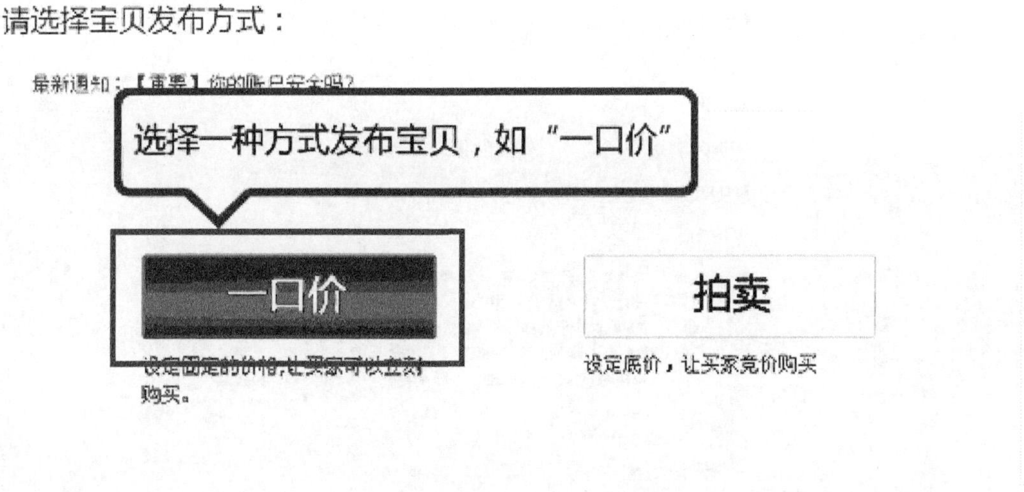

请选择宝贝发布方式：

图 3-87　宝贝发布方式

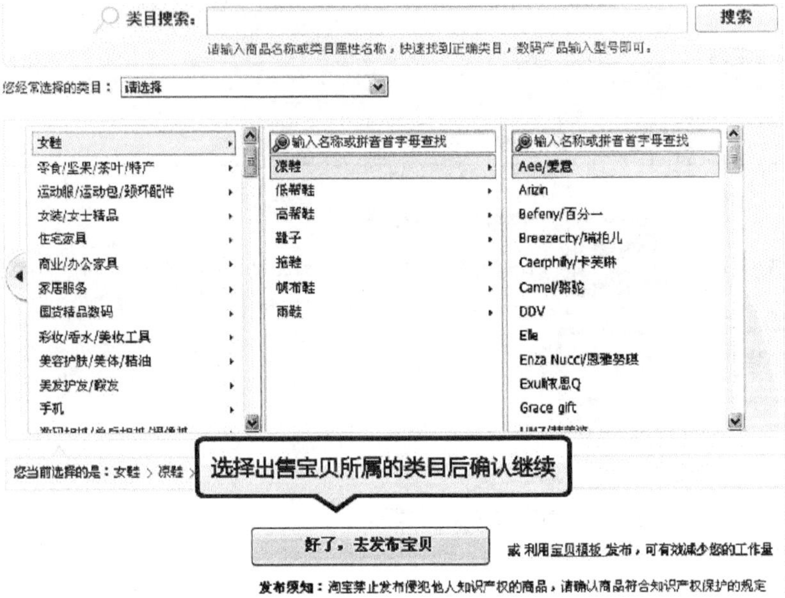

图 3-88　宝贝类目搜索

1. 宝贝基本信息

宝贝类型：* ⊙ 全新　○ 二手　发布闲置宝贝，请去卖闲置简易发布

宝贝属性：

💡 提醒：填错宝贝属性，可能会引起宝贝下架，影响您的正常销售。

货号：

品牌：

鞋头款式：

跟高：

鞋跟形状：

鞋帮筒高：

鞋底材质：

皮质特征：

流行元素：　☐ T型绑带　☐ 交叉绑带　☐ 镂空　☐ 丝带　☐ 搭扣　☐ 大头
☐ 亮片　☐ 浅口　☐ 蝴蝶结　☐ 水钻　☐ 串珠　☐ 链子　☐ 色拼接
☐ 皮带装饰　☐ 铆钉　☐ 流苏　☐ 坡跟　☐ 松糕跟　☐ 纽眼
☐ 防水台　☐ 网状　☐ 格子　☐ 约敏　☐ 金属装饰　☐ 纽带组合
☐ 脚环绑带　☐ T型带(脚背)　☐ 皮带扣　☐ 绣花　☐ 罗马风格

后帮：

侧帮：

闭合方式：

图案：

制作工艺：

风格：

适合场合：

图 3-89　宝贝基本信息

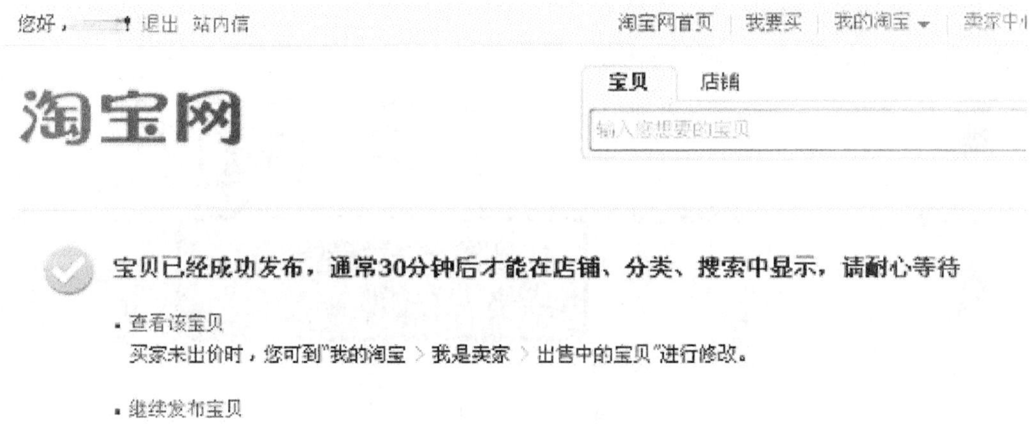

您好，▬▬ 退出 站内信　　　　　　淘宝网首页 ｜ 我要买 ｜ 我的淘宝 ▾ ｜ 卖家中心

淘宝网

宝贝　店铺

输入您想要的宝贝

✓ 宝贝已经成功发布，通常30分钟后才能在店铺、分类、搜索中显示，请耐心等待

　■ 查看该宝贝
　　买家未出价时，您可到"我的淘宝 > 我是卖家 > 出售中的宝贝"进行修改。

　■ 继续发布宝贝

图 3-90　宝贝发布成功

淘宝网 卖家中心 Beta

宝贝　店铺　服务

输入您想要的宝贝

| 我是卖家 | 账号管理 | 官方信息中心 | 卖家地图 NEW |

店铺管理
我要开店

交易管理
已卖出的宝贝
发货
物流工具
发货设置
我有货物要运输
评价管理

宝贝管理
我要卖
出售中的宝贝
仓库中的宝贝

欢迎来到淘宝卖家中心

您现在还未开店，卖家中心的大部分信息还不能看到，您可以：

🏪 免费开店
通过实名认证、开店考试后，即可免费开始您的淘宝店铺。

⚖ 出售二手闲置
不用开店，即可发布您的闲置物品，享受交易乐趣。

图 3-91　卖家中心页面

　　（6）物流公司揽收货物以后，要及时填写物流单号，点击"确定"按钮完成发货操作（图 3-94）。当交易状态为"交易成功"后，卖家便可以针对交易进行评价（图 3-95）。

　　（7）交易评价结束后，卖家进入"我的支付宝"页面，单击"提现"按钮（图

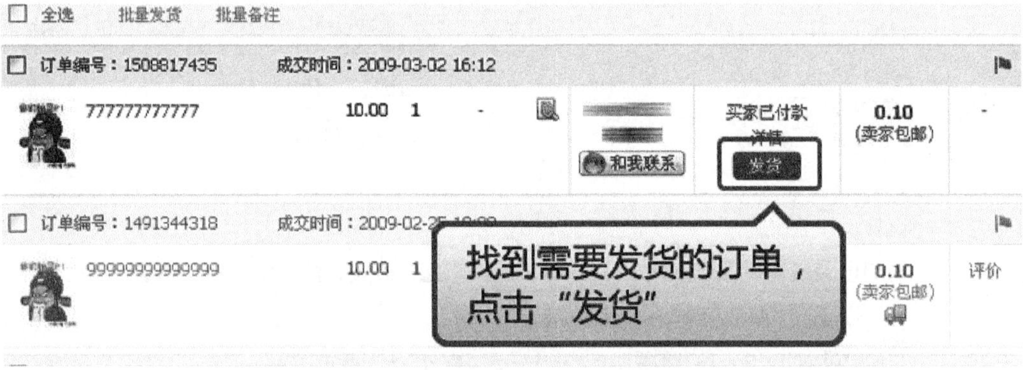

图 3-92　已卖出宝贝

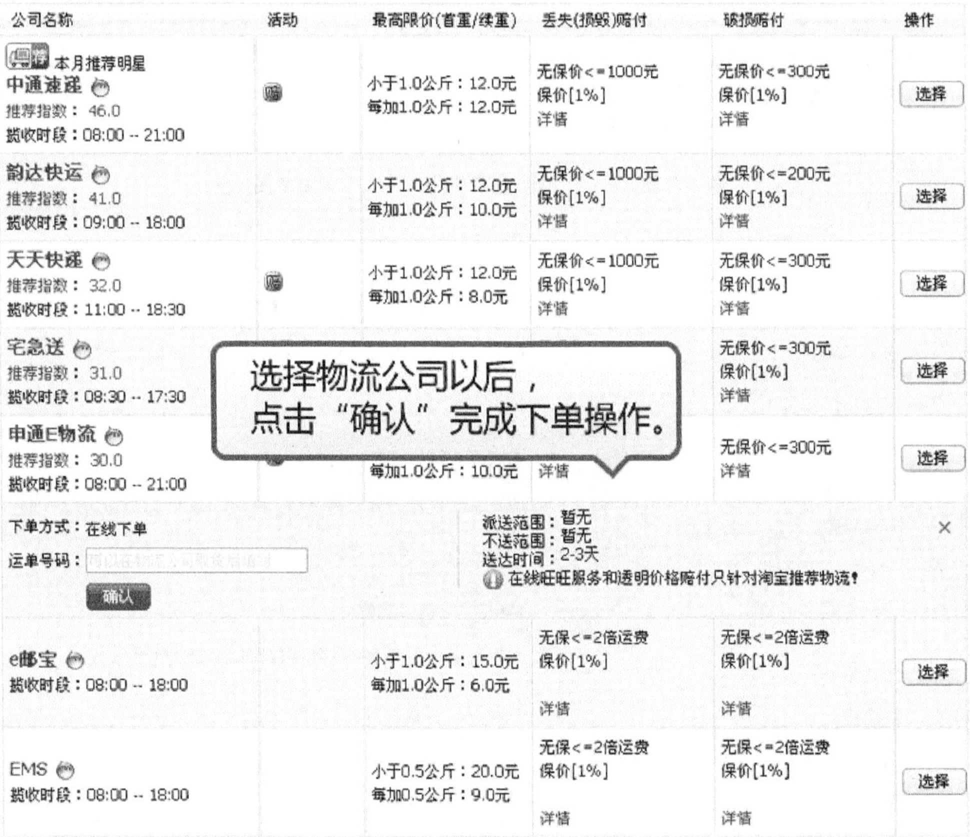

图 3-93　选择物流公司

3-96)，在申请提现页面中填写提现金额和支付密码，单击"下一步"按钮（图 3-97），
系统会提示"您的提现申请已提交，提现金额已扣除，提交银行处理中（图 3-98）。"
申请后 1～2 个工作日内提现金额将会到达银行账户中。

图 3-94　完成发货操作

图 3-95　给对方评价

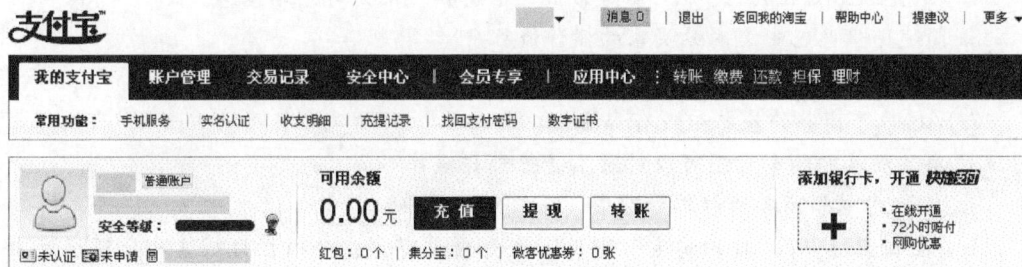

图 3-96　我的支付宝

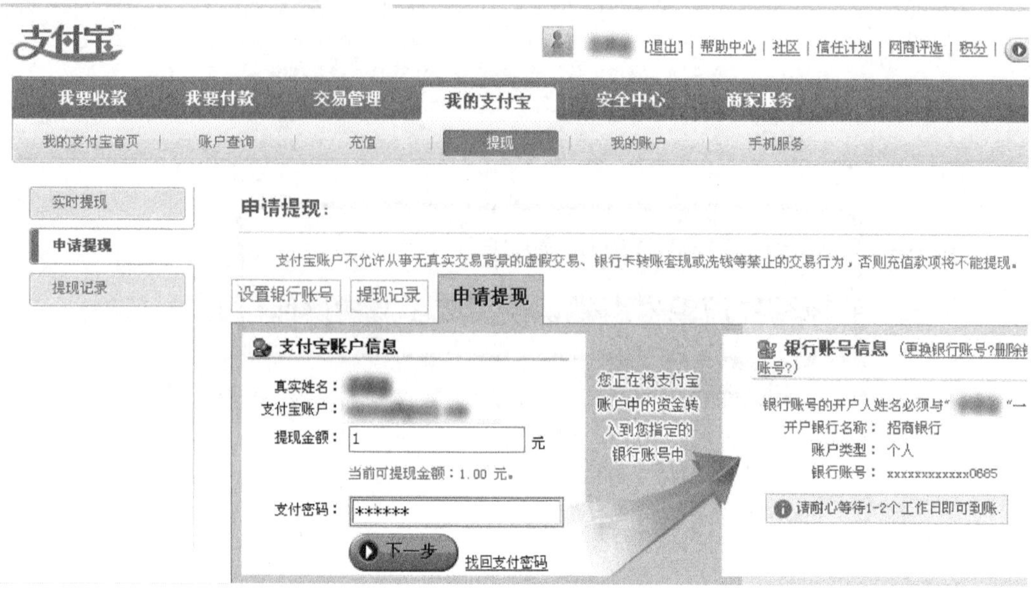

图 3-97　申请提现

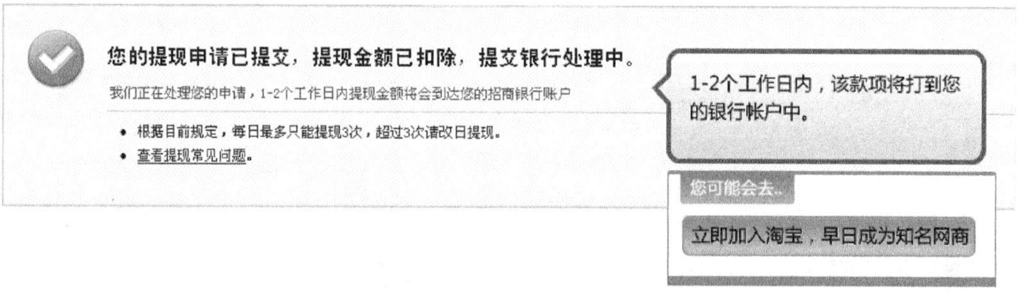

图 3-98　申请提现成功页面

【实训习题】

1. 申请诚信通会员为什么需要第三方认证？阿里巴巴委托的认证机构包括哪些？

2. 注册成为诚信通会员后，与普通会员相比可以得到哪些更多的服务？

3. 简述阿里巴巴中文网站卖家的操作流程。

4. 在阿里巴巴网站上发布一条商品出售信息和一条公司介绍信息。

5. 简述阿里巴巴中文网站买家的操作流程。

6. 使用阿里巴巴贸易通版有什么好处？

7. B2C 电子商务的基本组成有哪些？

8. 商品放入购物车后还可以对商品进行哪些操作？

9. 在 B2C 电子商务的订单管理中，如何修改订单？

10. 在淘宝网中，"我的淘宝"窗口下主要分设有哪些分项栏目？这些分项栏目中下设的各种管理功能起什么作用？

11. 淘宝网将一般搜索分为哪几类？高级搜索对买家有何帮助？

12. 在淘宝网上开一家店铺。

第四章

网上支付与结算

电子商务活动的普及使得网上购物、在线交易已经变成了人们日常生活的一部分，对于电子商务中的商家而言，传统的支付方式如银行汇款、邮政汇款等，都需要购买者去银行或者邮局办理烦琐的汇款业务，而如果采用货到付款的方式，其又会给商家带来一定的风险和昂贵的物流成本。因此，网上支付与结算在这种情况下便诞生了。

■ 实训一　网上银行的使用

【实训简介】

进行商务活动，支付是一个关键环节。电子商务活动的支付是在网上进行的，而资金支付业务是离不开银行的。为了方便网上结算，各个商业银行都开展了网上银行业务。如果要开展电子商务活动，包括网上购物和网上销售，开通和使用网上银行是一个不可缺少的步骤。为此，熟练使用网上银行是电子商务专业的学生必须掌握的最基本的技能之一。

【实训目的】

1. 了解网上银行的基本功能、基本业务。

2. 掌握网上各种银行之间的业务与功能的异同。

3. 掌握在网上如何申请自己的个人网上银行。

4. 掌握网络支付的原理及流程，并能用银行卡进行网络支付。

【实训内容与操作步骤】

（一）了解网上银行的各种业务及功能

1. 招商银行网上银行

（1）双击桌面上的 IE 浏览器，在地址栏中输入http://www.cmbchina.com，登录到招商银行网站，如图 4-1 所示。

图 4-1　招商银行网站主页

（2）单击页面右边的"个人银行大众版"，弹出如图 4-2 所示的窗口。

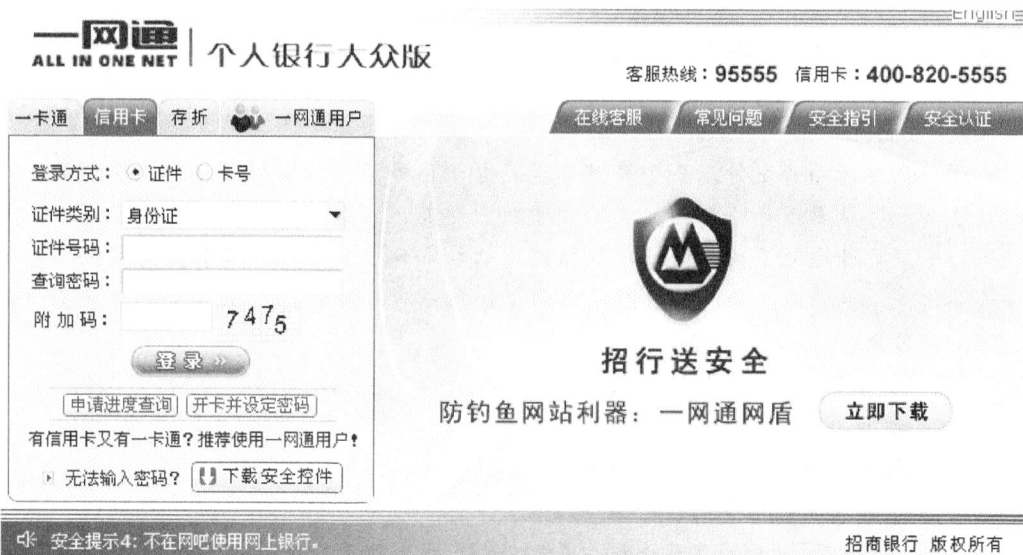

图 4-2　招商银行个人银行大众版网页

（3）输入证件号码、密码及附加码后，单击"登录"。页面跳转到如图 4-3 所示的页面。在这里可以查询自己的账户信息，进行网上自动还款、自助缴费及网上支付等。

（4）单击页面右边的"网上企业银行"，弹出如图 4-4 所示的窗口。在这里，企业可以实现网上自助贷款、网上全国代理收付、网上票据、网上国际信用证业务等一系列功能。

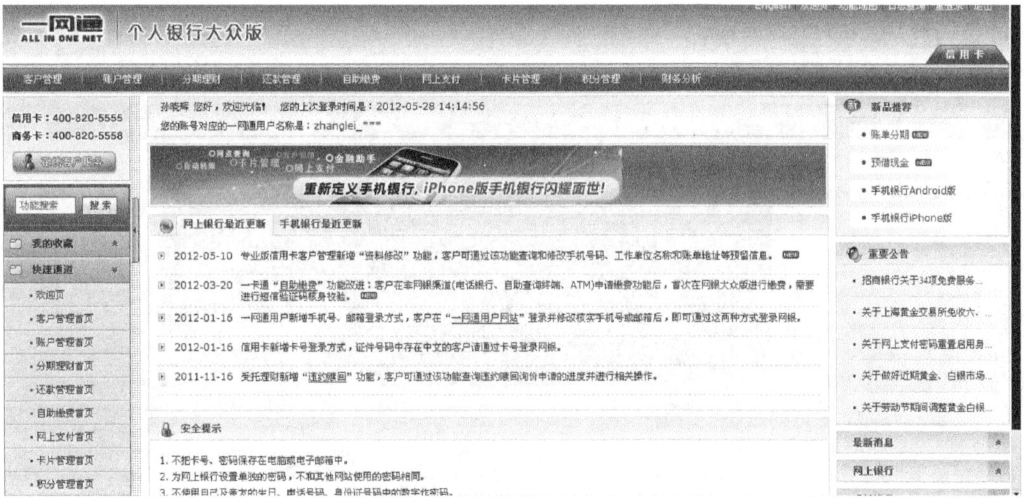

图 4-3　招商银行个人银行大众版服务及功能

图 4-4　招商银行网上企业银行网页

2. 中国建设银行网上银行

（1）双击桌面上的 IE 浏览器，在地址栏中输入http://www.ccb.com，登录到中国建设银行网站，如图 4-5 所示 。

（2）单击导航栏上的"电子银行"按钮后，单击页面上的"网上银行"，试比较"个人网上银行"和"企业网上银行"有关的业务和功能的异同，如图 4-6 和图 4-7 所示。

图 4-5　中国建设银行网站主页

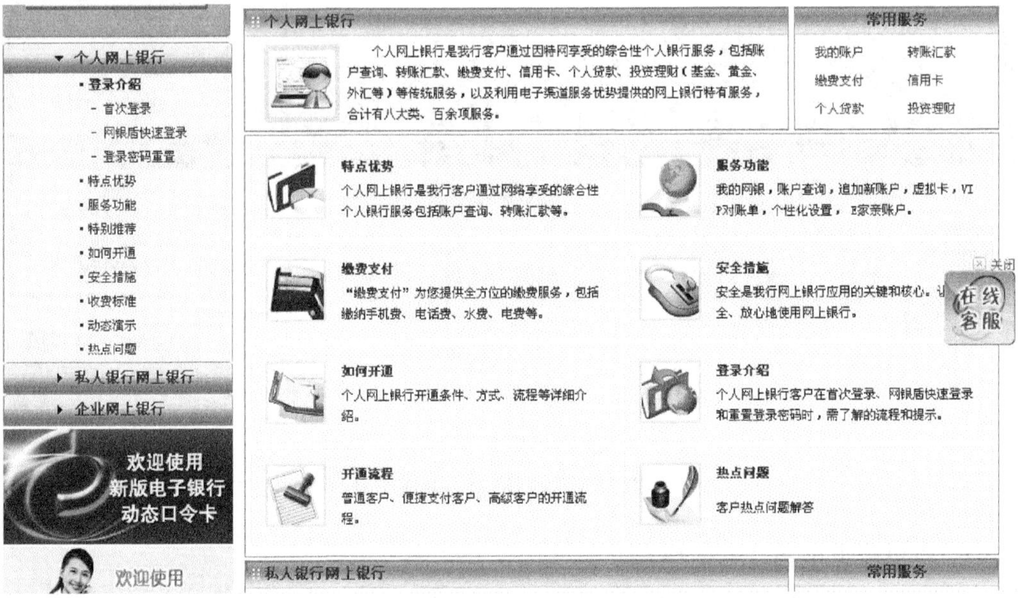

图 4-6　中国建设银行个人网上银行页面

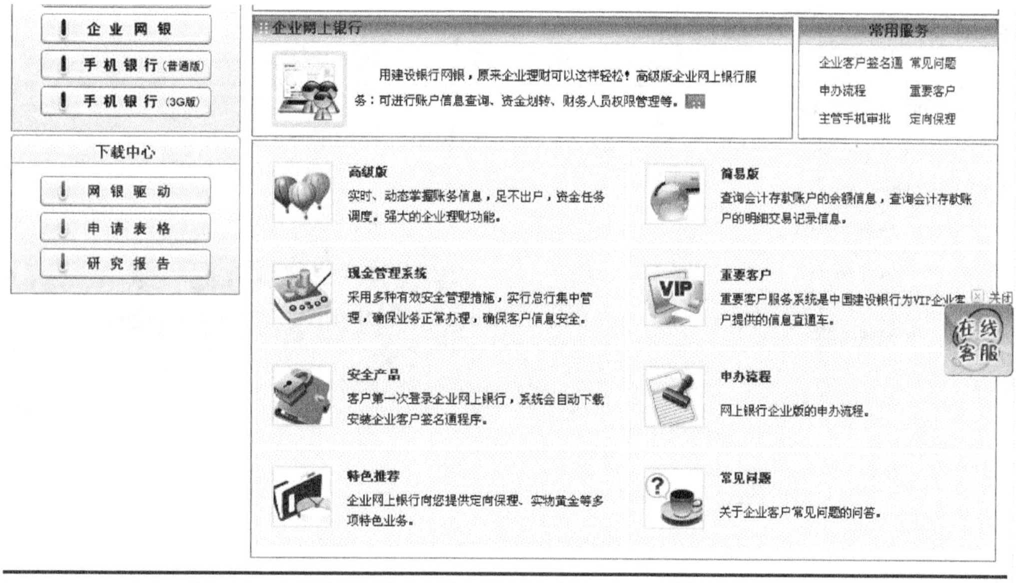

图 4-7　中国建设银行企业网上银行页面

（二）申请开通网上银行服务

在进行本实训前，要申请可用的银行卡一张（借记卡、信用卡均可）。

（1）要使用中国建设银行网上银行的各项功能（包括网上支付、账户查询、网上转账、网上缴费等），须先注册成为中国建设银行网上银行的客户；已经是中国建设银行网上银行客户的，直接选择"登录"来管理和查询自己的银行卡账户。

首先必须要申请开通网上银行服务功能。在 IE 的地址栏中输入 http://www.ccb.cn，进入中国建设银行的首页，可以看到中国建设银行网上银行业务大致分为个人客户、公司机构客户和电子商务客户三方面。单击页面左上角的"个人网上银行登录"链接，进入到个人网上银行业务页面，在本书中，如没有特殊说明，网上支付一般都指个人网上银行业务。在使用网上银行业务之前，必须先申请开通网上银行服务，单击"马上开通"。

（2）单击"马上开通"，出现如图 4-8、图 4-9 所示的中国建设银行网上银行个人账户信息及申请表。

在申请表中填写自己的相关资料，如姓名、性别、证件类型、号码等信息，这里特别要注意的是：①为了保证网上交易的安全，尽量使用密码输入器点击输入密码；②登录密码与交易密码尽量不要相同；③如果遗忘登录密码或交易密码，应尽快终止网上银行服务，并重新申请开通网上银行服务。

（3）所有的资料填写完毕后，单击"确定"按钮，出现如图 4-10 所示的界面。

（4）在网上银行注册成功的界面上，注意要牢记自己的证件号码，这个号码在登录时要用。单击"登录网上银行"按钮，进入网上银行登录界面，如图 4-11 所示。正确输入"证件号码或用户昵称"、"登录密码"和"验证码"，单击"登录"按钮，进入

图 4-8　中国建设银行网上银行个人账户信息

个人登录界面。

（5）单击"确定"按钮，进入个人网上银行后台管理界面，如图 4-12 所示。

可以看到个人网上银行后台管理包括"我的账户"、"转账汇款"、"缴费支付"、"信用卡"、"个人贷款"、"投资理财"、"客户服务"等功能，除此之外，还可以进行个人账户余额查询、收支明细查询、账户挂失等操作。

（6）为了使网上交易更加安全、可靠，需要使用中国建设银行的"动态口令卡"或者"网银盾"。

当你第一次购买动态口令卡后，登录网上银行，进入"安全中心"菜单，选择"动态口令"，系统会显示动态口令卡登记页面，如图 4-13 所示。输入当前动态口令及两次新的交易密码，点击"确认"，即登录成功。以后每次登录网上银行做交易时使用卡上的密码。值得注意的是，动态口令卡一旦登记成功，原交易密码将不能使用；动态口令卡的最后一道口令只能在换卡和恢复静态交易密码时使用，不能用于资金交易。

"网银盾"类似于 U 盘，可以将客户的安全证书专门存放于盘中，只需先安装网银盾的驱动程序，就可以把相应的证书导入其中，随插随用，非常安全。只需登录中国建设银行网站http://www.ccb.com，点击左上角网上银行服务项目下的"下载中心"，即可下载网银盾的管理工具，如图 4-14 所示。

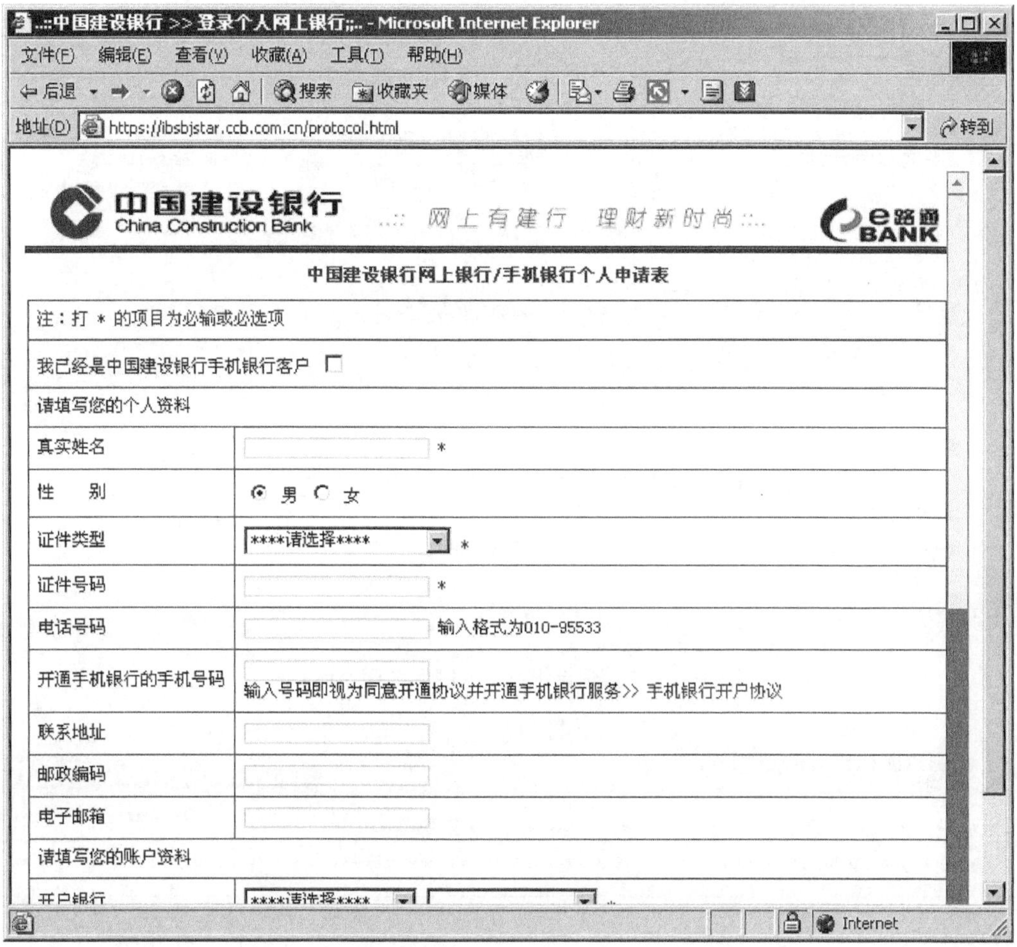

图 4-9　中国建设银行网上银行申请表

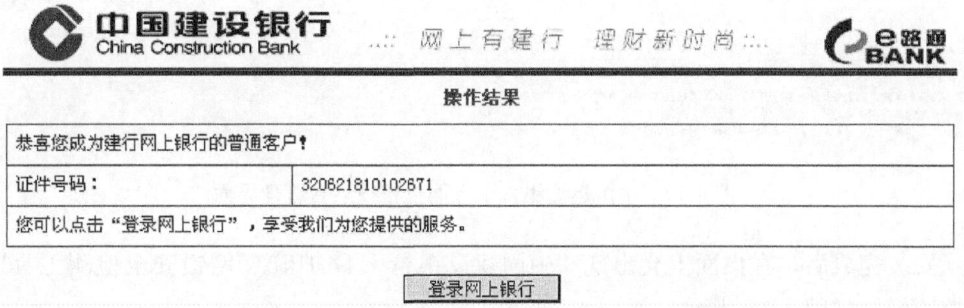

图 4-10　中国建设银行网上银行客户申请完成页面

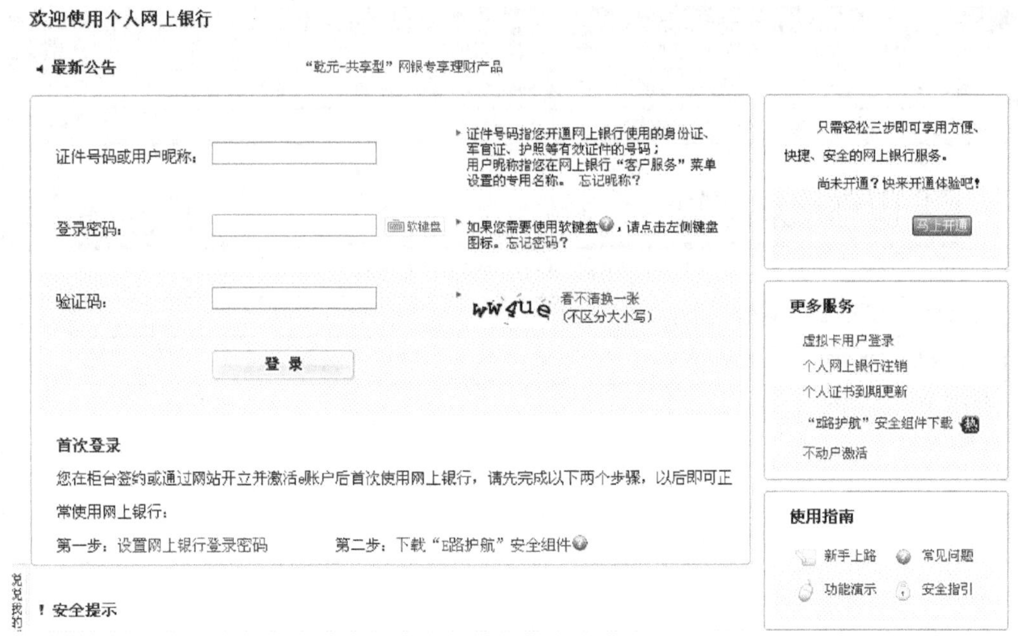

欢迎使用个人网上银行

▲ 最新公告　　　　　"乾元-共享型"网银专享理财产品

证件号码或用户昵称：□□□□□□□　▸ 证件号码指您开通网上银行使用的身份证、
军官证、护照等有效证件的号码；
用户昵称指您在网上银行"客户服务"菜单
设置的专用名称。忘记昵称？

登录密码：□□□□□□□ □软键盘　▸ 如果您需要使用软键盘□，请点击左侧键盘
图标。忘记密码？

验证码：□□□□□□□　*ww4ue*　看不清换一张
（不区分大小写）

登　录

首次登录

您在柜台签约或通过网站开立并激活e账户后首次使用网上银行，请先完成以下两个步骤，以后即可正
常使用网上银行。

第一步：设置网银登录密码　　　　第二步：下载"E路护航"安全组件□

！安全提示

只需轻松三步即可享用方便、
快捷、安全的网上银行服务。

尚未开通？快来开通体验吧！

马上开通

更多服务

虚拟卡用户登录
个人网上银行注销
个人证书到期更新
"E路护航"安全组件下载
不动户激活

使用指南

新手上路　常见问题
功能演示　安全指引

图 4-11　中国建设银行个人网上银行登录页面

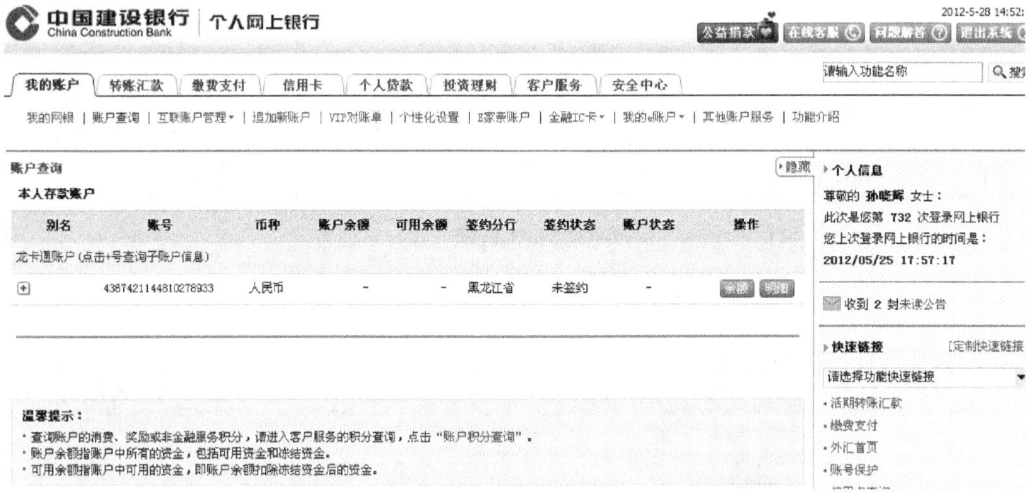

中国建设银行 China Construction Bank ｜个人网上银行　　　　　　2012-5-28 14:52:

公益捐款　在线客服　问题解答　退出系统

我的账户　转账汇款　缴费支付　信用卡　个人贷款　投资理财　客户服务　安全中心　　请输入功能名称　搜

我的网银　账户查询　互联账户管理▾　追加新账户　VIP对账单　个性化设置　E家亲账户　金融IC卡▾　我的e账户▾　其他账户服务　功能介绍

账户查询　　　　　　　　　　　　　　　　　　　　　　　　　　　　　▸隐藏 │ 个人信息

本人存款账户

别名	账号	币种	账户余额	可用余额	签约分行	签约状态	账户状态	操作
龙卡通账户(点击+号查询子账户信息)								
⊞	4367421144810278933	人民币	-	-	黑龙江省	未签约		余额 明细

尊敬的 孙晓辉 女士：
此次是您第 732 次登录网上银行
您上次登录网上银行的时间是：
2012/05/25 17:57:17

✉ 收到 2 封未读公告

▸ 快速链接　　　[定制快速链接]
请选择功能快速链接　　▾
· 活期转账汇款
· 缴费支付
· 外汇首页
· 账户保护

温馨提示：
· 查询账户的消费、奖励或非金融服务积分，请进入客户服务的积分查询，点击"账户积分查询"。
· 账户余额指账户中所有的资金，包括可用资金和被冻结资金。
· 可用余额指账户中可用的资金，即账户余额扣除冻结资金后的资金。

图 4-12　中国建设银行个人网上银行后台管理界面

　　安装完成后，在桌面上会出现"中国建设银行 E 路护航®网银安全检测工具"的
快捷图标，如图 4-15 所示。

　　插入网银盾，电脑屏幕弹出修改默认口令的提示，客户输入口令，并点击"确定"
按钮，如图 4-16 所示，客户点击网银盾上的"确定"按钮，网银盾口令完成设置。

　　至此，中国建设银行网上银行服务功能申请开通程序已全部结束，接下来就可以
利用刚开通的网上银行的服务功能进行网上电子交易。

图 4-13　中国建设银行动态口令卡登记页面

(三) 运用个人网上银行进行网上支付交易 (以二代网银盾为例)

(1) 客户通过支付网站进入中国建设银行支付登录页面，填写登录信息，进入支付页面，如图 4-17 所示。

(2) 选择支付账号，点击"支付"，如图 4-18 所示。

(3) 网上银行弹出对话框，要求客户输入网银盾口令，如图 4-19 所示。

(4) 网银盾口令验证通过后，网上银行将弹出对话框，提示客户：尊敬的客户，请仔细核对您网银盾屏幕中显示的交易信息与您所需提交的交易信息是否一致，确认无误请点击网银盾的"确定"按键；如有疑问，请点击"取消"按键撤销该笔交易。对话框同时显示二代网银盾图示，"确定"按钮闪烁，并提供手指按压的动画提示客户进行操作。与此同时，二代网银盾屏幕将显示商户名称、支付金额、订单号等交易信息和交易时间。如十分钟内未进行相关操作，该提示自动关闭，交易取消，如图 4-20 所示。

网银盾屏幕信息如图 4-21 和图 4-22 所示。

(5) 客户使用上下键仔细查看二代网银盾的显示信息和实际的交易信息是否一致，若一致则按二代网银盾的"确认"键确认，网上银行页面反馈"付款成功!"，如图 4-23 所示。

个人客户E路护航网银安全组件下载

为保证您正常使用我行网上银行，使用网银盾的个人客户请先安装我行E路护航网银安全组件。我行E路护航网银安全组件包括网银安全检测工具、网银安全控件、密码保护控件以及最新版的网银盾管理工具，可进一步提升网银盾的安全性，实现"所见即所签"功能，并一次性完成所有控件、驱动程序安装。

二代网银盾产品

网银盾产品	产品样式		
二代网银盾			
	适用环境	**组件下载**	**帮助**
	操作系统：Windows XP、Windows VISTA（32位、管理员权限）和Windows 7（32位、管理员权限） 浏览器：IE6.0、IE7.0、IE8.0、IE9.0和Firefox（5.0及以上版本）和Chrome浏览器	立即下载	使用指南 常见问题
	操作系统：Windows 7（64位、管理员权限） 浏览器：IE6.0、IE7.0、IE8.0、IE9.0和Firefox（5.0及以上版本）和Chrome浏览器	立即下载	

一代网银盾产品

网银盾产品	产品样式

图 4-14　中国建设银行网银盾管理工具下载页面

图 4-15　中国建设银行 E 路
护航快捷图标

中国建设银行网银盾

欢迎使用中国建设银行网银盾，请设置网银盾口令并牢记，如遗忘该口令会导致您无法正常使用网银盾。口令为6~8位数字或字母。

请输入口令：　******

请确认口令：　******

确定　　　　取消

图 4-16　中国建设银行网银盾输入口令页面

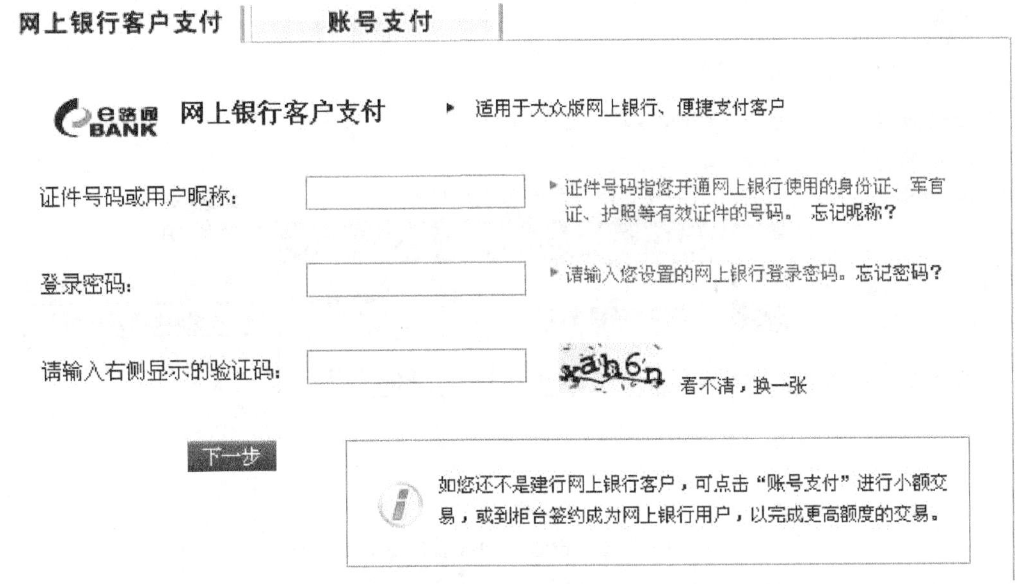

网上银行客户支付 | 账号支付

e路通 BANK　网上银行客户支付　▶ 适用于大众版网上银行、便捷支付客户

证件号码或用户昵称： [　　　　　] ▶ 证件号码指您开通网上银行使用的身份证、军官证、护照等有效证件的号码。 忘记昵称？

登录密码： [　　　　　] ▶ 请输入您设置的网上银行登录密码。忘记密码？

请输入右侧显示的验证码： [　　　　　]　xah6n　看不清，换一张

[下一步]　ⓘ 如您还不是建行网上银行客户，可点击"账号支付"进行小额交易，或到柜台签约成为网上银行用户，以完成更高额度的交易。

图 4-17　中国建设银行网上银行客户支付登录页面

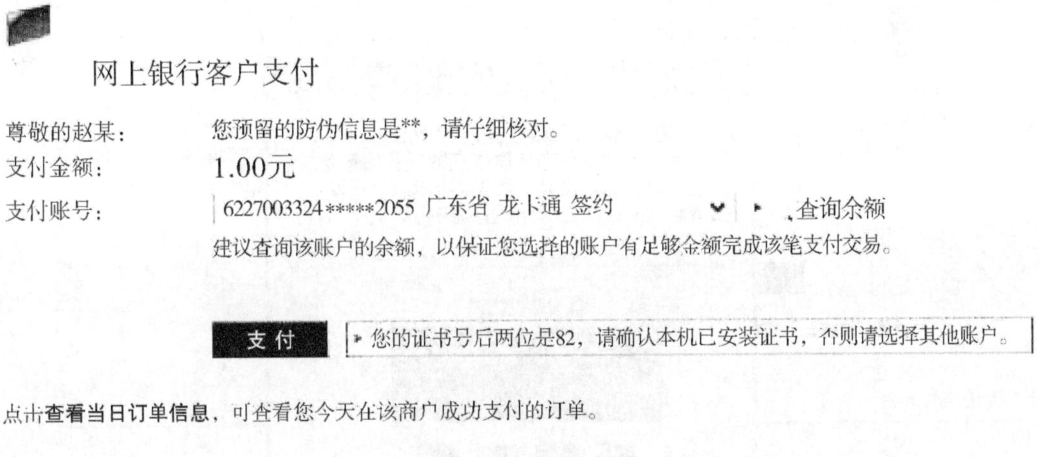

网上银行客户支付

尊敬的赵某：　您预留的防伪信息是**，请仔细核对。
支付金额：　**1.00元**
支付账号：　6227003324*****2055 广东省 龙卡通 签约　▼ ▶ 查询余额
建议查询该账户的余额，以保证您选择的账户有足够金额完成该笔支付交易。

[支付]　▶ 您的证书号后两位是82，请确认本机已安装证书，否则请选择其他账户。

点击**查看当日订单信息**，可查看您今天在该商户成功支付的订单。

图 4-18　中国建设银行网上银行客户支付页面

（6）如客户核对二代网银盾的显示信息和实际的交易信息不一致，则按二代网银盾的"取消"键撤销交易，网上银行页面返回至支付页面，如图 4-24 所示。

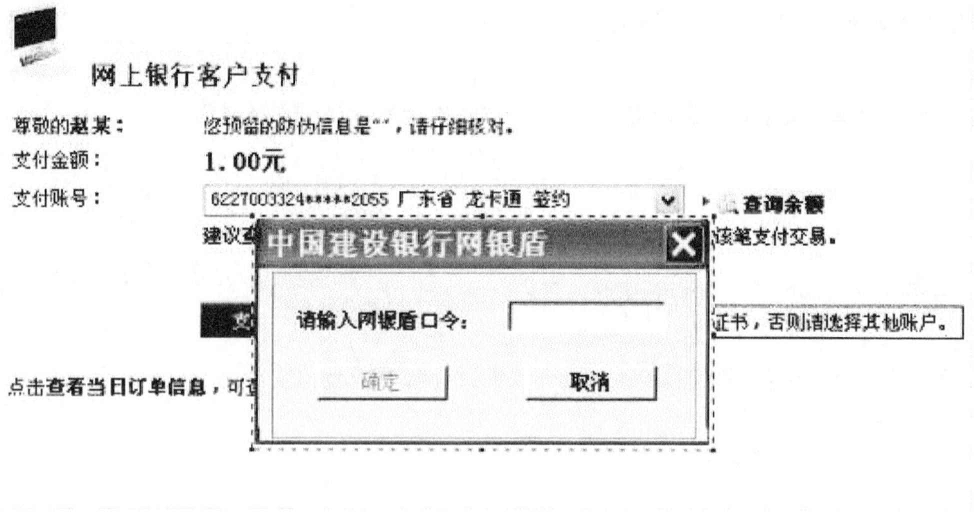

网上银行客户支付

尊敬的赵某：　　　您预留的防伪信息是""，请仔细核对。

支付金额：　　　**1.00元**

支付账号：　　6227003324****2055 广东省 龙卡通 签约　　▶ 查询余额

建议客户...　　　　　该笔支付交易。

中国建设银行网银盾 ✕

请输入网银盾口令：　[　　　　　]

　　　确定　　　　　　取消

证书，否则请选择其他账户。

点击查看当日订单信息，可查...

图 4-19　中国建设银行网银盾口令输入页面

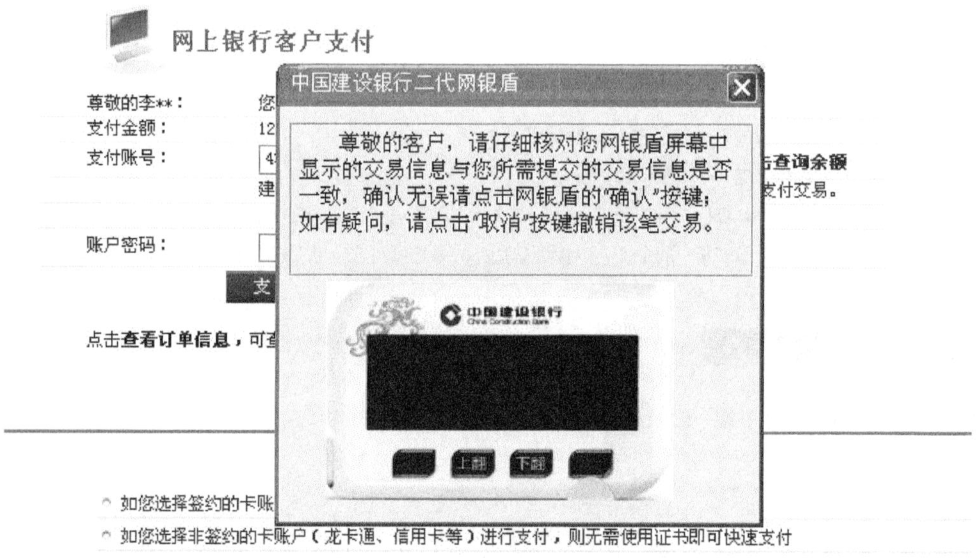

网上银行客户支付

尊敬的李**：　　您...

支付金额：　　　12...

支付账号：　　　4...　　　　　击查询余额

　　　建...　　　　　支付交易。

账户密码：　　　[...

　　　支...

点击查看订单信息，可查...

中国建设银行二代网银盾 ✕

　　尊敬的客户，请仔细核对您网银盾屏幕中显示的交易信息与您所需提交的交易信息是否一致，确认无误请点击网银盾的"确认"按键；如有疑问，请点击"取消"按键撤销该笔交易。

○ 中国建设银行
China Construction Bank

上翻　下翻

○ 如您选择签约的卡账...
○ 如您选择非签约的卡账户（龙卡通、信用卡等）进行支付，则无需使用证书即可快速支付

图 4-20　中国建设银行网银盾交易信息确认页面

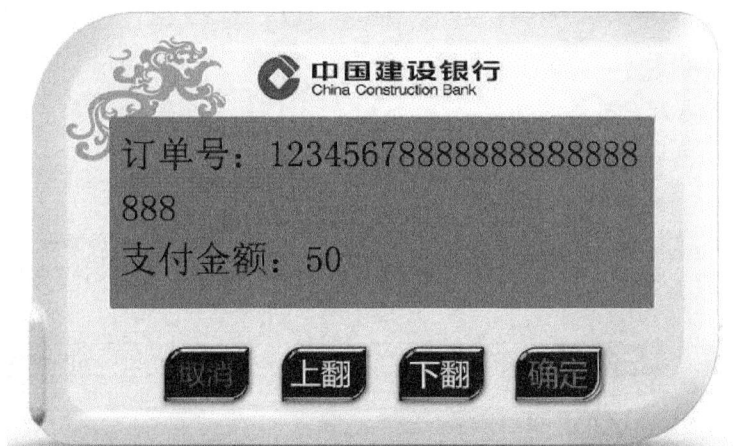

图 4-21 网银盾屏幕信息（第一屏）

图 4-22 网银盾屏幕信息（第二屏）

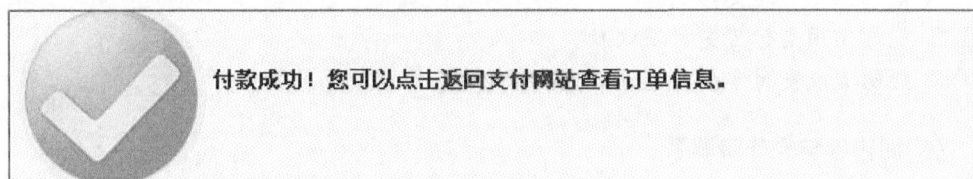

图 4-23 中国建设银行网银盾付款成功页面

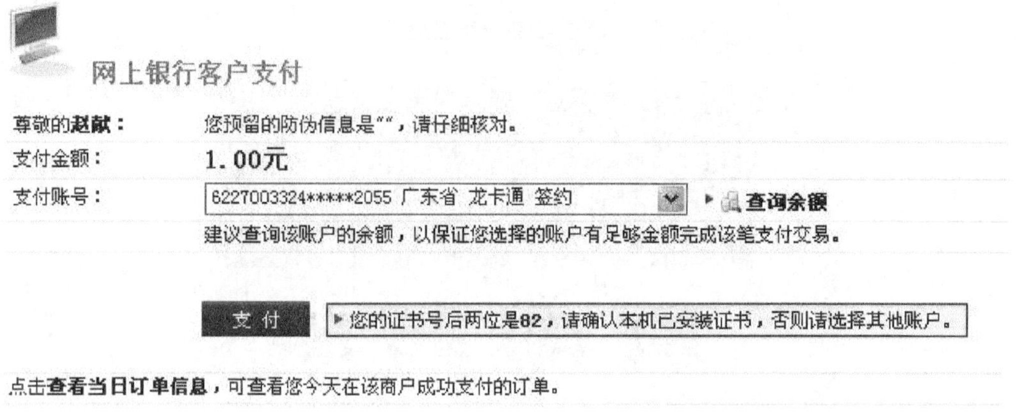

图 4-24　中国建设银行网银盾支付页面

实训二　第三方支付平台——支付宝的使用

【实训简介】

第三方支付平台就是一些和产品所在国家以及国外各大银行签约，并具备一定实力和信誉保障的第三方独立机构提供的交易支持平台。在通过第三方支付平台进行的交易中，买家选购商品后，使用第三方支付平台提供的账户进行贷款支付，由第三方通知卖家货款到达，进行发货；买家检验物品后，就可以通知第三方支付平台付款给卖家，第三方再将款项转至卖家账户。第三方支付是保证电子商务交易正常进行的必要手段之一。本实训项目以阿里巴巴旗下的支付宝为例，介绍和练习第三方网络支付平台的注册与应用。

【实训目的】

1. 能够熟练开通支付宝。
2. 能够运用支付宝支付及收款。
3. 能够完成支付宝的实名认证。

【实训内容与操作步骤】

（一）开通支付宝账户

（1）启动 IE 浏览器，在地址文本框中输入支付宝地址 http://www.alipay.com，点击"注册"按钮，如图 4-25 所示。

（2）输入相应的注册信息，并按照页面中的要求如实填写，否则会导致支付宝账户无法正常使用。其中，支付宝账户分为个人、个人商家、企业三种类型，请根据自己的需要慎重选择账户类型。企业类型的支付宝账户一定要有企业银行账户与之匹配，如图 4-26 所示。

图 4-25　支付宝网站注册页面

图 4-26　支付宝账户注册页面

（3）在进行支付宝账户注册时，系统提供两种注册方法，即手机号码注册和电子邮箱注册，如使用电子邮箱注册（图4-27），正确填写注册信息后，点击"确认注册"，支付宝会自动发送一封激活邮件到注册时填写的邮箱中（请确保注册时填写的 E-mail 真实有效）。登录邮箱，点击邮件中的激活链接，激活注册的支付宝账户，如图 4-28 所示。

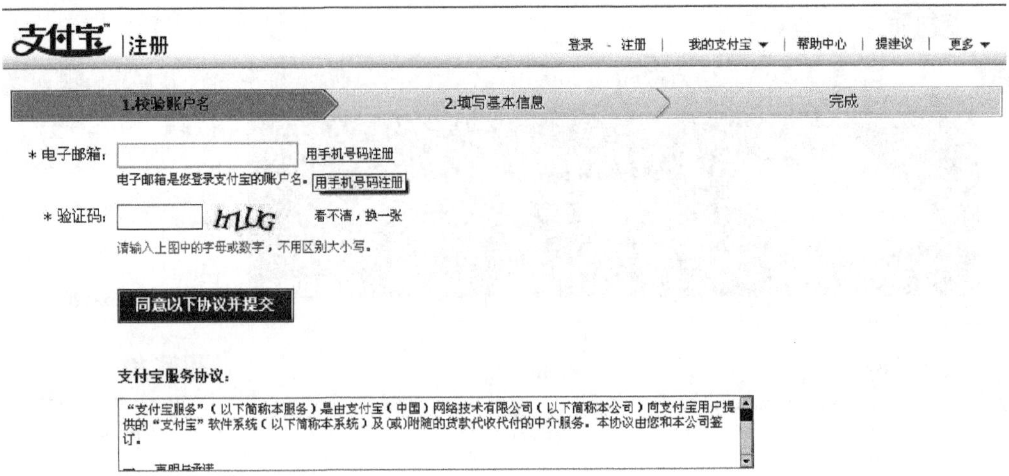

图 4-27   使用电子邮箱注册支付宝账户页面

图 4-28   支付宝账户激活页面

（4）成功激活支付宝账户后，需在系统为你提供的支付宝界面中完善相应的基本信息，包括支付宝的账户名、登录密码、支付密码、银行卡等基本信息，尤其要注意的是，为确保支付宝使用过程中的安全，支付宝的登录密码和支付密码严禁设置为相同的，且相应的银行卡信息会得到支付宝的严格保密，如图 4-29 和图 4-30 所示。

（5）激活成功后，支付宝注册成功，即可体验网上安全交易的乐趣，如图 4-31 所示。

图 4-29　支付宝账户个人信息填写页面

图 4-30　支付宝账户关联银行卡页面

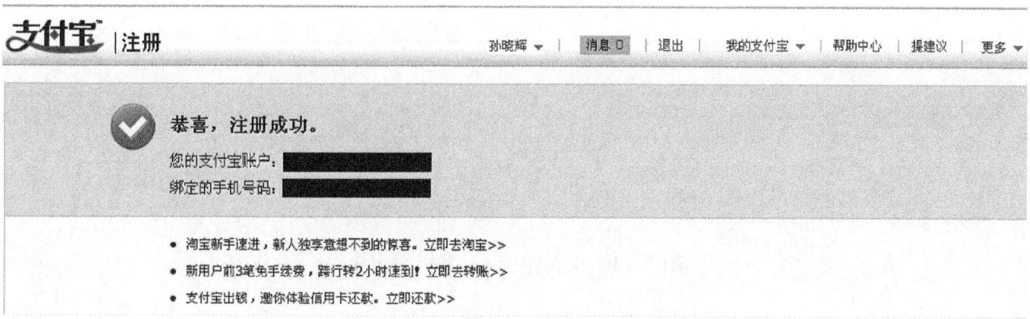

图 4-31　支付宝账户注册成功页面

(二) 利用支付宝进行网上购物

1. 拍下宝贝并完成付款

(1) 启动 IE 浏览器，在地址文本框中输入淘宝网地址http://www.taobao.com，选取要购买的商品，点击"立即购买"按钮，如图 4-32 所示。

(2) 点击成功后，则买家会进入到交易付款流程，如图 4-33 所示。

图 4-32　支付宝所购商品页面

图 4-33　支付宝交易付款流程图

（3）用户还需填写好支付宝账户名、登录密码及校验码，完成支付宝个人账户的识别，点击"登录"按钮，如图 4-34 所示。

（4）登录成功以后，买家需按照要求填写好所购买宝贝的运送方式，确认无误后，提交订单，如图 4-35 所示。

（5）如在页面中显示"订单已提交成功，请尽快付款！"后，选择"支付宝"支付方式，并同时点击"确认无误，立即支付"，如图 4-36 所示。

（6）在选择支付方式后，可以用储蓄卡、信用卡、网点、消费卡四种方式付款，选择好相应的付款方式后，点击"下一步"，如图 4-37 所示。

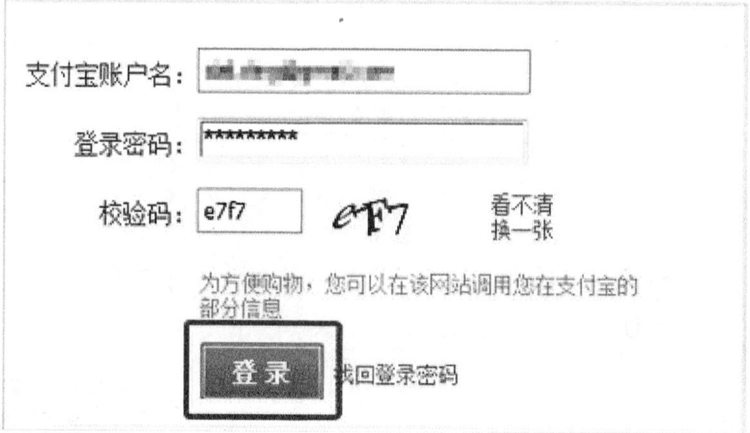

图 4-34　支付宝登录页面

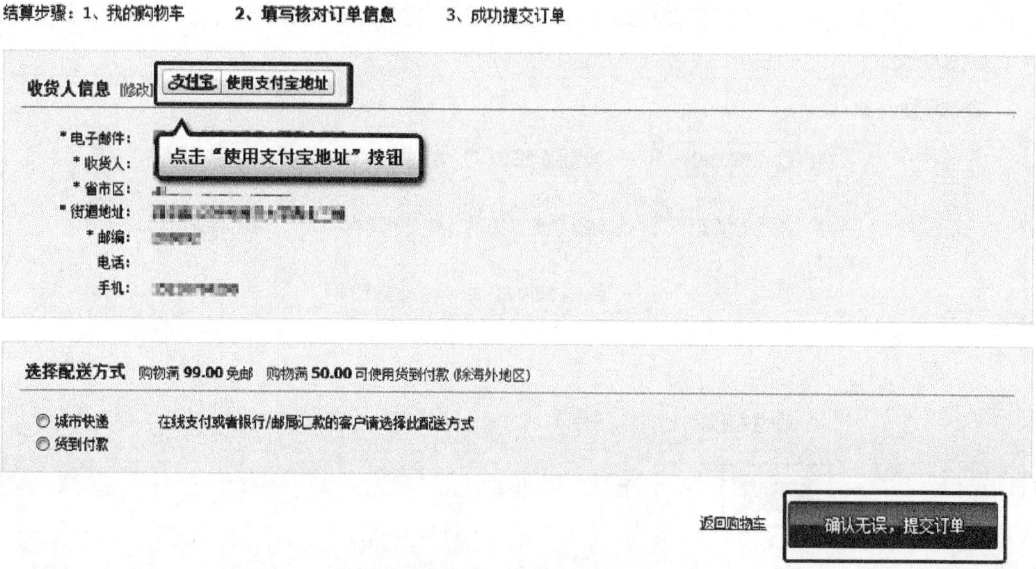

图 4-35　支付宝订单提交页面

(7) 填写好持卡人姓名、持卡人证件等信息后，点击"确认付款"按钮，如图 4-38 所示。

(8) 付款成功，如图 4-39 所示。

2. 确认收货并进行交易评价

(1) 正常收货后，买家就需要进行购物的最后环节。在支付宝网站的消费记录中点击"确认收货"，值得注意的是，在点击按钮前，必须要确保已经收到所购宝贝，如图 4-40 所示。

(2) 同时还应该根据提示输入支付宝账户的支付密码，此时，支付宝会将货款打

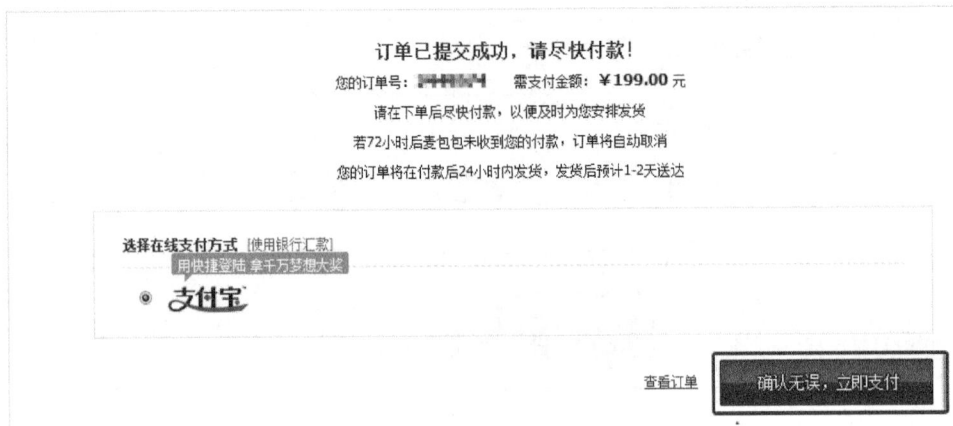

图 4-36　支付宝信息确认页面

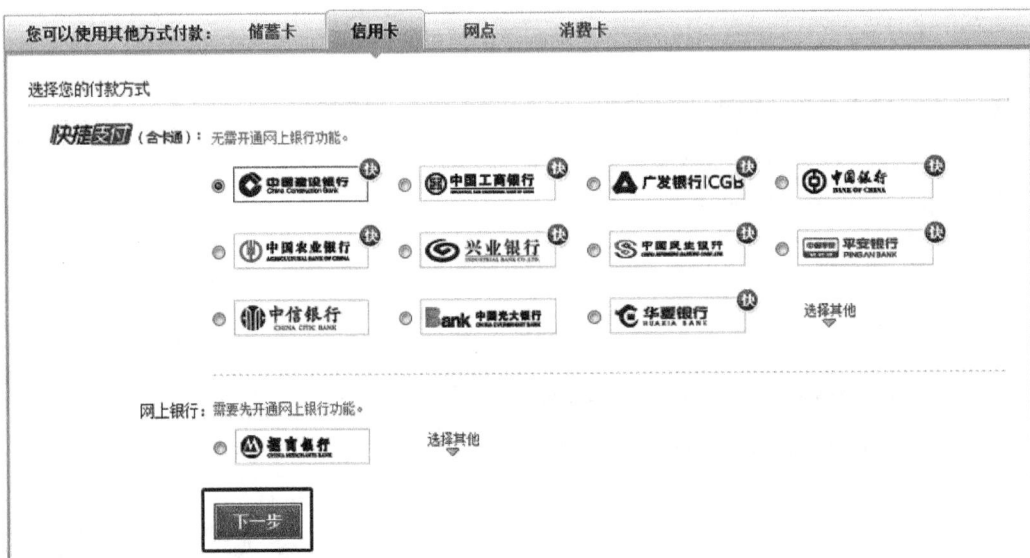

图 4-37　支付宝付款方式选择页面

入卖家的支付宝账户中，交易真正完成，如图 4-41 所示。

（3）如果买家对卖家的服务和宝贝满意，买家就应该给卖家一个好评，否则就给中评或差评，这些评价会记录在买卖双方的信用档案中，如图 4-42 所示。

（三）给支付宝充值

1. 网上银行充值方式

（1）登录 www. alipay. com→我的支付宝→充值，如图 4-43 所示，目前支付宝有15 家网上银行通道可供您充值：中国工商银行、中国建设银行、中国农业银行、中国邮政储蓄银行、交通银行、招商银行、中国银行、中国光大银行、中信银行、深圳发

图 4-38　支付宝确认付款页面

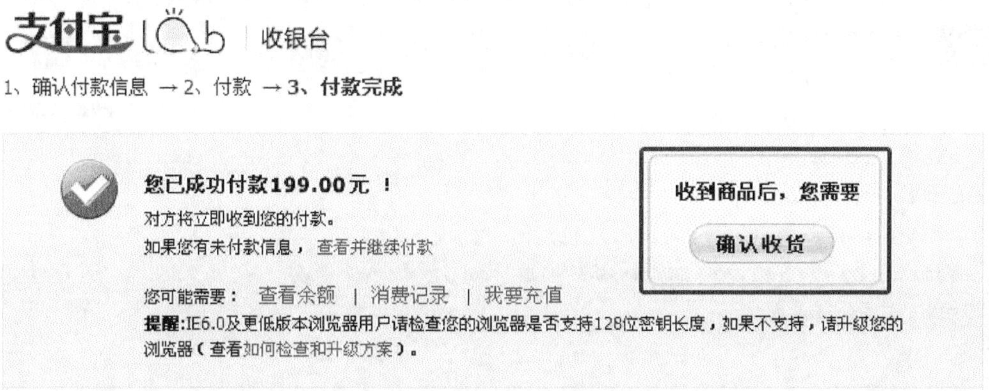

图 4-39　支付宝成功付款页面

展银行、上海浦东发展银行（简称浦发银行）、中国民生银行、兴业银行、平安银行、广东发展银行（简称广发银行）。

（2）核对充值金额与所选择的网上银行，点击"去网上银行充值"，如图 4-44 所示。

（3）输入支付卡号、验证码，点击"提交"，如图 4-45 所示。

（4）确认在中国工商银行的预留信息，点击"确定"，如图 4-46 所示。

（5）输入口令卡密码、网银登录密码、验证码，点击"提交"，如图 4-47 所示。

（6）支付成功，如图 4-48 所示。

（7）支付宝页面出现人性化的提示，点击"已完成充值"，如图 4-49 所示。在充值

图 4-40　支付宝确认收货页面

图 4-41　支付宝支付密码填写页面

遇到问题时也可以点击"充值遇到问题"查找原因。

2. "支付宝卡通"充值方式

（1）选择"支付宝卡通"进行充值，输入充值金额，点击"下一步"，如图 4-50 所示。

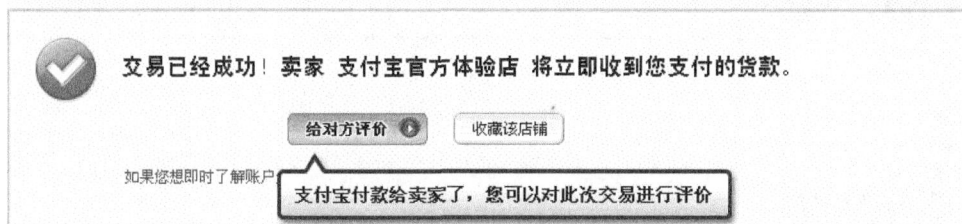

图 4-42 支付宝交易成功页面

图 4-43 可供选择的网上银行页面

（2）输入支付宝账户的支付密码，如图 4-51 所示（注意：非银行卡取款密码）。

（3）充值成功，如图 4-52 所示。

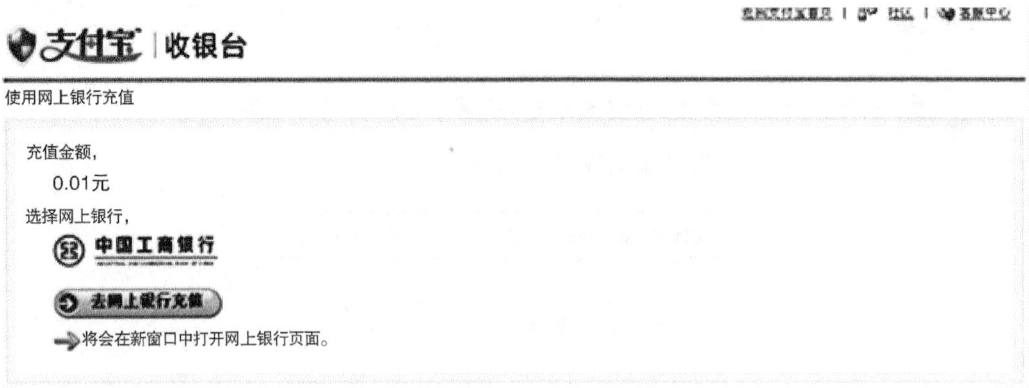

图 4-44　中国工商银行网上银行充值页面

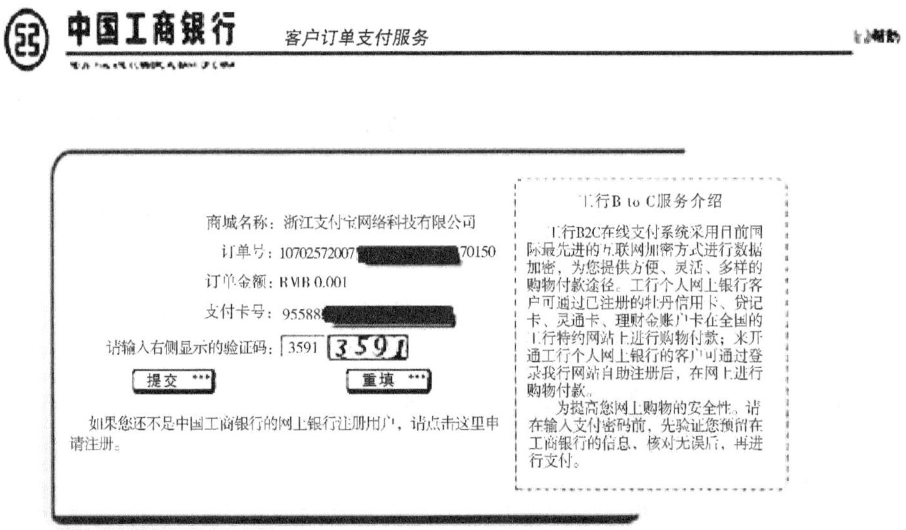

图 4-45　中国工商银行支付信息页面

3. 邮政网汇 e 充值方式

（1）到邮政汇兑网点办理网上支付汇款，并自行设定取款密码。

（2）登录支付宝网站，在账户充值中选择"邮政网汇 e"，输入汇票号码和汇款密码，如图 4-53 所示。

（3）充值成功。购物时使用支付宝余额支付就可以购物付款了，如图 4-54 所示。

（4）点击"账户明细查询"，如果是邮政网汇 e 充值，其就会在交易场所一栏体现，如图 4-55 所示。

（四）支付宝实名认证

支付宝实名认证是由支付宝（中国）网络技术有限公司提供的一项身份识别服务。

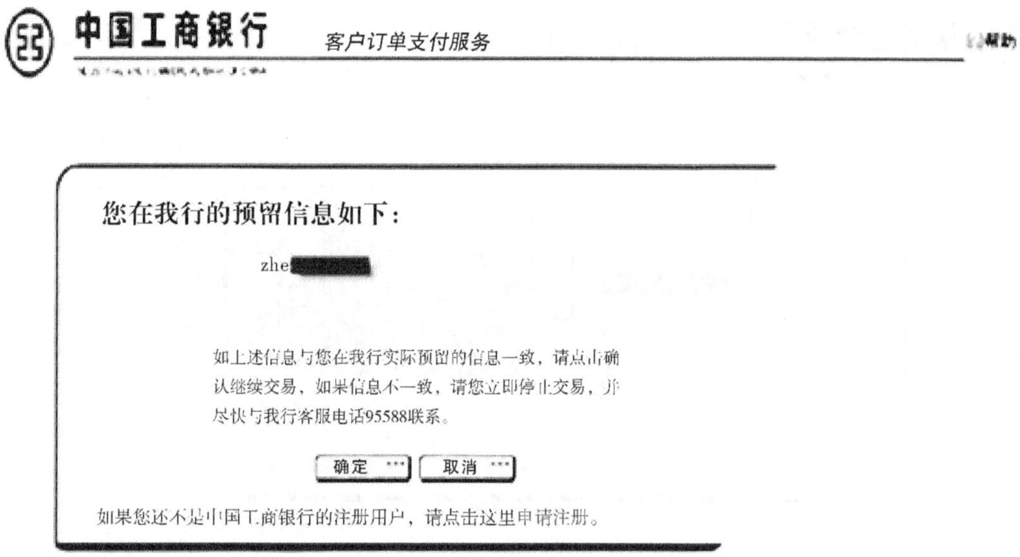

图 4-46　中国工商银行网上银行支付预留信息提醒页面

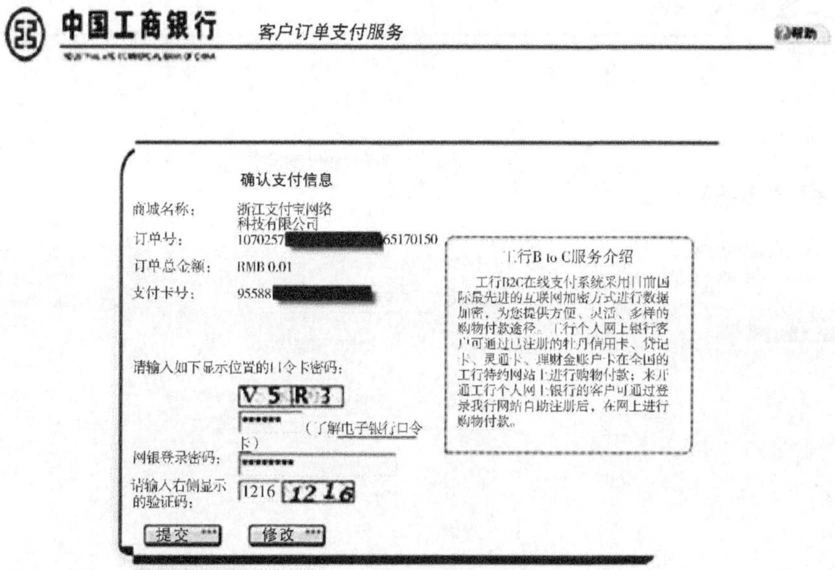

图 4-47　中国工商银行网上银行口令卡密码输入页面

支付宝实名认证同时核实会员身份信息和银行账户信息。通过支付宝实名认证后相当于拥有了一张互联网身份证，可以在淘宝网等众多电子商务网站开店、出售商品，增加支付宝账户拥有者的信用度。支付宝实名认证包括以下几个过程。

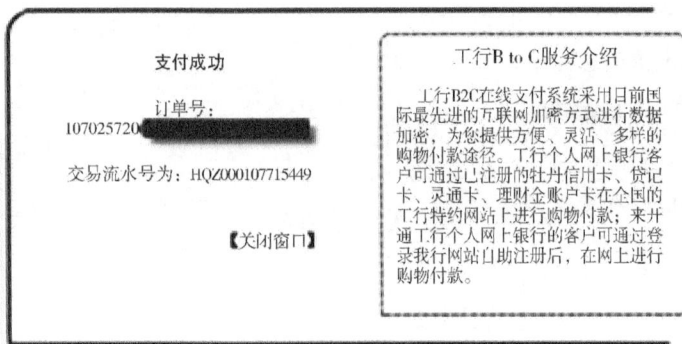

图 4-48　中国工商银行网上银行支付成功页面

图 4-49　中国工商银行网上银行完成充值提醒页面

1. 选择认证入口

（1）打开支付宝网站，登录支付宝账户，点击"实名认证"，如图 4-56 所示。

（2）勾选"我已阅读并同意《支付宝实名认证服务协议》"，点击"立即申请"，如图 4-57 所示。

（3）进行实名认证有两种方式可选，包括"快捷认证"和"银行汇款认证"，可选

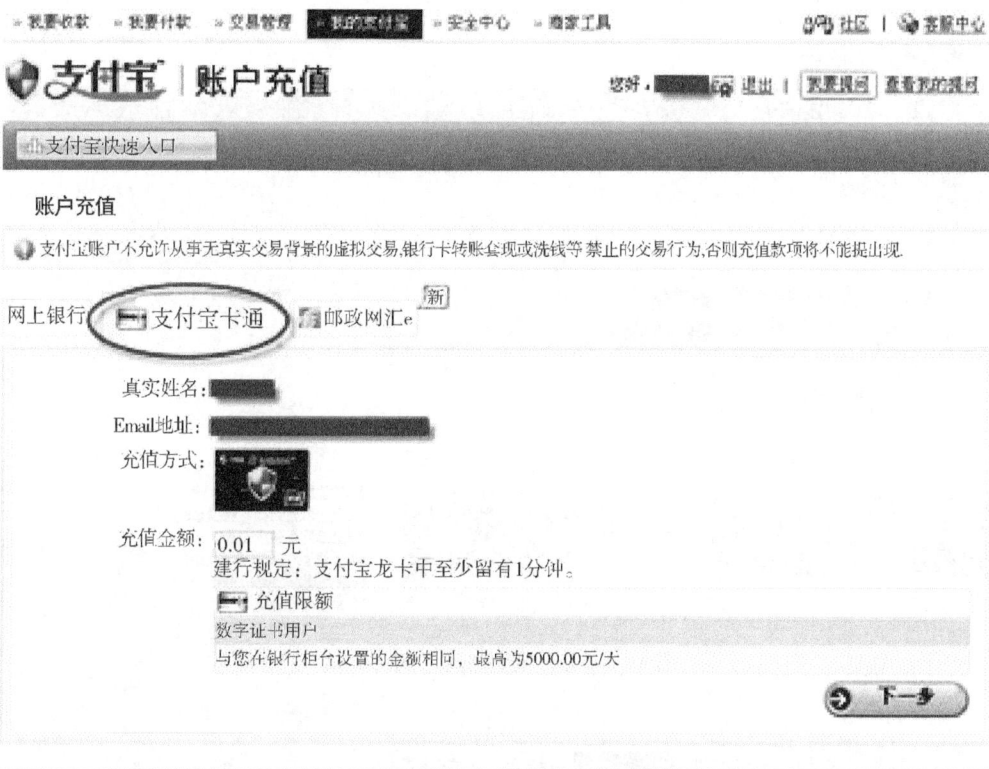

图 4-50　利用支付宝卡通充值页面

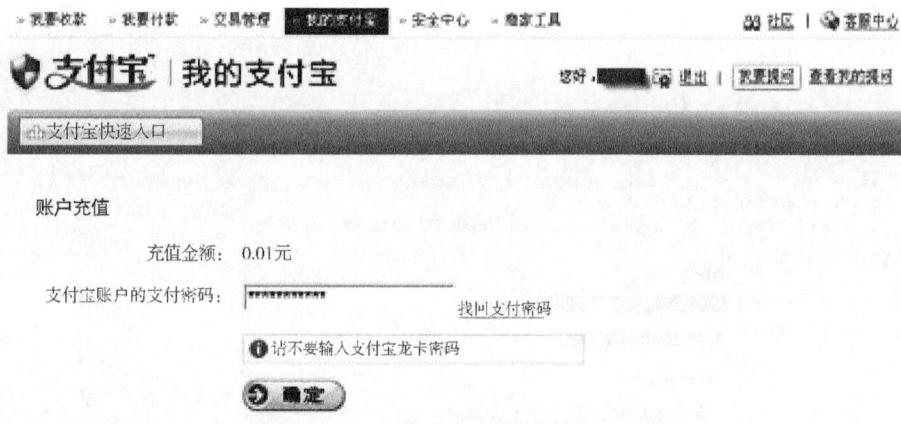

图 4-51　支付宝卡通支付密码输入页面

择其中的任何一种。

2. 填写个人认证信息

（1）填写个人信息，并点击"下一步"，如图 4-58 所示。

（2）填写银行卡信息，并点击"下一步"，如图 4-59 所示。

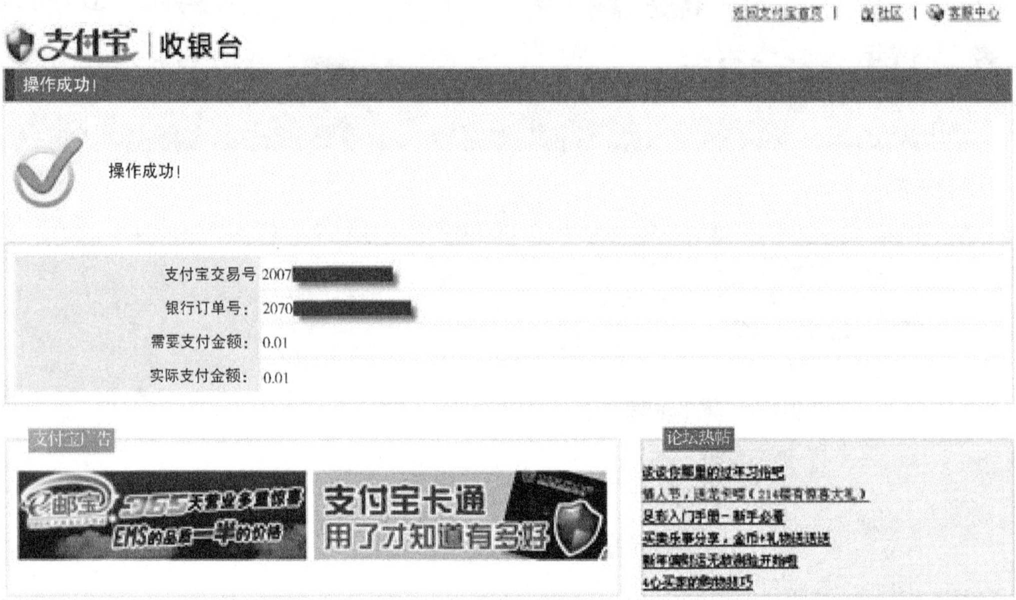

图 4-52 支付宝卡通充值成功页面

图 4-53 利用邮政网汇 e 充值页面

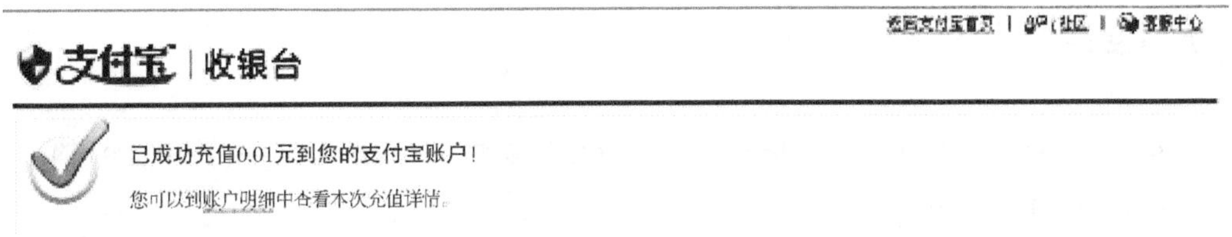

图 4-54　邮政网汇 e 充值成功页面

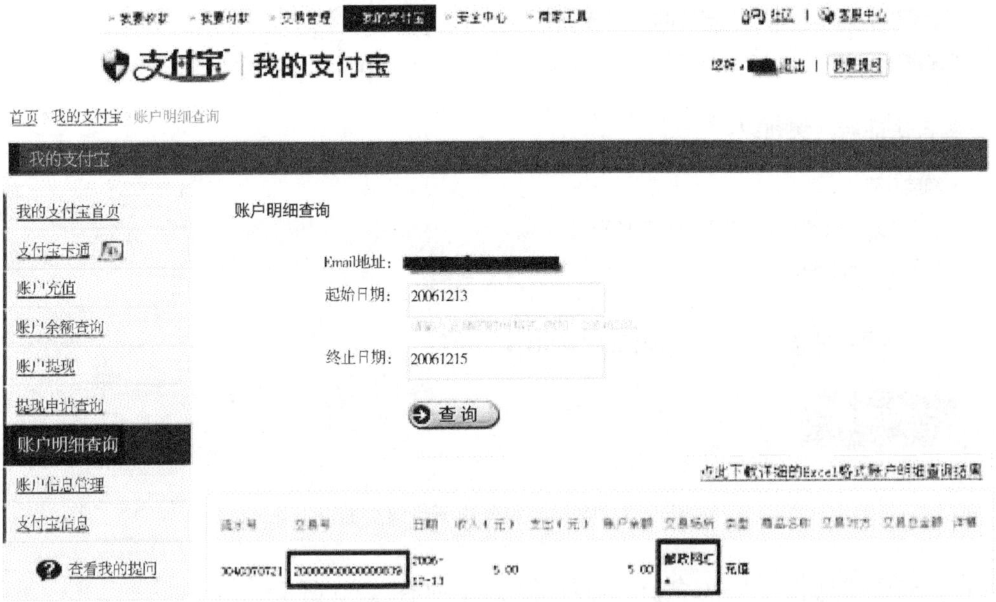

图 4-55　邮政网汇 e 账户明细查询页面

图 4-56　支付宝实名认证页面

支付宝实名认证 使用遇到问题？

实名认证是由支付宝提供的一项身份识别服务。通过支付宝实名认证，您就相当于拥有了一张互联网身份证，增加您的信任度。

实名认证前，您需要：

- 持有居民身份证、台胞证或护照。（军官证等无效）
- 持有银行卡，该银行卡开户名和您证件姓名一致。
- 未满18周岁不能申请实名认证［？］，您可以让已经通过实名认证的账户对本账户进行关联认证。

实名认证后，您可以：

- 淘宝开店
- 提升收款、付款额度，使用AA收款等功能
- 提高账户安全等级

☑ 我已阅读并同意《支付宝实名认证服务协议》。

立即申请

图 4-57　支付宝实名认证申请页面

（3）确认信息后，点击"确认信息并提交"，如图 4-60 所示。

（4）系统提示"认证申请提交成功，支付宝会在 1—2 天内给您的××银行卡（××）汇入一笔小于 1 块钱的款项。"，如图 4-61 所示。

3. 确认汇款金额

（1）在申请认证时，填写完个人身份信息和银行卡信息后，等待 1～2 天，支付宝公司会往认证银行账户打入 1 元以下的金额，当收到金额之后，登录支付宝账户点击"申请认证"，如图 4-62 所示。

（2）输入收到的准确金额，点击"确认"继续完成确认。有两次输入机会，请正确填写收到的准确金额，若两次均输错后需要重新更换银行账户进行提交审核，如图 4-63 所示。

（3）输入金额正确后，系统会即时审核所填写的身份信息，请耐心等待两秒钟；审核通过后，即通过支付宝实名认证，如图 4-64 所示。

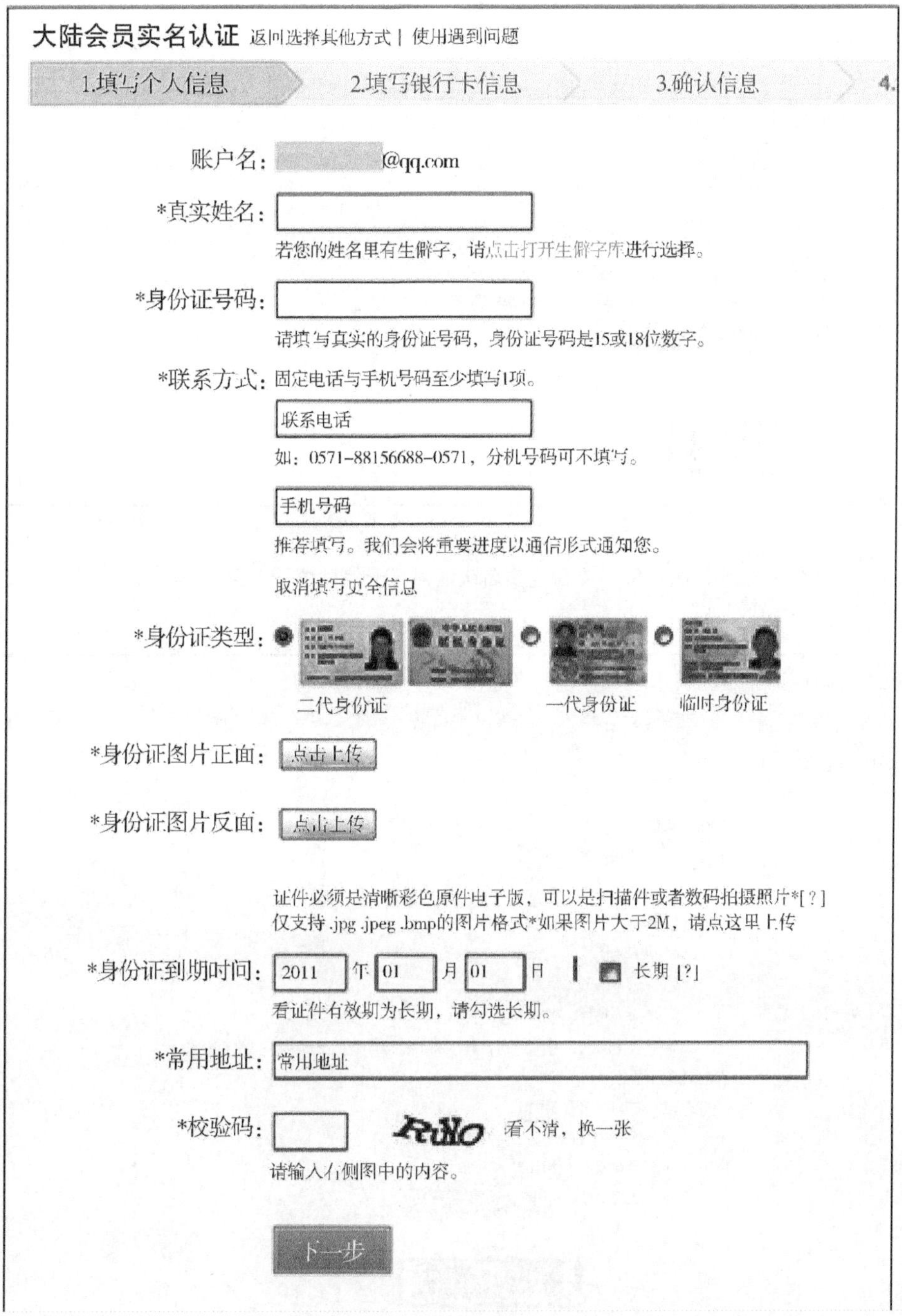

图 4-58　支付宝实名认证个人信息填写页面

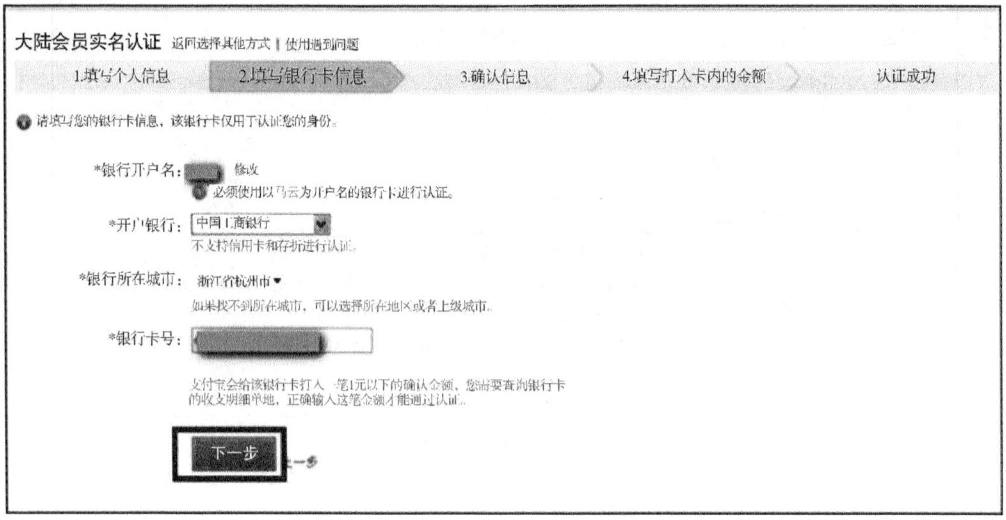

图 4-59　支付宝实名认证银行卡信息填写页面

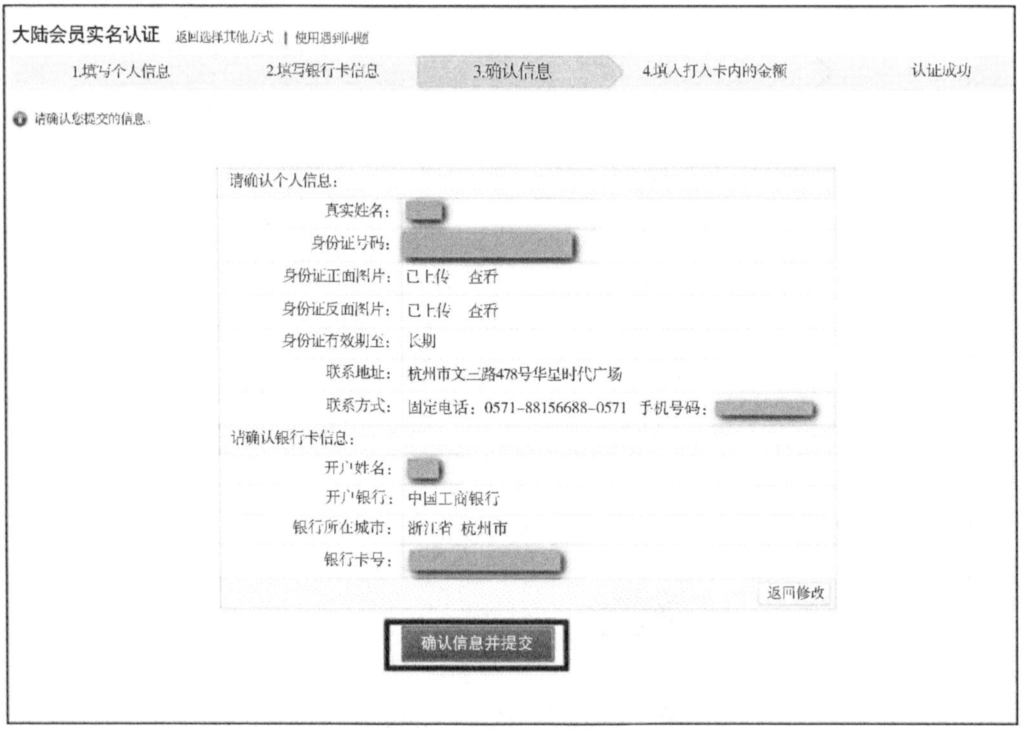

图 4-60　支付宝实名认证信息确认页面

1.填写个人信息　　　2.填写银行卡信息　　　3.确认信息　　　4.填写打入卡内的金额

认证申请提交成功，支付宝会在1-2天内给您的　　银行卡(*************　)汇入一笔小于1块钱的款项。

接下来的操作：
步骤1： 请耐心等待1-2天，支付宝会给您的银行卡汇款；
步骤2： 银行汇款成功后，支付宝会立刻短信（139****0779）提醒您去银行查询；
步骤3： 到银行柜台或网银，查询支付宝汇到您银行卡（尾号7892）的具体金额；如何在网上银行查询打款金额？
步骤4： 回到支付宝实名认证页面，输入汇款金额数值；
若您想重新认证，请先撤销本次认证申请。

图 4-61　支付宝实名认证申请提交成功页面

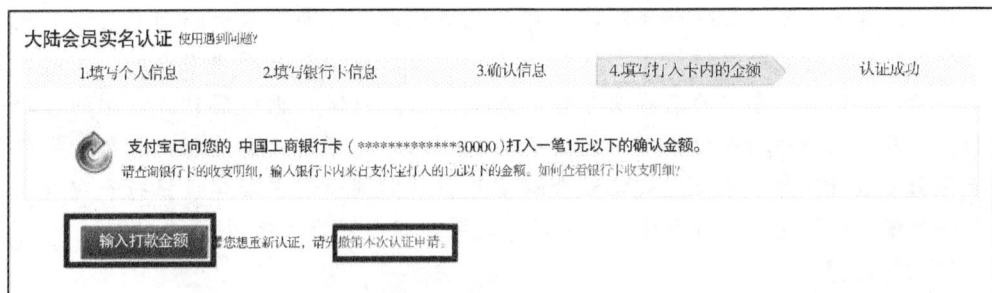

大陆会员实名认证 使用遇到问题?

1.填写个人信息　　　2.填写银行卡信息　　　3.确认信息　　　4.填写打入卡内的金额　　　认证成功

支付宝已向您的　中国工商银行卡（**************30000）打入一笔1元以下的确认金额。
请查询银行卡的收支明细，输入银行卡内来自支付宝打入的1元以下的金额。如何查看银行卡收支明细?

输入打款金额 若您想重新认证，请先撤销本次认证申请。

图 4-62　支付宝实名认证银行打款金额提醒页面

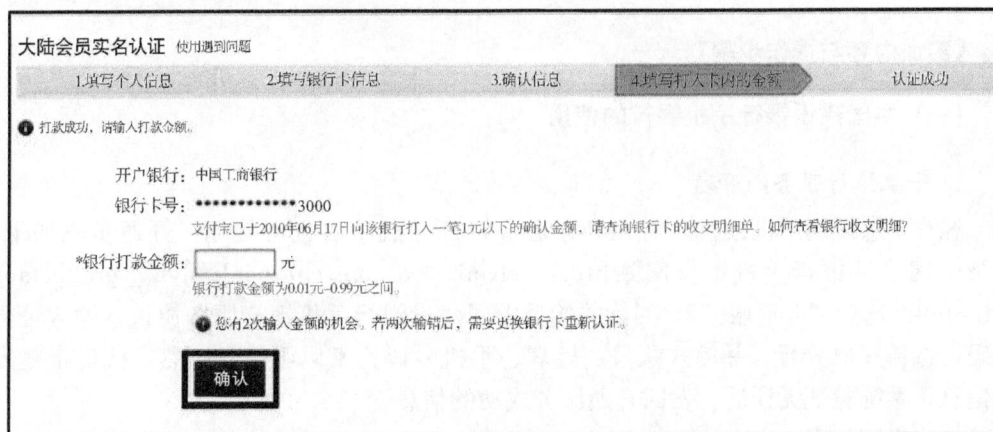

大陆会员实名认证 使用遇到问题

1.填写个人信息　　　2.填写银行卡信息　　　3.确认信息　　　4.填写打入卡内的金额　　　认证成功

打款成功，请输入打款金额。

开户银行：中国工商银行
银行卡号：************3000
支付宝已于2010年06月17日向该银行打入一笔1元以下的确认金额，请查询银行卡的收支明细细。如何查看银行收支明细?

*银行打款金额：[　　]元
银行打款金额为0.01元-0.99元之间。

您有2次输入金额的机会，若两次输错后，需要更换银行卡重新认证。

确认

图 4-63　支付宝实名认证输入银行打款金额页面

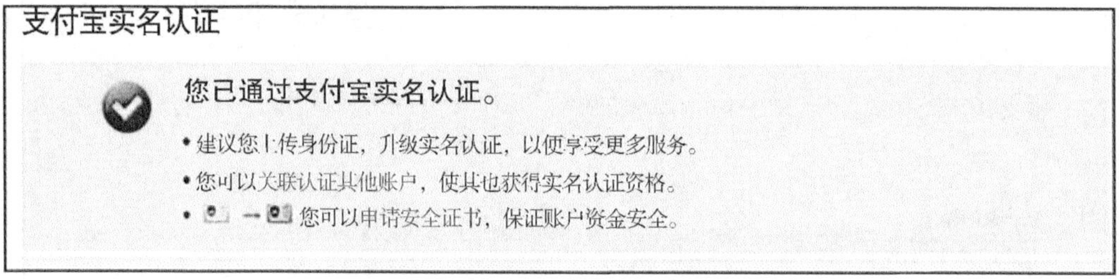

支付宝实名认证

✓ 您已通过支付宝实名认证。

• 建议您上传身份证，升级实名认证，以便享受更多服务。
• 您可以关联认证其他账户，使其也获得实名认证资格。
• 🖼 → 🖼 您可以申请安全证书，保证账户资金安全。

图 4-64　支付宝实名认证成功页面

实训三　移动支付的使用——手机银行的使用

【实训简介】

作为新兴的电子支付方式，移动支付具有随时随地支付和方便、快捷、安全等诸多特点。消费者只要拥有一部手机，就可以完成理财或交易，享受移动支付带来的便利。手机银行是将无线通信技术与银行业务相结合，以为客户提供在线的、实时的服务为目标，将银行业务中的某些业务转移到手机上，以银行服务器作为虚拟的金融服务柜台，客户利用移动支付终端，通过移动通信网络与银行建立连接，在银行提供的交互界面上进行操作，从而完成各种金融交易。本实训通过中国建设银行和中国农业银行手机银行的使用和训练，使学生熟练掌握手机银行的商务运用。

【实训目的】

1. 了解移动支付的主要方式。

2. 掌握手机银行的申请与使用。

3. 学会使用手机银行进行移动支付。

【实训内容与操作步骤】

（一）中国建设银行手机银行的使用

1. 手机银行服务的开通

客户要想使用手机银行，需先开通服务，开通成功后方可使用。开通步骤如下：登录中国建设银行手机银行网站 http://ebank.ccb.com/cn/ebank/sjyh_products_list.html，选择"开通服务"，阅读并接受中国建设银行手机银行服务协议，输入证件号码，选择开户分行，并输入账号、姓名、手机号码、密码等信息，然后按确定键发送信息，系统验证无误后，发回开通服务成功的信息。

操作界面如图 4-65 所示。

2. 手机银行服务的登录

如果客户已开通服务，请选择"进入手机银行"，按提示输入登录密码（除使用手机自助开通服务以外，初次登录手机银行时系统还将提示输入客户号），登录成功后方

图 4-65　中国建设银行手机银行开通流程图

可使用手机银行的各项功能。

操作界面如图 4-66 所示。

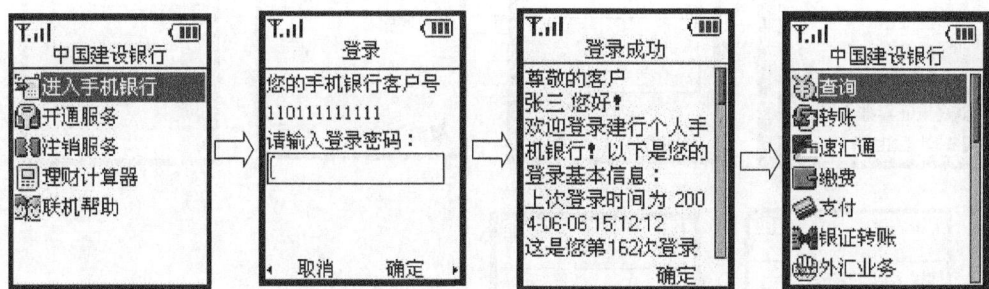

图 4-66　中国建设银行手机银行登录过程图

3. 手机银行的支付使用

登录手机银行服务成功后,选择"支付"。此项功能提供签约账户支付和非签约账户支付,手机支付提供两种支付的发起方式——推送方式和自主方式。

(1) 推送式手机支付。推送方式是客户在网站购物后选择中国建设银行手机支付,并输入支付号(支付号在手机银行开通服务时产生,客户可在"我的服务"菜单中随时查询），传到手机银行中心后，中心根据购物网站产生的订单信息和支付号主动激活客户手机银行支付程序，并显示支付信息，然后客户登录手机银行，选择支付账户，若选择非签约账户则需输入该账户密码。

操作界面如图 4-67 所示。

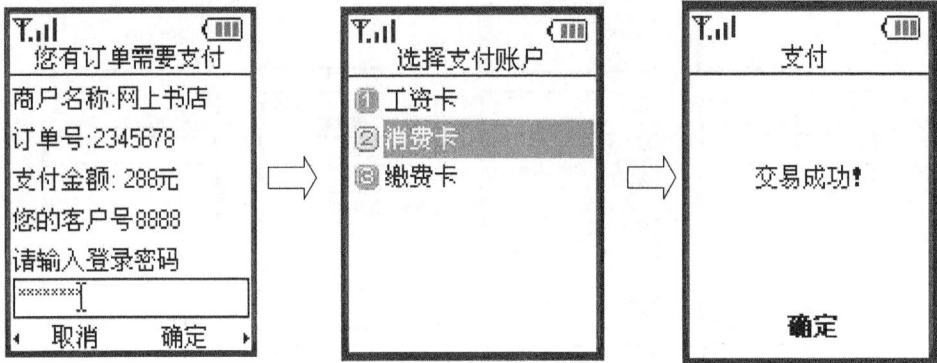

图 4-67   推送式手机支付流程图

（2）自主式手机支付。自主方式是客户主动发起的方式，即客户进入手机银行，选择"支付"菜单，输入已知的商户号和订单号，将信息发送到手机银行中心，中心根据商户号和订单号取得相关支付信息并回送客户确认。

操作界面如图 4-68 所示。

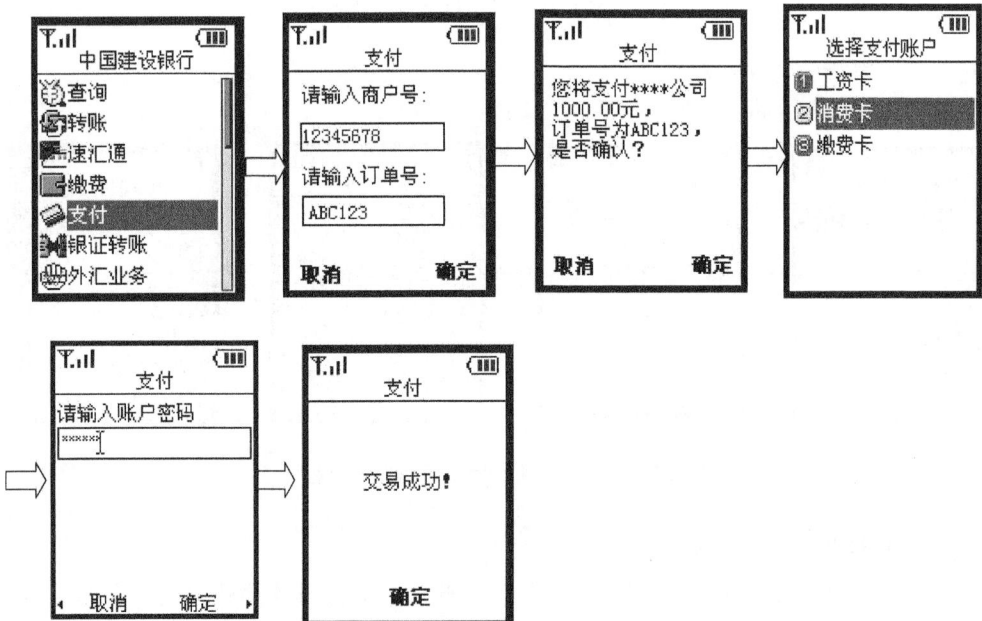

图 4-68   自主式手机支付流程图

特别提示：在支付流程中，若选择非签约账户支付，系统自动提示输入账户密码。

（二）中国农业银行手机银行的使用

1. 手机银行服务的开通

登录中国农业银行手机银行网站http://m.abchina.com，选择开通服务。
其具体流程如图4-69所示。

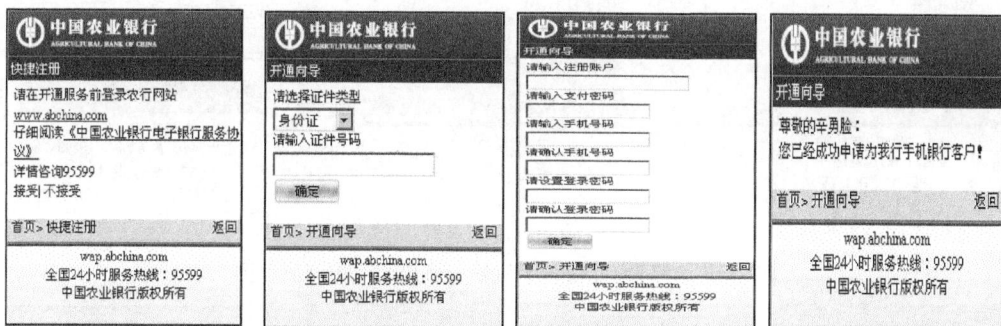

图4-69　中国农业银行手机银行开通流程图

在开通的过程中客户需输入证件号码、注册账户、支付密码等，进行一致性校验；
同时客户需设置手机号码绑定及6位的登录密码。

2. 手机银行服务的登录

登录手机银行服务的具体流程如图4-70所示。

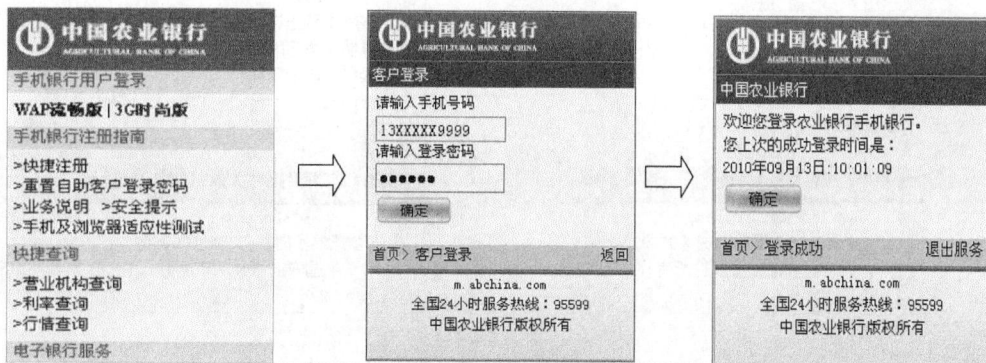

图4-70　中国农业银行手机银行登录流程图

用户选择好使用版本后，输入手机号码和登录密码即可登录成功。

3. 手机银行的功能

（1）查询功能。中国农业银行手机银行的查询功能包括账户余额查询、账户明细
查询等。

账户余额查询如图 4-71 所示。

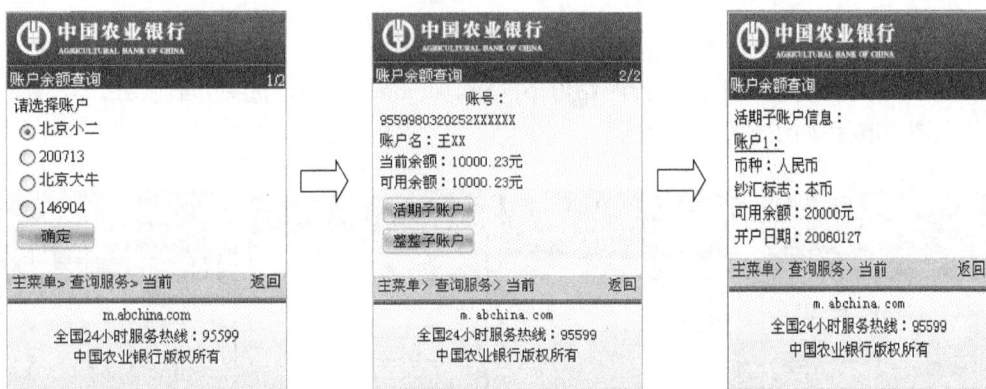

图 4-71　中国农业银行手机银行账户余额查询流程图

账户明细查询如图 4-72 所示。

图 4-72　中国农业银行手机银行账户明细查询流程图

（2）转账功能。转账功能包括手机号转账、注册账户间转账、注册账户向外转账、信用卡还款等。

手机号转账如图 4-73 所示。

注册账户间转账如图 4-74 所示。

注册账户向外转账如图 4-75 所示。

信用卡还款功能包括还款、账户查询、账单查询等。

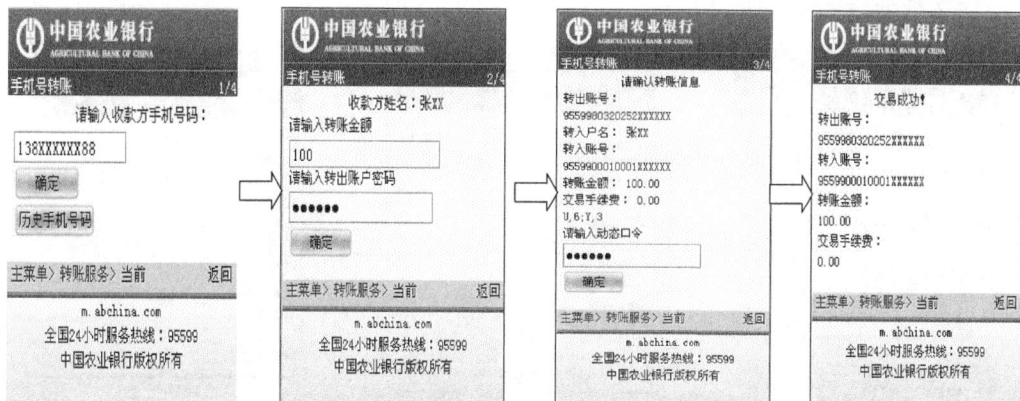

图 4-73 中国农业银行手机银行手机号转账流程图

图 4-74 中国农业银行手机银行注册账户间转账流程图

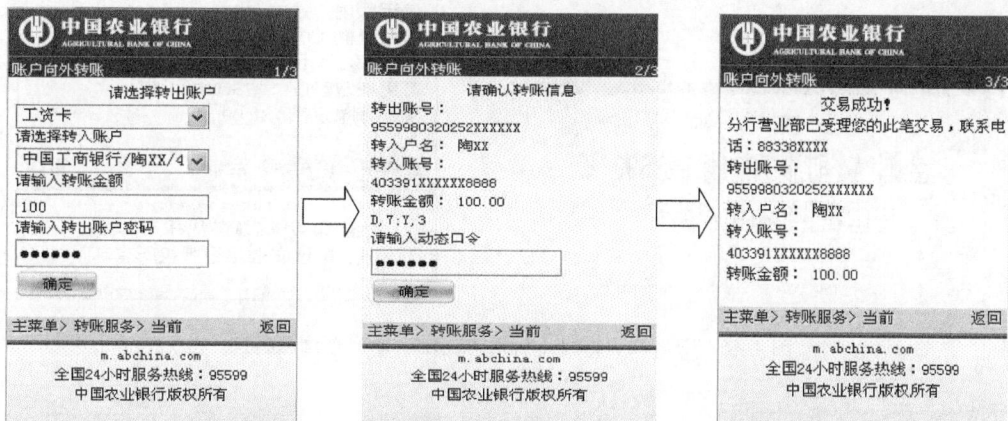

图 4-75 中国农业银行手机银行注册账户向外转账流程图

①还款的操作如图 4-76 所示。

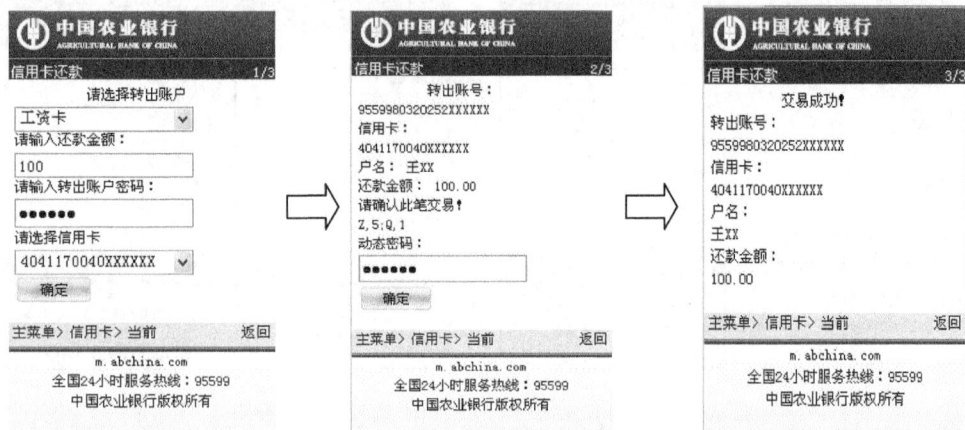

图 4-76　中国农业银行手机银行信用卡还款流程图

②账户查询如图 4-77 所示。

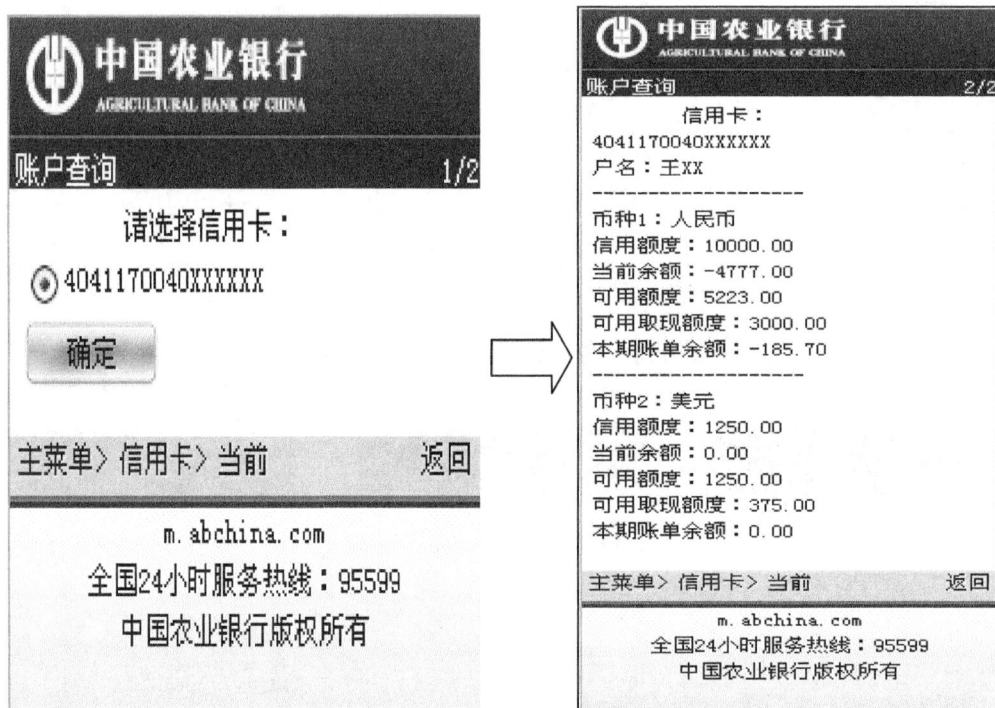

图 4-77　中国农业银行手机银行信用卡账户查询流程图

③账单查询如图 4-78 所示。

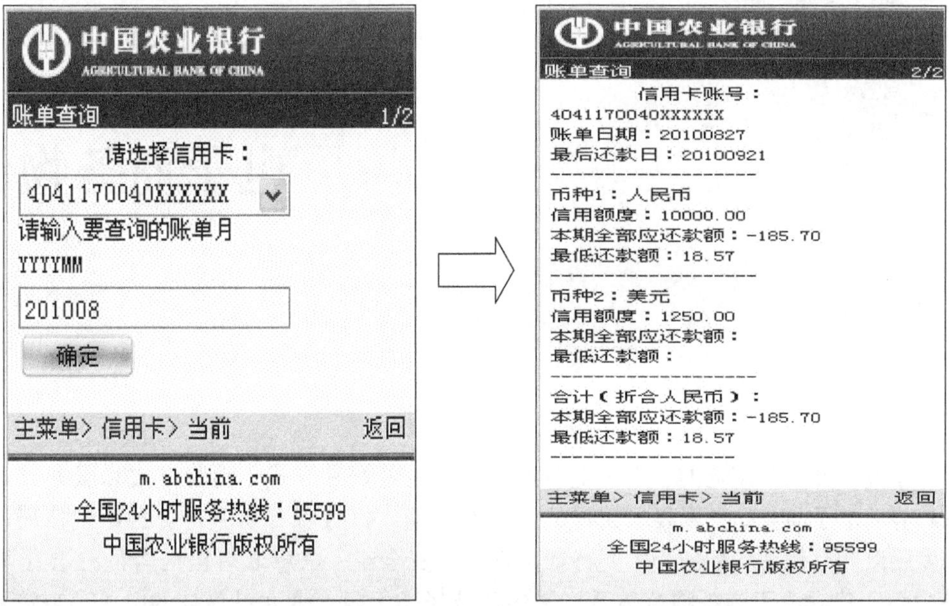

图 4-78 中国农业银行手机银行信用卡账单查询流程图

【实训习题】

1. 登录中国农业银行网站（http://www.abchina.com），查看有关业务和功能，并与招商银行和中国建设银行进行比较。

2. 根据自己使用银行卡的情况，到相应银行营业网点办理网上银行开通手续，然后登录银行的网上银行站点，开通和使用网上银行。

3. 申请一个个人支付宝账户，并试着完成支付宝账户的充值、购物、付款、实名认证等支付与结算操作。

4. 根据自己使用手机的情况，到相应银行营业网点办理手机银行开通手续，开通和使用手机银行。

第五章

电子商务物流

电子商务作为数字化的生产、生活方式，代表着贸易方式、消费方式和服务方式的未来趋势。电子商务的发展要求完善整体生态环境，打破原有物流行业的传统格局，建设和发展以商品代理和配送为主要特征，物流、资金流、信息流有机结合的社会化物流配送中心，建立电子商务物流体系，使各环节畅通无阻，这才是最佳的电子商务境界。

实训一　第三方物流管理信息系统

【实训简介】

第三方物流管理信息系统是在对第三方物流公司运作模式进行详细调研及需求分析的基础上，结合第三方物流管理理念，以第三方物流业务流程为核心、以物流信息技术为依托开发的第三方物流公司信息管理的人机交互系统，具有对仓储、运输、装卸、搬运等物流信息的收集、存储、加工、转换及辅助决策的功能。中海 2000 第三方物流管理信息系统是深圳中海物流有限公司在总结中海物流多年的第三方物流实践经验的基础上开发完成的，其功能具体而完善。本实训以中海 2000 第三方物流管理信息系统为平台，演示第三方物流管理信息系统的功能及操作流程。

【实训目的】

1. 了解第三方物流管理信息系统的基本功能和基本业务。

2. 掌握中海 2000 第三方物流管理信息系统的操作流程，并能使用中海 2000 第三方物流管理信息系统进行业务处理。

3. 举一反三，熟悉其他主流的第三方物流管理信息系统的操作。

【实训内容与操作步骤】

（一）客户管理

1. 客户资料模块操作

（1）选择客户管理目录，单击"客户资料"，进入客户资料维护界面，填写并提交客户的基本资料，如图 5-1 所示。

图 5-1　维护客户资料

（2）在第三方物流公司客户资料界面，单击"正式"按钮，进入合同表头界面，填写好合同的有效期以及仓租性质等其他信息后，单击"提交"按钮，保存修改过的资料，客户即变为"正式"状态，如图 5-2 所示。

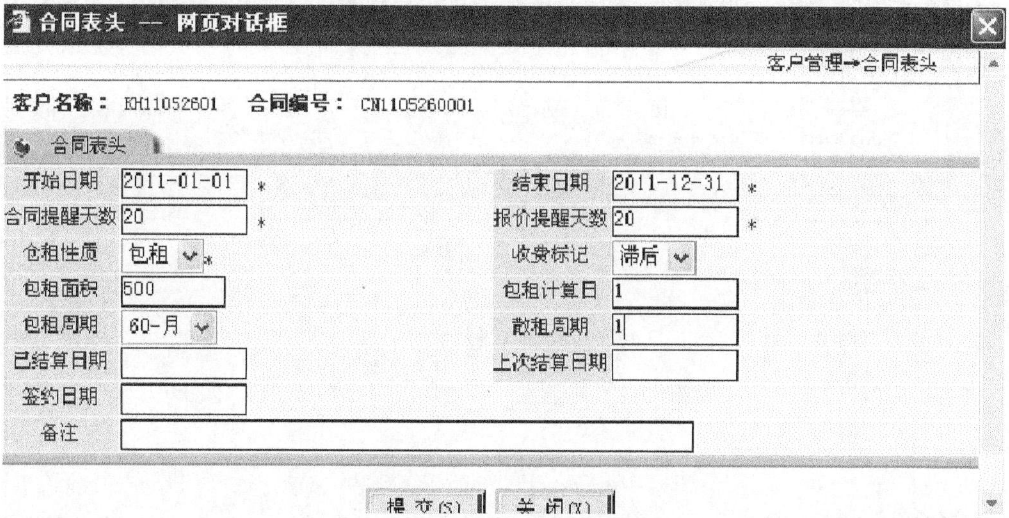

图 5-2　修改客户状态

（3）选择客户资料，单击"状态"按钮，进入收费状态设置。第三方物流公司根据需要选择收费状态的性质（预备、正式、历史），单击"提交"按钮，保存修改过的资料，第三方物流管理信息系统即可在适当的时候进行适当的费用分配，如图 5-3 所示。

图 5-3　设置收费状态

（4）单击"报价"按钮，进入客户报价单界面。单击"新增"按钮，进入新增报价单状态，在编辑区录入相关的资料，单击"提交"按钮，保存修改过的资料，如图 5-4 所示。

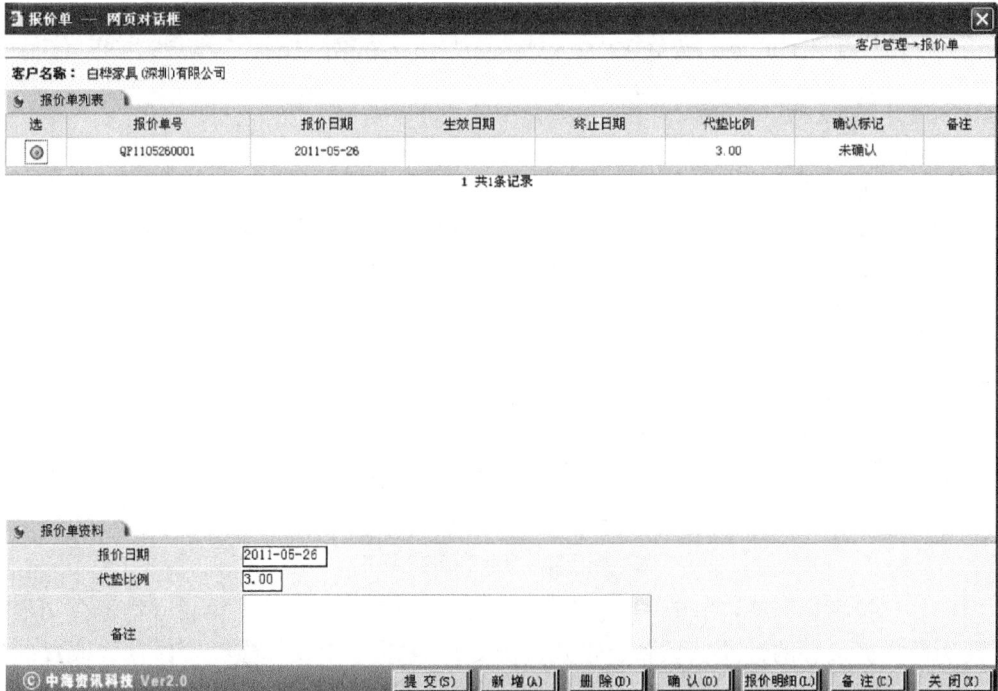

图 5-4　新增客户报价单

（5）第三方物流公司在进行报价管理时应按照费用类型录入报价，费用类型一般包括仓租费用、装卸费用、运输费用、加班费用、处理费用、报关费用和其他费用。以仓租费用报价为例，第三方物流公司在报价单界面选中需要维护的报价单，单击“报价明细”按钮，进入仓租报价界面，录入数据。第三方物流公司根据合同填写相关报价的计费单位、单价等资料，然后单击“提交”按钮，保存新增的仓租报价，如图5-5所示。

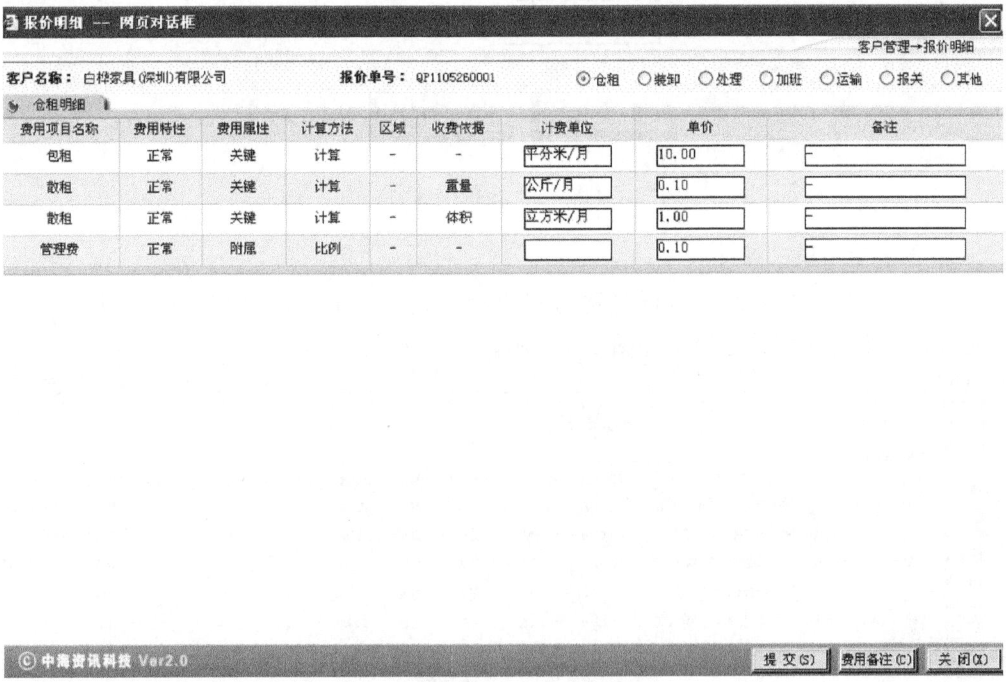

报价明细 -- 网页对话框

客户管理→报价明细

客户名称：白桦家具(深圳)有限公司　报价单号：QP1105260001　⊙仓租 ○装卸 ○处理 ○加班 ○运输 ○报关 ○其他

仓租明细

费用项目名称	费用特性	费用属性	计算方法	区域	收费依据	计费单位	单价	备注
包租	正常	关键	计算	-	-	平分米/月	10.00	-
散租	正常	关键	计算	-	重量	公斤/月	0.10	-
散租	正常	关键	计算	-	体积	立方米/月	1.00	-
管理费	正常	附属	比例	-	-		0.10	-

© 中海资讯科技 Ver2.0　提交(S)　费用备注(C)　关闭(X)

图5-5　仓租报价

（6）录入报价时，报价的币种在“费用备注”状态下设定。第三方物流公司选定币种后，单击“提交”按钮进行保存，如图5-6所示。

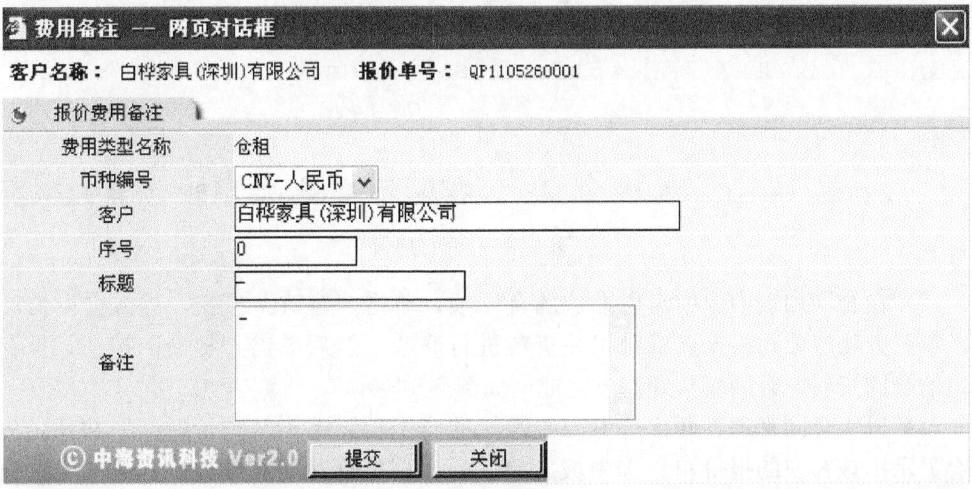

费用备注 -- 网页对话框

客户名称：白桦家具(深圳)有限公司　报价单号：QP1105260001

报价费用备注

费用类型名称　仓租

币种编号　CNY-人民币

客户　白桦家具(深圳)有限公司

序号　0

标题　-

备注　-

© 中海资讯科技 Ver2.0　提交　关闭

图5-6　费用备注

（7）最后，在报价单界面单击"提交"按钮，对报价进行确认，如图 5-7 所示。

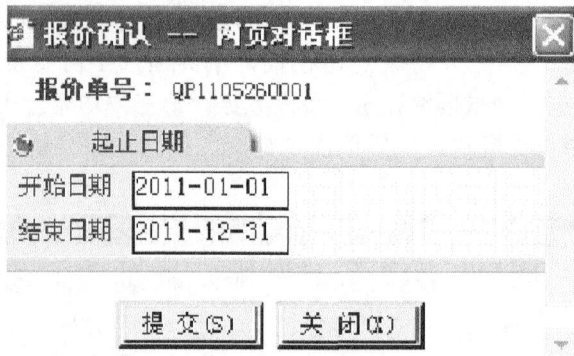

图 5-7 报价确认

2. 合同管理模块操作

（1）在合同管理界面，合同是不可以直接手动新增的，而是在客户资料里录入合同表头时系统自动生成记录，如图 5-8 所示。

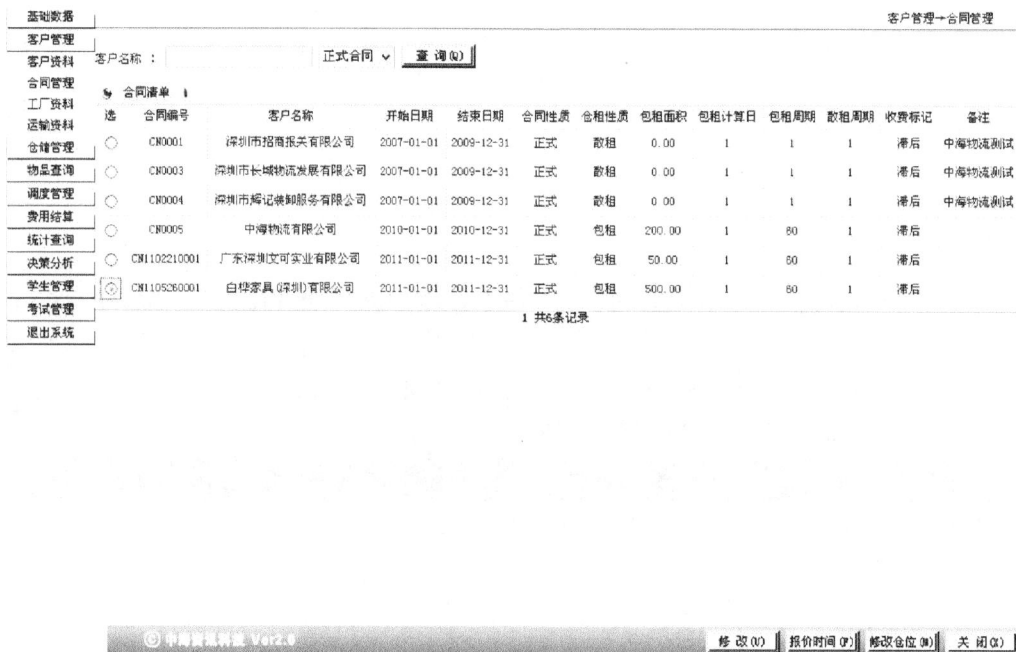

图 5-8 合同管理

（2）在合同列表中选中需要维护的合同项，单击"修改"按钮，进入合同修改界面。第三方物流公司根据要求对相关资料进行修改，然后单击"提交"按钮，保存修改过的合同资料，合同表头即修改完成，如图 5-9 所示。

（3）进入合同管理界面，选中需要维护的合同项，单击"报价时间"按钮，界面上会显示出该客户的报价单。选中报价单，会出现报价时间修改界面。第三方物流公司根据要求修改报价的开始日期和结束日期，单击"提交"按钮，保存修改过的报价时间，报价有效期的修改即完成，如图 5-10 所示。

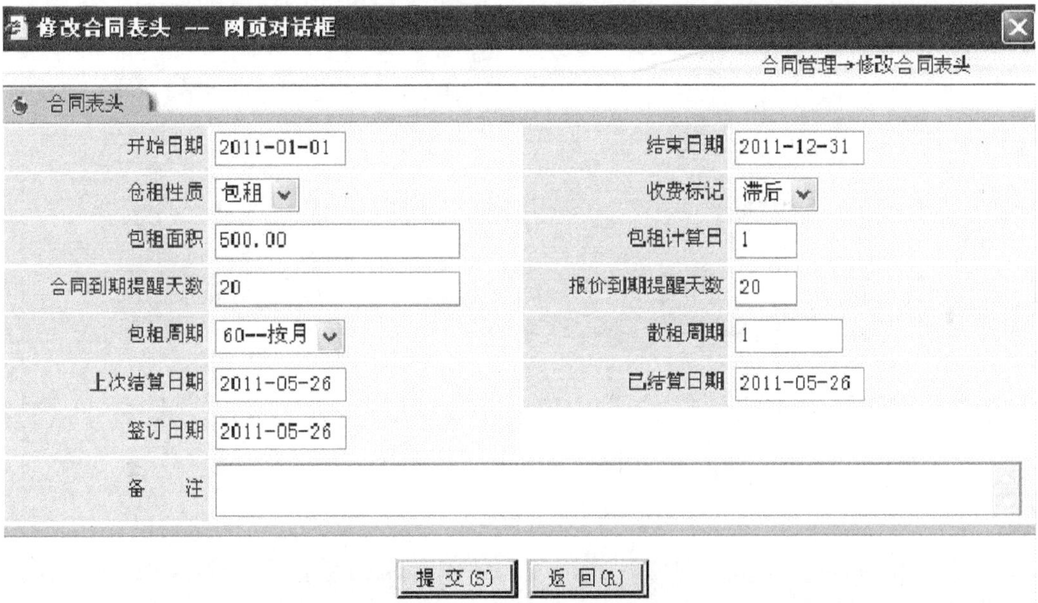

图 5-9 修改合同资料

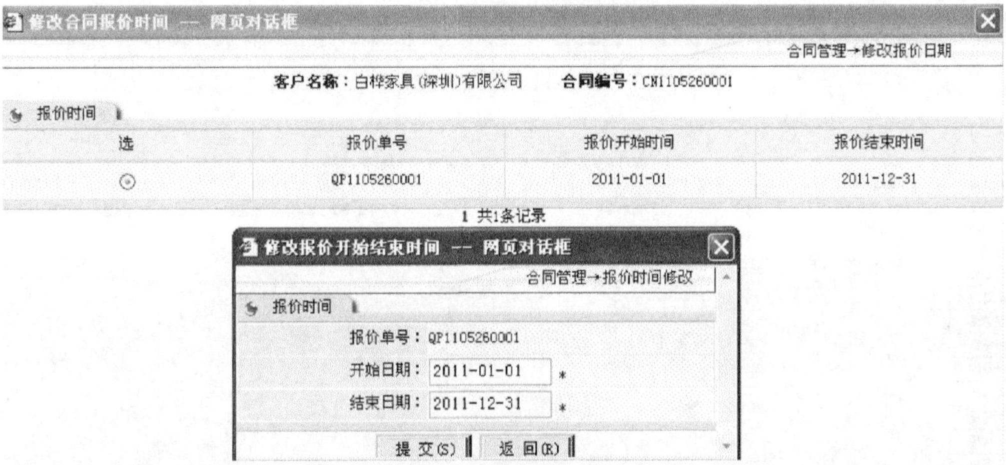

图 5-10 修改报价时间

（4）进入合同管理界面，选中属于"包租"的客户，然后单击"修改仓位"按钮，进入仓位修改界面。仓位修改界面分为三个部分："仓库列表"区列出现在所有的物理仓库；"仓位列表"区列出所有当前可以选择的仓位信息；"包租仓位"区列出所有分配给该客户的仓位信息，如图 5-11 所示。

3. 工厂资料模块操作

在客户管理界面，单击"工厂资料"，在编辑区填写工厂资料，单击"提交"按钮，完成工厂资料的保存，如图 5-12 所示。

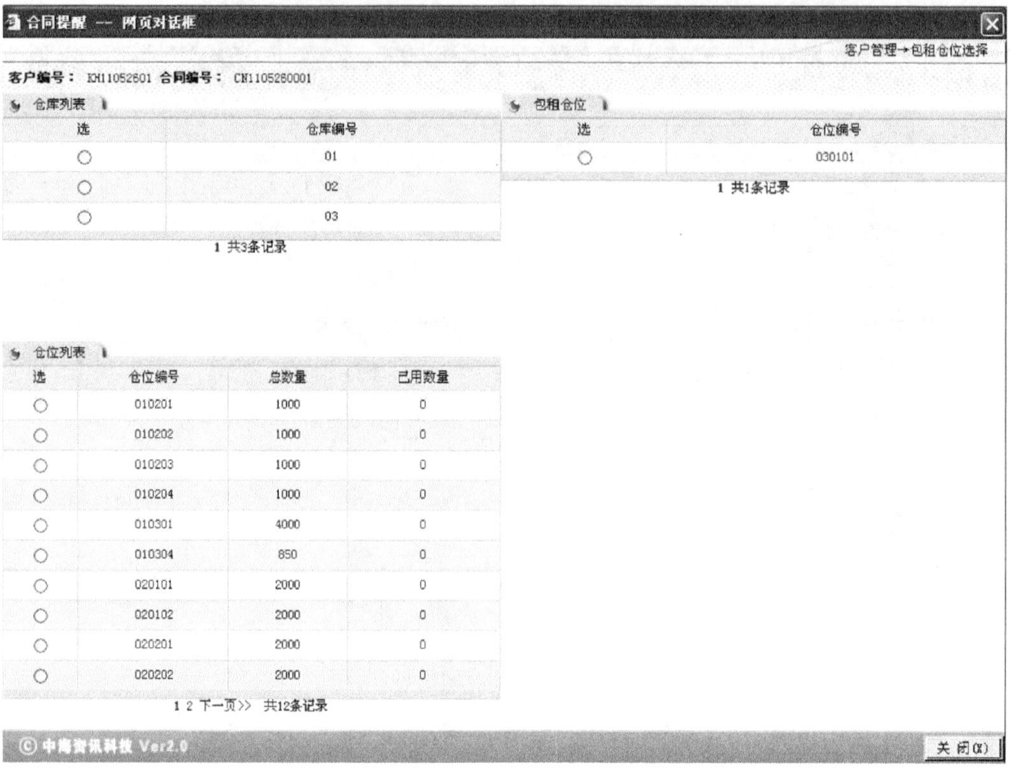

图 5-11　修改仓位

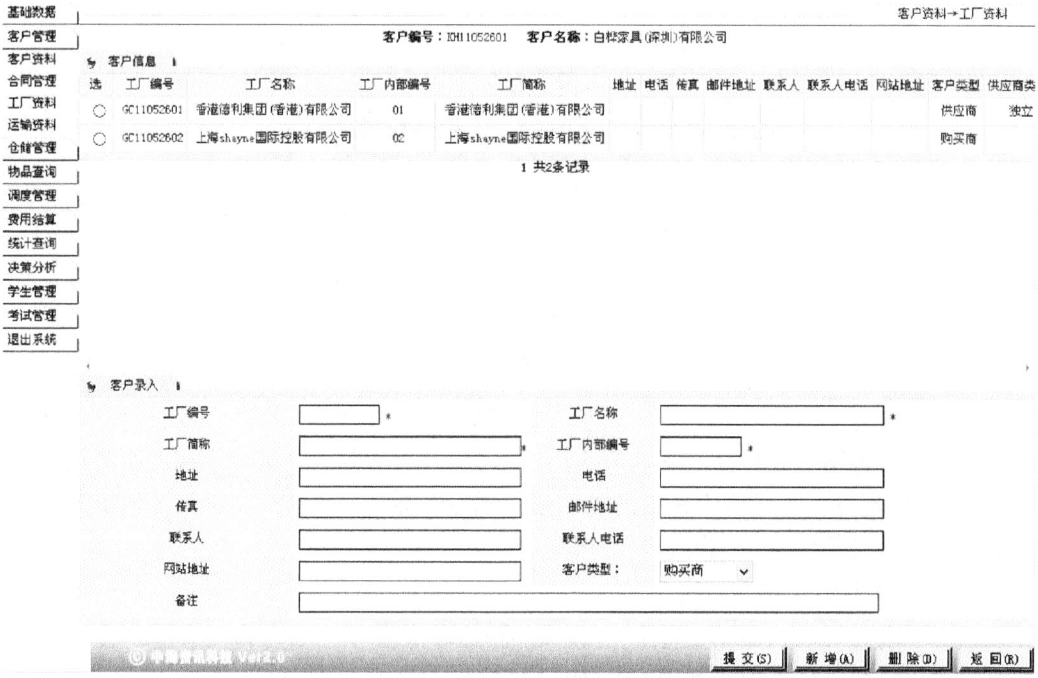

图 5-12　编辑工厂资料

4. 运输资料模块操作

（1）在客户管理界面，单击"运输资料"，进入运输资料界面。第三方物流公司在运输资料界面的"运输公司"栏录入需要查询的承运公司名称，然后单击"查询"按钮，即可在列表区显示该公司资料，如图 5-13 所示。

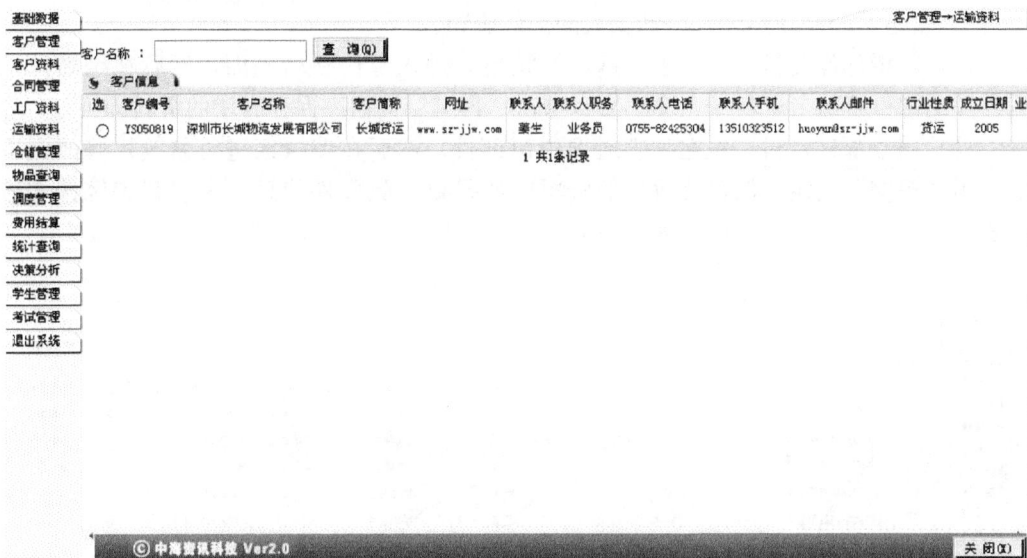

图 5-13　运输资料界面

（2）选中该承运公司，进入车辆资料维护界面。在编辑区对车辆信息进行维护，包括增加、修改、删除车辆信息等操作，如图 5-14 所示。

图 5-14　维护车辆资料

（二）仓储管理

1. 部件维护模块操作

（1）查询部件资料。先在查询区输入供应商名称、购买商名称等查询条件，单击"查询"按钮，即可在列表区得到相关的部件资料。

（2）新增部件资料。先单击"新增"按钮，进入部件新增界面，然后在编辑区录入相关的部件资料，资料录入完毕后，单击"提交"按钮，保存新增的资料即可。

（3）修改部件资料。先在列表区选中该部件，然后在编辑区进行修改，修改完毕后单击"提交"按钮，保存修改过的资料。如果要删除部件信息，先在列表区选中该信息，然后单击"删除"按钮即可完成，如图 5-15 所示。

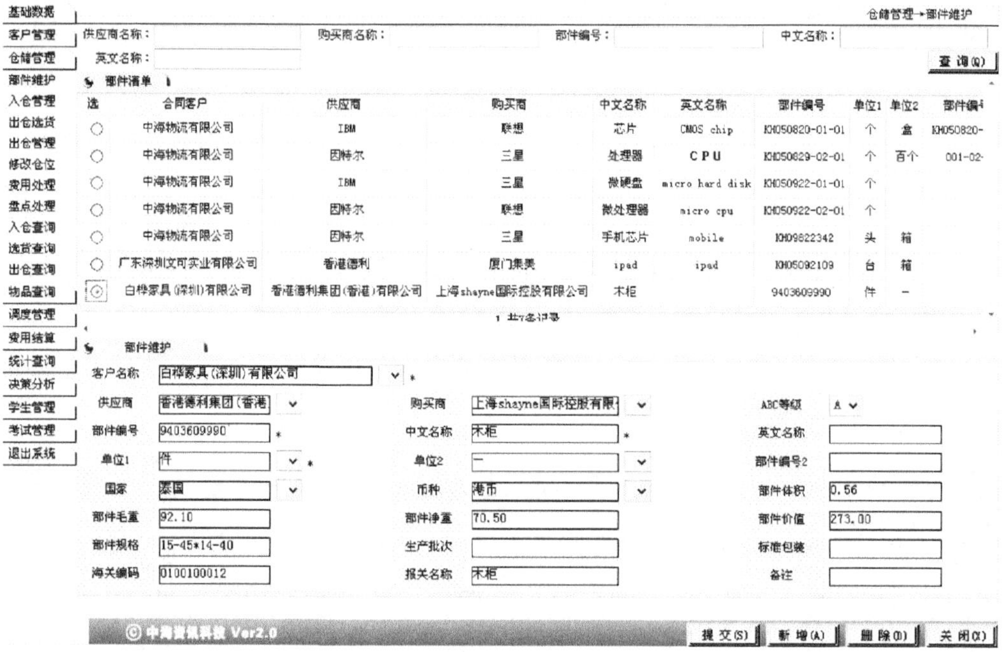

图 5-15　维护部件模块

2. 入仓管理模块操作

（1）在入仓管理操作界面的编辑区，单击"新增"按钮，进入新增入仓单模式，系统会自动产生一个入仓单号，第三方物流公司根据实际选择本次入仓号归属，然后单击"提交"按钮保存，该入仓单即会在列表区显示出来，入仓单表头产生，如图 5-16 所示。

（2）单击"部件"按钮，进入部件清单录入界面，如实填写相关资料后，单击"提交"按钮保存即可，如图 5-17 所示。

（3）返回入仓管理界面，入仓单部件清单已经输入完毕。单击"确认"按钮，界面上方的"入仓资料"按钮变为黄色，代表该步骤已经完成，如图 5-18 所示。

图 5-16　新增入仓单

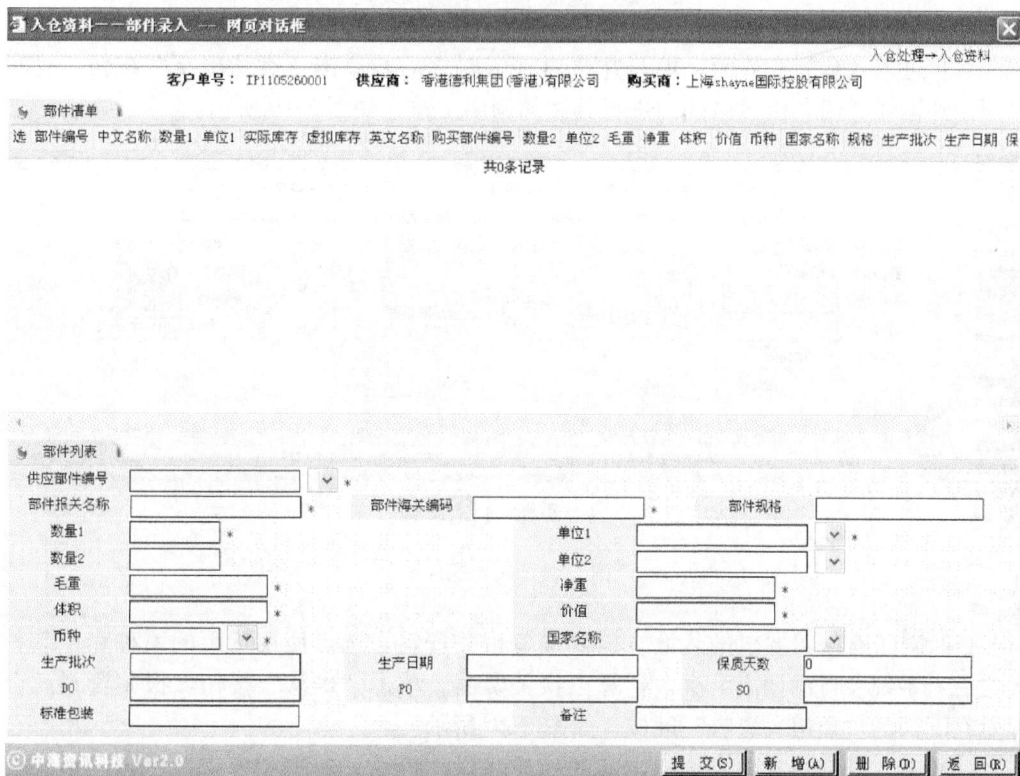

图 5-17　录入部件清单

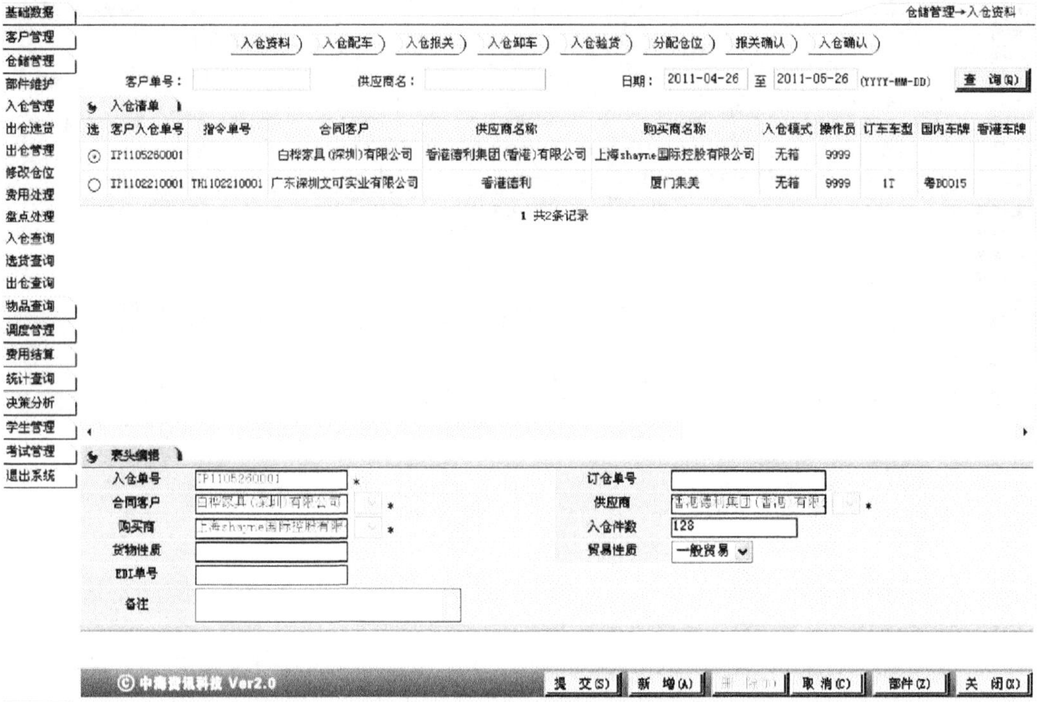

图 5-18　完成仓单部件清单录入

（4）进入入仓配车界面，填写并核对好资料之后，单击"确认提交"按钮，订车单即传到运输部门，由运输部门进行具体的调度工作，如图 5-19 所示。

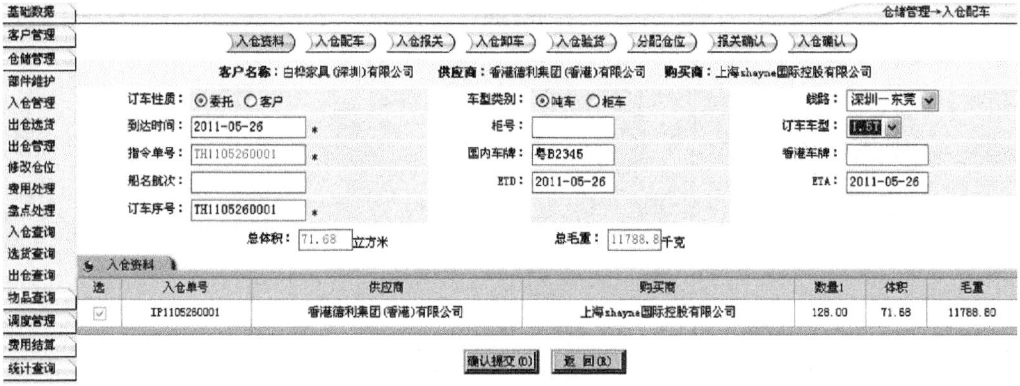

图 5-19　入仓配件

（5）对于有报关要求的入仓，需要准备报关资料。选择使用货币的币种和包装种类之后，系统会自动调出汇率，计算出报关资料。单击"确认"按钮，报关资料就会显示在下面的"预报关资料"区域，如图 5-20 所示。

（6）在入仓卸车界面，选择装卸的性质和付款性质，单击"提交"按钮，系统会自动计算出装卸的作业量，如图 5-21 所示。

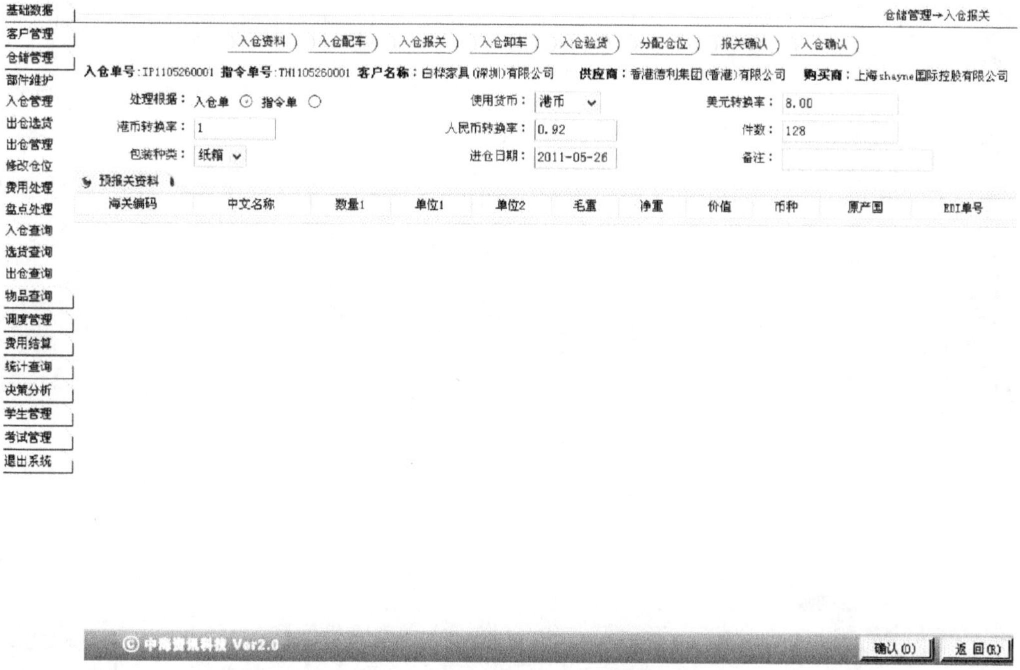

图 5-20　准备入仓货物报关资料

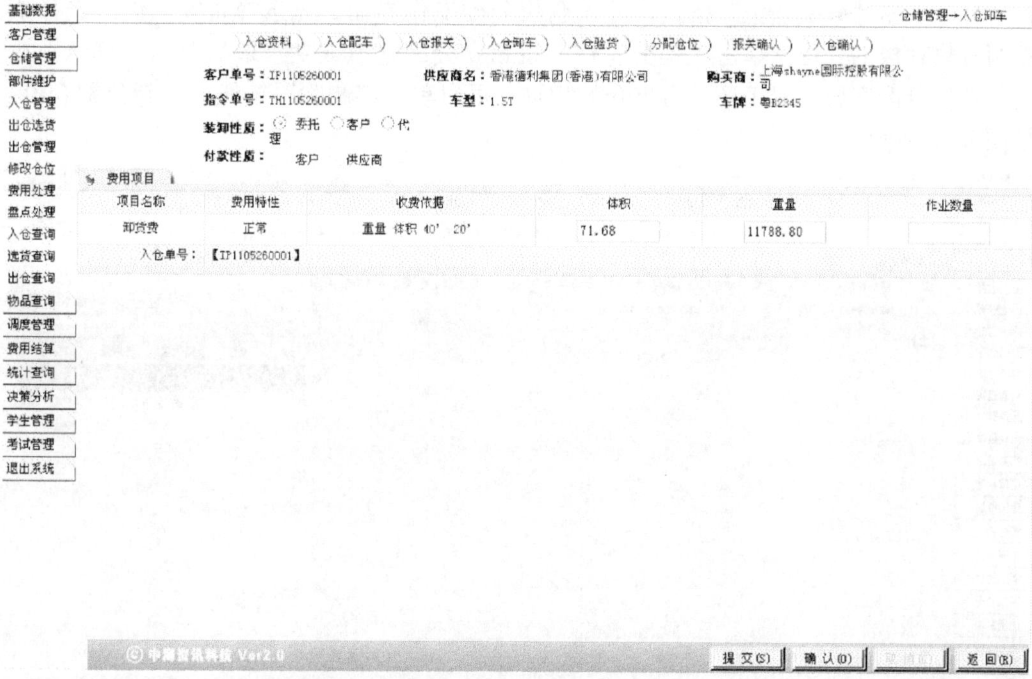

图 5-21　入仓卸车

（7）卸车完毕后，需要进行验货操作。单击"入仓验货"按钮进入验货操作界面，界面会显示本次入仓的所有部件明细。先选中部件，再在下面选择货物的状态。货物状态选择完毕后，单击"确认"按钮即可，如图 5-22 所示。

图 5-22　入仓验货界面

（8）单击"分配仓位"按钮，进入仓位分配操作界面。先选择货物，然后选择或填写货物存放的仓位，单击"提交仓位"按钮，分配仓位成功。最后单击"确认"按钮，仓位分配完成。对于还没有出仓的货物，可以单击"删除"按钮，重新分配仓位，如图 5-23 所示。

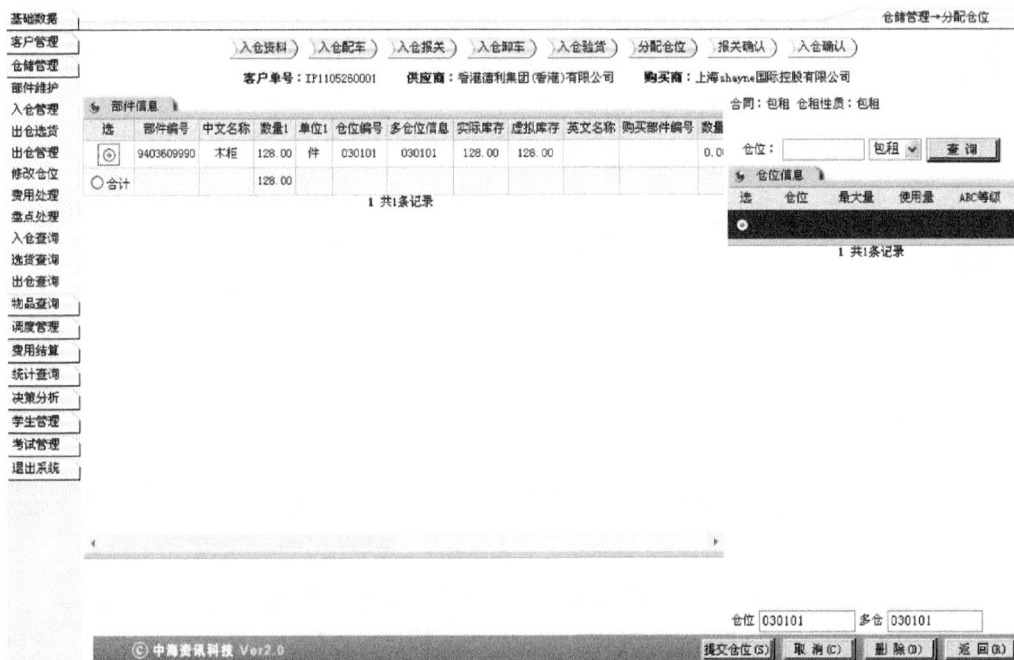

图 5-23　仓位分配界面

（9）仓位分配完毕后，单击"报关确认"按钮，进入报关费用产生界面。界面上会列出所有在入仓中可能产生的报关费用。选择报关性质、付款性质，填写相关工作量后，单击"确认"按钮，系统即根据该工作量计算出报关费用，如图 5-24 所示。

图 5-24　产生入仓货物报关费用

（10）单击"报关资料"，可以核对货物资料信息，如图 5-25 所示。

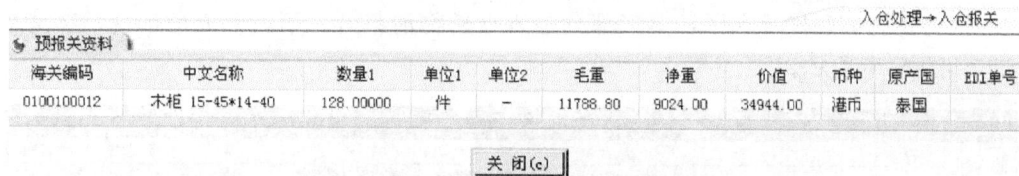

图 5-25　核对货物资料信息

（11）在入仓确认界面，核对所有入仓资料无误之后，单击"确认"按钮即完成入仓确认的操作，如图 5-26 所示。

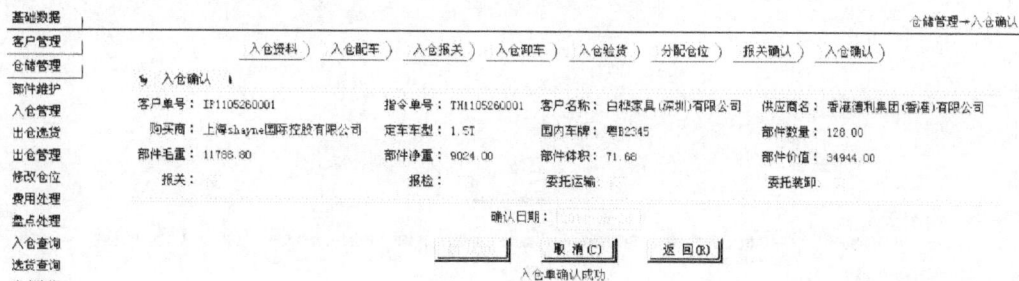

图 5-26　完成入仓

3. 出仓选货模块操作

（1）在选货操作界面单击"新增"按钮，进入新增选货单模式，选择客户和购买商的名称后，单击"提交"按钮，选货单即产生，如图 5-27 所示。

图 5-27　新增选货单

（2）选中选货单，单击"部件"按钮，进入部件录入界面。界面分为三个部分：第一部分是查询条件录入区，第二部分是入仓货物清单区，第三部分是选货货物清单区，如图 5-28 所示。

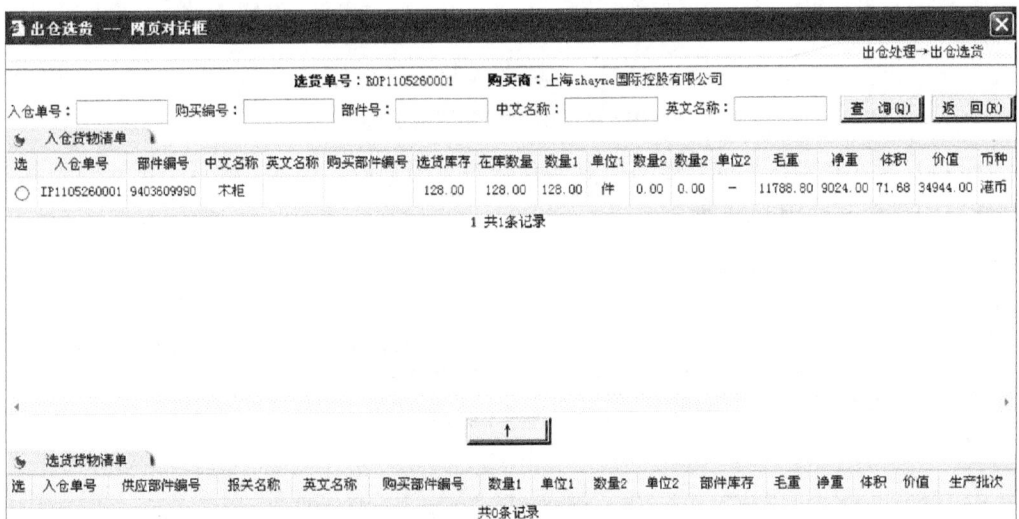

图 5-28　出仓选货

4. 出仓管理模块操作

（1）进入出仓管理界面，单击"新增"按钮，系统会自动产生一个出仓单号。第三方物流公司根据实际情况，选择合同客户和购买商，然后填写货物的 EDI 单证号以及出仓件数等基本资料，单击"提交"按钮，产生一份新的出仓单，如图 5-29 所示。

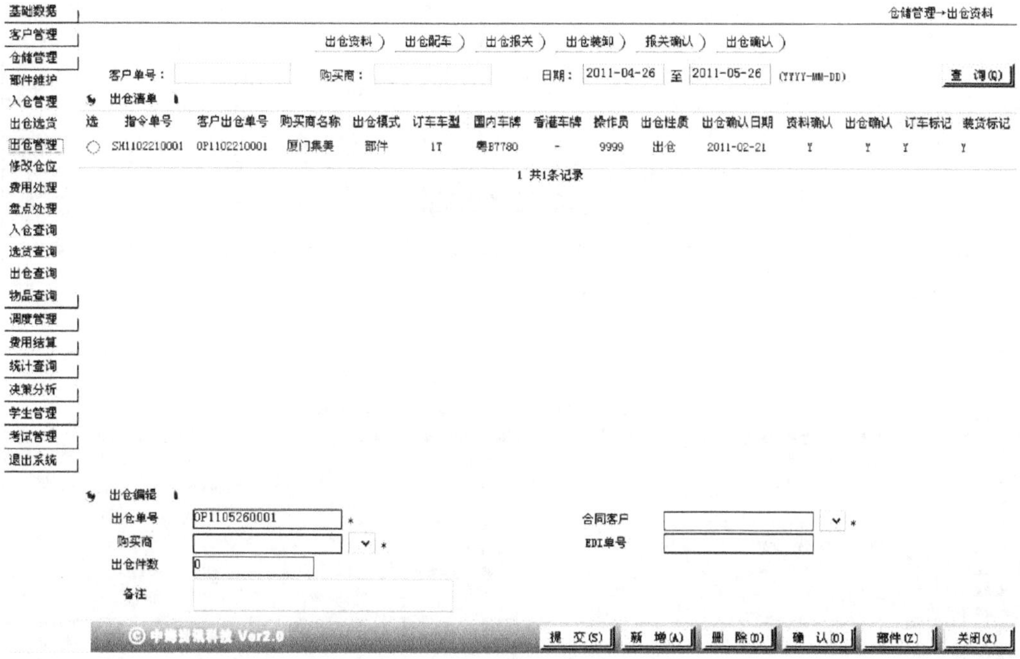

图 5-29 产生出仓单

（2）将出仓部件资料填入出仓单。单击"部件"按钮，进入添加部件界面。先输入选货单号，查询到某批选货货物清单，然后进行选择。如果选货区的所有货物在本单全部出仓，单击"全选"按钮，所有的货物将全部进入出仓清单区；如果只是选择其中的一部分，就在选货区选中部件，然后单击"↓"按钮，即进入出仓清单区；如果本操作出现错误，可以在出仓清单区选中货物，然后单击"↑"按钮，将该部件返回选货区或者直接单击"取消全部"按钮，取消本次出仓操作，如图 5-30 所示。

（3）返回出仓单界面，单击"确认"按钮，出仓资料准备完毕，进入出仓配车操作。

（4）在出仓配车界面，对相关资料进行填写或选择，然后单击"确认提交"按钮，该订车单即传到运输部门，如图 5-31 所示。

（5）对于有报关要求的出仓，需要准备报关资料。选择使用的货币种类并计算货物价值，确认无误之后，单击"确认"按钮，报关资料准备完毕，如图 5-32 所示。

（6）货物准备好之后，需要装货上车。在出仓装卸界面，根据实际情况选择相应的装卸性质和付款性质，然后单击"确认"按钮保存资料，系统即计算出费用，如图 5-33 所示。

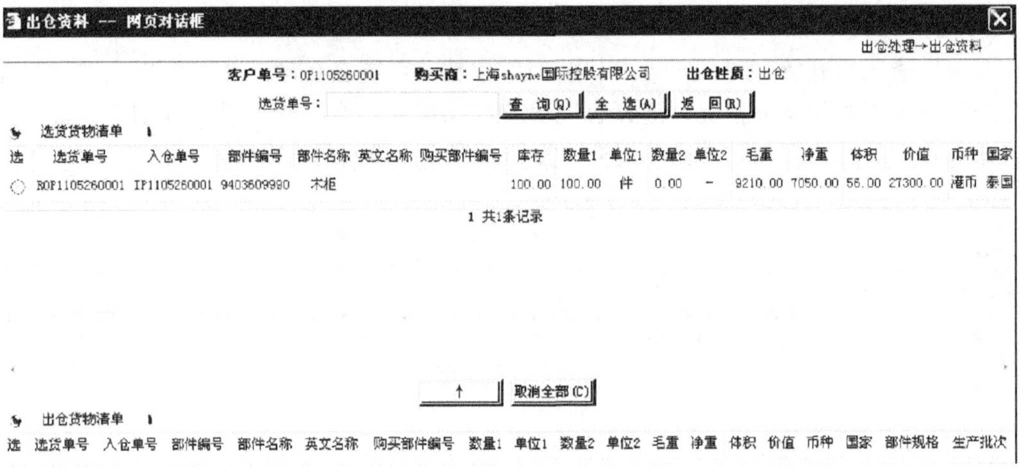

图 5-30 出仓资料

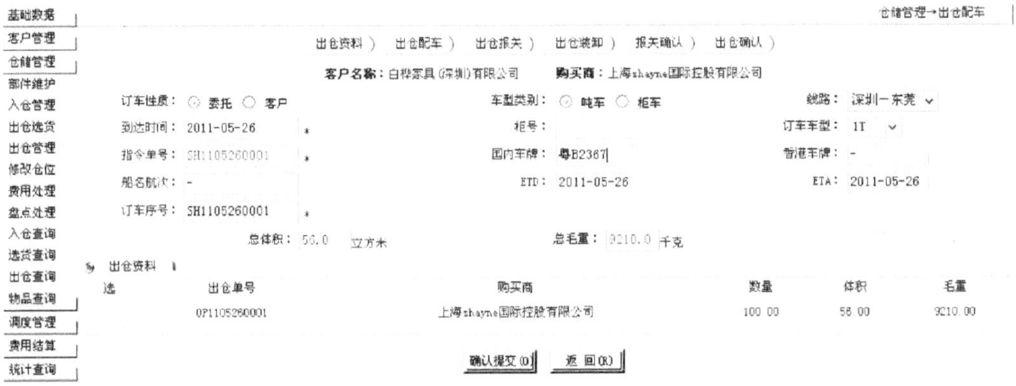

图 5-31 完成出仓资料

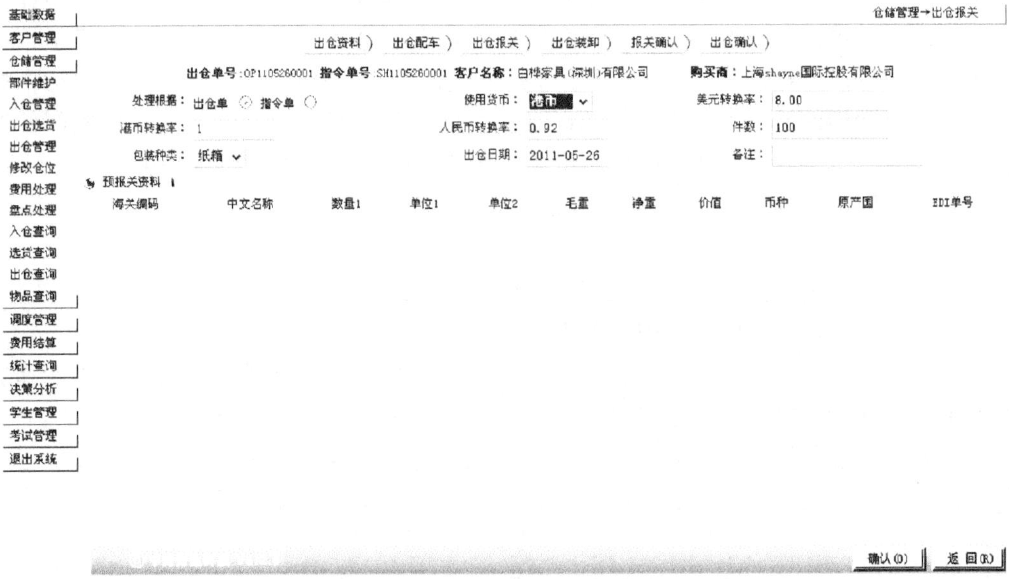

图 5-32 准备出仓货物报关资料

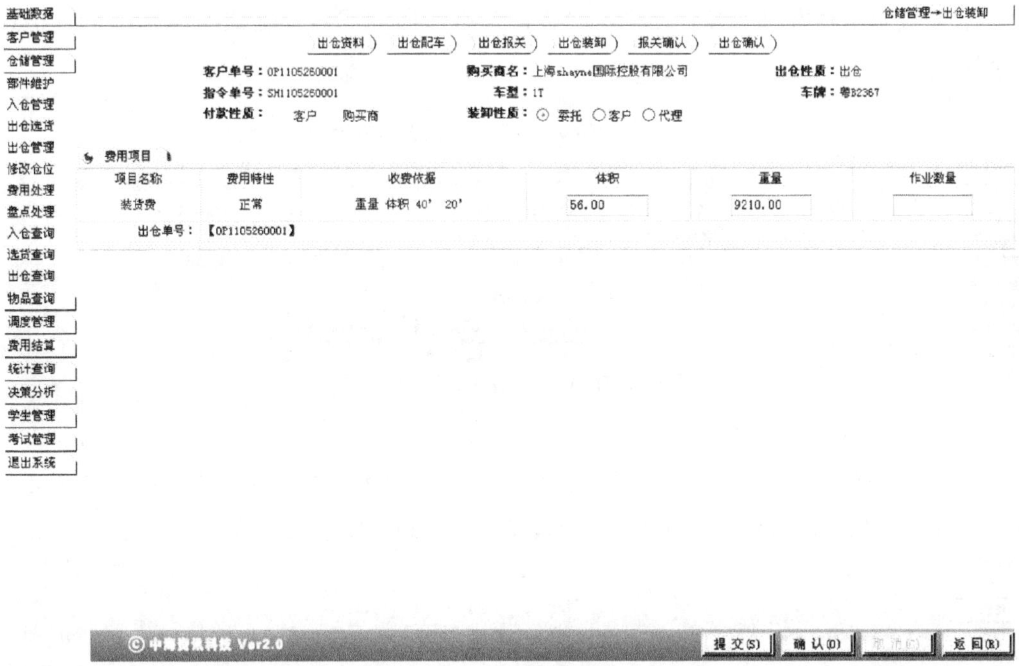

图 5-33　出仓装卸

（7）货物装卸完毕，单击"报关确认"按钮，进入报关费用产生界面。界面上会列出所有出仓中可能产生的报关费用。选择报关性质、付款性质，填写相关工作量后，单击"确认"按钮，系统即根据该工作量计算出报关费用，如图 5-34 所示。

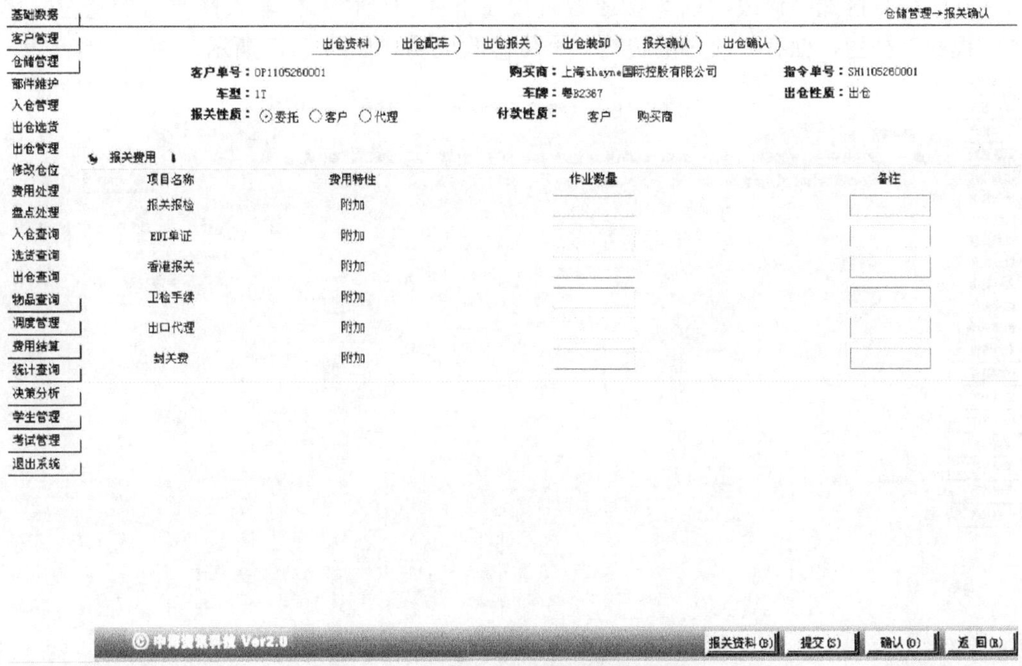

图 5-34　产生出仓货物报关费用

（8）核对出仓资料无误后，单击"确认"按钮即完成出仓确认的操作，如图 5-35 所示。

图 5-35　出仓确认

5. 修改仓位模块操作

（1）进入仓位修改界面，系统会列出所有的入仓清单。第三方物流公司可以通过输入入仓单号、供应商名称以及时间段等查询条件，得到具体的入仓单，如图 5-36 所示。

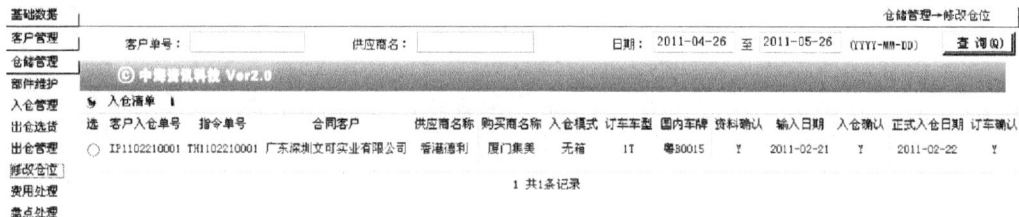

图 5-36　查询入仓单

（2）选中需要修改仓位的入仓单号，在部件信息区选择需要修改仓位的部件，然后在仓位信息区选择修改后的仓位或者直接在下面"仓位"栏输入修改后的仓位，单击"提交"按钮，保存修改过的资料，仓位修改成功，如图 5-37 所示。

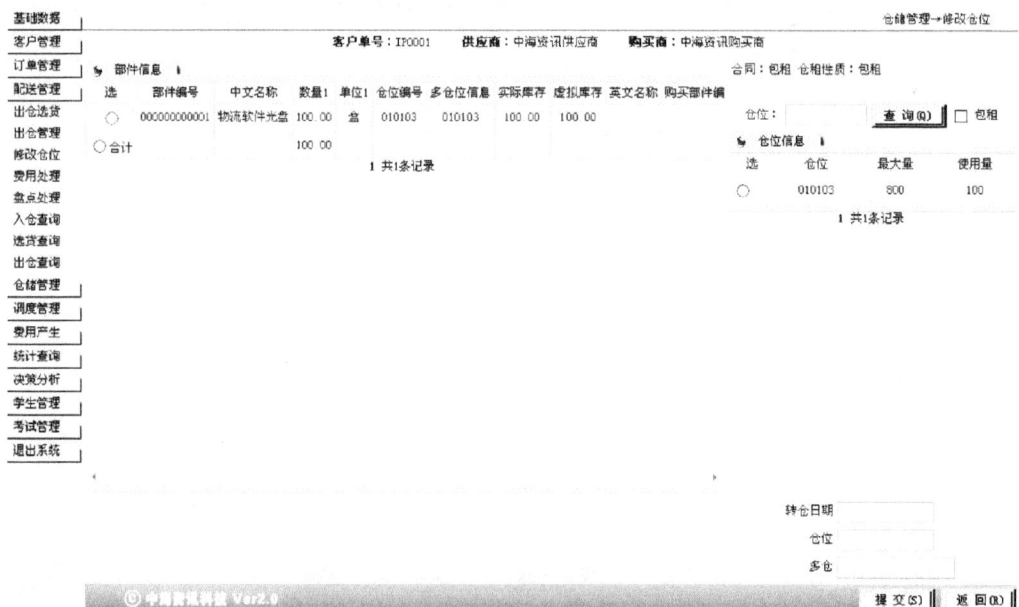

图 5-37　修改仓位

6. 费用处理模块操作

（1）进入费用处理界面之后，选择费用类型（处理、加班、其他）和付款客户名称，然后单击"查询"按钮，即可以查询到还没有核查的相关费用，如图 5-38 所示。

图 5-38　费用处理

（2）进入处理费用界面，选中某费用后单击"修改"按钮，进入处理费用清单界面，在相应的费用后面填写工作量，然后单击"提交"按钮保存即可。如果是新增费用，直接单击"新增"按钮，进入处理费用清单界面，然后填写工作量，保存即可。

7. 入仓查询模块操作

（1）进入入仓查询界面，该界面列出了所有的入仓单资料，可以输入一个或者几个条件来查询需要的入仓单，如图 5-39 所示。

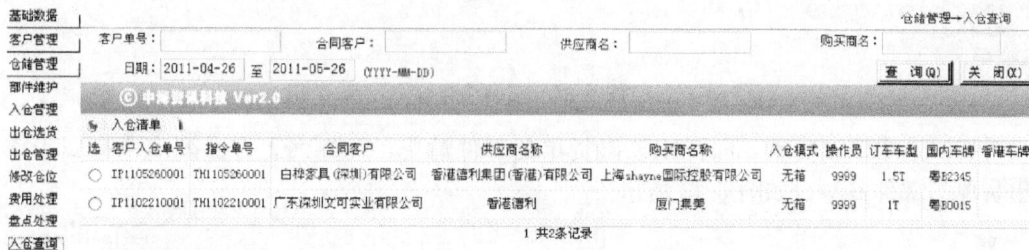

图 5-39　查询入仓单

（2）选中该入仓单，即弹出该入仓单的部件清单，此界面上即会列出所有属于该入仓单的部件资料，如图 5-40 所示。

图 5-40　入仓单部件资料

8. 选货查询模块操作

（1）选货查询界面将所有的选货单列举出来，可以输入一个或者几个条件来查询需要的选货单，如图 5-41 所示。

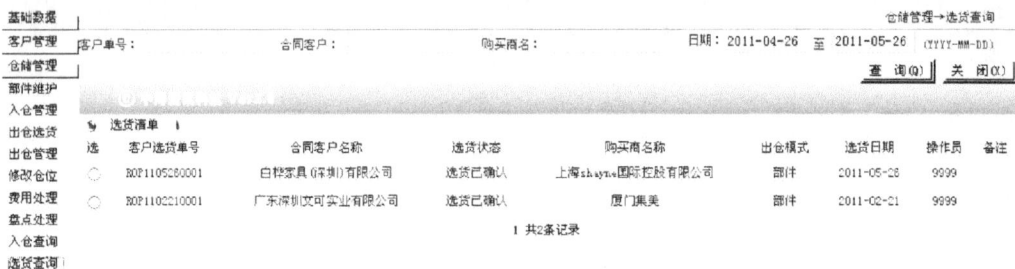

图 5-41　查询选货单

（2）选中该选货单，即弹出选货部件清单并列出了所有该选货单的部件资料，第三方物流公司即可找到自己需要的资料。

9. 出货查询模块操作

（1）进入出货查询界面，该界面列出了所有的出货单资料，可以输入一个或者几个条件来查询需要的出货单，如图 5-42 所示。

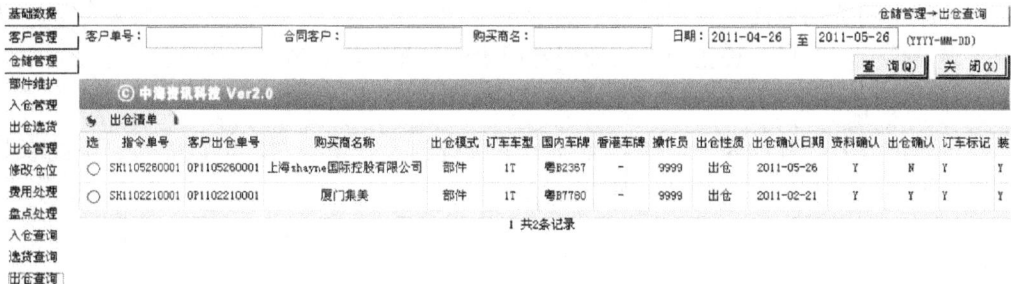

图 5-42　查询出货单

（2）选中该出货单，即弹出该出货单的部件清单，此界面上即会列出所有属于该出货单的部件资料，如图 5-43 所示。

图 5-43　出货单的部件资料

10. 盘点处理模块操作

（1）进入盘点处理界面，系统将所有的库存情况列举出来，可以输入一个或者几个条件查询需要的数据，如图5-44所示。

图5-44 查询库存

（2）在盘点处理界面还可以按照仓位、入仓日期或者入仓单号的顺序打印出盘点表。

（三）调度管理

1. 订车处理模块操作

进入订车处理界面，填写资料后单击"提交"按钮保存即可，如图5-45所示。

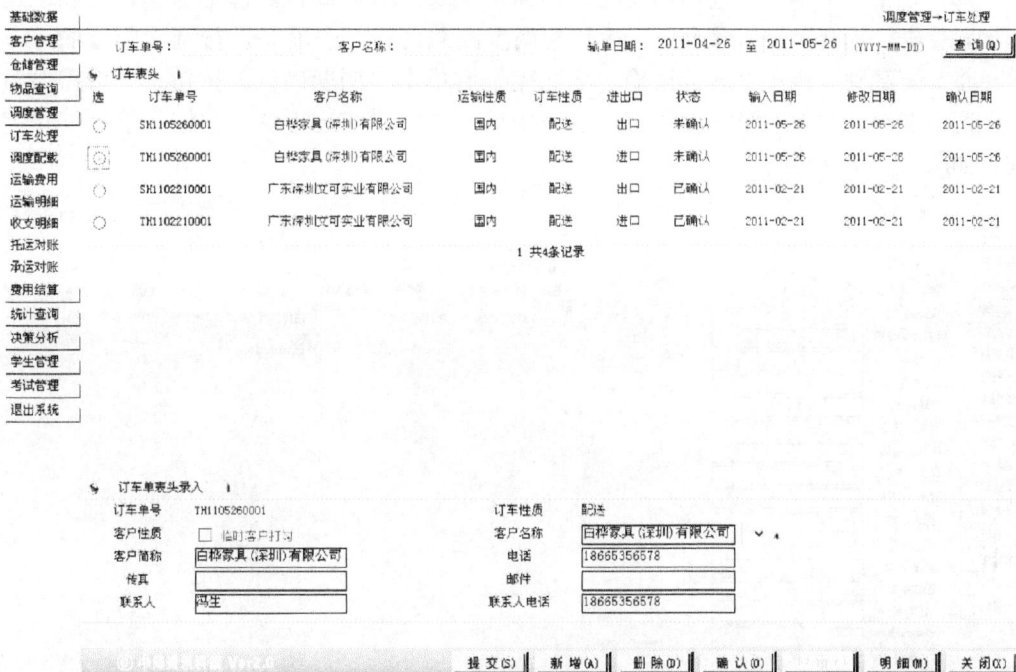

图5-45 填写订车资料

2. 调度配载模块操作

（1）进入调度配载初始界面，如图5-46所示。

图 5-46　调度配载初始界面

（2）单击订车单号，进入调度配载界面。先录入承运资料，选定承运公司和承运车辆，单击"提交"按钮保存。然后转到调度配载区，对于没有进行调度配载的订车单，将其配载到一辆车上进行运输。配载完毕后单击"调度确认"按钮。如果需要重新调度，选择"调度取消"按钮。承运完毕后，单击"托运确认"按钮，承运工作完成，如图 5-47 所示。

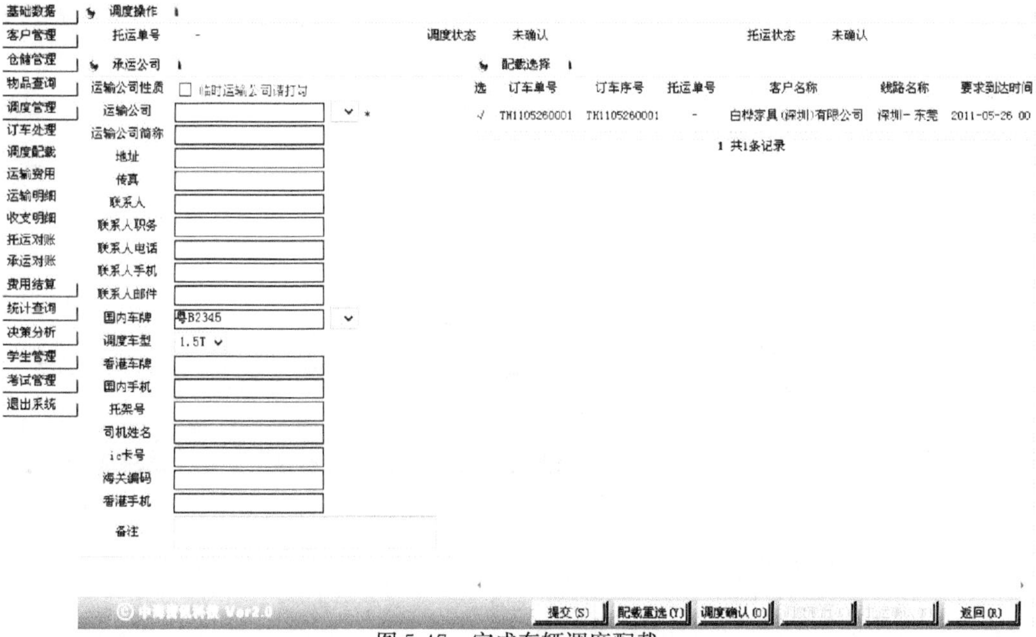

图 5-47　完成车辆调度配载

3. 运输费用模块操作

（1）在运输费用界面，已经完成调度配载的订车单会列在该界面上，如图 5-48 所示。

基础数据									调度管理→运输费用
客户管理	订车单号：		客户名称：		日期： 2011-04-26	至 2011-05-26	(YYYY-MM-DD)		查询(Q)
仓储管理	中港运输费用处理								
物品查询	选	托运单号	订车单号	订车序号	托运确认日期	费用确认标识 费用确认日期 运输性质	客户名称	工厂名称	工
调度管理									
订车处理	○	TY1105260001	TH1105260001	TH1105260001	2011-05-26 18:31	0	国内	白桦家具（深圳）有限公司	香港通利集团（香港）有限公司
调度配载	○	TY1102210002	SH1102210001	SK1102210001	2011-02-21 17:21	0	国内	广东深圳文可实业有限公司	厦门集美
运输费用	○	TY1102210001	TH1102210001	TH1102210001	2011-02-21 17:03	0	国内	广东深圳文可实业有限公司	香港通利
运输明细									
收支明细					1 共3条记录				

图 5-48　查看订车单

（2）单击需要进行费用处理的订车单号，即可进入费用清单界面。确认无误之后，单击"提交"按钮，然后再单击"提交确认"按钮，费用计算完毕。

如果费用有误，对于已经提交确认的费用，单击"取消"按钮，先取消确认，然后就可以对费用进行修改。对于没有确认的费用，直接修改即可。修改完毕后，重新单击"提交确认"按钮，完成费用的修改，如图 5-49 所示。

基础数据								
客户管理				陆运费用				调度管理→运输费用
仓储管理	订车单号 TH1105260001		订车序号 TH1105260001		托运单号 TY1105260001	进出口 进口		
物品查询	运输性质 配送		货物性质 整车		车型 1.5T	线路 深圳→东莞		
调度管理					客户			
订车处理	客户名称 白桦家具（深圳）有限公司		合同编号 CN1105260001		报价单号 QP1105260001	币种 人民币		
调度配载	付款客户 中海物流							
运输费用					承运公司			
运输明细	承运公司		合同编号 -		报价单号 -	币种 港币		
收支明细	业务提示							
托运对账	运输费用录入							
承运对账	费用名称	特性	属性	计费方法	合同应收	应收	计费方法 合同应付	应付 备注
费用结算	运输费	正常	关键	计算	220.00	220.00		
统计查询	空返	附加	-	计算	100.00			
决策分析	压车	附加	-	计算	100.00			
学生管理	查车	附加	-	计算	200.00			
考试管理	高速	附加	-					
退出系统	停车	附加	-					
	隧道	附加	-					
	其他	附加	-					

提交(S)　提交确认(D)　　　返回(R)

图 5-49　确认运输费用

4. 运输明细模块操作

进入运输明细界面后，先填写查询的时间段，然后单击"查询"按钮即可得到查询的结果，如图 5-50 所示。

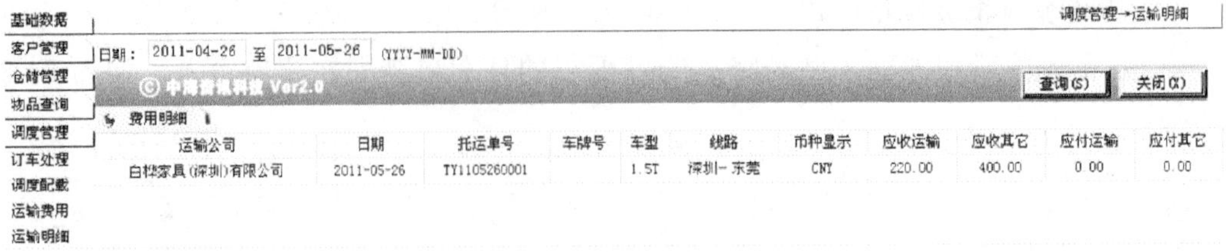

图 5-50 查询运输明细

收支明细模块和运输明细模块的操作是一样的，可参照图 5-50 中运输明细模块的操作流程。

5. 托运对账模块操作

进入托运对账界面，先选择查询的托运客户名称，然后设定查询时间段，单击"查询"按钮，即可得到需要的资料，如图 5-51 所示。

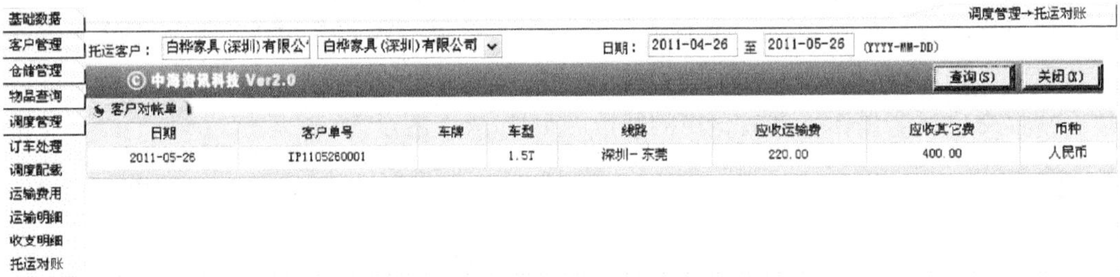

图 5-51 查询托运对账

承运对账模块和托运对账模块的操作是一样的，可参照图 5-51 中托运对账模块的操作流程。

实训二 网络购物物流配送流程

【实训简介】

2011 年中国网络购物市场交易规模继续保持高速增长的态势，网络购物市场交易规模达 7735.6 亿元，占到社会消费品零售总额的 4.3%。预计到 2015 年，中国网络购物市场交易规模将增长两倍多，达到 22 800 亿元以上。物流配送即按照客户的要求，经过分货、拣选等货物配备工作，把最终产品从生产线的末端送到消费者手中的移动和存储过程，是整个网络购物过程的线下流程，也是网络购物的关键环节。因此，网络购物物流配送是电子商务专业的学生必须掌握的基本技能之一。

【实训目的】

1. 了解申通快递网站及其提供的网络购物物流配送服务。

2. 了解网络购物物流配送的基本流程。

3. 能够利用网络平台追踪物流配送状态。

【实训内容与操作步骤】

（一）了解申通快递网站的相关信息

1. 登录申通快递网站

打开 IE 浏览器，在地址栏中输入 http://www.sto-express.com.cn，打开申通快递网站主页，如图 5-52 所示。

图 5-52　申通快递网站主页

2. 详情单知识

点击申通快递网站主页左下方的"详情单知识"，或者点击申通快递网站主页导航栏的"客户服务"→"详情单知识"，即可查看常规快递详情单、特种详情单和特运中心面单三种表单信息，如图 5-53 所示。

3. 网点查询

（1）以查询哈尔滨申通网点为例。点击申通快递网站主页最左侧的"网点查询"，申通快递网站主页的左上角变成申通网点查询界面，在搜索栏里输入"哈尔滨"，点击"查询"按钮即可，如图 5-54 所示。

（2）另一种网点查询方法是点击申通快递网站主页导航栏的"网点查询"，进入网点查询界面，在搜索栏里输入"哈尔滨"，或者在网点查询界面下方的地图中点击"黑龙江"，再点击"哈尔滨地区"下的"黑龙江哈尔滨公司"即可，如图 5-55 所示。

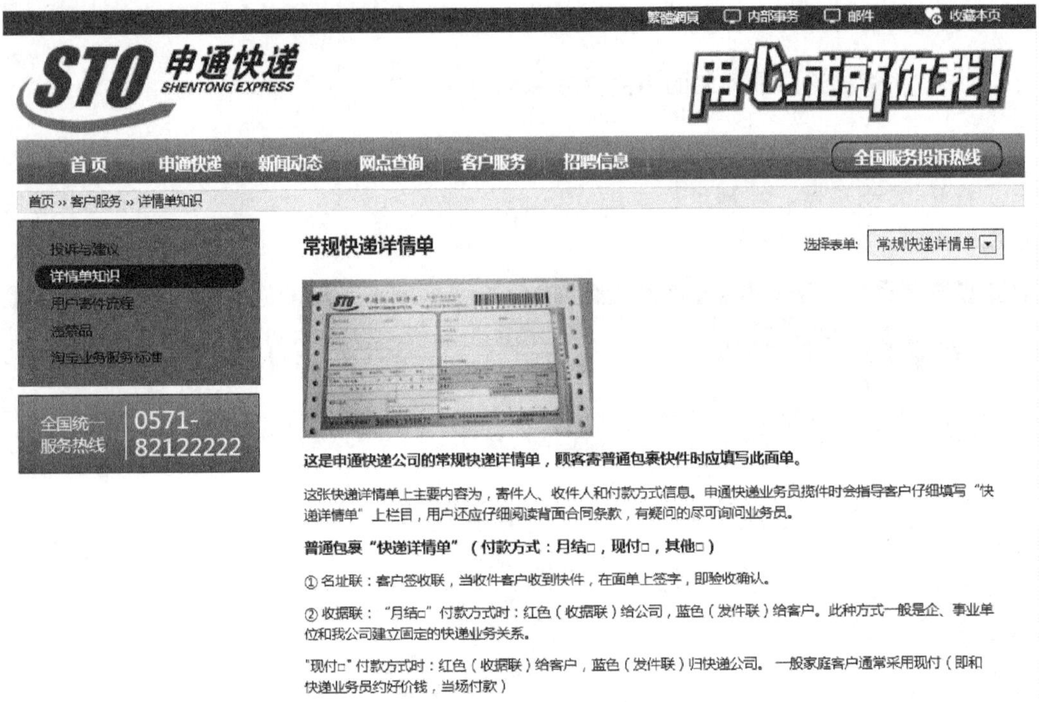

图 5-53　查看详情单知识

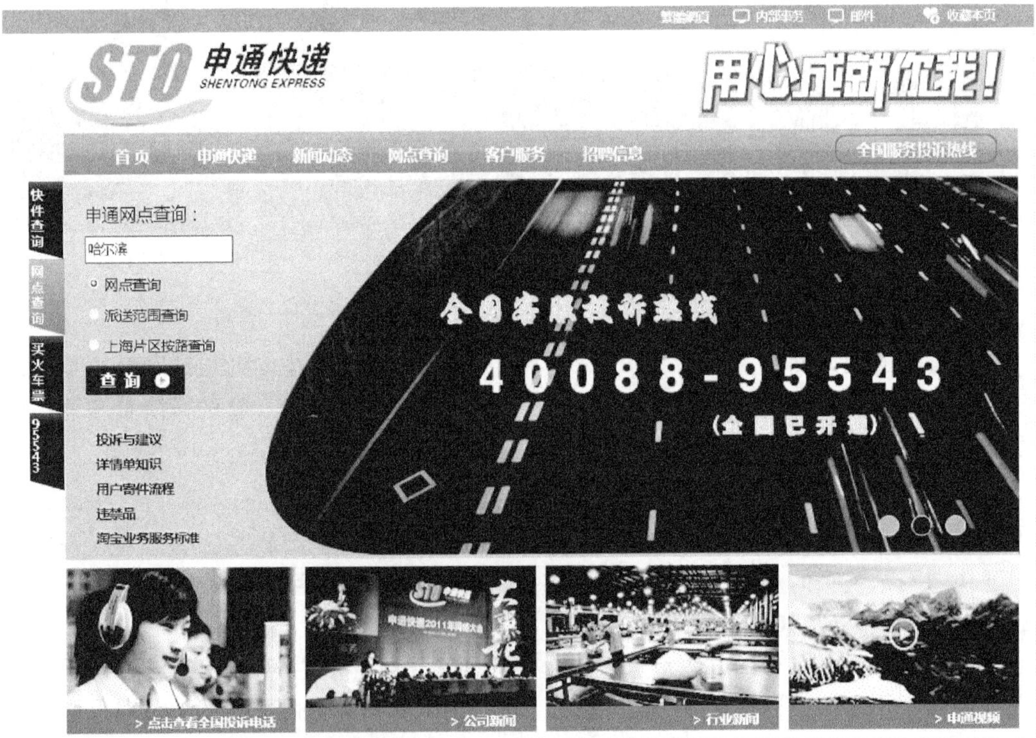

图 5-54　按名称查看网点信息

图 5-55　按区域查看网点信息

（3）按上述两种方法即可查询到哈尔滨地区的申通网点信息，如图 5-56 所示。

（二）申通快递网站的相关业务处理

1. 了解用户寄件流程

点击申通快递网站主页左下方的"用户寄件流程"，或者点击申通快递网站主页导航栏的"客户服务"→"用户寄件流程"，即可查看用户寄件流程，如图 5-57 所示。

图 5-56　哈尔滨地区申通网点信息

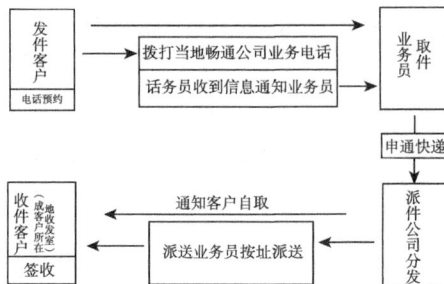

STO客户寄件流程图

图 5-57　查看用户寄件流程

2. 快件查询

（1）点击申通快递网站主页最左侧的"快件查询"，按照实际情况选择"单件查询"（每次只能查询一个快递单号的物流信息）或"多件查询"（每次至多可以查询 10 个快递单号的物流信息），即可根据快件单号查询相关物流信息。以快件单号 468382249596 为例，选择"单件查询"，在搜索栏里输入"468382249596"，最后点击"查询"按钮，如图 5-58 所示。

图 5-58　查询单件快件

（2）进入快件查询界面，此时可以按照实际情况添加要查询的快件单号，进行"多件查询"，然后根据提示输入验证码，最后点击"查询"按钮，如图 5-59 所示。

图 5-59　查询多件快件

（3）进入快件跟踪记录界面，显示快件运输的具体信息，如图 5-60 所示。

（4）车辆 GPS 定位信息。在快件跟踪记录界面，可以点击"车辆 GPS 定位信息"链接，查询相关信息。车辆 GPS 定位信息可以提供"地图"、"卫星"、"地形"三种视图，如图 5-61 所示。

申通首页 | 网点查询 | 客户服务

您当前的位置：申通首页　快件查询

【468382249596】跟踪记录				
扫描日期时间	跟踪扫描记录	车辆GPS定位信息	签收单图片信息	申通广告
2012/04/05 19:21:07	由【安徽合肥公司】发往【上海航空部】			买火车票
2012/04/05 19:38:30	由【安徽合肥公司】发往【上海航空部】			买火车票
2012/04/05 19:38:30	【安徽合肥公司】正在进行【装载】扫描			买火车票
2012/04/05 21:05:48	由【安徽合肥中转部】发往【上海中转部】	车辆GPS定位信息		买火车票
2012/04/05 22:43:33	【安徽合肥公司】的收件员【瑶海工业13195513399 手机(13195513399)电话(13195513399)】已收件			买火车票
2012/04/06 04:38:38	由【上海航空部】发往【黑龙江哈尔滨航空部】			买火车票
2012/04/06 06:14:16	由【上海航空部】发往【黑龙江哈尔滨航空部】			买火车票
2012/04/07 20:29:59	由【黑龙江哈尔滨中转部】发往【黑龙江哈尔滨公司】			买火车票
2012/04/07 20:45:09	由【黑龙江哈尔滨公司】发往【黑龙江哈尔滨道外分部】			买火车票
2012/04/08 07:33:24	快件已到达【黑龙江哈尔滨道外分部】扫描员是【丁光】上一站是【】			买火车票
2012/04/08 08:32:29	【黑龙江哈尔滨道外分部】的派件员【李守河】正在派件			买火车票
2012-04-08 11:15:32	已签收,签收人是签收			

图 5-60　快件跟踪记录界面

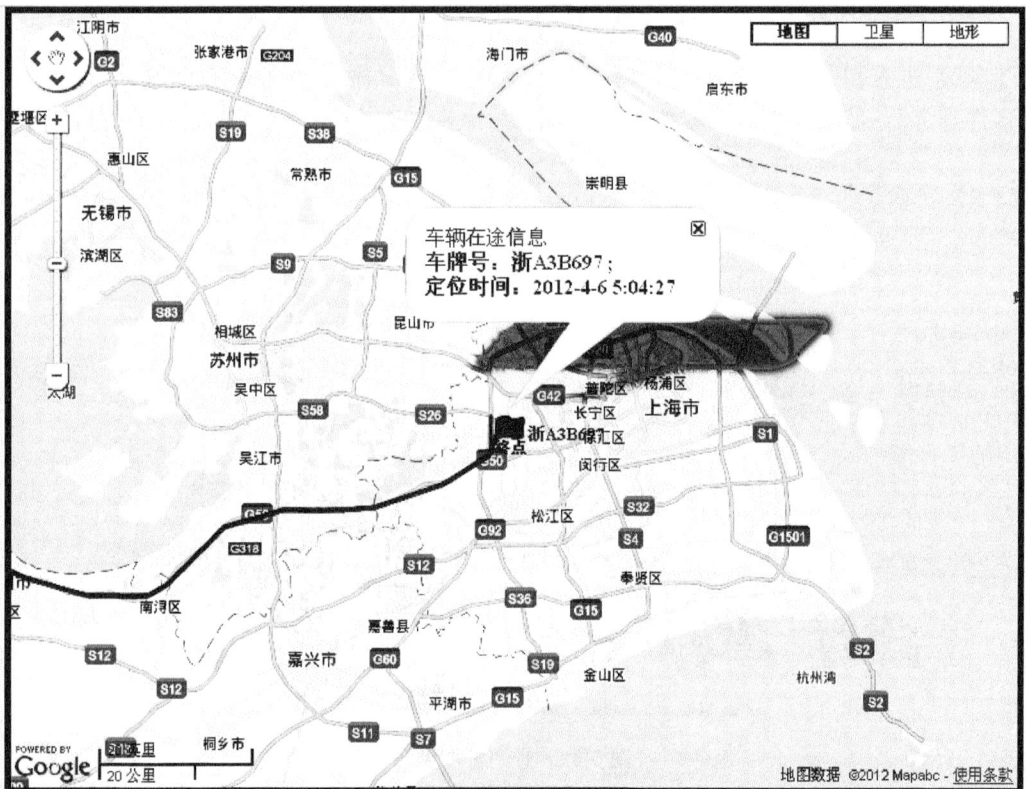

图 5-61　车辆 GPS 定位信息

3. 网上购物订单查询

在淘宝网站上购物，待卖家发货后，可以查询物流跟踪信息。点击"我的淘宝"→"已买到的宝贝"，找到相应订单一栏，点击"查看物流"即可，如图 5-62 所示。

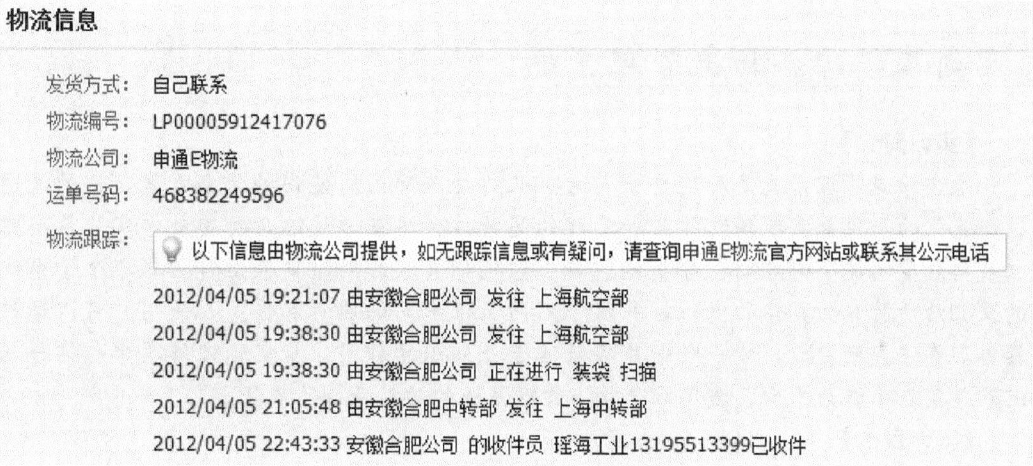
物流信息
发货方式：自己联系
物流编号：LP00005912417076
物流公司：申通E物流
运单号码：468382249596
物流跟踪：
以下信息由物流公司提供，如无跟踪信息或有疑问，请查询申通E物流官方网站或联系其公示电话
2012/04/05 19:21:07 由安徽合肥公司 发往 上海航空部
2012/04/05 19:38:30 由安徽合肥公司 发往 上海航空部
2012/04/05 19:38:30 由安徽合肥公司 正在进行 装袋 扫描
2012/04/05 21:05:48 由安徽合肥中转部 发往 上海中转部
2012/04/05 22:43:33 安徽合肥公司 的收件员 瑶海工业13195513399已收件

图 5-62　通过淘宝网站查询物流跟踪信息

4. 投诉与建议

如果对申通快递公司提供的网络购物配送服务有疑问或不满，可以提出建议或进行投诉。点击申通快递网站主页左下方的“投诉与建议”，或者点击申通快递网站主页导航栏的“客户服务”→“投诉与建议”，填写完整投诉与建议表单，点击“提交”按钮即可，如图 5-63 所示。

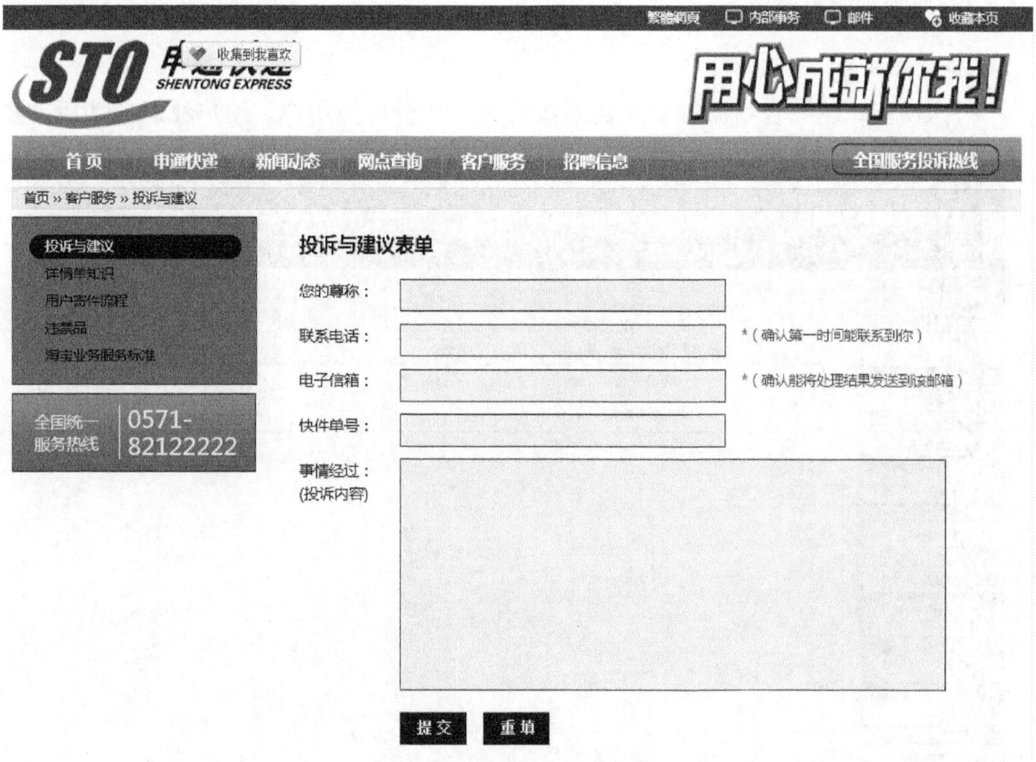
繁體網頁
内部事务
邮件
收藏本页
收集到我喜欢
STO
SHENTONG EXPRESS
用心成就你我！
首页
申通快递
新闻动态
网点查询
客户服务
招聘信息
全国服务投诉热线
首页 » 客户服务 » 投诉与建议
投诉与建议
详情单知识
用户寄件流程
违禁品
淘宝业务服务标准
全国统一服务热线
0571-82122222
投诉与建议表单
您的尊称：
联系电话：
*（确认第一时间能联系到你）
电子信箱：
*（确认能将处理结果发送到该邮箱）
快件单号：
事情经过：
(投诉内容)
提交
重填

图 5-63　申通网站客户服务

实训三　综合物流管理系统

【实训简介】

综合物流管理系统是物流企业或者企业的物流部门所使用的信息系统，目的是通过信息化的手段来实现物流作业和管理的高效性。博星卓越综合物流教学实验系统建立在对众多物流公司调研、分析的基础上，模拟真实的物流商业运作，将各个子系统的商业活动区分为具体的岗位，并赋予不同岗位不同的职责和任务，使用户可以通过具体职责任务的完成，体会电子商务物流专业知识的作用。本实训以博星卓越综合物流教学实验系统为平台，演示综合物流管理系统的功能及操作流程。

【实训目的】

1. 了解综合物流业务的商业化应用过程，理解综合物流业务的一般体系、结构和流程。

2. 通过综合物流管理系统模拟实验，了解现有综合物流业务的主要类型。

3. 掌握博星卓越综合物流教学实验系统的原理及流程，并能使用博星卓越综合物流教学实验系统进行业务处理。

4. 举一反三，熟悉市场上主流的综合物流管理系统操作。

【实训内容与操作步骤】

（一）基础模块操作

1. 登录注册

进入博星卓越综合物流教学实验系统首页，注册成为用户。用户注册成功后，登录综合物流教学实验系统，如图5-64所示。

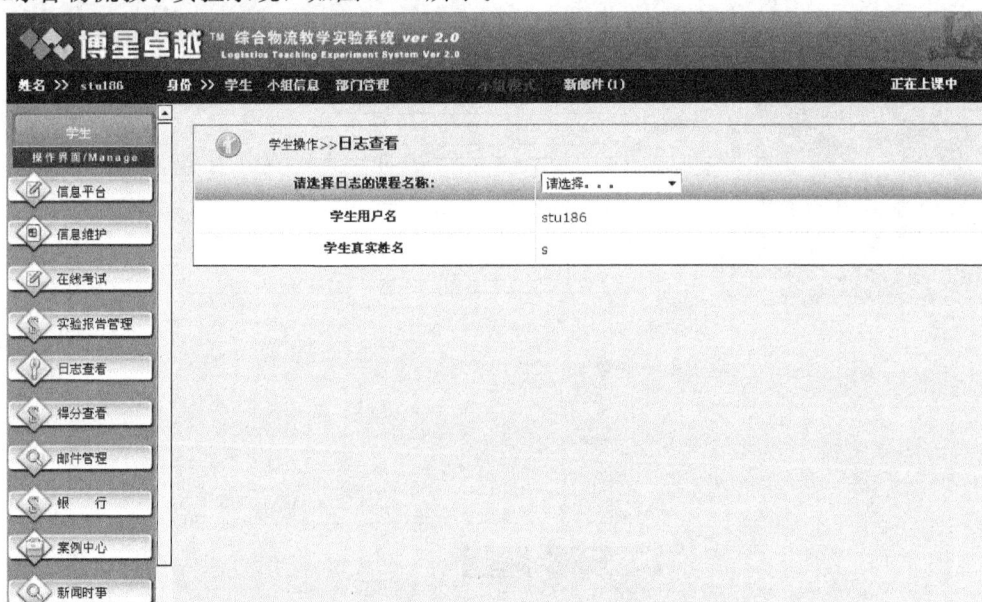

图5-64　登录博星卓越综合物流教学实验系统

2. 电子邮件

（1）邮件管理。点击"邮件管理"按钮，进入邮件管理界面，如图 5-65 所示。

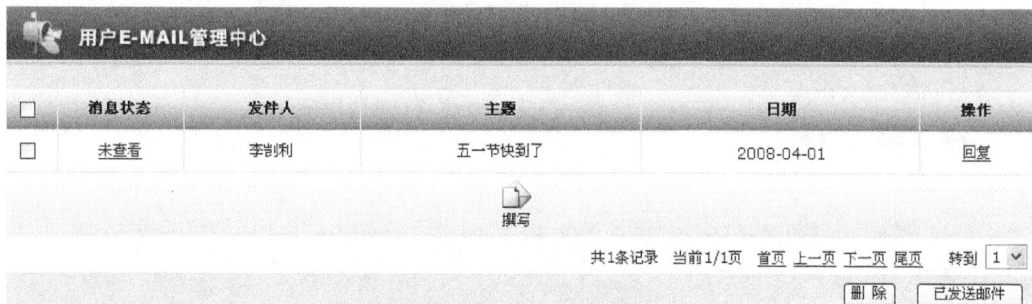

图 5-65 电子邮件管理

（2）发送邮件。点击"邮件管理"项目下的"撰写"按钮，进入邮件撰写界面，选择收件人身份和姓名，输入正确的信息（标题和内容均不能为空）后点击"提交"，邮件即发送成功，如图 5-66 所示。

图 5-66 发送电子邮件

（3）阅读邮件。点击邮件的标题即进入邮件阅读界面，如图 5-67 所示。

（4）回复邮件。在"邮件阅读"界面点击"回复"按钮，即可进入如图 5-66 所示的邮件撰写界面。

3. 网络银行

（1）登录网络银行。点击"银行"按钮，进入银行登录界面，如图 5-68 所示。

（2）信用卡信息。打开银行登录界面上方的"信用卡信息"，可以查看信用卡有关信息。

（3）银行服务。打开银行登录界面上方的"银行服务"，可以进行贷款、转账等操作，如图 5-69 所示。

（4）个人信息。打开银行登录界面上方的"个人信息"，在此界面可以修改密码。

图 5-67　阅读电子邮件

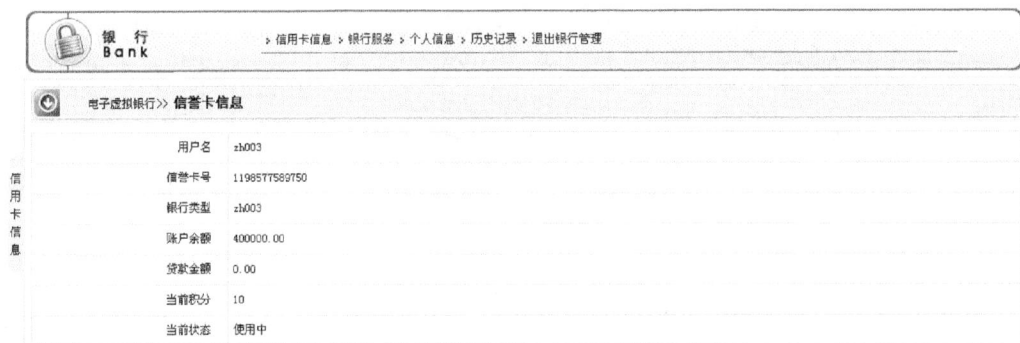

图 5-68　登录网络银行

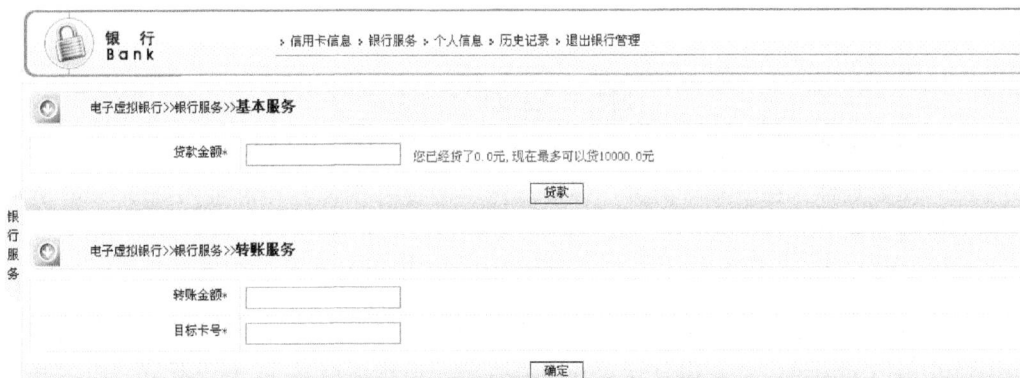

图 5-69　网络银行服务

填写新密码后，点击"修改"按钮，密码则修改成功，如图 5-70 所示。

（5）历史记录。打开银行登录界面上方的"历史记录"，可以查看历史操作记录，如图 5-71 所示。

图 5-70 修改个人密码

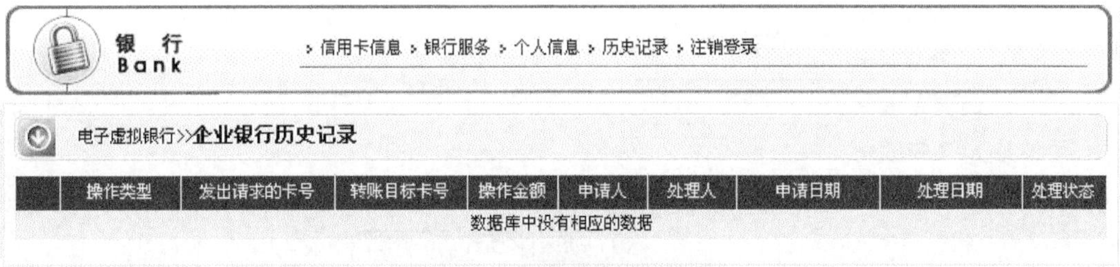

图 5-71 查看网络银行服务

(二) 产销用户模块操作

1. 登录注册

(1) 打开银行系统，点击"注册"按钮，进入注册界面，如图 5-72 所示。

图 5-72 银行系统登录界面

（2）在注册界面，各项信息填写完整后，点击"注册"按钮，账号注册成功，如图 5-73 所示。

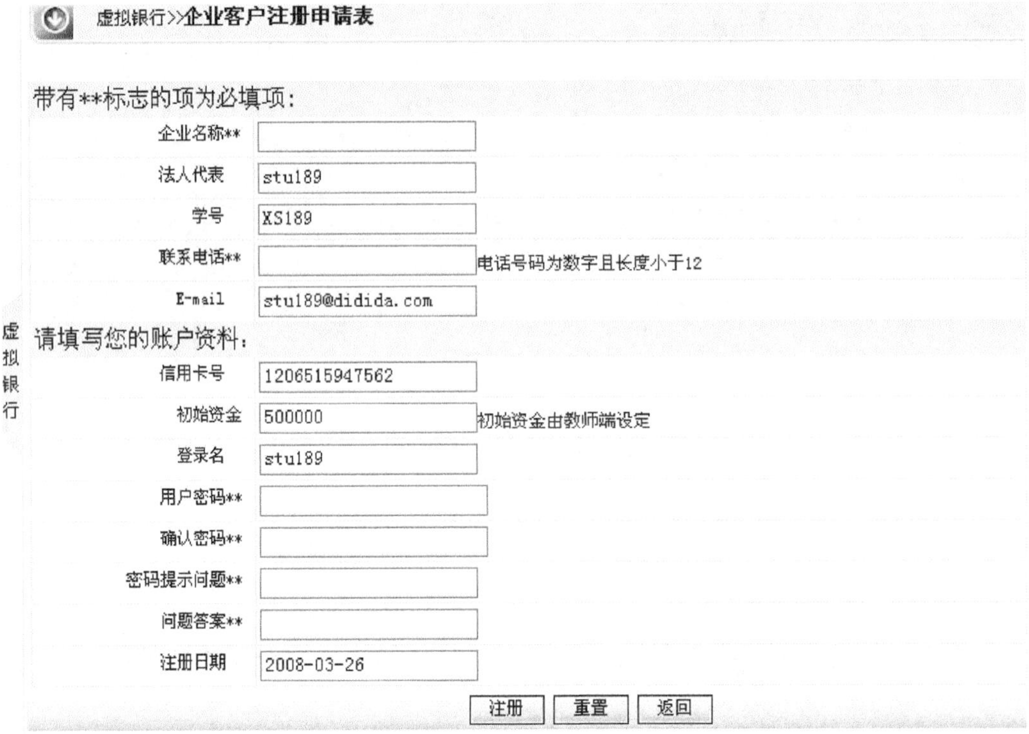

图 5-73 注册账号

（3）用户注册成功且登录后，会显示欢迎登录界面，如图 5-74 所示。

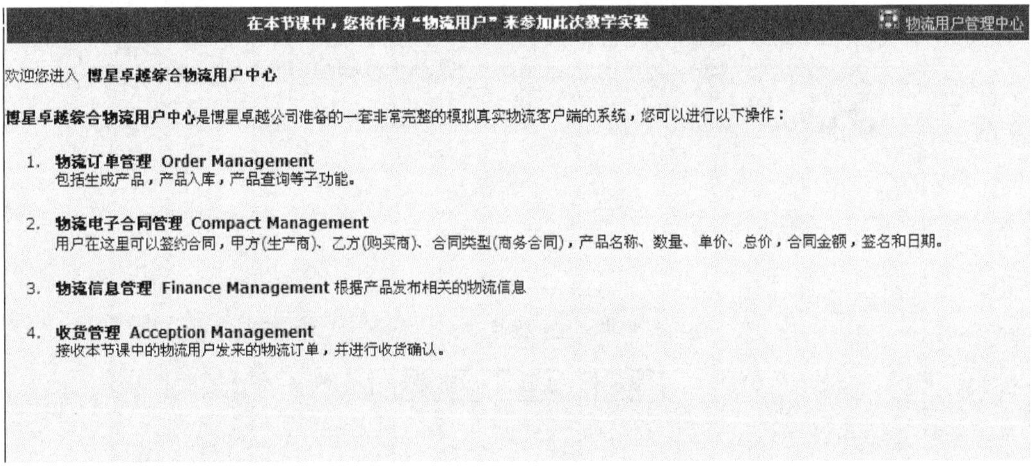

图 5-74 产销用户欢迎登录界面

2. 物流用户管理中心模块操作

（1）点击图 5-74 所示的欢迎登录界面右上方的"物流用户管理中心"，进入物流用户管理中心界面，如图 5-75 所示。

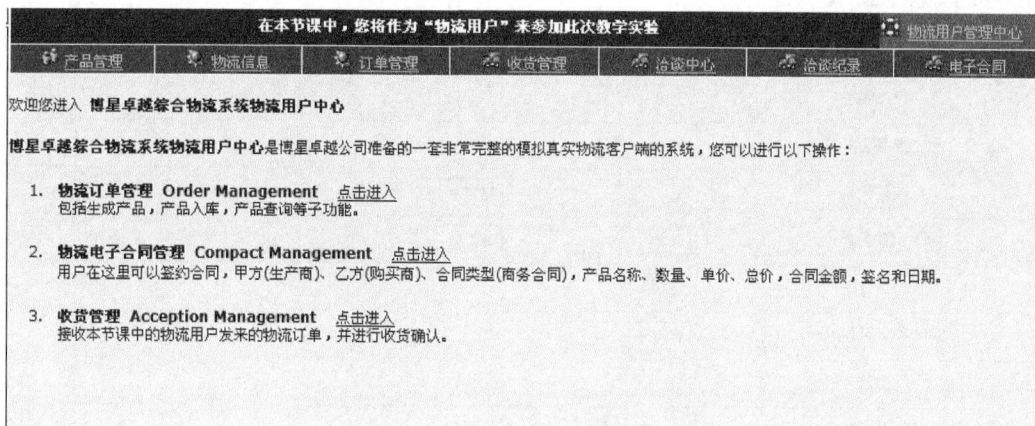

图 5-75 物流用户管理中心界面

（2）点击"产品管理"按钮，进入产品管理界面，如图 5-76 所示。

图 5-76 产品管理界面

（3）点击"添加"按钮，进入新产品入库界面，填写相关信息。添加产品方式分为"选择"和"个人添加"两种，"选择"即是选择管理员添加的产品，"个人添加"即添加自己公司独有的产品。选择后点击"确定"按钮，产品添加完毕，如图 5-77 所示。

图 5-77 添加新产品信息

（4）在图 5-75 所示的欢迎登录界面，点击"物流信息"按钮，填写物流信息。填写完各项数据后，点击"确定"按钮，物流信息发布成功，如图 5-78 所示。

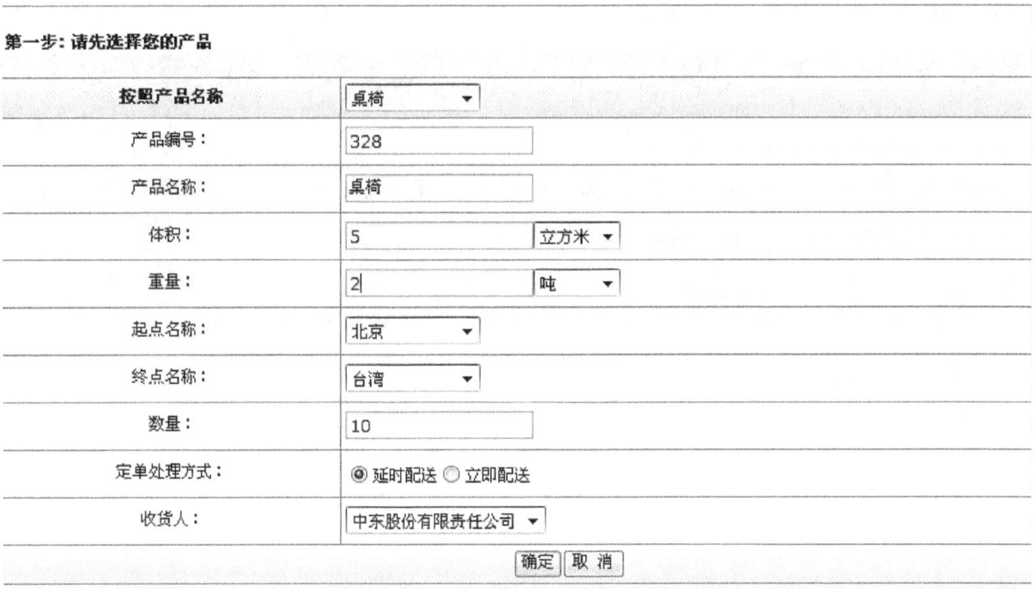

第一步: 请先选择您的产品

按照产品名称	桌椅 ▼	
产品编号:	328	
产品名称:	桌椅	
体积:	5	立方米 ▼
重量:	2	吨 ▼
起点名称:	北京 ▼	
终点名称:	台湾 ▼	
数量:	10	
定单处理方式:	⦿ 延时配送 ◯ 立即配送	
收货人:	中东股份有限责任公司 ▼	

确定　取消

图 5-78　发布物流信息

（5）此时，在信息平台界面下的"最新货源信息"中，可以看到刚才发布的物流信息。选择物流信息名称，可以针对该物流信息进行洽谈，如图 5-79 所示。

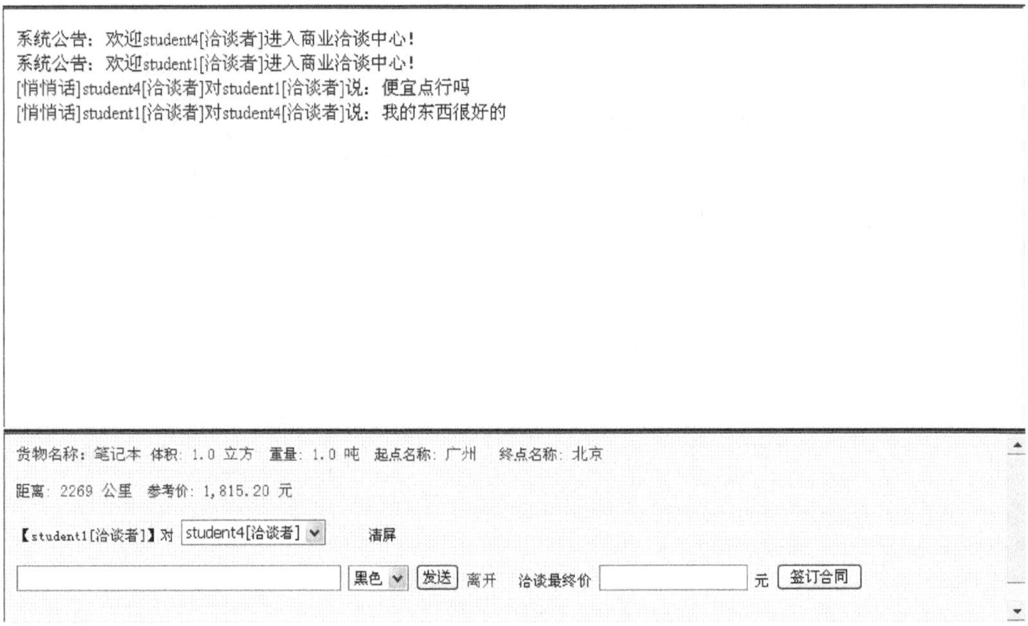

系统公告：欢迎 student4[洽谈者] 进入商业洽谈中心！
系统公告：欢迎 student1[洽谈者] 进入商业洽谈中心！
[悄悄话] student4[洽谈者] 对 student1[洽谈者] 说：便宜点行吗
[悄悄话] student1[洽谈者] 对 student4[洽谈者] 说：我的东西很好的

货物名称：笔记本　体积：1.0 立方　重量：1.0 吨　起点名称：广州　终点名称：北京

距离：2269 公里　参考价：1,815.20 元

【student1[洽谈者]】对 student4[洽谈者] ▼　清屏

[ ]　黑色 ▼ 发送　离开　洽谈最终价 [ ] 元　签订合同

图 5-79　洽谈物流业务

（6）洽谈完毕后，可以签订电子合同。电子合同首先由生产商完成，如图 5-80 所示。

一、货物名称：　桌椅　　▼

二、货物数量：　10

三、配送金额：　44 444　　　　（元）

四、付款方式：

①合同签订之日起5个工作日内，甲方向乙方交付总合同款的10%作为定金，并于货到10个工作日内，将货款付清；

②乙方交货后，并收回全部货款的同时，应与甲方签署一份质量保证协议，并向甲方交付质量保证金200元，该协议有效期为1年，协议期满后，如无任何质量问题或纠纷，甲方应全额退还质量保证金，如有售后维修或质量问题，甲方有权在通知乙方后，扣除相应质量保证金作为损失补偿。

五、甲方责任：提供乙方所需要的产品。

六、乙方责任：付给甲方的产品的总金额。

七、合同未尽事宜，均按《中华人民共和国经济合同法》等法律、法规执行。

八、如对本合同发生歧义或纠纷，由经济仲裁委员会裁决，同时各自保留法律诉讼权力。

九、配送方式：延时配送。

甲方：

签字：　stu 186

时间：　2008-03-26

图 5-80　生产商生成电子合同

（7）签订电子合同后，配送商在如图 5-75 所示的物流用户管理中心界面，点击"电子合同"按钮，进入电子合同界面，在"未审核"项目下可以查看到未处理的电子合同，如图 5-81 所示。

物流电子合同中心　　　　　　　　　　　｜未审核｜已审核

交易产品	合同甲方	合同己方	交易产品数目	交易金额	生产商签字日期	操作
桌椅	中东股份有限责任公司	中云股份公司	10	44444	2008-03-26	签约｜废除合同

共1条记录　当前1/1页　首页 上一页 下一页 尾页　转到 1 ▼

返回

图 5-81　配送商审核电子合同

（8）配送商可以选择签约未处理的电子合同，电子合同审核无误后，点击"签约"按钮，电子合同即签订成功，如图 5-82 所示。

一、货物名称：桌椅

二、货物数量：10

三、配送金额：44 444(元)

四、付款方式：

  ①合同签订之日起5个工作日内，甲方向乙方交付总合同款的10%作为定金，并于货到10个工作日内，将货款付清；

  ②乙方交货后，并收回全部货款的同时，应与甲方签署一份质量保证协议，并向甲方交付质量保证金200元，该协议有效期为1年，协议期满后，如无任何质量问题或纠纷，甲方应全额退还质量保证金，如有售后维修或质量问题，甲方有权在通知乙方后，扣除相应质量保证金作为损失补偿。

五、甲方责任：提供乙方所需要的产品。

六、乙方责任：付给甲方的产品的总金额。

七、合同未尽事宜，均按《中华人民共和国经济合同法》等法律、法规执行。

八、如对本合同发生歧义或纠纷，由经济仲裁委员会裁决，同时各自保留法律诉讼权力。

甲方：

签字： stu 186

时间： 2008-03-26

乙方：

签字： stu 188

时间： 2008-03-26

图 5-82　签订电子合同

（9）配送商也可直接选择新建电子合同。在图 5-75 所示的物流用户管理中心界面，点击"电子合同"按钮，进入电子合同界面。点击"新建合同"按钮，签订电子合同，如图 5-83 所示。

（10）电子合同签订完毕后，配送商在图 5-75 所示的物流用户管理中心界面点击"订单管理"按钮，生成订单，如图 5-84 所示。

（11）选择签订电子合同的产品，按照提示操作，最终生成订单。此时，在信息平台界面，打开"最新企业信息"。在"最新企业信息"里选择部门名称为"仓储部门"的公司，如图 5-85 所示。

（12）选择并点击其中一个企业名称后，进入该物流企业信息界面，如图 5-86 所示。

（13）点击"查找订单"按钮，可以查看到自己的所有订单，如图 5-87 所示。

（14）点击"订单编号"进入订单信息转交界面。点击"转交"按钮，订单转交给仓储中心，如图 5-88 所示。

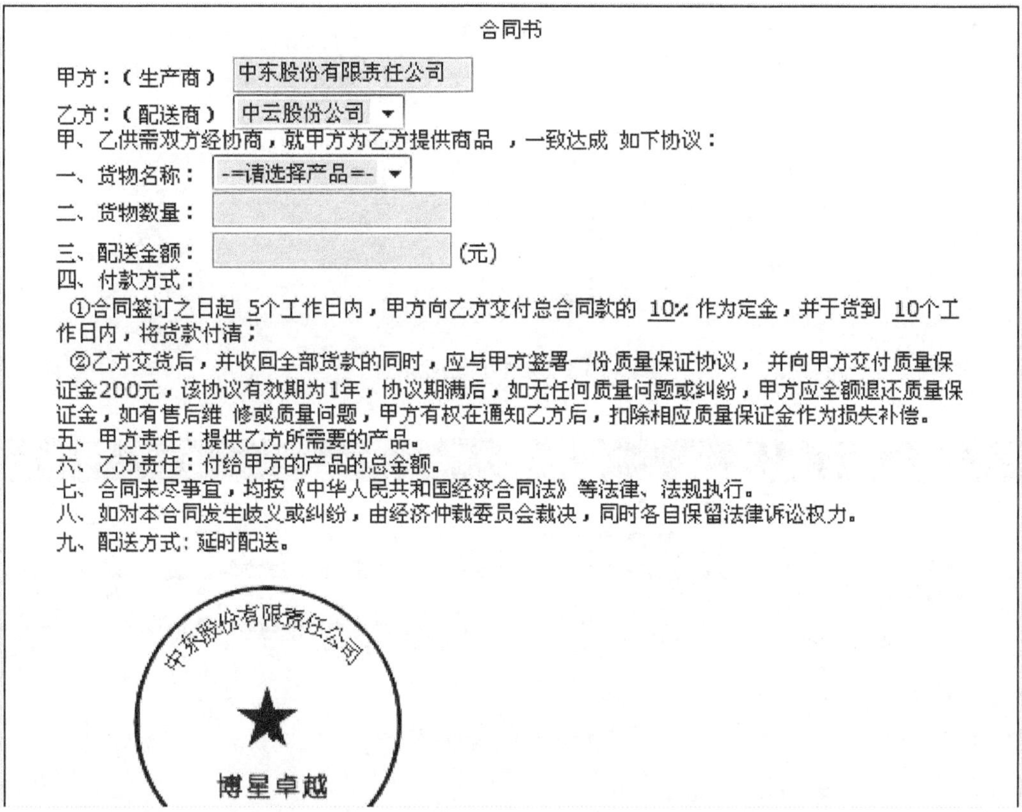

合同书

甲方：（生产商） 中东股份有限责任公司

乙方：（配送商） 中云股份公司 ▼

甲、乙供需双方经协商，就甲方为乙方提供商品，一致达成 如下协议：

一、 货物名称： -=请选择产品=- ▼

二、 货物数量：

三、 配送金额： (元)

四、 付款方式：

①合同签订之日起 5个工作日内，甲方向乙方交付总合同款的 10% 作为定金，并于货到 10个工作日内，将货款付清；

②乙方交货后，并收回全部货款的同时，应与甲方签署一份质量保证协议，并向甲方交付质量保证金200元，该协议有效期为1年，协议期满后，如无任何质量问题或纠纷，甲方应全额退还质量保证金，如有售后维 修或质量问题，甲方有权在通知乙方后，扣除相应质量保证金作为损失补偿。

五、 甲方责任：提供乙方所需要的产品。

六、 乙方责任：付给甲方的产品的总金额。

七、 合同未尽事宜，均按《中华人民共和国经济合同法》等法律、法规执行。

八、 如对本合同发生岐义或纠纷，由经济仲裁委员会裁决，同时各自保留法律诉讼权力。

九、 配送方式：延时配送。

图 5-83 配送商新建电子合同

素龙配送公司 欢迎您以"配送用户"到物流服务中心
订单管理　　　　　　电子合同　　　　　　退出

第一步：请先选择您的产品

| 按照产品名称 | ==请选择== ▼ | |

图 5-84 配送商生成订单

NEW 最新企业信息

物流企业名称	物流企业地址	联系方式	传真	法人代表	网址	部门名称
忠伟经销	中国西安	029-88376387	029-88376387	student1	www.didida.com.cn	产销部门
兴隆产销	中国西安	029-88376387	029-88376387	student4	www.didida.com.cn	产销部门
德兴仓储	中国西安	029-88376387	029-88376387	student2	www.didida.com.cn	仓储部门

更多 »

NEW 最新产品信息

产品编号	产品名称	单位	有效否	公司名称	法人代表	联系电话
232	笔记本	台	有效	忠伟经销	student1	029-88376387

更多 »

图 5-85 完成订单

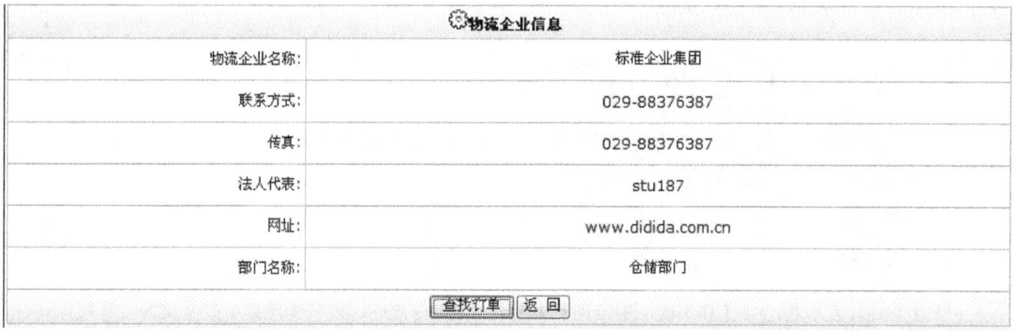

物流企业信息	
物流企业名称:	标准企业集团
联系方式:	029-88376387
传真:	029-88376387
法人代表:	stu187
网址:	www.didida.com.cn
部门名称:	仓储部门

查找订单 返回

图 5-86 查看物流企业信息

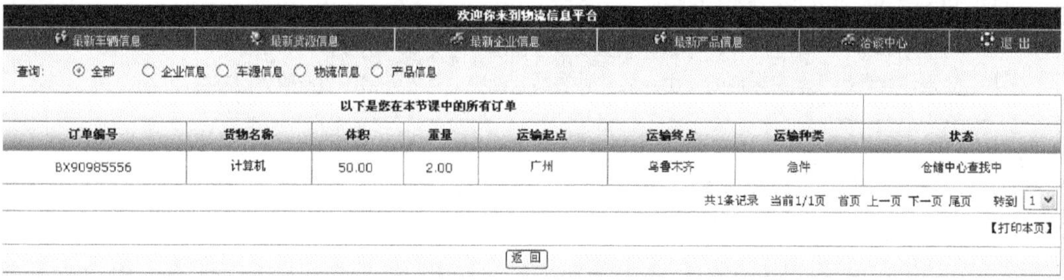

欢迎你来到物流信息平台

最新车辆信息 最新货源信息 最新企业信息 最新产品信息 洽谈中心 退出

查询: 全部 企业信息 车源信息 物流信息 产品信息

以下是您在本节课中的所有订单

订单编号	货物名称	体积	重量	运输起点	运输终点	运输种类	状态
BX90985556	计算机	50.00	2.00	广州	乌鲁木齐	急件	仓储中心查找中

共1条记录 当前1/1页 首页 上一页 下一页 尾页 转到 1

【打印本页】

返回

图 5-87 查看订单

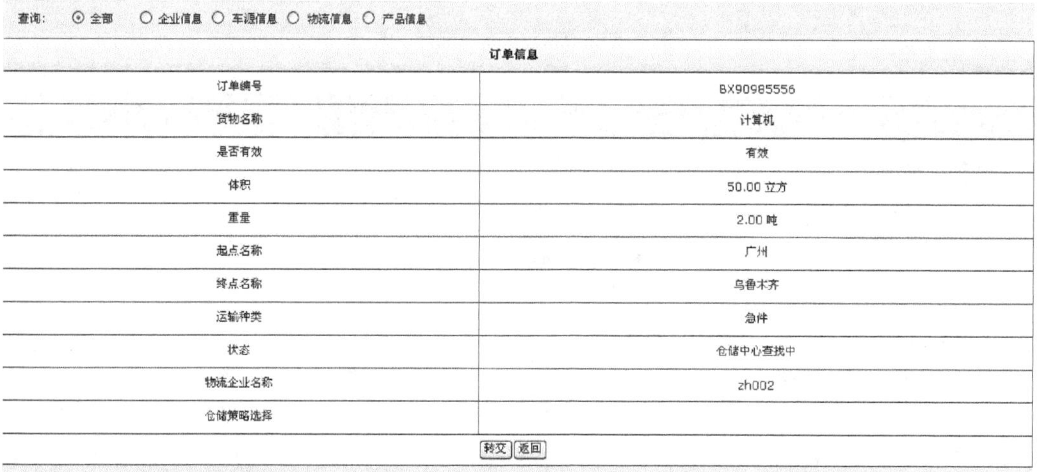

查询: 全部 企业信息 车源信息 物流信息 产品信息

订单信息	
订单编号	BX90985556
货物名称	计算机
是否有效	有效
体积	50.00 立方
重量	2.00 吨
起点名称	广州
终点名称	乌鲁木齐
运输种类	急件
状态	仓储中心查找中
物流企业名称	zh002
仓储策略选择	

转交 返回

图 5-88 转交订单

（三）仓储用户模块操作

(1) 进行仓储用户模块操作要先注册一个银行账号，并且确认一个公司。进入仓储中心后，先在库存设置界面设置仓库的基本信息。在此界面完成仓储中心的面积、装载量等数据的设置后，点击“确定”按钮即可，如图 5-89 所示。

本仓储中心基本信息初始化		
仓储中心面积		
最大面积	1000.00	立方米 (*)
装载量		
最大装载量	1000	吨 (*)
仓储费用:		
仓库租赁:	100.00	元/天.立方米 (*)
服务费用:	装卸费 100	元/吨
	包装费 100	元/立方米

仓储中心收费计算公式: 总费用=(实际仓库租赁费+服务费用)×总吨数。服务费用=(包装费+装卸费)。实际仓库租赁费=(1+价格策略%)×仓储租赁费

[确定] [返回]

图 5-89 设置仓库基本信息

（2）仓库基本信息设置完成后，显示欢迎登录界面，如图 5-90 所示。

在本节课中，您将作为"物流仓储中心职员"来参加此次教学实验　🔳物流经理　🔳进入仓储中心　🔳仓库基本信息　🔳国际货代

欢迎您进入博星卓越综合物流仓储中心

博星卓越综合物流仓储中心是博星卓越公司准备的一套非常完整的模拟真实物流仓储部管理的系统，您可以进行以下操作:

1. **入库管理Put in Depot**　点击进入
   管理本节课本组所有需要入库的商品进行相应的入库操作.
2. **库存管理 Depot's Store Management**　点击进入
   管理本节课本组物流用户在本物流中心的仓库中投放的产品，并对其进行分类查询，并处理预警产品。
3. **订单管理 Bill Management**　点击进入
   处理本节课本组物流财务中心转交来的物流订单。可对这些物流订单进行分类查询，出库，移交等操作。
4. **出库记录管理 Out Depot Records Management**　点击进入
   管理已出库的物流订单所生成的出库产品记录，进行查询，汇总，统计，删除等操作。

图 5-90 仓储用户欢迎登录界面

（3）点击"进入仓储中心"按钮，进行仓储管理，如图 5-91 所示。

🔳库存管理　🔳订单管理(国内)　🔳费用结算　🔳洽谈中心　🔳洽谈纪录　🔳出库记录管理

本仓储公司库房使用情况

单位(立方米)

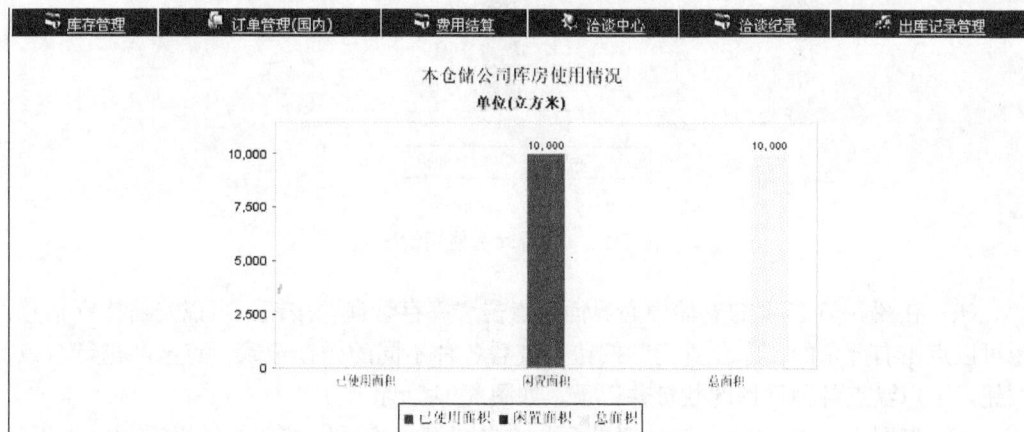

图 5-91 仓储中的界面

（4）在入库管理前，会先产生入库单据，如图 5-92 所示。

货物入库单审核

审核日期：	2007年08月28日		编号：	BX-1
货主名称：	中东股份有限责任公司		订单编号	BX12943694
	货物名称		规格	数量
	显示器		普通	500
重量	体积		单位	类型
5.0	50.0		台	国内

验收人：stu176　　　　　　　保管员：stu176

[入库]　　　　　　　[关闭]

图 5-92　产生入库单据

（5）在图 5-90 所示的欢迎登录界面，选择"物流经理"中的"入库管理"，再点击"查看库房使用情况"按钮，可以很明确地查看库房的使用情况，如图 5-93 所示。

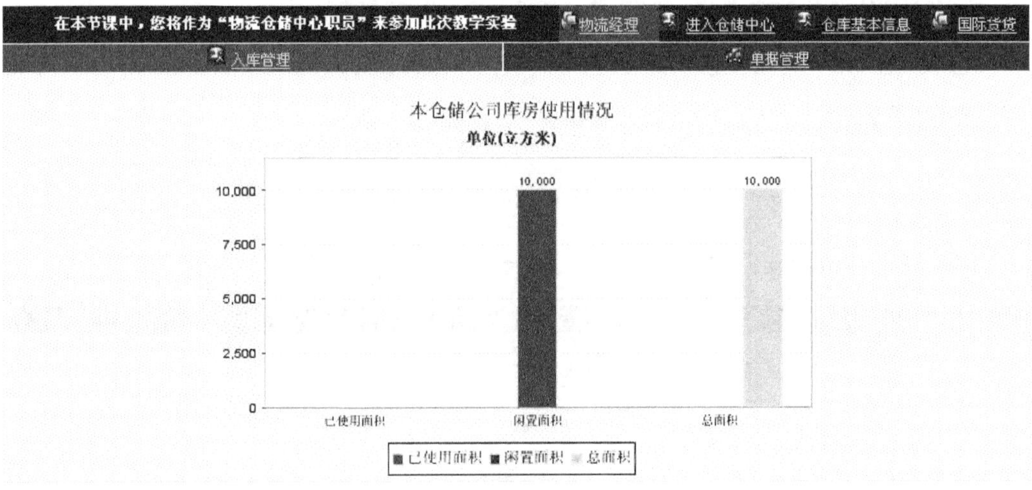

图 5-93　查看库房使用情况

（6）在图 5-91 所示的仓储中心界面，点击"库存管理"按钮，可以查看库存信息。也可以点击右上角的"库存查询"按钮来查看各种不同的操作记录。点击"进行盘点"按钮，可以盘点各种货物的数量并记录，如图 5-94 所示。

（7）在图 5-91 所示的仓储管理界面，点击"订单管理"按钮，可以看到已入库的订单的状态，如图 5-95 所示。

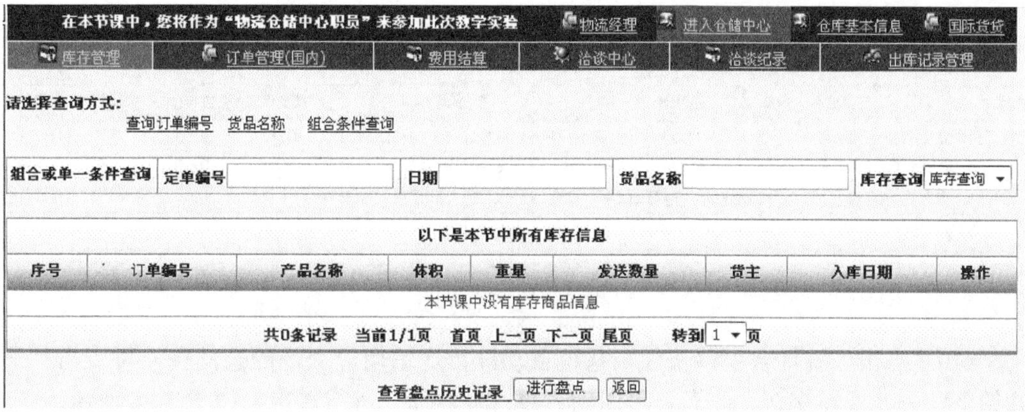

图 5-94　库存管理

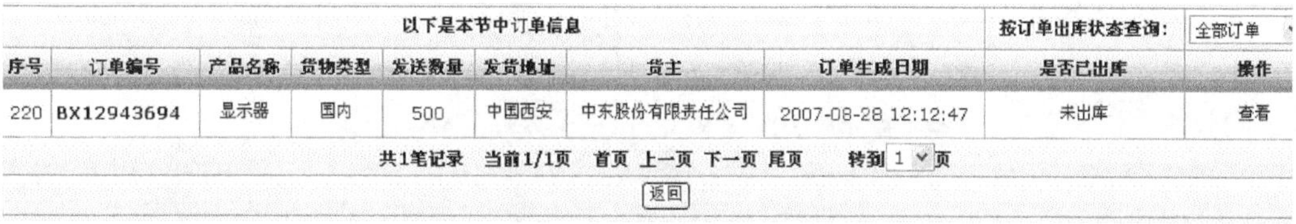

图 5-95　查看已入库的订单状态

（8）选择一项已入库的订单，查其信息，点击"出库"按钮即可安排出库。出库前需先确认出库单据，如图 5-96 所示。

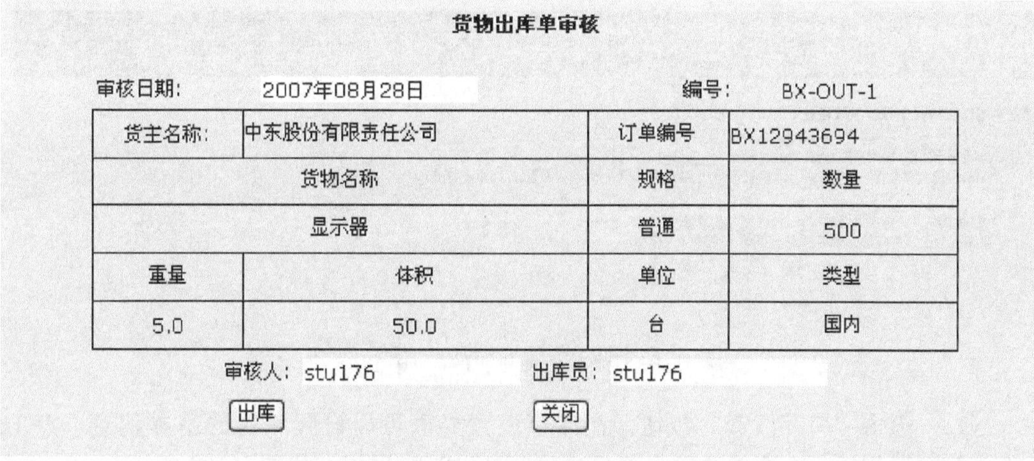

图 5-96　确认出库单据

（9）在图 5-91 所示的仓储管理界面，点击"费用结算"按钮，计算费用并通知产销商交纳仓储中心所用费用，如图 5-97 所示。

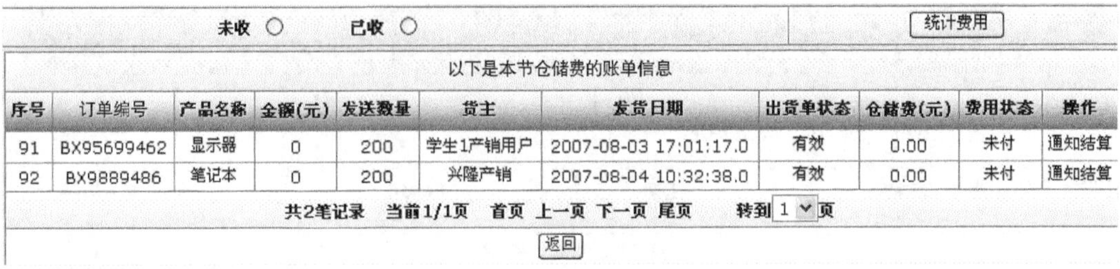

		未收　○		已收　○					统计费用	

以下是本节仓储费的账单信息										
序号	订单编号	产品名称	金额(元)	发送数量	货主	发货日期	出货单状态	仓储费(元)	费用状态	操作
91	BX95699462	显示器	0	200	学生1产销用户	2007-08-03 17:01:17.0	有效	0.00	未付	通知结算
92	BX9889486	笔记本	0	200	兴隆产销	2007-08-04 10:32:38.0	有效	0.00	未付	通知结算
共2笔记录　当前1/1页　首页　上一页　下一页　尾页　　转到 1 ∨ 页										

返回

图 5-97　计算仓储费用

（10）点击"统计费用"按钮，系统自动计算产销商应交纳的仓储费，再点击"通知结算"按钮通知交费。此时，再回到订单管理界面，进行转交，如图 5-98 所示。

以下是本节中订单信息							按订单出库状态查询:	全部订单 ∨	
序号	订单编号	产品名称	货物类型	发送数量	发货地址	货主	订单生成日期	是否已出库	操作
163	BX95699462	显示器	国内	200	中国西安	学生1产销用户	2007-08-03 16:36:37	已出库	查看 转交
164	BX9889486	笔记本	国内	200	中国西安	兴隆产销	2007-08-04 10:25:33	已出库	查看 转交
共2笔记录　当前1/1页　首页　上一页　下一页　尾页　　转到 1 ∨ 页									

返回

图 5-98　结算仓储费用

（11）点击"转交"按钮，即将相关信息转交给了配送公司。仓储用户的操作流程结束。仓储用户进入"仓储基本信息"界面，对仓库的一些基本信息进行设置，如图 5-99 所示。

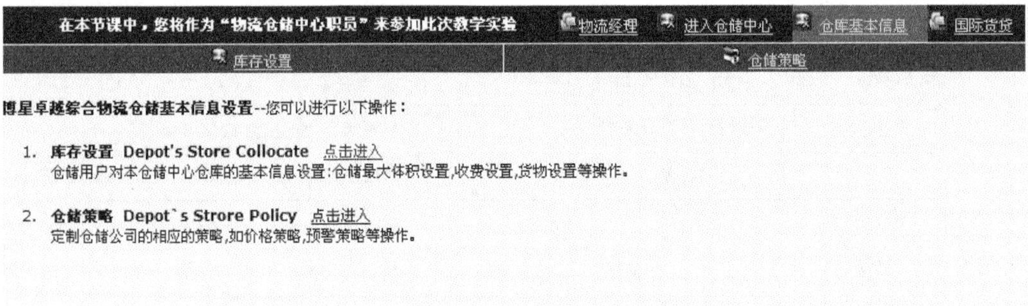

在本节课中，您将作为"物流仓储中心职员"来参加此次教学实验　　物流经理　　进入仓储中心　　仓库基本信息　　国际货贷

库存设置　　　　　　　　　　　　　　　　仓储策略

博星卓越综合物流仓储基本信息设置--您可以进行以下操作：

1. 库存设置 Depot's Store Collocate　点击进入
   仓储用户对本仓储中心仓库的基本信息设置:仓储最大体积设置,收费设置,货物设置等操作。

2. 仓储策略 Depot`s Strore Policy　点击进入
   定制仓储公司的相应的策略,如价格策略,预警策略等操作。

图 5-99　设置仓储基本信息

（12）点击"库存设置"按钮，在库存设置界面可以设置库房的基本信息。点击"仓储策略"按钮，在仓储策略界面可以进行各种策略设置，如图 5-100 所示。

（13）如果仓储中心存放的是国际货物，仓储用户登录成功后，选择操作界面的"国际货贷"进行国际货物处理。其具体操作与仓储用户操作类似，只是各种设置参数不同。

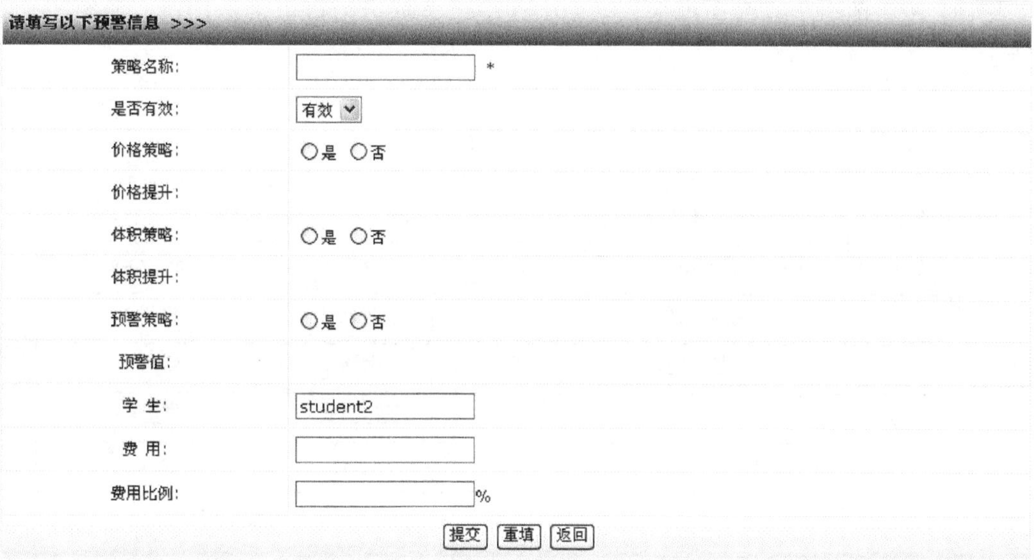

请填写以下预警信息 >>>

策略名称：	[_____]	*
是否有效：	[有效 ▾]	
价格策略：	○是 ○否	
价格提升：		
体积策略：	○是 ○否	
体积提升：		
预警策略：	○是 ○否	
预警值：		
学　生：	[student2]	
费　用：	[_____]	
费用比例：	[_____] %	

[提交] [重填] [返回]

图 5-100　设置仓储策略

（四）配送用户模块操作

（1）配送用户要先注册一个银行账号，并且确认一个公司。配送用户进入配送中心后，会显示欢迎登录界面，如图 5-101 所示。

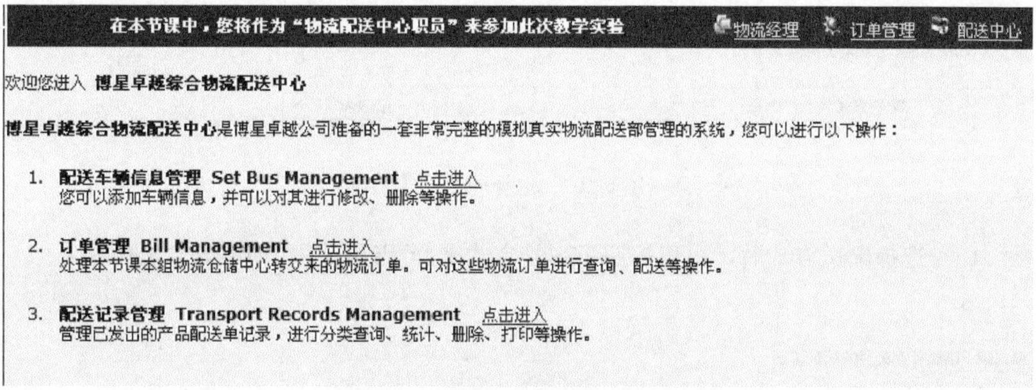

在本节课中，您将作为"物流配送中心职员"来参加此次教学实验　　物流经理　订单管理　配送中心

欢迎您进入 博星卓越综合物流配送中心

博星卓越综合物流配送中心是博星卓越公司准备的一套非常完整的模拟真实物流配送部管理的系统，您可以进行以下操作：

1. **配送车辆信息管理 Set Bus Management** 点击进入
   您可以添加车辆信息，并可以对其进行修改、删除等操作。

2. **订单管理 Bill Management** 点击进入
   处理本节课本组物流仓储中心转交来的物流订单。可对这些物流订单进行查询、配送等操作。

3. **配送记录管理 Transport Records Management** 点击进入
   管理已发出的产品配送单记录，进行分类查询、统计、删除、打印等操作。

图 5-101　配送用户欢迎登录界面

（2）进入配送中心后，如果已经有仓储部门转交给配送部门的订单，将显示订单的详细信息，如图 5-102 所示。

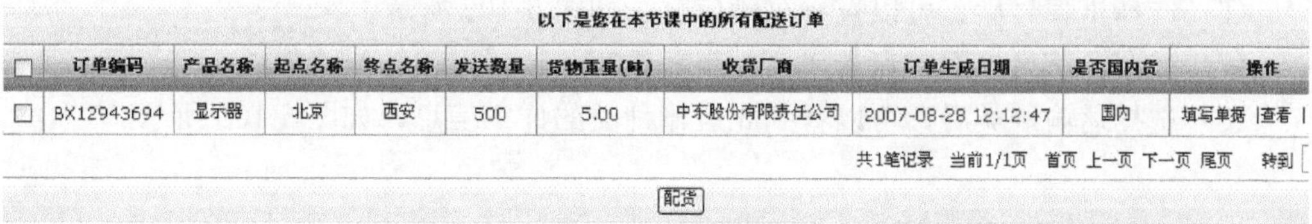

以下是您在本节课中的所有配送订单

	订单编码	产品名称	起点名称	终点名称	发送数量	货物重量(吨)	收货厂商	订单生成日期	是否国内货	操作
☐	BX12943694	显示器	北京	西安	500	5.00	中东股份有限责任公司	2007-08-28 12:12:47	国内	填写单据 |查看 |

共1笔记录 当前1/1页 首页 上一页 下一页 尾页 转到

[配货]

图 5-102　订单信息

（3）配送前会生成配送单据，需先确认配送单据后才可以进行配送，如图 5-103 所示。

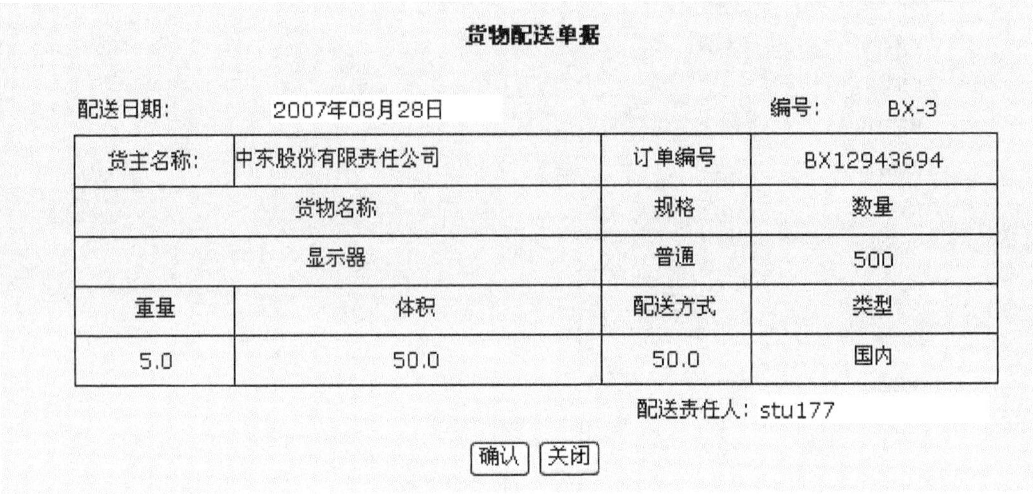

货物配送单据

配送日期: 2007年08月28日 编号: BX-3

货主名称:	中东股份有限责任公司	订单编号	BX12943694
货物名称		规格	数量
显示器		普通	500
重量	体积	配送方式	类型
5.0	50.0	50.0	国内

配送责任人：stu177

确认 关闭

图 5-103 配送单据

（4）配送单据确认无误后，选择配送方式，以汽车运输为例，如图 5-104 所示。

图 5-104 选择配送方式

（5）选择配送方式后，可以按照车牌号方式选择配送车辆，如图 5-105 所示。

图 5-105 选择配送车辆

（6）选择车牌号后，可以查看车辆信息，如图 5-106 所示。

（7）在车辆信息界面，点击“下一步”按钮，选择运输种类，如图 5-107 所示。

（8）选择运输种类后，可以看到此运输种类的详细信息，如图 5-108 所示。

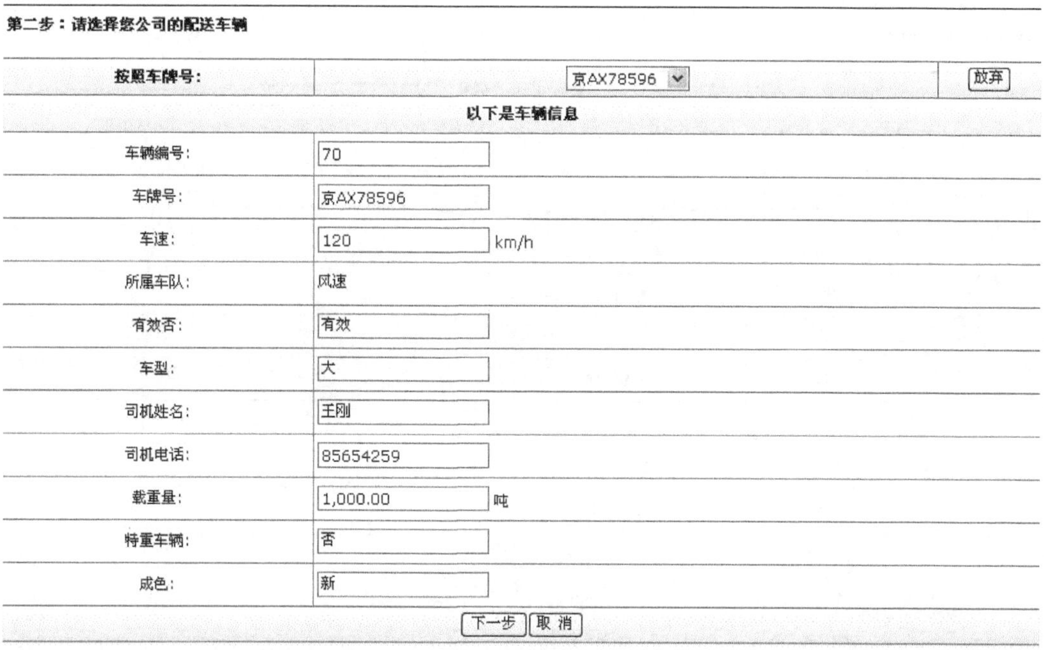

第二步：请选择您公司的配送车辆

按照车牌号：		京AX78596 ∨		放弃
		以下是车辆信息		
车辆编号：	70			
车牌号：	京AX78596			
车速：	120	km/h		
所属车队：	风速			
有效否：	有效			
车型：	大			
司机姓名：	王刚			
司机电话：	85654259			
载重量：	1,000.00	吨		
特重车辆：	否			
成色：	新			

下一步 取消

图 5-106 查看车辆信息

第三步：请先选择物流(运输)种类

按照种类名称		==请选择== ▼

图 5-107 选择运输种类

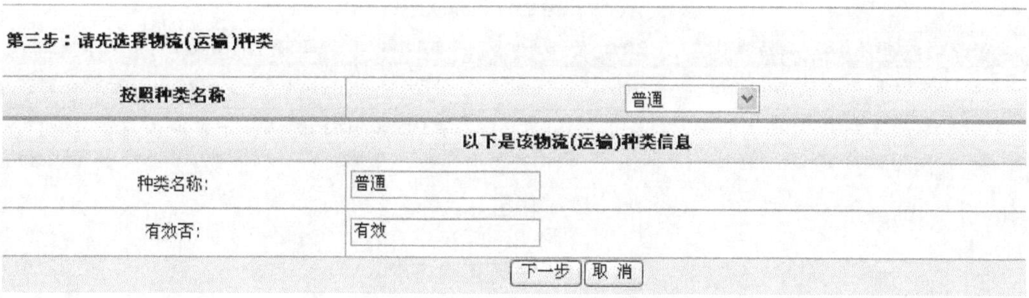

第三步：请先选择物流(运输)种类

按照种类名称		普通 ∨
	以下是该物流(运输)种类信息	
种类名称：	普通	
有效否：	有效	

下一步 取消

图 5-108 查看运输种类信息

（9）继续点击"下一步"按钮，进入确认配送信息界面，点击"现在配送"按钮，开始配送，如图 5-109 所示。

（10）配送后，可以选择操作界面的"配送进度"按钮，查看配送进度，如图 5-110 所示。

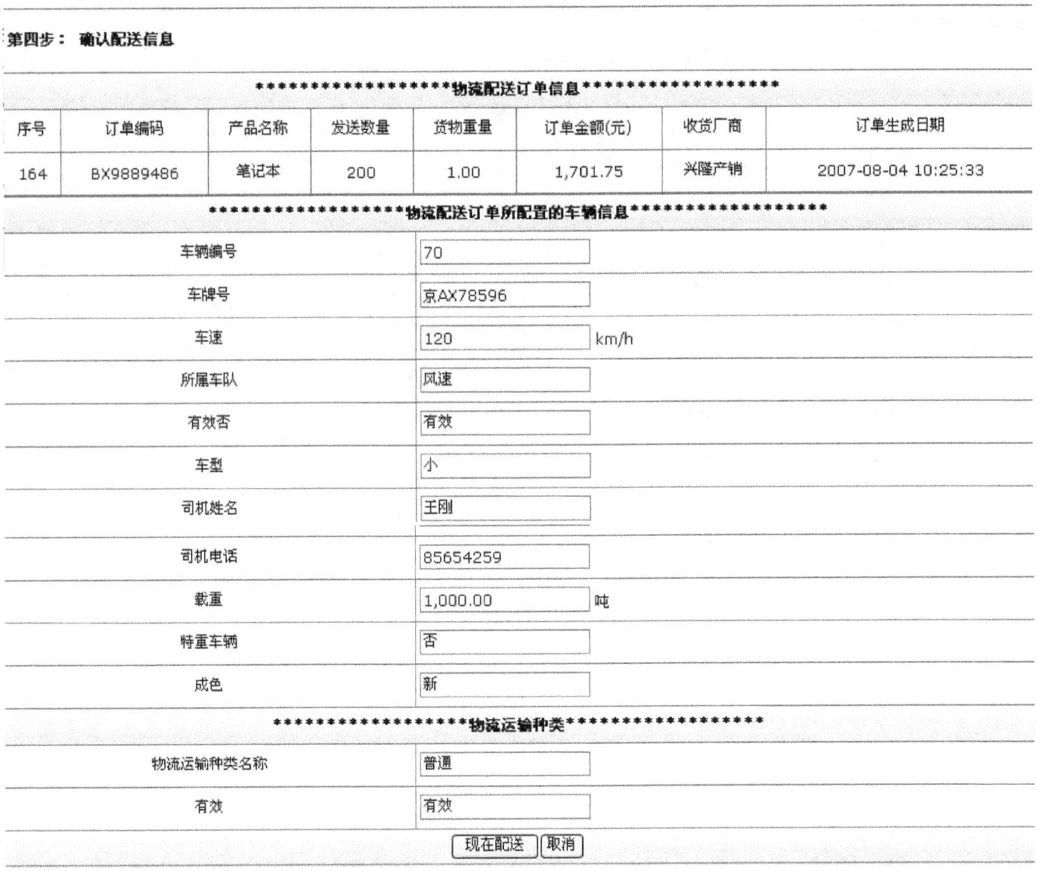

第四步：　确认配送信息

＊＊＊＊＊＊＊＊＊＊＊＊＊＊＊＊＊物流配送订单信息＊＊＊＊＊＊＊＊＊＊＊＊＊＊＊＊＊

序号	订单编码	产品名称	发送数量	货物重量	订单金额(元)	收货厂商	订单生成日期
164	BX9889486	笔记本	200	1.00	1,701.75	兴隆产销	2007-08-04 10:25:33

＊＊＊＊＊＊＊＊＊＊＊＊＊＊＊物流配送订单所配置的车辆信息＊＊＊＊＊＊＊＊＊＊＊＊＊＊＊

车辆编号	70	
车牌号	京AX78596	
车速	120	km/h
所属车队	风速	
有效否	有效	
车型	小	
司机姓名	王刚	
司机电话	85654259	
载重	1,000.00	吨
特重车辆	否	
成色	新	

＊＊＊＊＊＊＊＊＊＊＊＊＊＊＊＊＊物流运输种类＊＊＊＊＊＊＊＊＊＊＊＊＊＊＊＊＊

物流运输种类名称	普通
有效	有效

现在配送　取消

图 5-109　确认配送信息

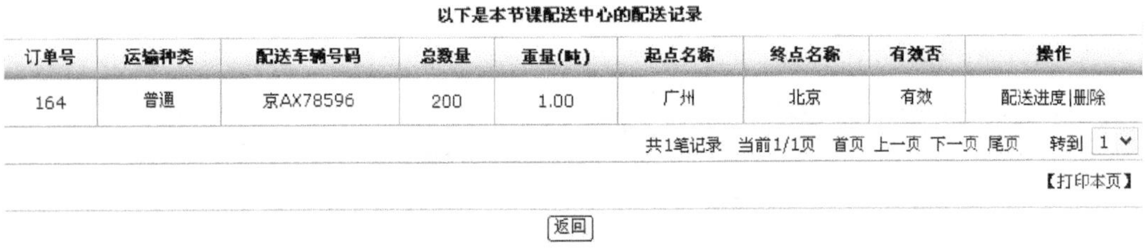

以下是本节课配送中心的配送记录

订单号	运输种类	配送车辆号码	总数量	重量(吨)	起点名称	终点名称	有效否	操作
164	普通	京AX78596	200	1.00	广州	北京	有效	配送进度|删除

共1笔记录　当前1/1页　首页 上一页 下一页 尾页　转到 1 ∨

【打印本页】

返回

图 5-110　查看配送进度

（11）进入配送信息详情界面，可查看货物名称、配送起始点、体积、重量、运输种类、数量、配送进度等信息，如图 5-111 所示。

（五）信息平台模块操作

（1）在信息平台可以查看所有的车辆、货源、企业、产品信息以及其最新信息，如图 5-112 所示。

图 5-111　配送信息详情

图 5-112　查看物流信息

　　（2）产销用户可以点击"最新货源信息"按钮，选择其中的任何一条信息，即可查看相关详细信息，如图 5-113 所示。

　　（3）产销用户也可以点击"最新车辆信息"按钮，选择其中的任何一条信息，即可查看相关详细信息，如图 5-114 所示。

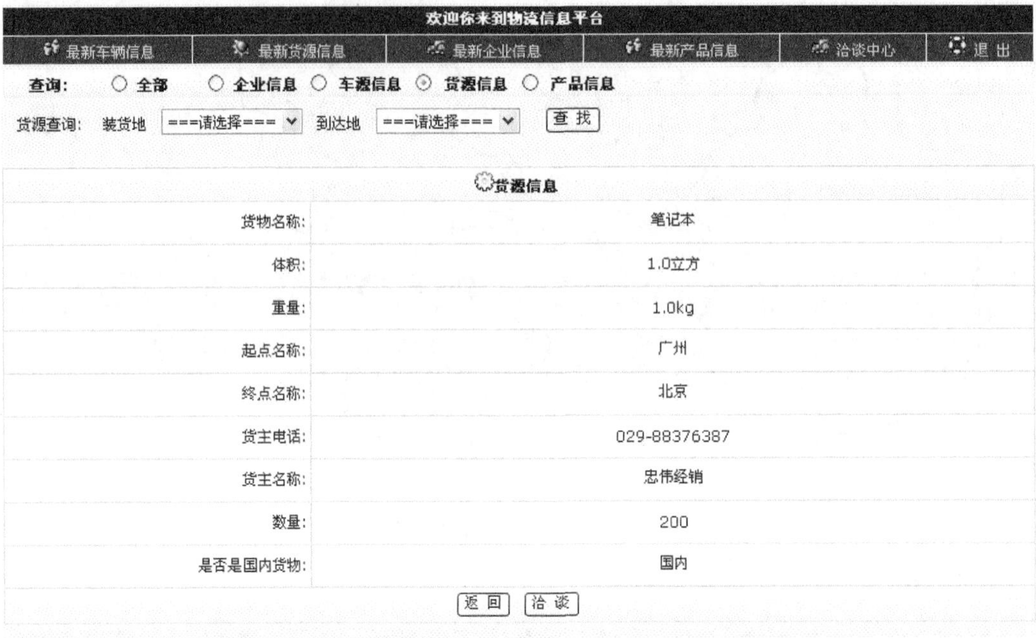

欢迎你来到物流信息平台					
最新车辆信息	最新货源信息	最新企业信息	最新产品信息	洽谈中心	退 出

查询: ○ 全部　○ 企业信息　○ 车源信息　⊙ 货源信息　○ 产品信息

货源查询: 装货地 ===请选择=== ∨　到达地 ===请选择=== ∨　　[查 找]

✿货源信息	
货物名称:	笔记本
体积:	1.0立方
重量:	1.0kg
起点名称:	广州
终点名称:	北京
货主电话:	029-88376387
货主名称:	忠伟经销
数量:	200
是否是国内货物:	国内

[返 回] [洽 谈]

图 5-113　查看最新货源信息

欢迎你来到物流信息平台					
最新车辆信息	最新货源信息	最新企业信息	最新产品信息	洽谈中心	退 出

查询: ○ 全部　○ 企业信息　⊙ 车源信息　○ 货源信息　○ 产品信息

车辆查询: 发车地 ===请选择=== ∨　到达地 ===请选择=== ∨　　[查 找]

✿车辆信息	
车牌号:	S3452
车型:	大
起始地:	北京
目的地:	西安
司机姓名:	stu177
司机电话:	2934543

图 5-114　查看最新车源信息

（4）产销用户也可以点击"最新企业信息"按钮，进入最新企业信息界面。当点击的企业是"仓储部门"时，该用户可以点击"查找订单"按钮，查找自己所有的未进入仓储部门的订单，然后选择哪份订单由该仓储部门处理，如图 5-115 所示。

图 5-115　查看最新企业信息

（5）产销用户还可以点击"最新产品信息"按钮，选择其中的任何一条信息，即可查看相关详细信息，如图 5-116 所示。

欢迎你来到物流信息平台					
最新车辆信息	最新货源信息	最新企业信息	最新产品信息	洽谈中心	退出

查询: ○ 全部　○ 企业信息　○ 车源信息　○ 货源信息　◉ 产品信息

产品名称: [===请选择===▼] [查找]

物流产品信息	
产品编号:	232
产品名称:	笔记本
单位:	1
有效否:	1
公司名称:	忠伟经销
法人代表:	student1
联系电话:	029-88376387

[返 回]

图 5-116　查看最新产品信息

【实训习题】

1. 请在中海 2000 第三方物流管理信息系统平台完成以下入仓管理操作：将客户的入仓部件清单通过系统打印出来交给仓管员，然后将订车单转给运输部门，进行车辆的调度。如果有报关的需要还要打印报关单，在货物进关之前报关。货物到达后，卸载货物并检查货物是否无误，确认无误后将货物放到某仓位。一切处理完毕，入仓完成。

2. 请在中海 2000 第三方物流管理信息系统平台完成以下调度管理操作：根据单个部件的信息及总数量确定合适的车型，对进行过入仓和出仓的部件安排车辆，并选择运输线路及时间，同时对运输业务进行处理，包括客户订车单的确认、车辆的调度配载、运输费用的计算以及运输方面的简单查询统计。

3. 通过申通快递网站了解详情单知识，正确填写一份常规快递详情单，同时查看两个快件单的物流配送信息，并查看地形视图的车辆 GPS 定位信息。

4. 请以合作的方式，在博星卓越综合物流教学实验系统平台完成以下任务：甲、乙、丙三家企业有业务往来，其中甲企业和乙企业属于产销用户性质的交易双方，丙企业是一家以配送业务为主的物流企业。北京的甲企业欲销售一批货物给青岛的乙企业。该批货物体积为 20 立方米，重量为 300 千克，数量为 800 件，订单处理方式为"立即配送"。现将该批货物委托给丙企业进行物流配送。丙企业配备有从北京到青岛的服务车队，其中车队名称为"奥运专线"，车队类型为"公司自有"，编码为"奥200808"，编号为"8"，备注信息为"加油奥运"，并配备全新大型特重车辆，车牌号为"奥20080801"，司机是"奥奥"，联系电话为"010-20080801"，车辆载重为 10 吨，车速为 100km/h。

第六章

电子商务安全

实训一　数字证书的使用

数字证书又称为数字标识，它提供了一种在 Internet 上进行身份验证的方式，是用来标志和证明网络通信双方身份的数字信息文件，与司机驾照或日常生活中的身份证相似。数字证书是由一个权威机构即 CA 机构，又称为证书授权（certificate authority）中心发行的，人们在交往中可以用它来识别对方的身份。在网上进行电子商务活动时，交易双方需要使用数字证书来表明自己的身份，进行有关交易操作。

【实训简介】

本实训以中国数字认证网为例，说明申请并下载免费个人安全电子邮件数字证书的过程。整个过程分为安装根证书、个人数字证书的申请、导出、导入、查询及下载五大步骤。

【实训目的】

1. 了解数字证书的功能。

2. 掌握数字证书的安装、申请、导出、导入、查询及下载方法。

【实训内容与操作步骤】

使用数字证书，在电子邮件中至少有以下功能：

（1）保密性。用户（发件人）可以使用收件人的数字证书对电子邮件进行加密。这样，只有收件人的私钥才能解密这封邮件，即使第三方截获邮件，由于没有收件人的私钥，也无法阅读该邮件。

（2）认证身份。用户可以使用自己的数字证书对电子邮件进行数字签名，收件人通过验证签名就可以确定发件人的身份，而不是他人冒充的。

（3）完整性。如果验证数字签名有效，收件人不仅可以认证发件人的身份，还可以确信收到的邮件在传递的过程中没有被篡改。

（4）不可否认性。数字签名要使用用户本人数字证书中的私钥，而私钥仅用户个人所有，所以，用户不能对发送过的签名邮件进行否认。

(一)安装根证书

（1）访问中国数字认证网（http://www.ca365.com）主页，选择"免费证书"栏目下的"下载并安装根 CA 证书"，下载根 CA 证书，如图 6-1 所示。

图 6-1　登录中国数字认证网

（2）选择弹出的对话框中的"保存"选项，将文件保存在自己指定的目录下，如图 6-2 和图 6-3 所示。

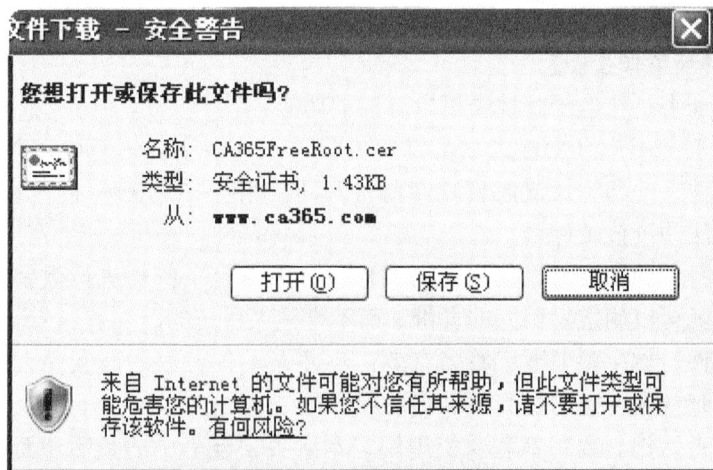

图 6-2　下载根 CA 证书

图 6-3　保存根证书

（3）打开指定目录，找到刚才保存的根证书文件，双击，弹出"打开文件"对话框，如图 6-4 所示，单击"打开"，弹出"证书"对话框，如图 6-5 所示。

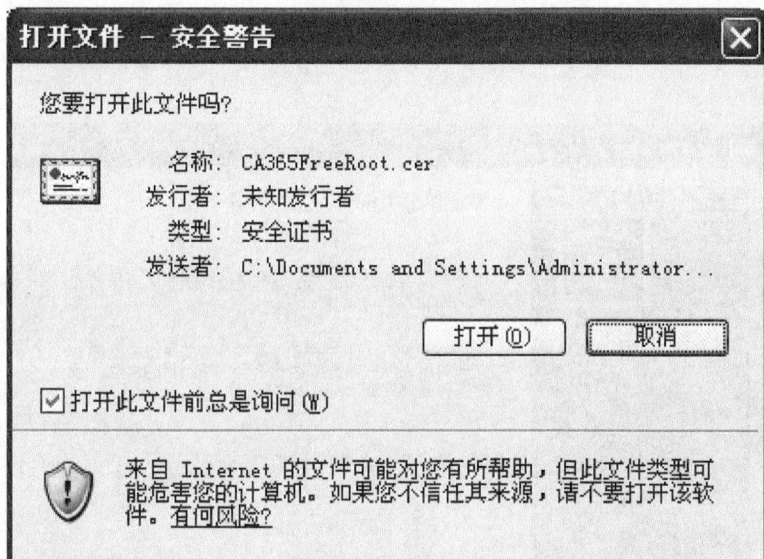

图 6-4　打开根证书

（4）单击下端的"安装证书"，弹出"证书导入向导"对话框，如图 6-6 所示，点击"下一步"。

（5）在弹出的对话框中选择"根据证书类型，自动选择证书存储区"，如图 6-7 所示。

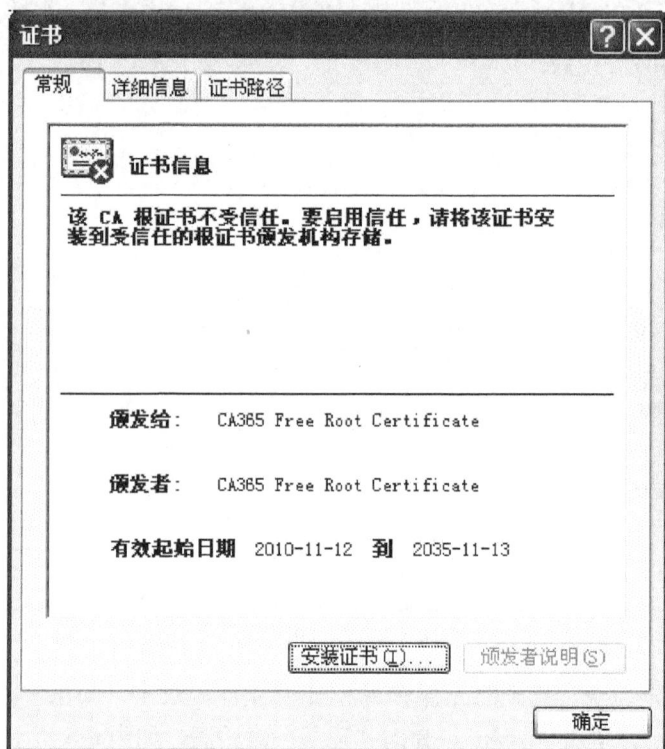

图 6-5　安装证书

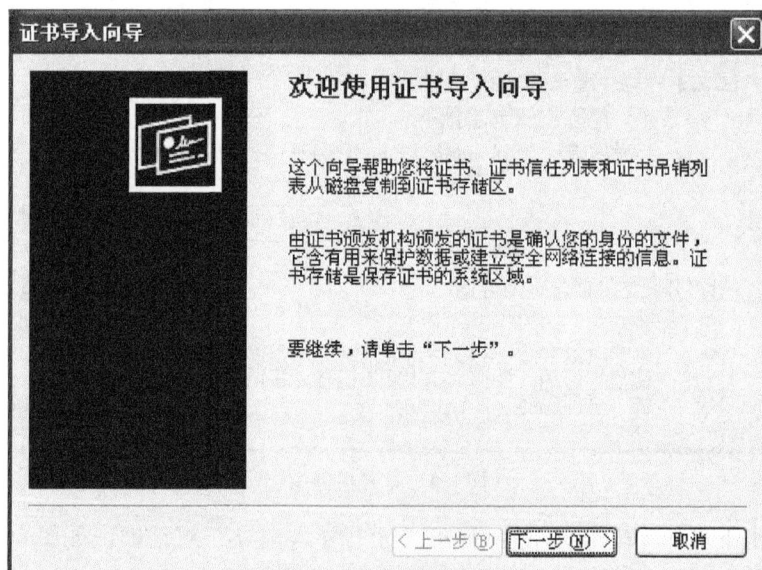

图 6-6　证书导入向导

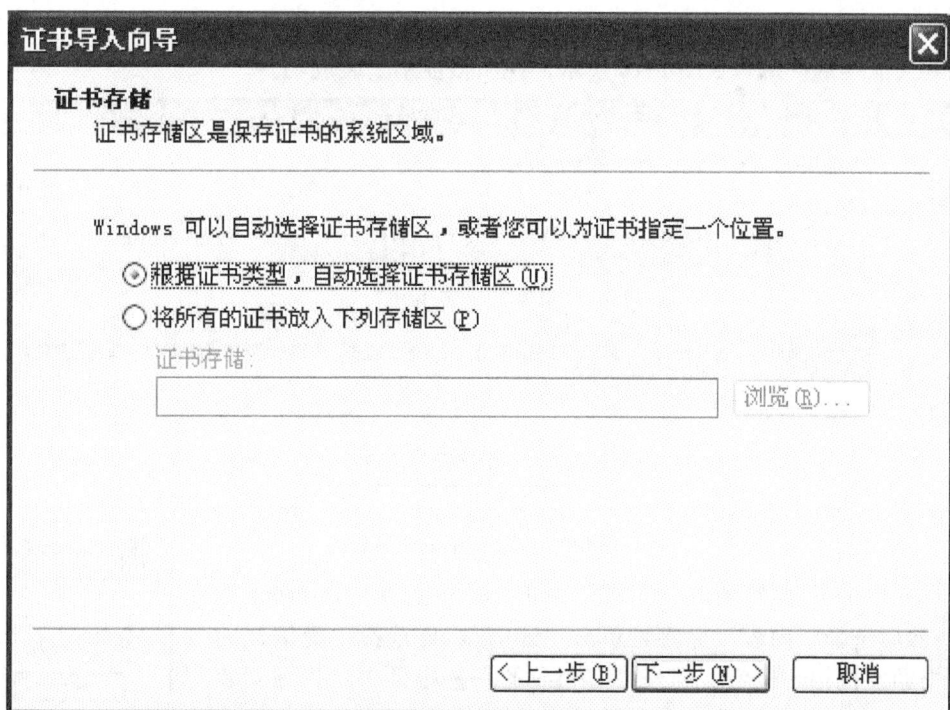

图 6-7　选择证书存储区

（6）单击"下一步"，出现如图 6-8 所示的"证书导入向导"窗口。

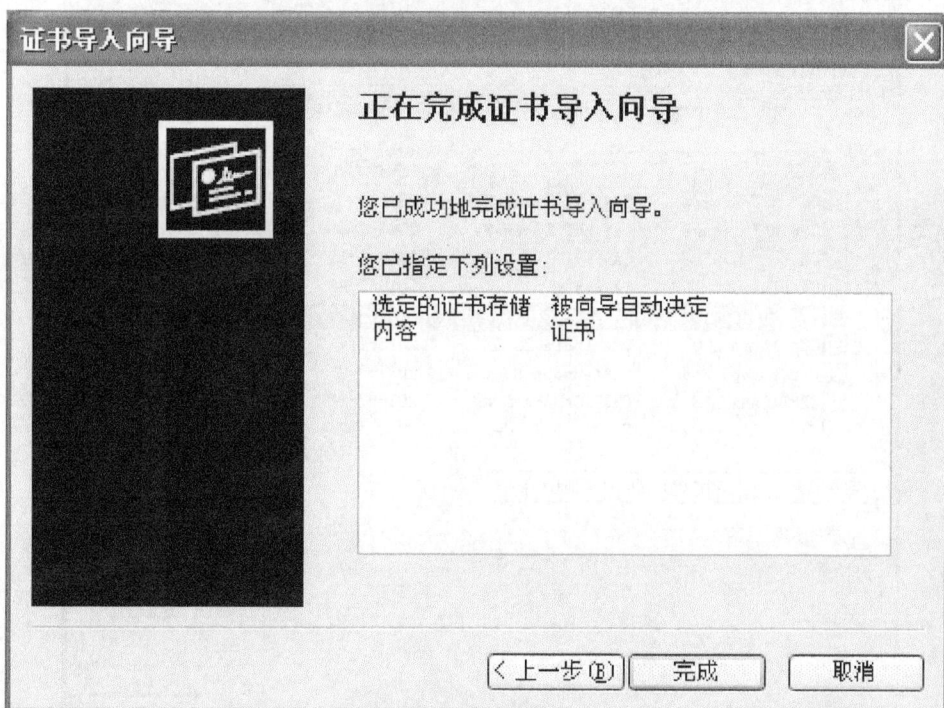

图 6-8　完成证书导入

（7）单击"完成"，出现根证书安装的安全警告，如图 6-9 所示，单击"是"，出现证书导入成功的提示，如图 6-10 所示，说明根证书安装成功。

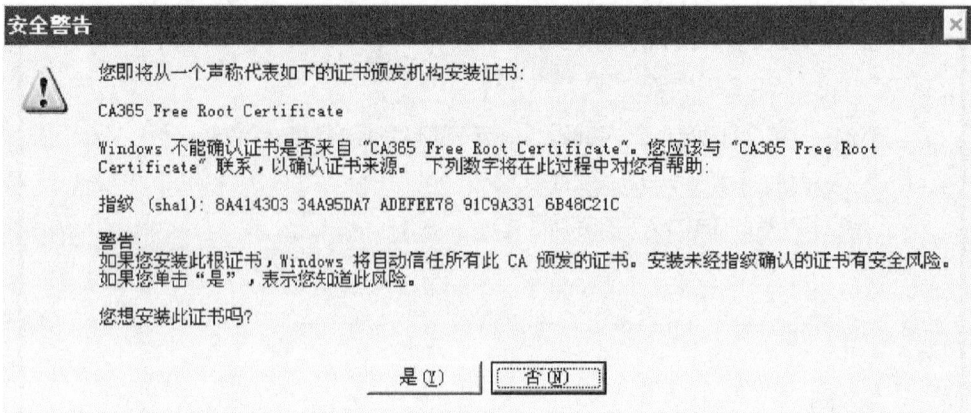

图 6-9　安装证书安全警告

（8）单击 IE 浏览器的"工具"菜单，从中选择"Internet 选项"，然后选择"内容"标签，单击"证书"，再选择"受信任的根证书颁发机构"标签，列表中有相应的一些根证书，找到安装的 CA365 根证书，如图 6-11 所示。

图 6-10　证书安装
成功提示

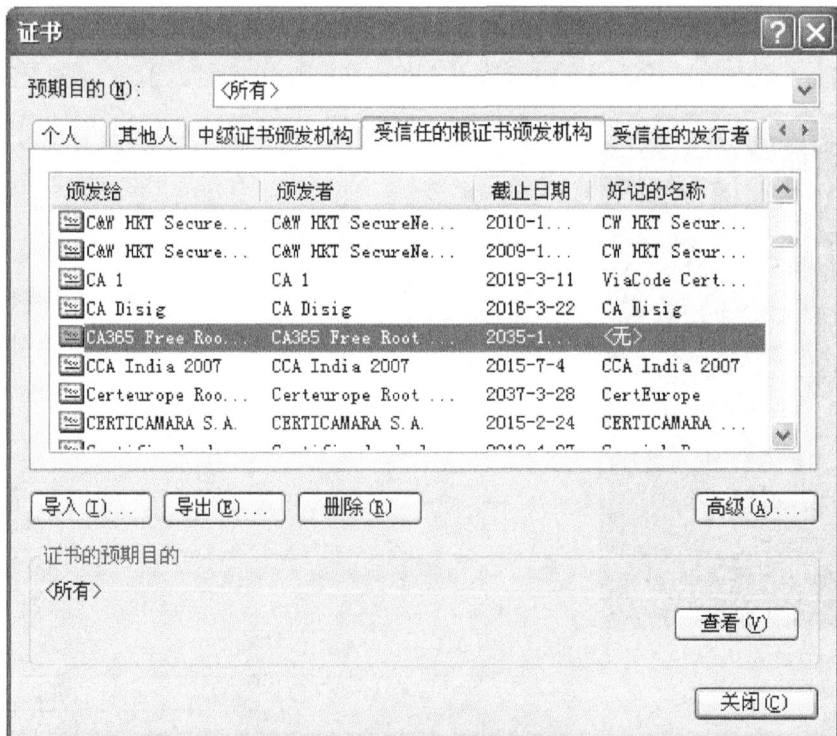

图 6-11　选择安装成功后的根证书

（9）单击"查看"按钮可查看所安装的根证书，此时的根证书为受信任的根证书，如图 6-12 所示。

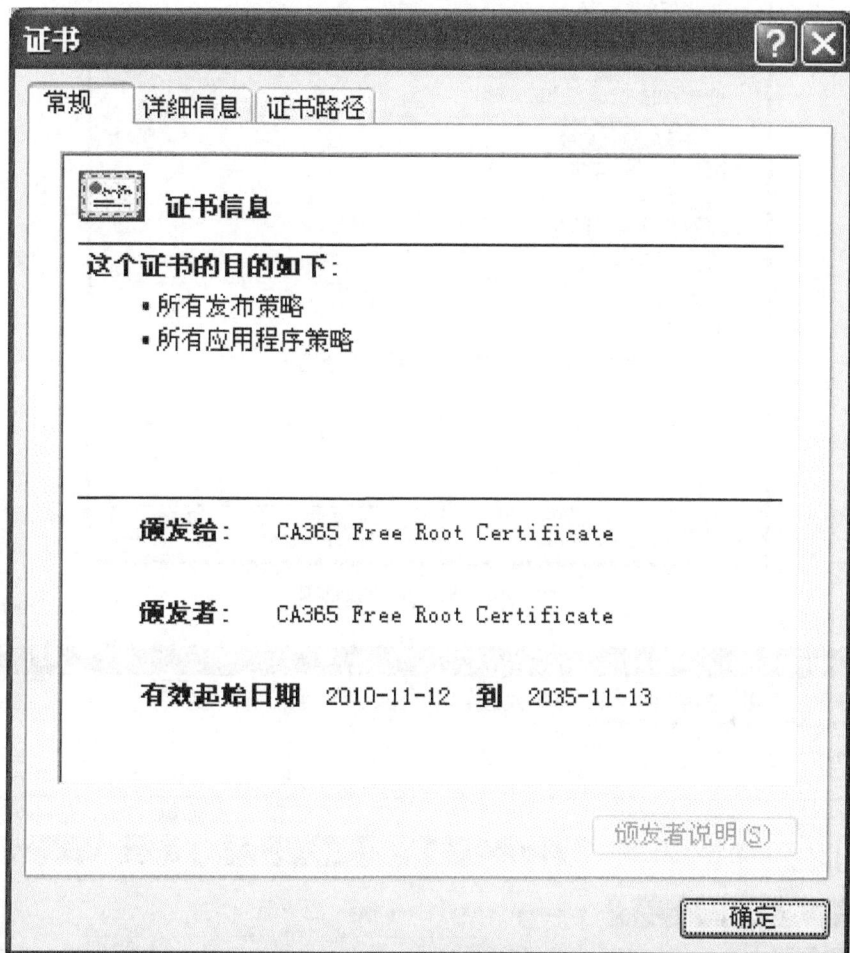

图 6-12 查看根证书

（10）选中安装的 CA365 根证书，单击"高级"按钮，可以看到所安装证书的目的，如服务器验证、客户端验证、代码签名、安全电子邮件等，如图 6-13 所示。

（二）个人数字证书的申请

（1）打开中国数字认证网的主页，点击"免费证书"栏中的"用表格申请证书"，并根据表格栏目填写。其中在"证书用途"栏中选择"电子邮件保护证书"，然后选择用表格申请证书，输入你的个人资料，如图 6-14 所示。

（2）单击"保存"按钮后，出现如图 6-15 所示的对话框，点击"是"，页面跳转到"正在创建新的 RSA 交换密钥"窗口，单击"确定"按钮，如图 6-16 所示。

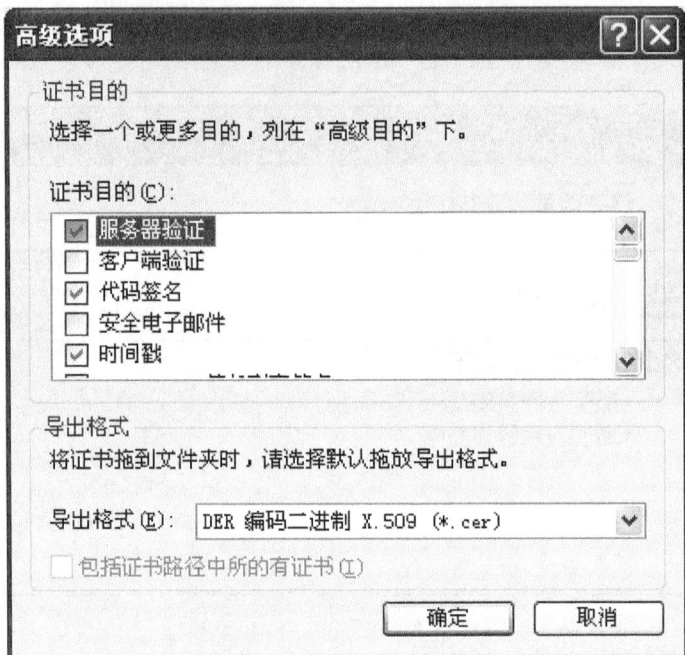

图 6-13　根证书高级选项

图 6-14　用表格申请免费证书

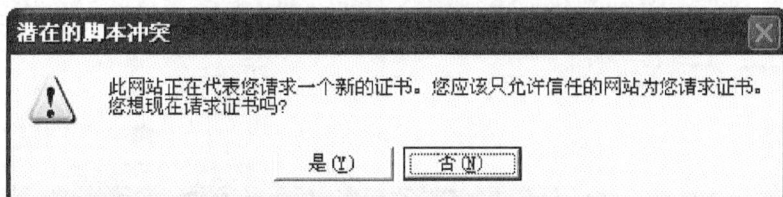

图 6-15　请求一个新的证书

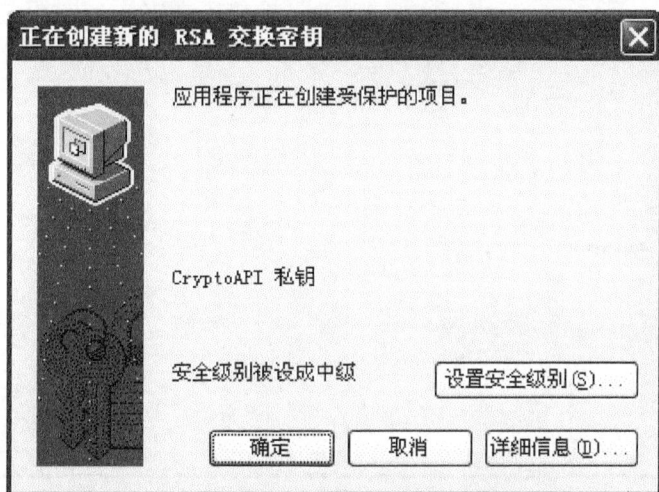

图 6-16　创建新的 RSA 交换密钥

（3）单击"确定"按钮后出现如图 6-17 所示的界面，记下供以后查询及填写个人真实资料所需的"证书序列号"，然后单击"下载并安装证书"，个人数字证书就被安装在电脑的浏览器内。

（三）数字证书的导出

（1）在 IE 浏览器中，选择"工具"→"Internet 选项"→"内容"→"证书"，选择"个人"标签栏，选择你的数字证书，如图 6-18 所示。

（2）单击"导出"按钮，系统提示"欢迎使用证书导出向导"，进入证书管理器导出向导程序，如图 6-19 所示。点击"下一步"。

（3）系统询问是否将私钥跟证书一起导出，选择"是，导出私钥"，如图 6-20 所示。点击"下一步"。

（4）系统提示要求选择导出证书的格式，如果导出私钥的数字证书文件，则格式为 PFX，如图 6-21 所示。

（5）在导出私钥时，系统会提示要求输入私钥保护密码，为了防止第三方非法使用你的数字证书，请输入你的私钥保护密码，然后根据系统提示进行下一步（图 6-22）；在出现的对话框中，你还需要选择导出文件的路径和填写文件名（图 6-23）。至此，证书管理器导出向导完成导出任务。

图 6-17   证书下载

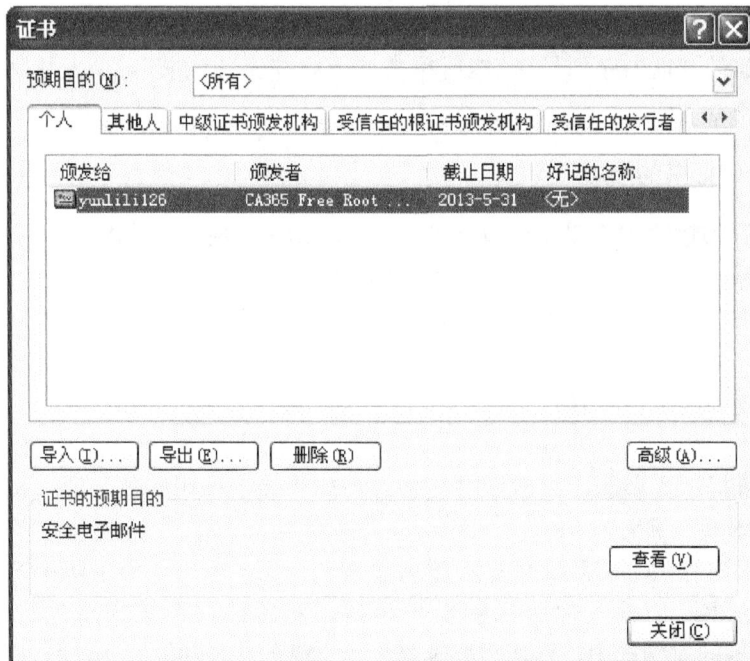

图 6-18   选择数字证书

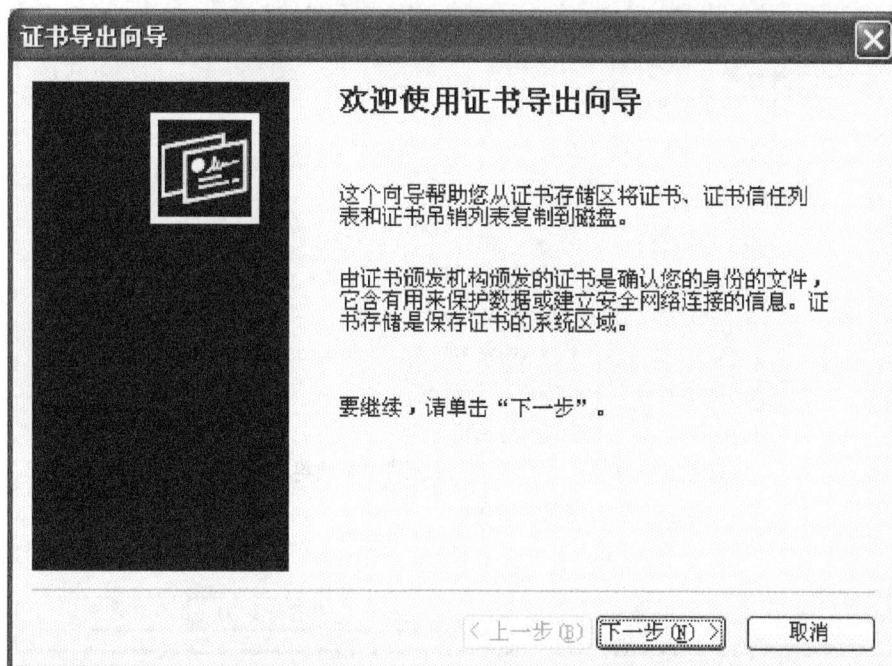

图 6-19　证书管理器导出向导

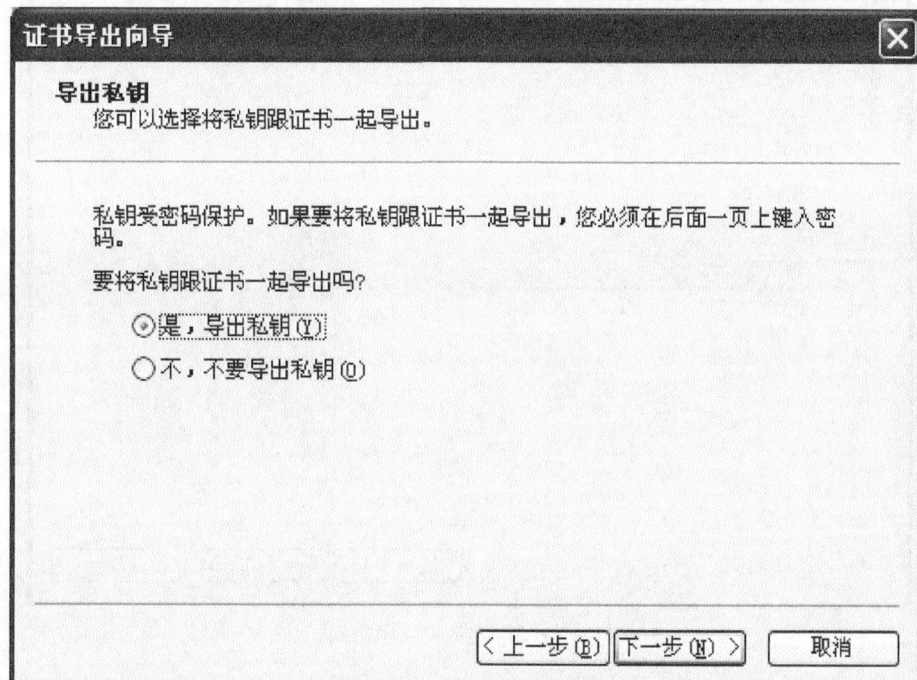

图 6-20　导出私钥与证书

图 6-21　选择导出证书的格式

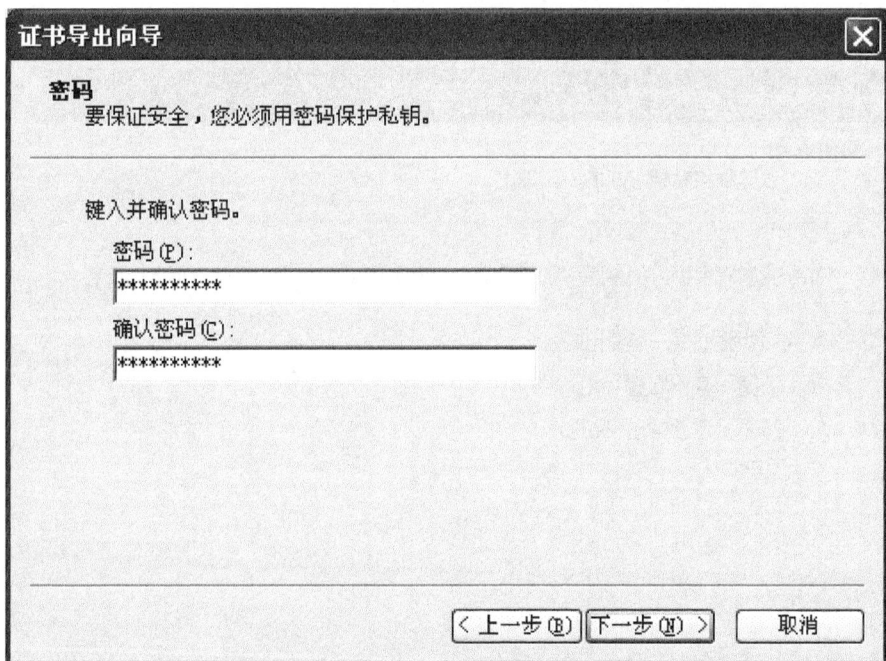

图 6-22　输入私钥保护密码

说明：证书导出时若连同私钥一起导出，则导出文件的图标上有一把钥匙，图标为，否则图标为。

图 6-23　导出文件的名称及路径

　　注意：数字证书的导出一般要连同私钥一起导出，这样便于给个人或企业留下备份。以后你在计算机重装系统时或在别的计算机上使用此数字证书时，导入就可以了。但如果在公共场所或非自己私人的计算机上使用了数字证书，一定要记得删除。带有私钥的证书一定要记得保管好，在电子商务交易中和发送加密与签名邮件的时候需要使用该证书。

　　（四）数字证书的导入

　　（1）启动 IE 浏览器，选择"工具"→"Internet 选项"→"内容"→"证书"→"个人"，再单击"导入"按钮，系统提示"欢迎使用证书导入向导"，进入导入向导；下一步点击"浏览"按钮选择证书导入文件，或直接点击带有私钥的导出文件，出现如图 6-24 所示的证书导入向导。

　　（2）点击"下一步"，这时系统提示输入前面证书的导出密码，并选中图中的两个复选框后，单击"下一步"，如图 6-25 所示。

　　（3）在随后出现的设置证书存储区中，选择"根据证书类型，自动选择证书存储区"，然后单击"下一步"，并在下一窗口中单击"完成"按钮。

　　（五）数字证书的查询及下载

　　（1）数字证书的查询。为了查询上述已经申请成功的免费个人电子邮件证书，可单击中国数字认证网主页"免费证书"栏下的"证书查询"，在随后的查询窗口中用户可按证书序列号、名称或公司来查询。若记得序列号便可得到唯一的查询结果，

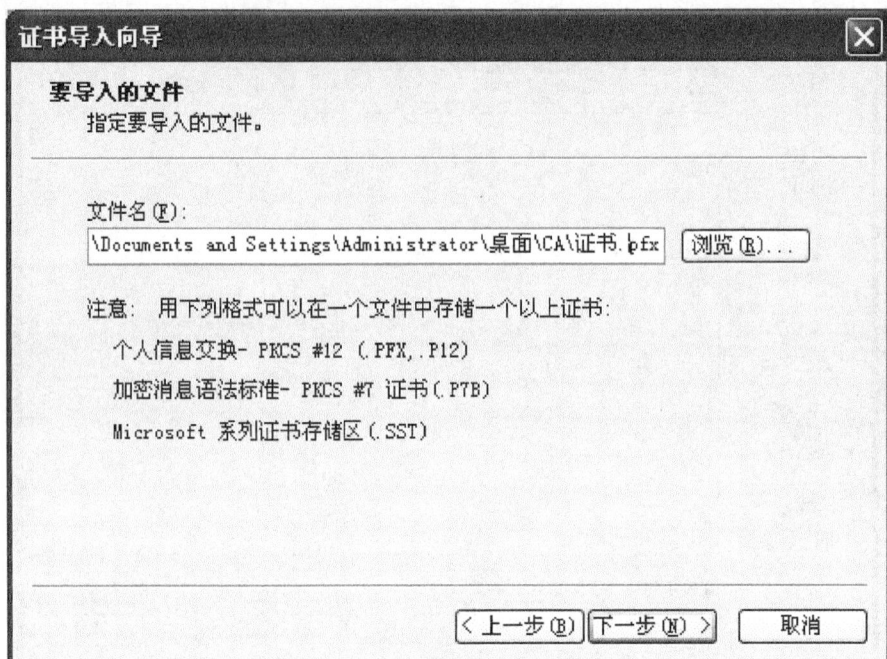

图 6-24　证书导入向导（一）

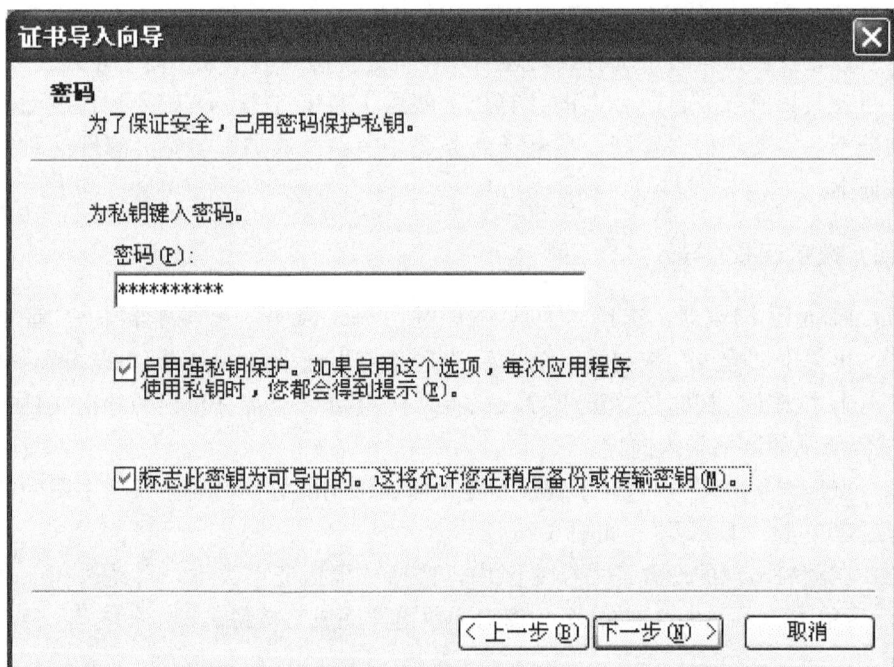

图 6-25　证书导入向导（二）

如图 6-26 所示。

　　（2）数字证书的下载。图 6-26 为数字证书的查询结果，点击"下载"可以下载自己的或对方的数字证书。注意，此时下载的证书是只有公钥的证书，图标为 。

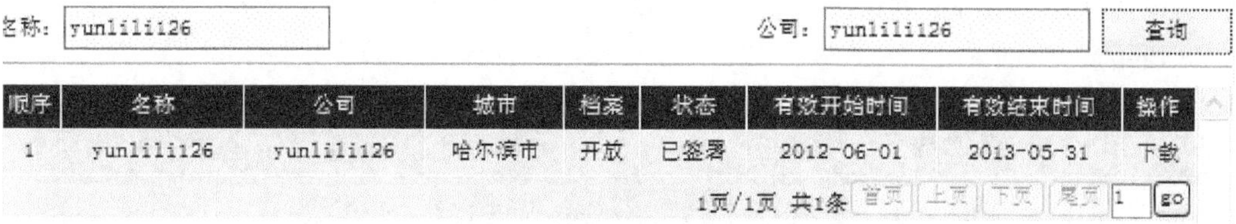

名称：yunlili126
公司：yunlili126
查询
顺序 名称 公司 城市 档案 状态 有效开始时间 有效结束时间 操作
1 yunlili126 yunlili126 哈尔滨市 开放 已签署 2012-06-01 2013-05-31 下载
1页/1页 共1条 首页 上页 下页 尾页 1 go
图 6-26　数字证书的查询结果

实训二　数字签名及邮件加密技术的应用

【实训简介】

现今越来越多的人开始使用电子邮件进行重要的商务活动和发送机密信息，保证邮件不被他人伪造和不被其他人截取、偷阅也随之变得日趋重要。通过数字证书的使用，对邮件进行数字签名和加密，可确保电子邮件的真实性和保密性。对电子邮件进行数字签名，能够确保电子邮件中发送的文档不是伪造的，即收件人能够确信该邮件来自于其声称的发件人，同时邮件从发件人的机器传达到接收人的机器没有经过任何改动。对电子邮件进行加密，可以保证所发送的邮件不被除收件人以外的其他人截取和偷阅。

【实训目的】

1. 熟悉如何设置 Outlook Express 电子邮件账户。
2. 掌握用 Outlook Express 发送附数字签名的电子邮件的方法。
3. 掌握用 Outlook Express 发送加密的电子邮件的方法。

【实训内容与操作步骤】

（一）设置 Outlook Express 电子邮件账户

（1）启动 Outlook Express。在任务栏中单击“开始”按钮，指向“所有程序”，单击“Outlook Express”，如图 6-27 所示。

kok3.exe
记事本
腾讯QQ
Microsoft Office 2003
Outlook Express
广发证券至强版
所有程序(P)
Outlook Express
启动
游戏
江海证券合一版
WinRAR
鲁大师
鲁大师
广发证券至强版
PPStream
PPS 影音
红蜻蜓抓图精灵
瑞星个人防火墙
注销(L)
开始
图 6-27　启动 Outlook Express

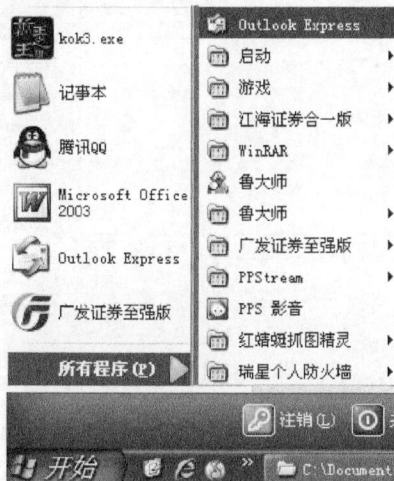

(2) 打开 Outlook Express 后，单击窗口中的"工具"菜单，选择"账户"，如图 6-28 所示。

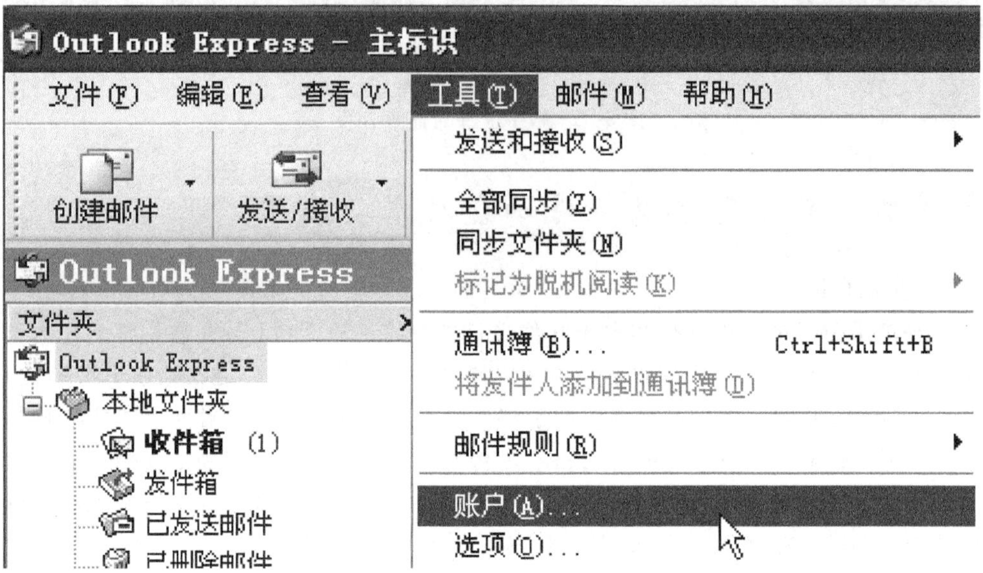

图 6-28 选择账户选项

(3) 在弹出的窗口中点击"邮件"标签，然后点击右侧的"添加"按钮，在弹出的菜单中再选择"邮件"，如图 6-29 所示。

图 6-29 添加电子邮件账户

(4) 在弹出的对话框中，根据提示，输入"显示名"，然后点击"下一步"，如图 6-30 所示。

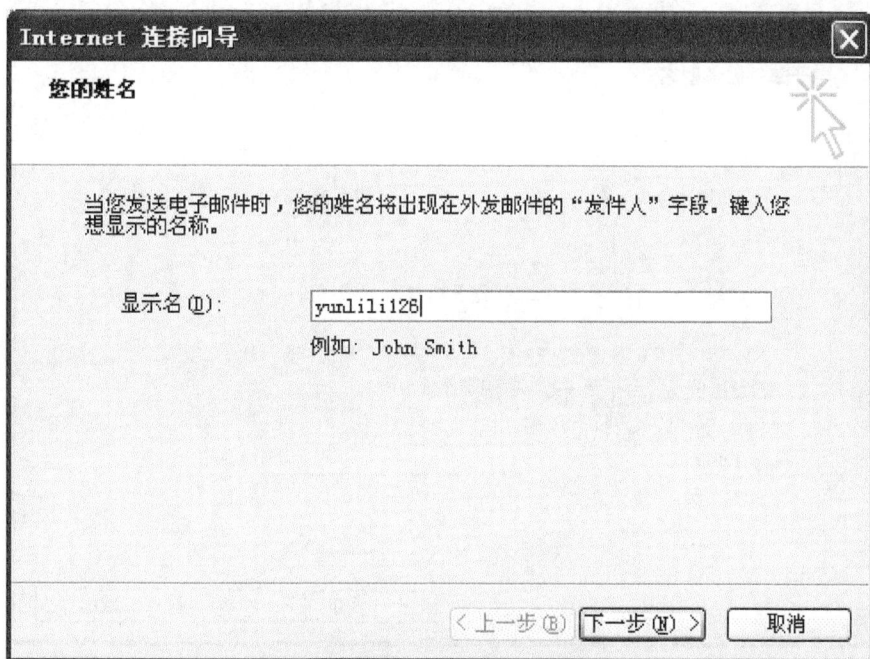

图 6-30 输入邮件发件人名称

（5）输入你的电子邮件地址，然后点击"下一步"，如图 6-31 所示。

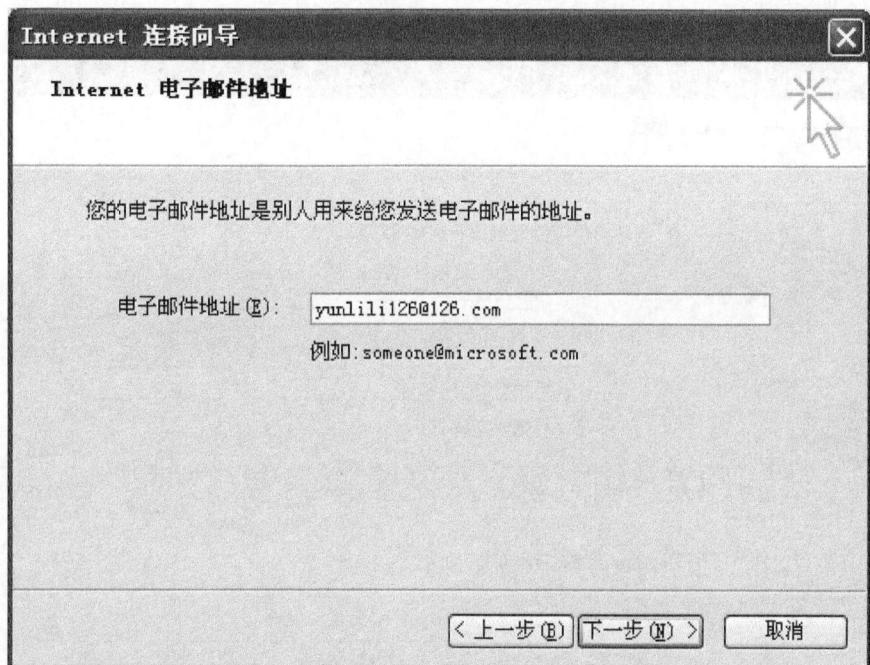

图 6-31 输入邮件地址

（6）设置接收邮件服务器和发送邮件服务器，然后点击"下一步"，如图 6-32 所示。

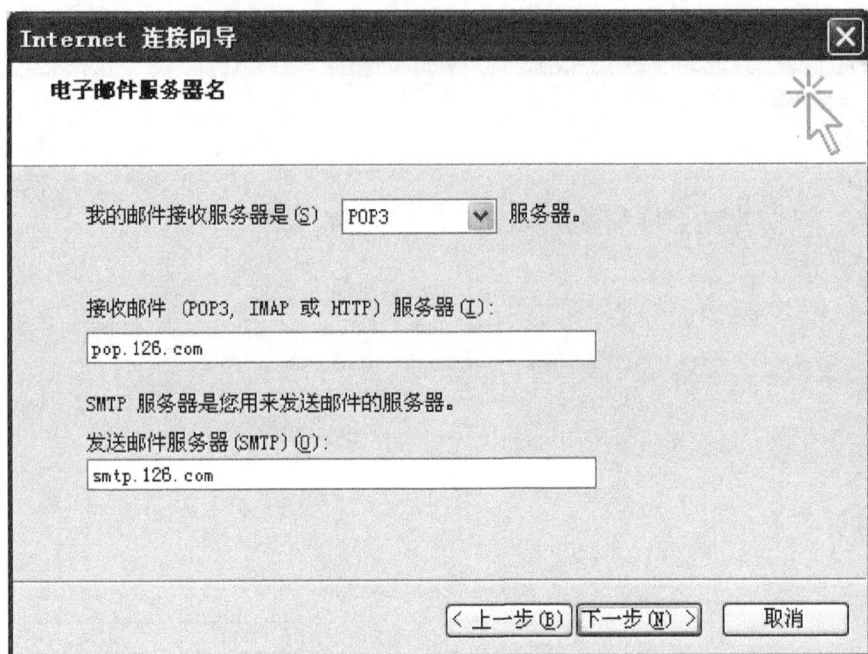

图 6-32　设置邮件服务器

（7）输入电子邮箱的账户名称和登录密码，然后点击"下一步"，邮件设置成功，如图 6-33 所示。

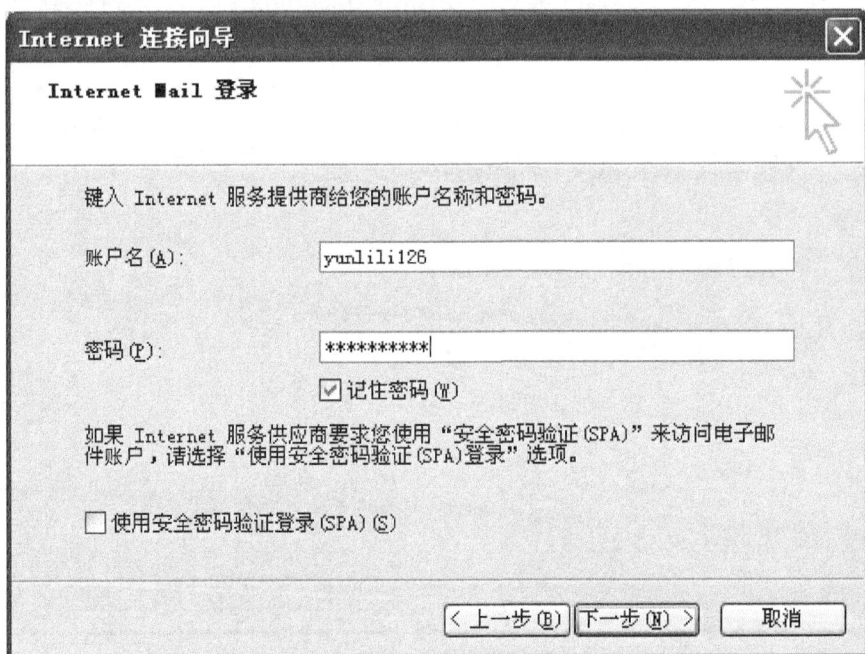

图 6-33　输入邮件账户名称和密码

（8）在 Outlook Express 中，单击"工具"菜单中的"选项"，如图 6-34 所示。

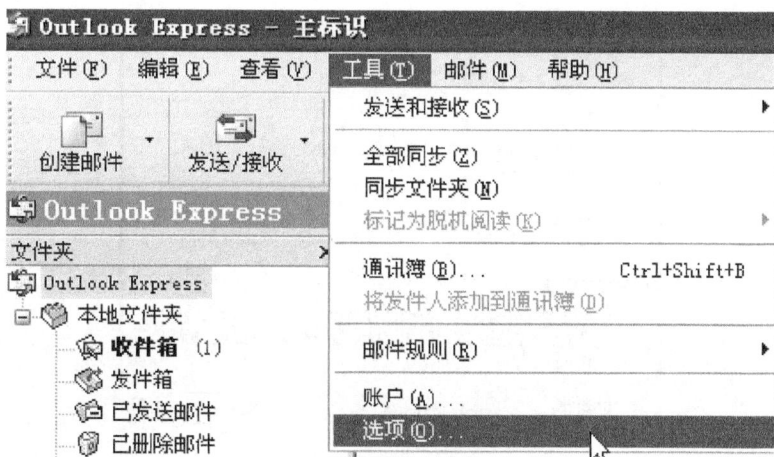

图 6-34 账户设置

　　(9) 选取"邮件"选项卡中用于发送安全邮件的账号，然后单击"属性"。在属性设置窗口中，选择"服务器"选项卡，勾选"我的服务器要求身份验证"，如图 6-35所示。

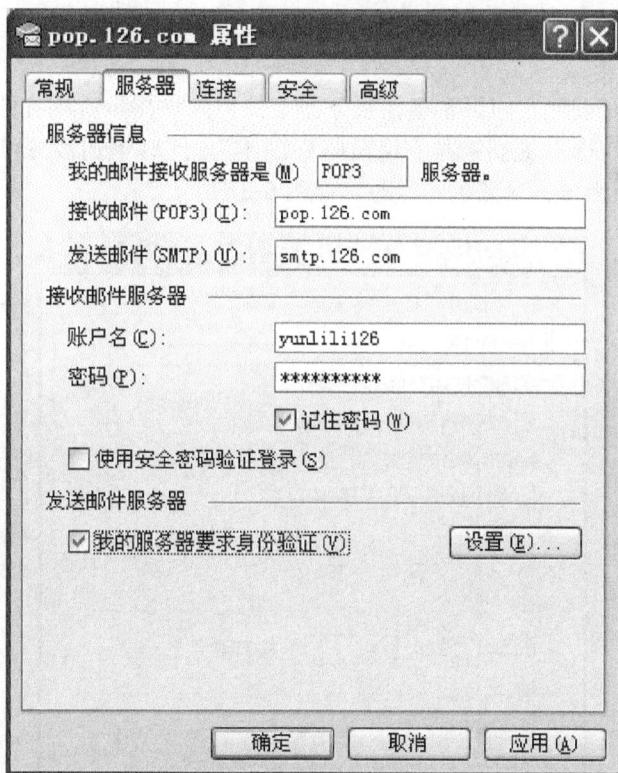

图 6-35 服务器选项设置

　　(10) 选取"安全"选项卡，选择签名证书、加密证书和算法，在弹出的"选择默认账户数字标识"窗口中，选择要使用的数字证书。单击"确定"按钮，完成证书设置，如图 6-36所示。

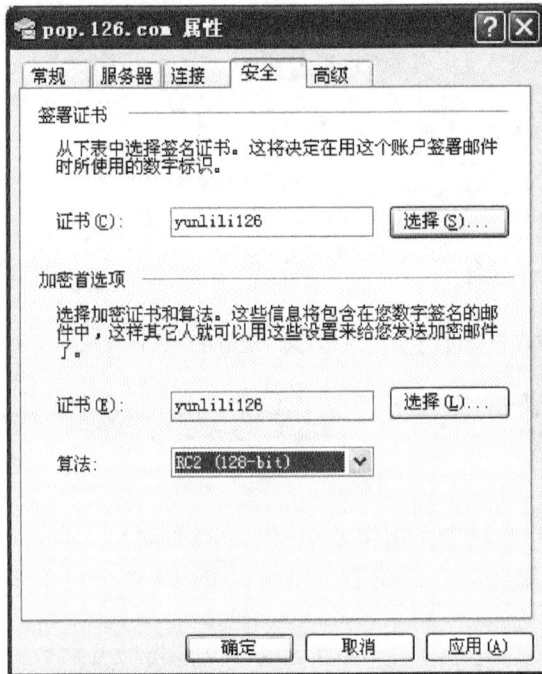

图 6-36　数字证书设置

（11）其他补充设置。如果希望在服务器上保留邮件副本，则在账户属性中，单击
"高级"选项卡，勾选"在服务器上保留邮件副本"，此时下边设置细则的勾选项由禁
止（灰色）状态变为可选（黑色）状态，如图 6-37 所示。

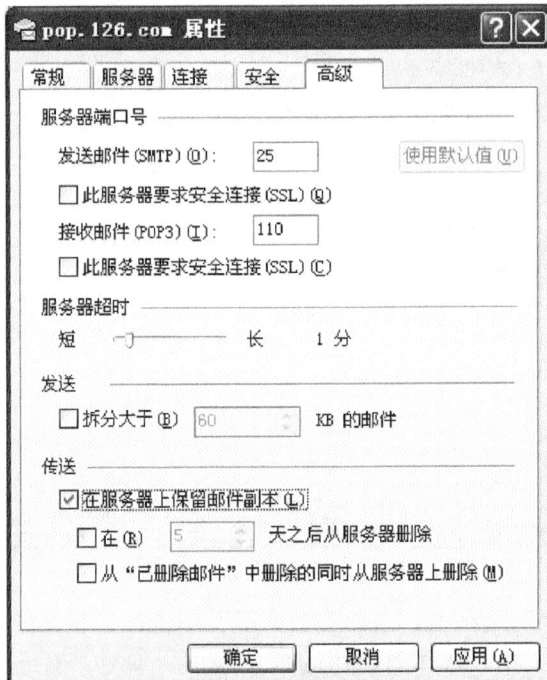

图 6-37　其他补充设置

（二）使用 Outlook Express 发送附数字签名的电子邮件

（1）单击 Outlook Express 窗口中的"新邮件"按钮，撰写新邮件内容，填写好收件人的邮箱地址和邮件主题。然后选取"工具"菜单中的"数字签名"项或工具条上的"签名"按钮，在邮件收件人的右侧会出现一个红色的"签名"标牌，点击新邮件窗口左边的"发送"按钮。发出带签名的电子邮件，如图 6-38 所示。

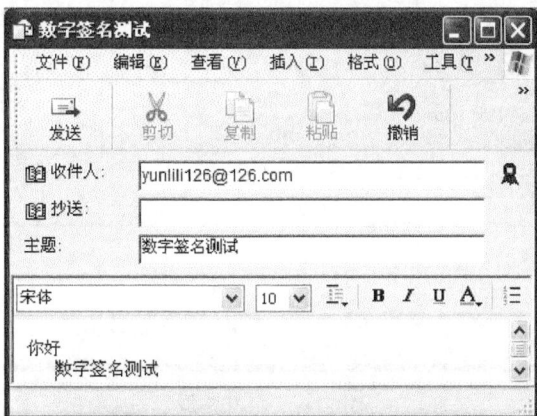

图 6-38　发送附数字签名的电子邮件

（2）当收件人收到并打开有数字签名的邮件时，将看到"数字签名邮件"的提示信息，按"继续"按钮后，才可阅读到该邮件的内容，如图 6-39 所示。

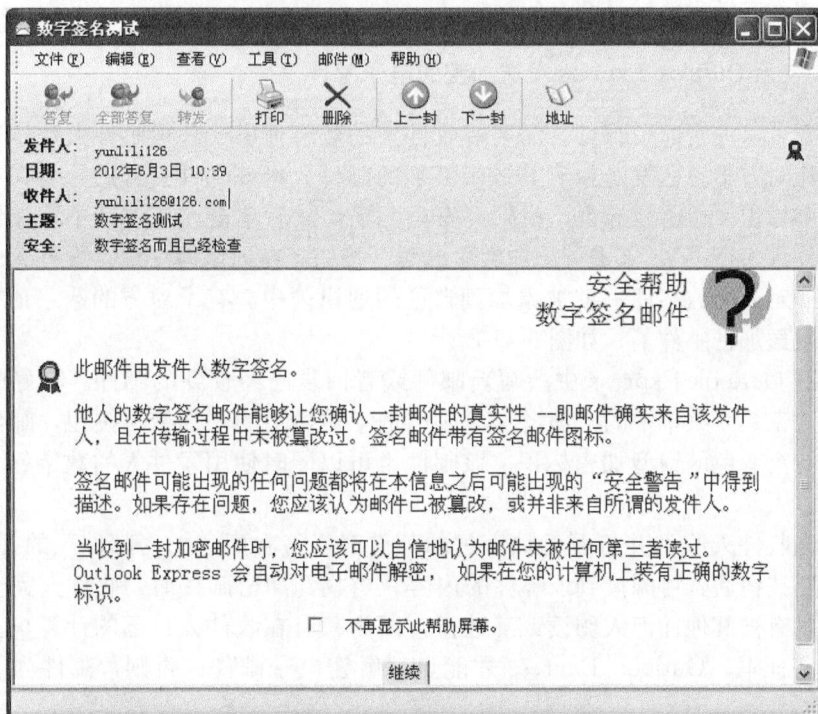

图 6-39　数字签名邮件提示信息

（3）点击"继续"，打开邮件，如图 6-40 所示。

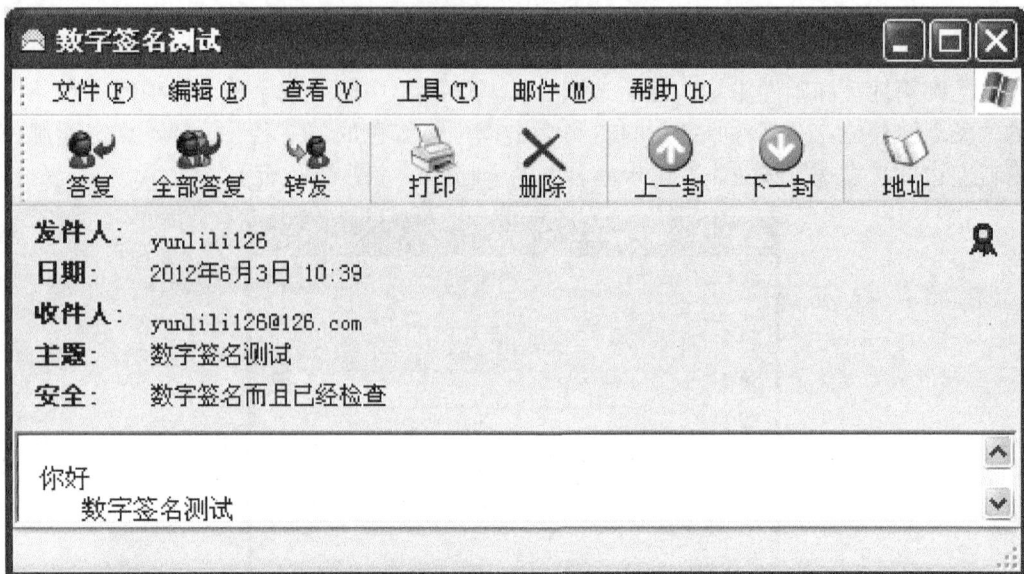

图 6-40　打开邮件

（4）若邮件在传输过程中被他人篡改或发信人的数字证书有问题，页面将出现"安全警告"提示。在收件箱中，当邮件未阅读或签名未检查时，签名证书标志出现在未拆封的信封图标（在发件人姓名前）的右侧；当双击邮件进行安全检查后，签名证书标志出现在已拆封的信封图标的左侧。

（三）使用 Outlook Express 发送加密的电子邮件

（1）要发送加密电子邮件，需要有收件人的数字证书。获得收件人数字证书的方法可以是让对方给自己发送带有其数字签名的邮件。将该邮件打开后，会在右边看到对方的证书标识。单击该标识，找到"安全"项，然后单击"查看证书"按钮，便可以查看"发件人证书"；单击"添加到通讯簿"按钮，在通讯簿中保存发件人的加密首选项，这样对方的数字证书就被添加到自己的通讯簿中。有了对方的数字证书，就可以向对方发送加密邮件了，如图 6-41 所示。

（2）在 Outlook Express 中撰写新邮件或者回复已经收到的邮件。写好邮件内容后，选取"工具"菜单中的"加密"项或单击工具栏上的"加密"按钮，邮件的右侧将会出现一个蓝色的锁型加密标识。该邮件也可以同时使用发件人的数字签名，如图 6-42 所示。

（3）当收件人收到并打开已加密过的邮件时，将看到"加密邮件"的提示信息，按"继续"按钮后，可阅读到该邮件的内容。当收到加密邮件时，收件人完全有理由确认邮件没有被其他任何人阅读或篡改过，因为只有在收件人自己的计算机上安装了正确的数字证书，Outlook Express 才能自动解密电子邮件；否则，邮件内容将无法显示。

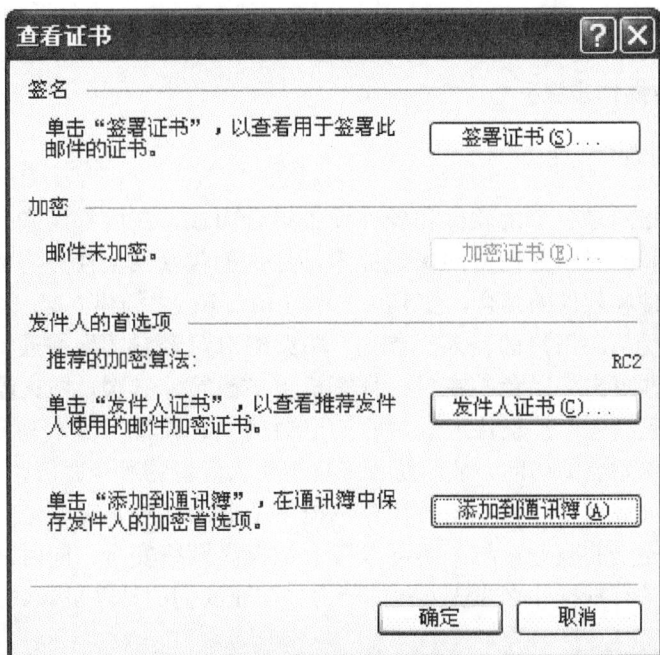

图 6-41　获取收件人的数字证书

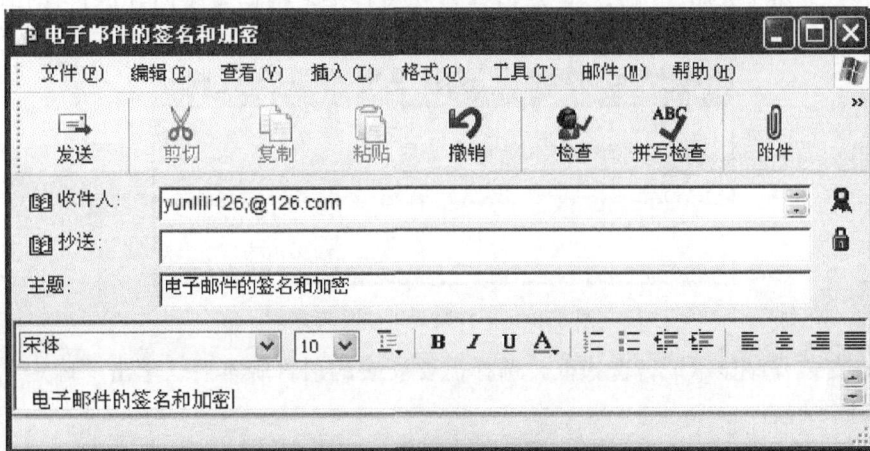

图 6-42　将邮件内容加密

实训三　防火墙的安装及启用

【实训简介】

网络攻击在网上是一种常见的攻击手段，用来窃取个人信息。本实训的重点是学习瑞星个人防火墙的安装及启用，利用个人防火墙提高网络安全，为计算机提供全面保护。

【实训目的】

1. 掌握瑞星个人防火墙的安装方法。

2. 熟悉如何设置瑞星个人防火墙。

【实训内容与操作步骤】

（一）防火墙简介

所谓防火墙指的是一个由软件和硬件设备组合而成，在内部网和外部网之间、专用网与公共网之间的界面上构造的保护屏障，是一种获取安全性方法的形象说法。它是一种计算机硬件和软件的结合，使 Internet 与 Intranet 之间建立起一个安全网关，从而保护内部网免受非法用户的侵入。首先，防火墙对流经它的网络通信进行扫描，这样能够过滤掉一些攻击，以免其在目标计算机上被执行。其次，防火墙还可以关闭不使用的端口，而且它还能禁止特定端口的流出通信，封锁特洛伊木马。最后，防火墙可以禁止自来特殊站点的访问，从而防止来自不明入侵者的所有通信。

瑞星个人防火墙软件可为我们的计算机提供全面的保护，有效地监控任何网络连接。通过过滤不安全的服务，防火墙可以极大地提高网络安全，同时减小主机被攻击的风险，使系统具有抵抗外来非法入侵的能力，防止我们的计算机和数据遭到破坏。

（二）防火墙的安装

（1）以瑞星个人防火墙为例，双击运行安装程序，根据安装向导进行操作，如图 6-43 所示。

图 6-43　运行防火墙安装程序

（2）安装程序显示语言选择框，选择需要安装的语言版本后，单击"确定"继续，如图 6-44 所示。

图 6-44　选择需要安装的语言

（3）进入安装欢迎界面，再选择"下一步"继续，如图 6-45 所示。

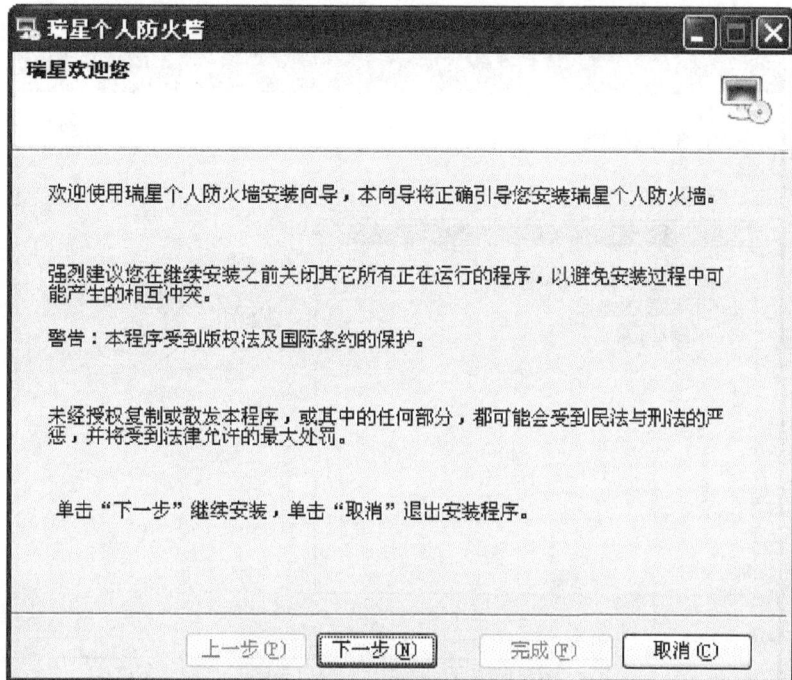

图 6-45　进入安装欢迎界面

（4）阅读"最终用户许可协议"，选择"我接受"，单击"下一步"继续安装；如果不接受协议，选择"我不接受"，退出安装程序，如图 6-46 所示。

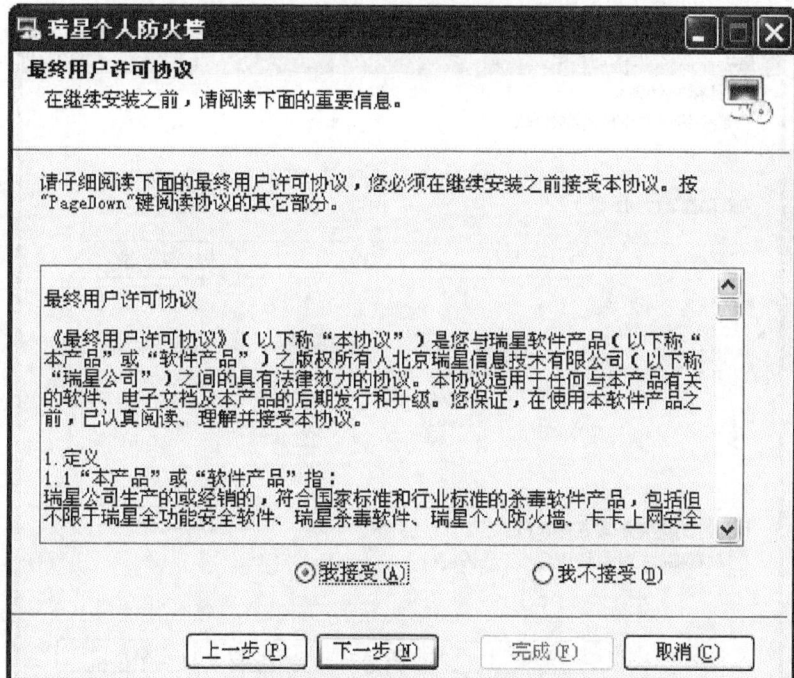

图 6-46　阅读用户许可协议

（5）在"定制安装"窗口中，选择需要安装的组件。单击"下一步"继续安装，也可以直接单击"完成"按钮，按照默认方式进行安装，如图 6-47 所示。

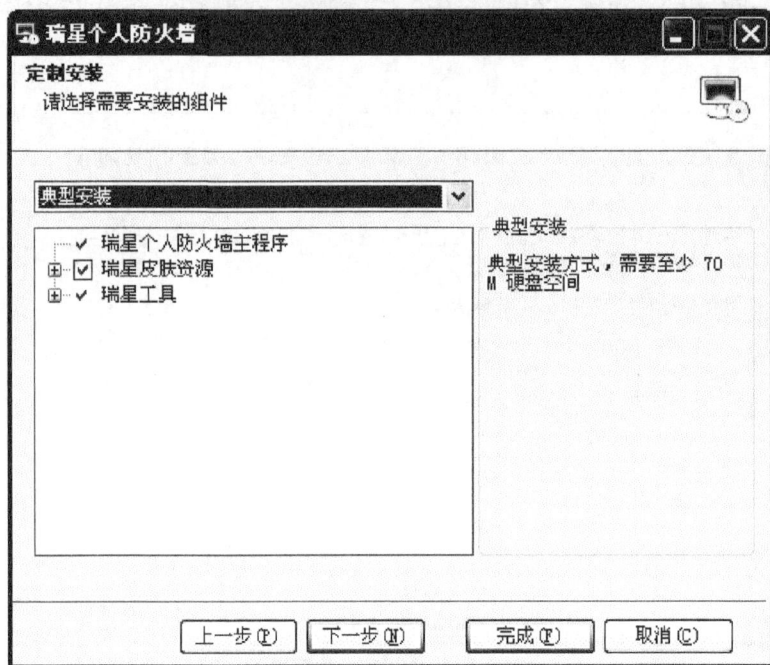

图 6-47   选择需要安装的组件

（6）在"选择目标文件夹"窗口中，指定瑞星个人防火墙的安装目录，单击"下一步"继续安装，如图 6-48 所示。

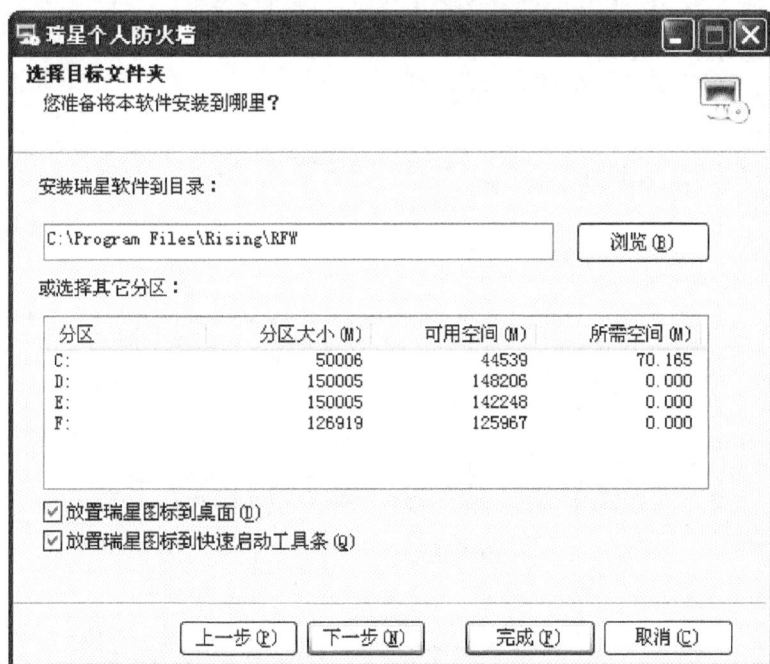

图 6-48   选择软件安装目录

（7）在"安装信息"窗口中，显示了安装路径和程序组名称，单击"下一步"继续安装，如图 6-49 所示。

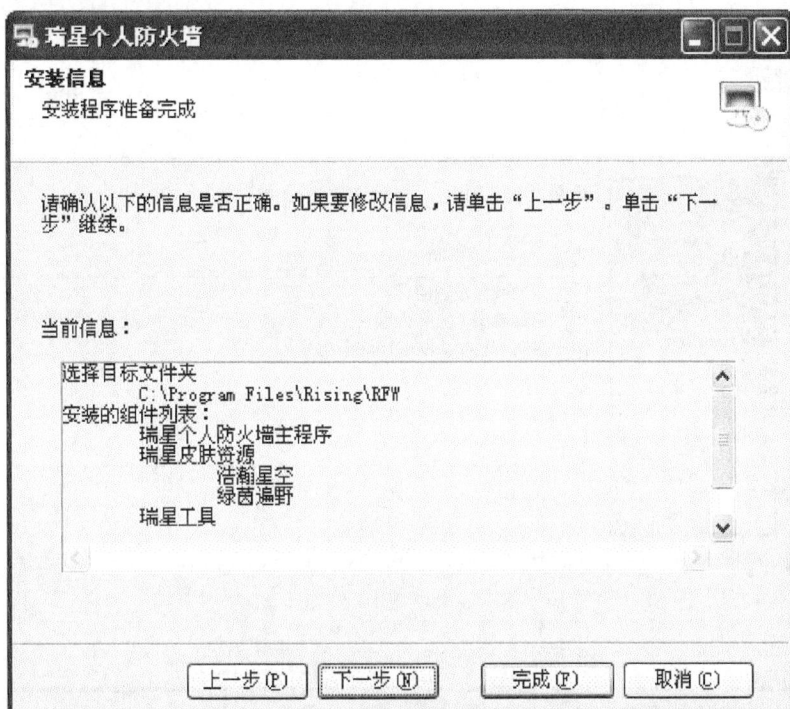

图 6-49　安装信息显示

（8）确认后单击"下一步"开始安装瑞星个人防火墙，如图 6-50 所示。

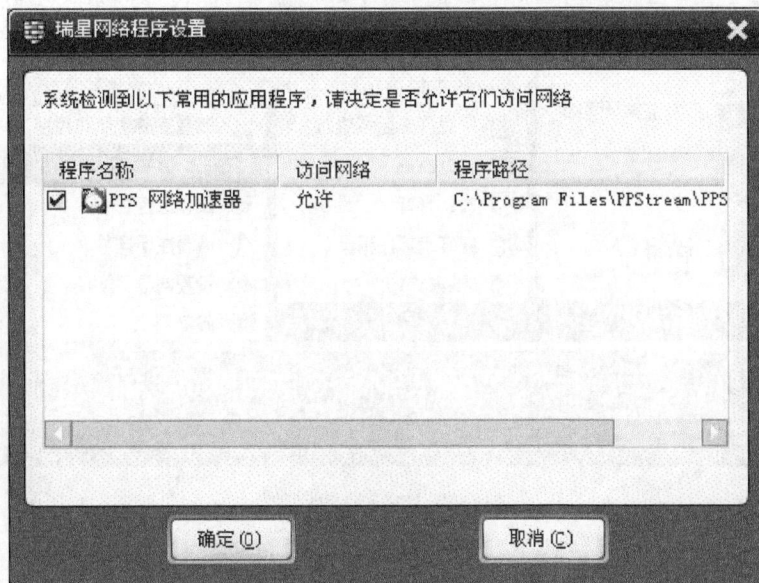

图 6-50　瑞星网络程序设置

（9）在"结束"窗口中，用户可以选择"启动瑞星个人防火墙"等启动相应程序，最后选择"完成"结束安装，如图 6-51 所示。

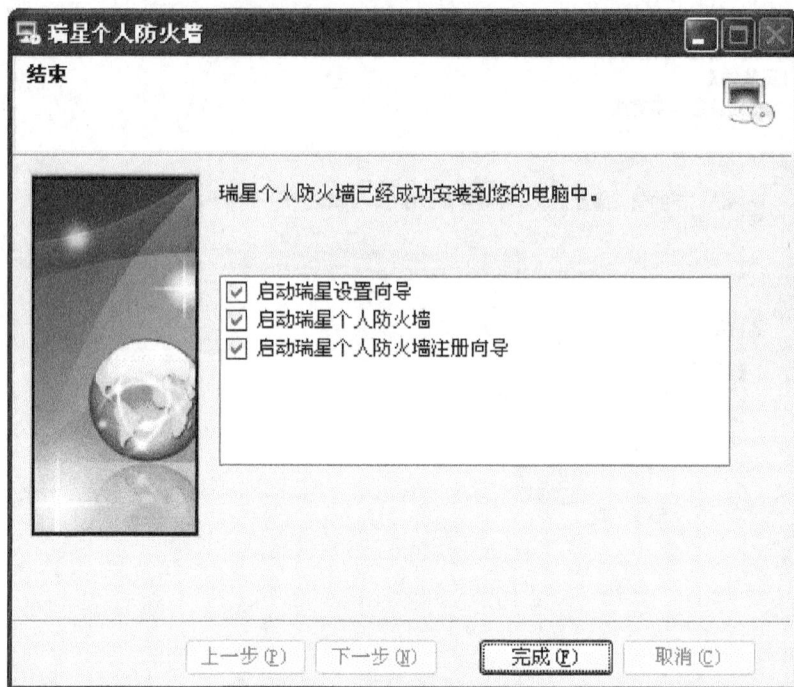

图 6-51　结束安装

（三）防火墙的启用

进入"开始"/"所有程序"/"瑞星个人防火墙"，选择"瑞星个人防火墙"，即可启动防火墙，如图 6-52 所示。

图 6-52　防火墙的启动

（四）防火墙的设置

（1）启动后点击"网络防护"，根据需要对电脑进行相应的防护设置，如图 6-53 所示。

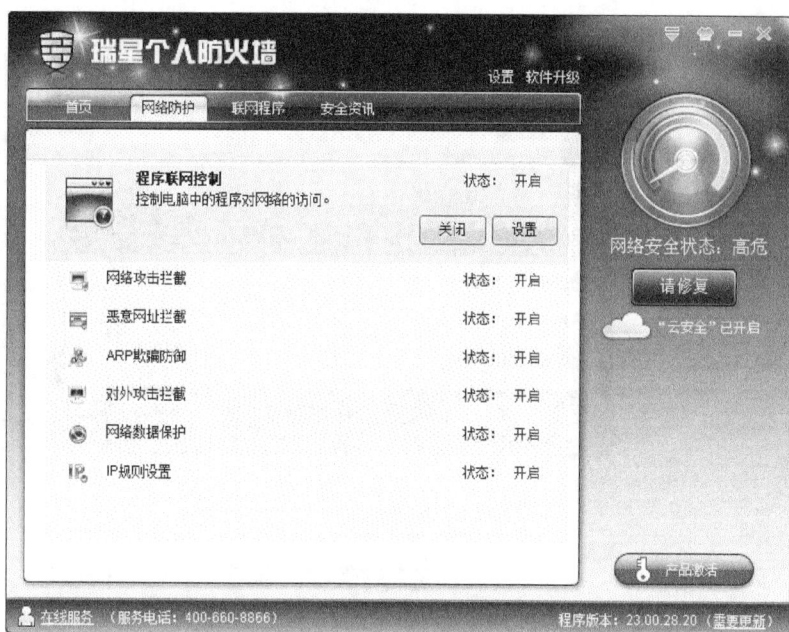

图 6-53　设置防火墙

（2）"程序联网控制"可控制电脑中的程序对网络的访问，如图 6-54 所示。

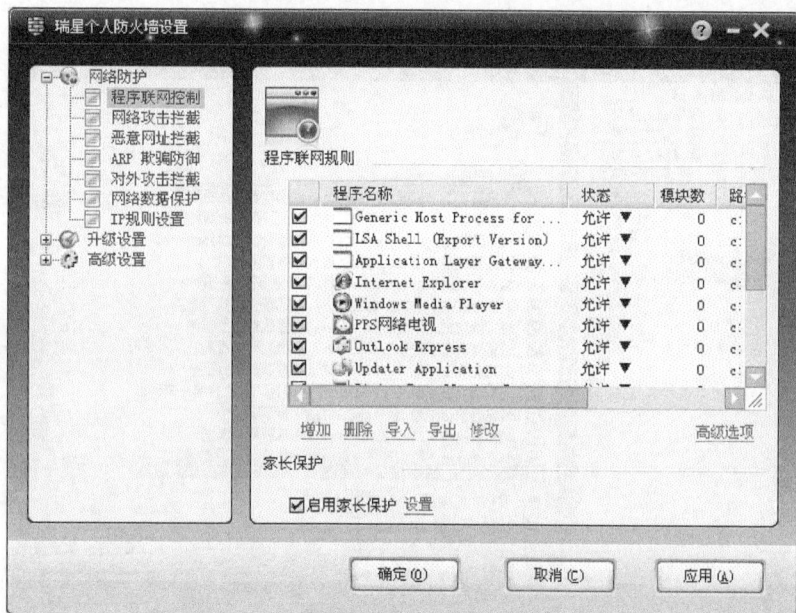

图 6-54　程序联网控制

（3）使用家长保护功能，可以自动屏蔽常见的不适合青少年浏览的色情、反动网站，给孩子创建一个绿色健康的上网环境，如图 6-55 所示。

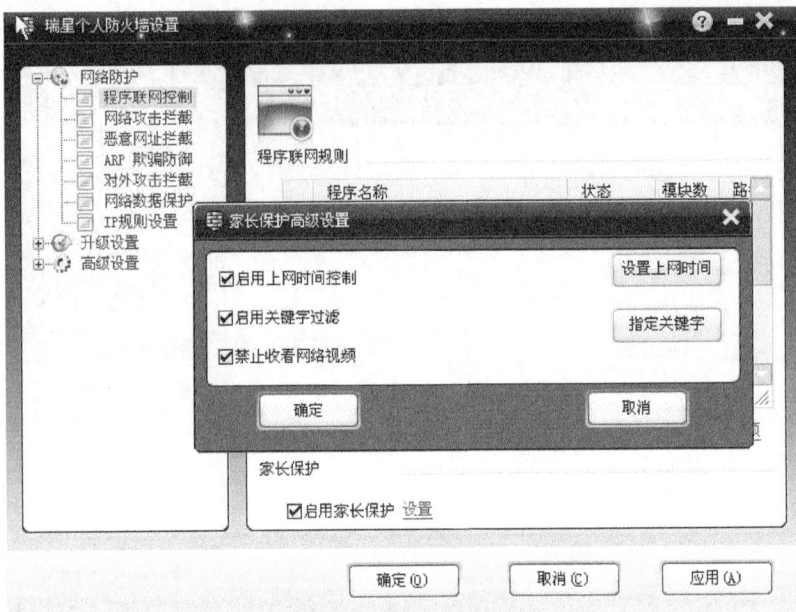

图 6-55　启用家长保护功能

（4）"网络攻击拦截"可利用网络分析技术有效地拦截各种网络攻击，如图 6-56 所示。

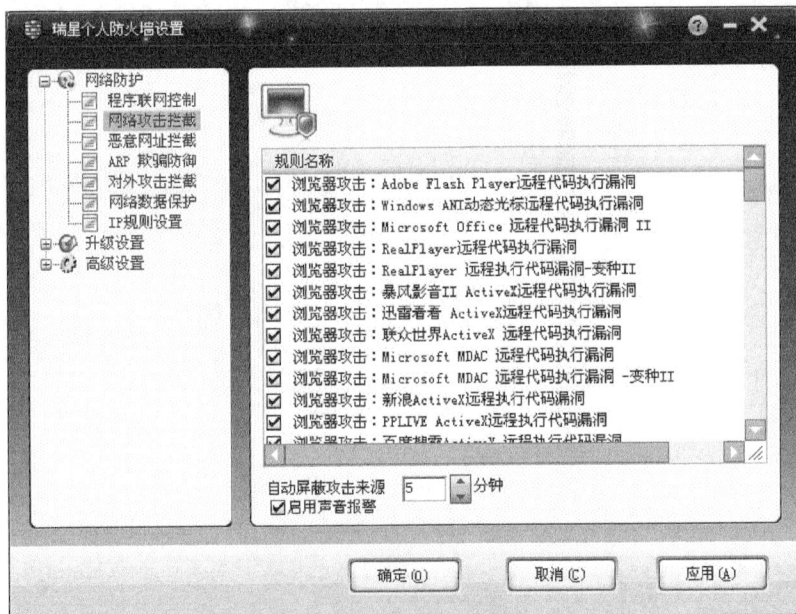

图 6-56　网络攻击拦截

（5）"恶意网址拦截"利用智能分析技术，可有效拦截钓鱼、挂马网站，保护个人信息安全，如图 6-57 所示。

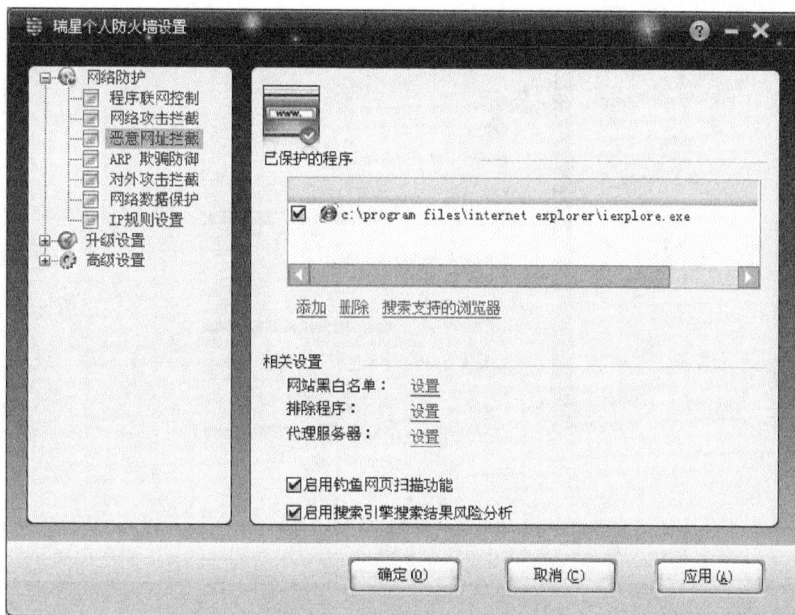

图 6-57 恶意网址拦截

（6）ARP 欺骗是通过发送虚假的 ARP 包给局域网内的其他电脑或网关，从而冒充别人的身份来欺骗局域网中的其他电脑，使得其他电脑无法正常通信，或者监听被欺骗者的通信内容。"ARP 欺骗防御"可防止电脑受到 ARP 欺骗攻击，并帮助用户找到局域网中的攻击源，如图 6-58 所示。

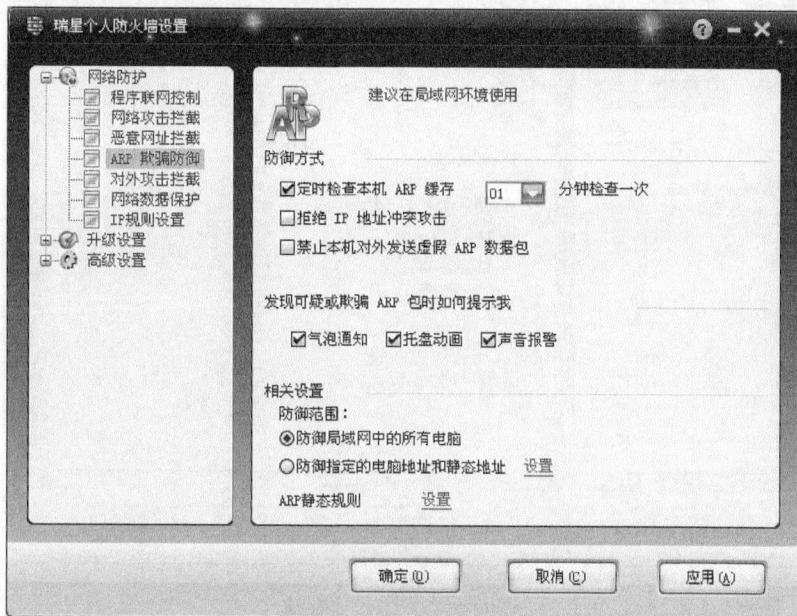

图 6-58 ARP 期骗防御

（7）"对外攻击拦截"可防止电脑被黑客控制，沦为"肉鸡"攻击互联网，避免其成为"僵尸网络"成员，保护系统和网络资源不被恶意占用，如图 6-59 所示。

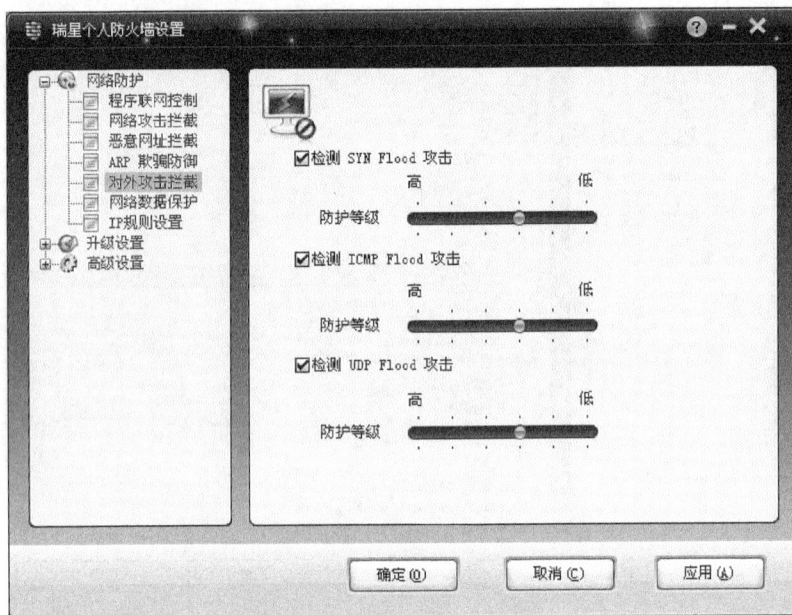

图 6-59　对外攻击拦截

（8）"网络数据保护"可通过智能分析技术发现威胁，保护数据在网络中的传输安全，如图 6-60 所示。

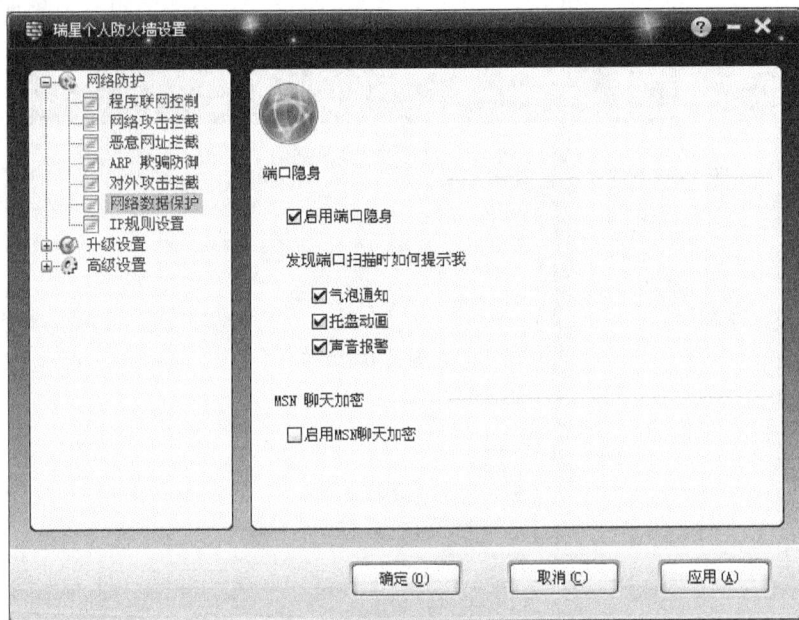

图 6-60　网络数据保护

（9）"IP 规则设置"可根据相关规则，对进出电脑的 IP 数据包进行过滤，如图 6-61 所示。

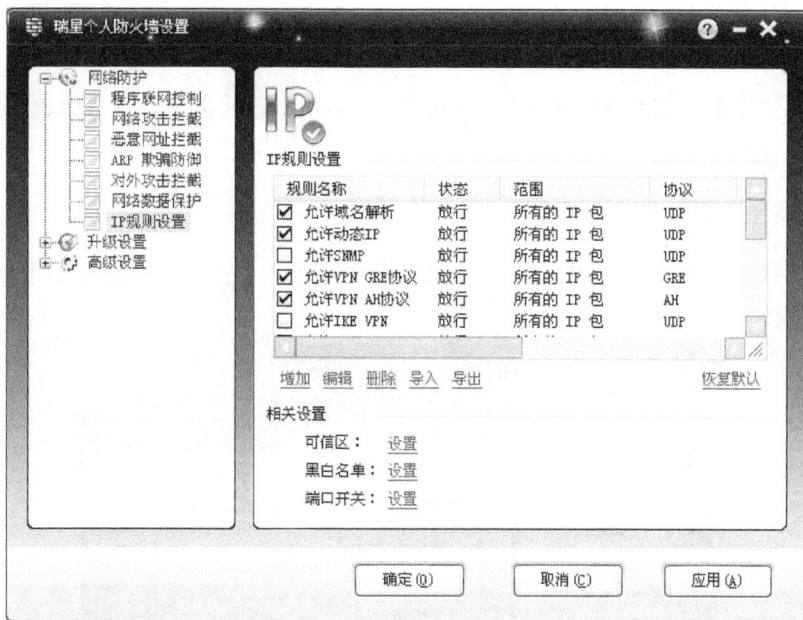

图 6-61　IP 规则设置

实训四　杀毒软件的使用

【实训简介】

随着信息化社会的发展，计算机病毒威胁日益严重。本实训的重点是学习瑞星杀毒软件的使用，加强内部网的整体防病毒能力。

【实训目的】

1. 掌握瑞星杀毒软件的安装方法。
2. 掌握瑞星杀毒软件的使用方法。

【实训内容与操作步骤】

（一）瑞星杀毒软件的安装

（1）以瑞星杀毒软件为例，双击运行安装程序，根据安装向导进行操作，同瑞星个人防火墙安装过程相似。

（2）安装程序显示语言选择框，选择需要安装的语言版本后，单击"确定"继续。

（3）进入安装欢迎界面，再选择"下一步"继续。

（4）阅读"最终用户许可协议"，选择"我接受"，单击"下一步"继续安装；如果不接受协议，选择"我不接受"，退出安装程序。

（5）在"定制安装"窗口中，选择需要安装的组件。单击"下一步"继续安装，也可以直接单击"完成"按钮，按照默认方式进行安装。

（6）在"选择目标文件夹"窗口中，指定瑞星杀毒软件的安装目录，单击"下一步"继续安装。

(7) 在"安装信息"窗口中，显示了安装路径和程序组名称，单击"下一步"继续安装。

(8) 在"结束"窗口中，用户可以选择"启动瑞星杀毒软件"等启动相应程序，最后选择"完成"结束安装。

(二) 瑞星杀毒软件的启用

进入"开始"→"所有程序"→"瑞星杀毒软件"，选择"瑞星杀毒软件"，即可启动杀毒软件，如图 6-62 所示。

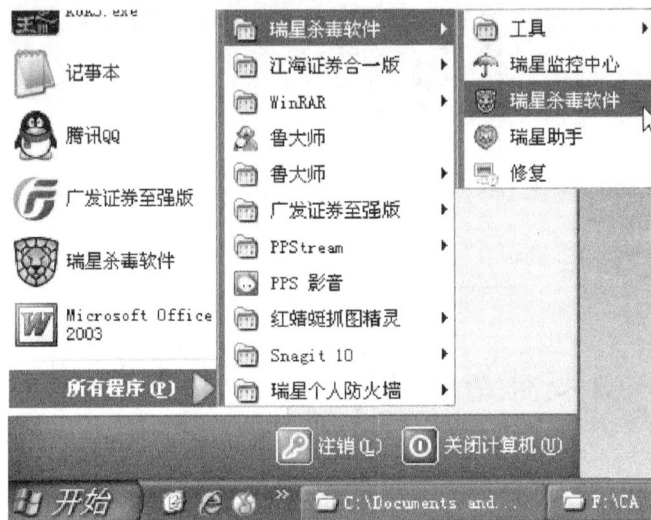

图 6-62　瑞星杀毒软件的启动

(三) 瑞星杀毒软件的设置

(1) 启动后点击"杀毒"，根据需要对电脑进行相应的杀毒设置，快速查杀扫描特种未知木马、后门、蠕虫等病毒易于存在的系统位置，如内存等关键区域；全盘查杀扫描系统关键区域以及所有磁盘，全面清除特种未知木马、后门、蠕虫等病毒；自定义查杀扫描指定的范围。在"杀毒"项里还可以查看电脑防护日志及病毒隔离记录，如图 6-63 所示。

图 6-63　杀毒设置

（2）启动后点击"电脑防护"，根据需要对电脑进行相应的防护设置，如"文件监控"是当打开文件时，将自动截获和查杀特种未知木马、后门、蠕虫等病毒，如图6-64所示。

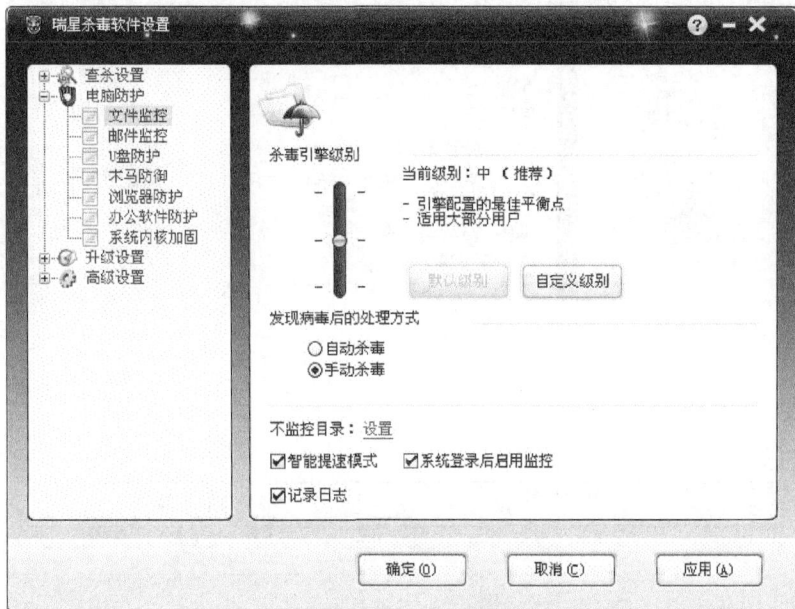

图 6-64 文件监控

（3）"邮件监控"是当收发邮件时，将自动截获和查杀特种未知木马、后门、蠕虫等病毒，如图 6-75 所示。

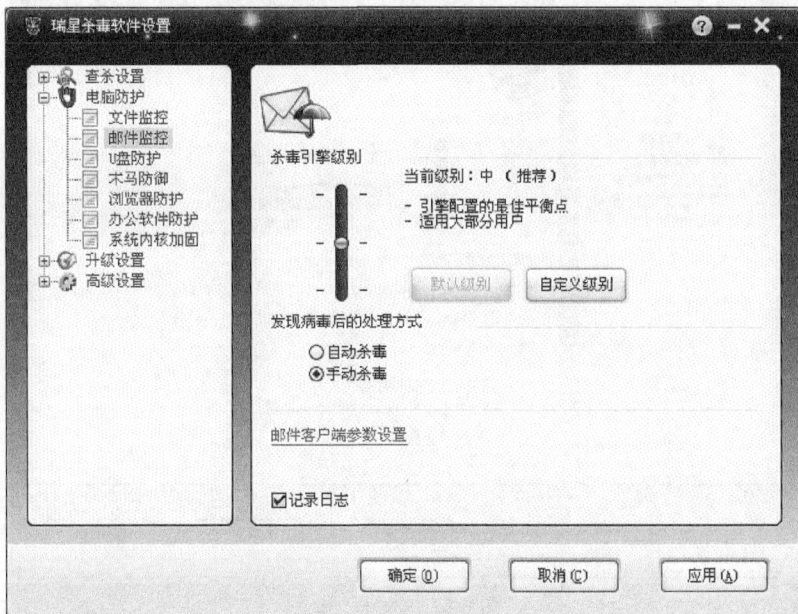

图 6-65 邮件监控

（4）"U 盘防护"是当插入 U 盘、移动硬盘、智能手机等移动设备时，将自动拦截和查杀特种未知木马、后门、蠕虫等病毒，如图 6-66 所示。

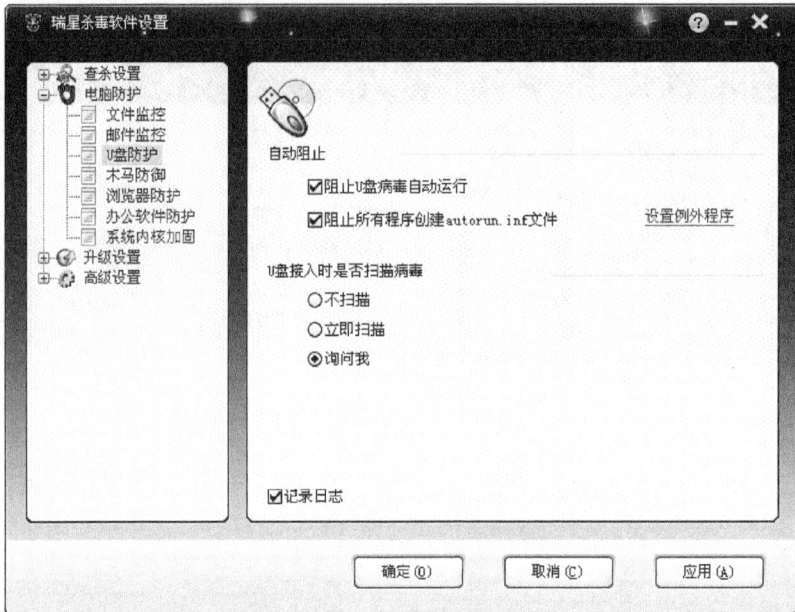

图 6-66　U 盘防护

（5）"木马防御"是在操作系统内核，运用瑞星动态行为分析技术，实时拦截特种未知木马、后门、蠕虫等病毒，如图 6-67 所示。

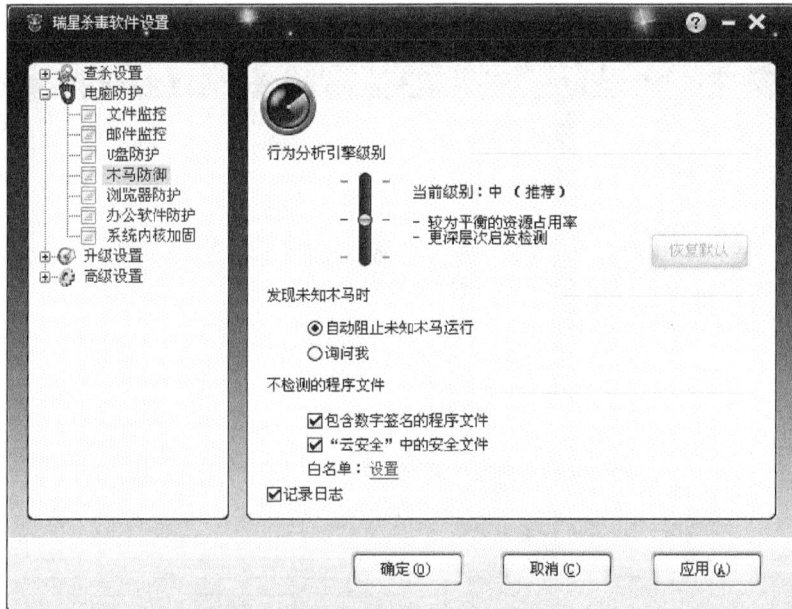

图 6-67　木马防御

（6）"浏览器防护"是在上网时，主动给 IE、Firefox 等浏览器进行内核加固，实时阻止特种未知木马、后门、蠕虫等病毒利用漏洞入侵电脑，如图 6-68 所示。

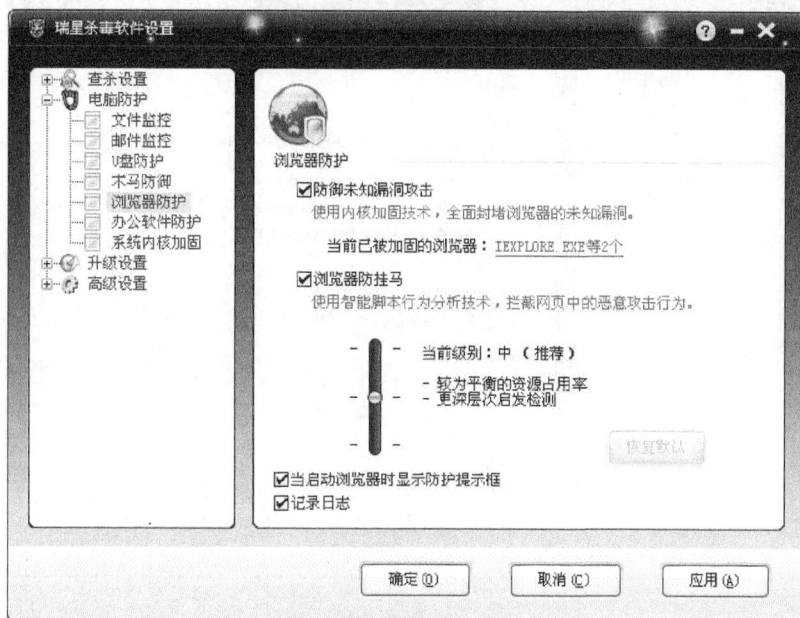

图 6-68　浏览器防护

（7）"办公软件防护"是当使用 Office、WPS、PDF 等办公软件时，实时阻止特种未知木马、后门、蠕虫等病毒利用漏洞入侵电脑，如图 6-69 所示。

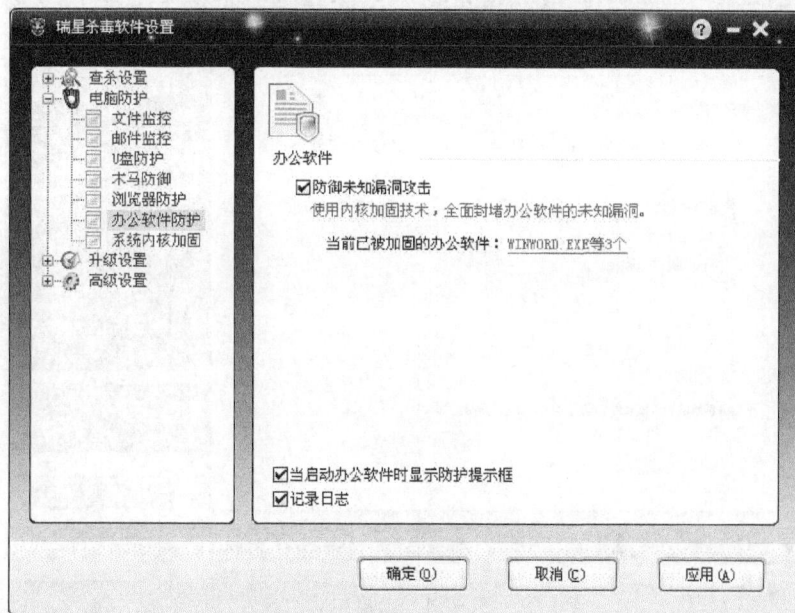

图 6-69　办公软件防护

（8）"系统内核加固"使用安全模板或自定义方式，实时检测、监控和拦截各种病毒行为，加固系统内核，如图 6-70 所示。

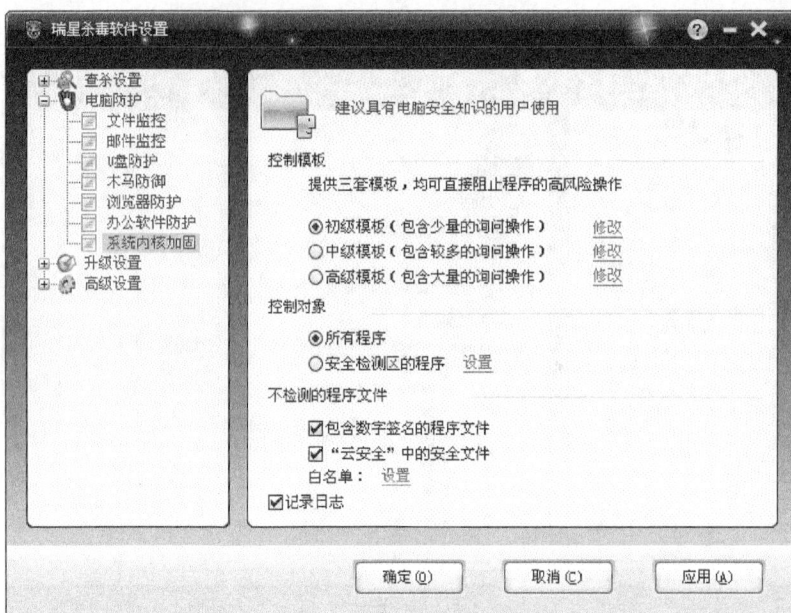

图 6-70　系统内核加固

（9）"瑞星工具"列出了部分常用的瑞星杀毒软件管理工具，如图 6-71 所示。

图 6-71　瑞星工具

【实训习题】

1. 下载并安装一个标准根 CA365 证书（www.ca365.com）。

2. 在中国数字认证网上用表格申请一个证书，安装完后导出证书。

3. 调查一个网站，写出其采用的安全防范措施，并结合理论知识，提出改进建议。

4. 请用 Outlook Express 设置签名及加密邮件。

5. 安装一个防火墙或防病毒软件，通过实验，写出其功能。

第七章

网络营销

21世纪是以信息网络和信息社会为特征的，科技、经济和社会的发展使信息社会的内涵有了进一步的改变，并称21世纪为信息网络的时代。在信息网络时代，网络技术的发展和应用改变了信息的分配和接受方式，也改变了人们工作、生活、学习和交流的环境，同时，也促使企业积极利用新的技术和手段来改变企业的经营理念、经营组织、经营方式和经营方法。网络营销为企业提供了适应全球网络技术发展与信息网络社会变革的新的技术和手段，是现代企业跨世纪的营销策略。

■ 实训一　网络市场直接调查

【实训简介】

网络市场直接调查是指为特定目的而在互联网上搜集一手资料或原始信息的过程。直接调查的方法有四种：网上观察法、网上实验法、专题讨论法、问卷调查法。调查过程中具体应采用哪一种方法，要根据实际目标和需要而定，但网上用得最多的是在线问卷调查法。为此，制作和发布调查问卷是电子商务专业的学生必须掌握的基本技能之一。

【实训目的】

1. 熟练使用在线调查平台设计调查问卷。
2. 掌握网上调查问卷的设计方法。
3. 掌握网上发布调查问卷所涉及的环节。

【实训内容与操作步骤】

知己知彼网（http://www.zhijizhibi.com）是一个功能强大的网络调查平台，该平台提供了开展网络调查所必需的调查服务，包括问卷创作、问卷管理、问卷宣传、问卷数据分析、问卷作答以及问卷推荐等众多功能。

（一）利用知己知彼网站设计一份大学生月消费情况调查问卷

（1）进入知己知彼网站首页，单击右上角的"注册"按钮，如图7-1所示，进入会员免费注册页面后，按要求填写注册信息，如图 7-2 所示，单击"同意注册条款 提交注册信息"按钮，完成会员注册。

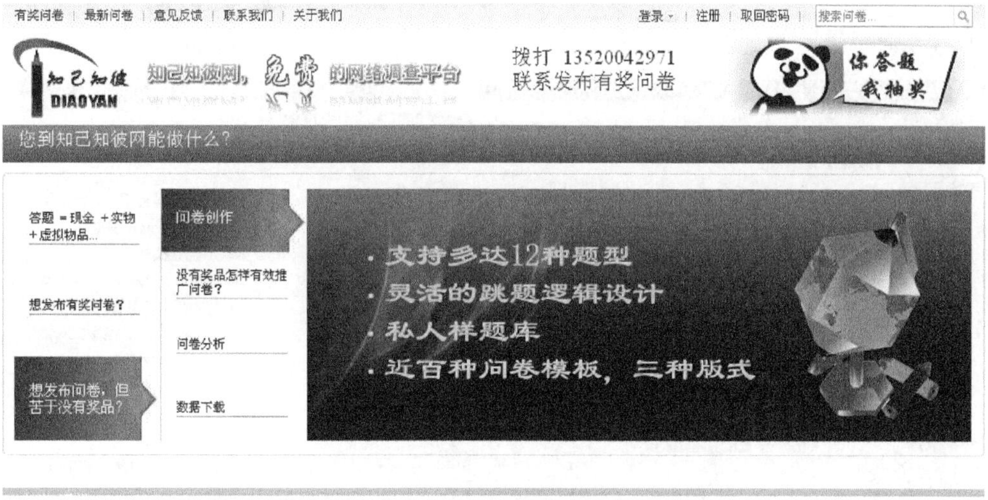

图 7-1　知己知彼网站首页

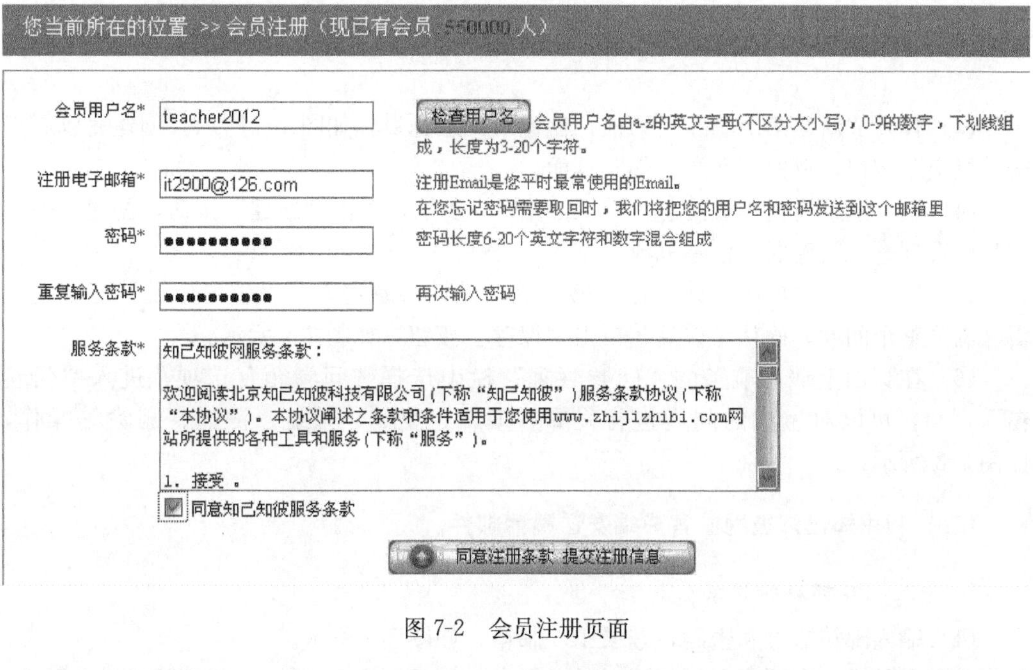

图 7-2　会员注册页面

(2) 以会员身份登录，进入"会员中心首页"页面，单击"问卷管理"按钮，在弹出的下拉菜单中，选择"创作新问卷"选项，如图 7-3 所示，进入"问卷创作"页面，如图 7-4 所示，按照提示步骤完成题目为"大学生月消费情况"的调查问卷。在"第 3 步　创作问卷题目"设置区中，单击"新建"按钮。

图 7-3　会员中心首页

（3）打开"新建第 1 题"对话框，创建第一道题目，如图 7-5 所示，创建完成后点击"提交"按钮，返回"问卷创作"页面。

（4）第一道题目创建成功后，效果如图 7-6 所示，单击"新建"按钮，创建下一道题目，直到整个问卷题目创建完成。

（5）根据自己之前的设计，在"第 4 步　设计跳题逻辑"设置区中设计好跳题逻辑。浏览整个问卷，确认无误后，单击"保存"按钮，如图 7-7 所示。

（6）在页面上侧导航条的"问卷管理"栏中选择"问卷箱"选项，进入"问卷箱"页面，可以对生成的问卷进行发布、编辑、复制、预览、测试、删除等操作，如图 7-8 所示。

（二）利用知己知彼网站客户端发送邀请邮件

1. 导入 126 邮箱的联系人

（1）输入邮箱账号和密码，登录 126 邮箱，如图 7-9 所示。

（2）登录后，在页面左侧找到通讯录并点击，如图 7-10 所示，将打开通讯录页面。

（3）在通讯录页面点击"更多"按钮，弹出下拉式菜单，选择其中的"导出全部通讯录"栏目点击，如图 7-11 所示。

（4）在弹出的页面中，选择 CSV 格式，并点击"确定"按钮，如图 7-12 所示。

图 7-4 问卷制作

（5）点击"确定"按钮后在弹出的页面中点击"保存"按钮，如图 7-13 所示，将提示您选择导出文件的路径和文件名。

（6）到这一步，导出就成功了，如图 7-14 所示。

（7）登录到会员中心，选择"问卷宣传"→"通讯簿"菜单，就打开了通讯簿页面。点击"导入其他来源的联系人"链接，在弹出的导入窗口中选择合适的导入来源并上传刚刚下载的导出文件，点击"提交"按钮后，这些联系人即可导入通讯簿中，用于向这些联系人发送邀请邮件，如图 7-15 所示。

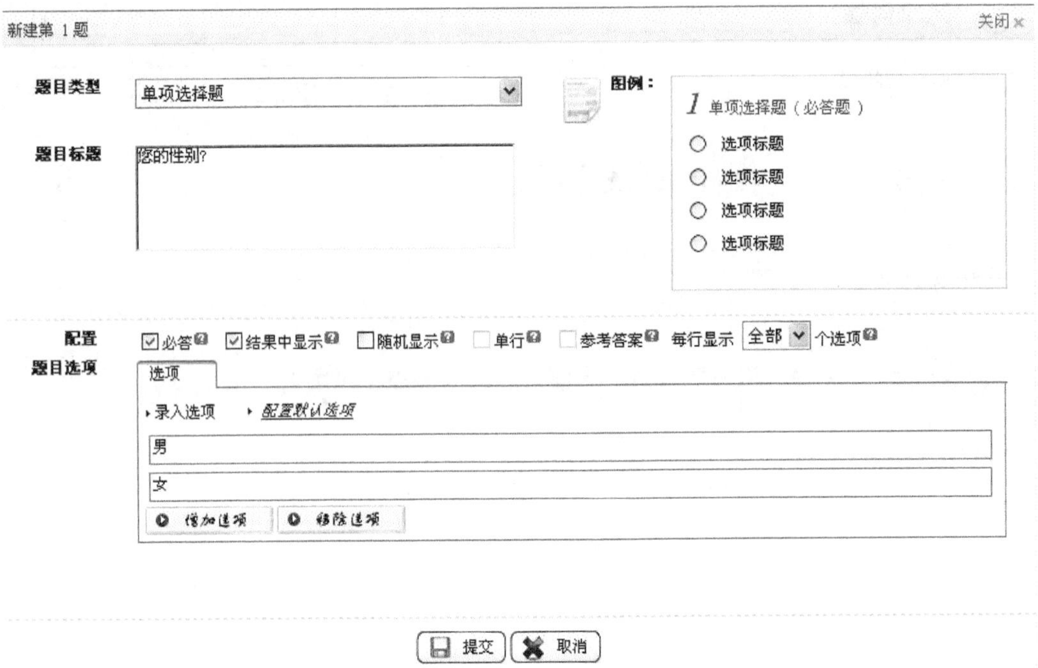

新建第 1 题   关闭 ×

题目类型	单项选择题

图例：

1 单项选择题（必答题）
- ○ 选项标题
- ○ 选项标题
- ○ 选项标题
- ○ 选项标题

题目标题：您的性别?

配置：☑必答❓ ☑结果中显示❓ ☐随机显示❓ ☐单行❓ ☐参考答案❓ 每行显示 全部 ▼ 个选项❓

题目选项

选项

▸录入选项   ▸ 配置默认选项

男
女

⊕ 增加选项   ⊕ 移除选项

💾 提交   ✖ 取消

图 7-5 创建题目

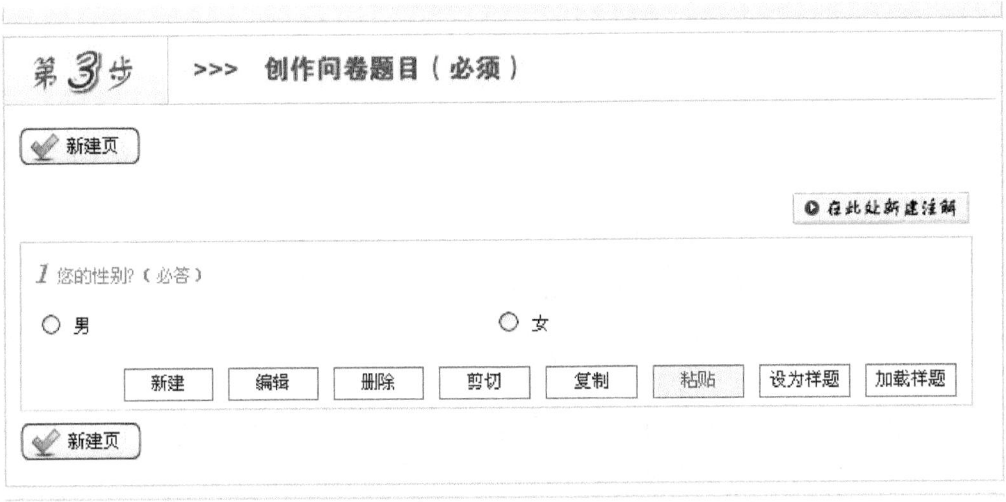

第 **3** 步 >>> 创作问卷题目（必须）

✔ 新建页

⊕ 在此处新建注解

1 您的性别?（必答）

○ 男   ○ 女

| 新建 | 编辑 | 删除 | 剪切 | 复制 | 粘贴 | 设为样题 | 加载样题 |

✔ 新建页

图 7-6 第一道题目创建成功

新建页

第**4**步　>>>　设计跳题逻辑（可选）

当答卷者选择题目　请选择题目　的
　　　　选项　　　　　　　　　　　后，
在答完题目　　　　　　　　　　　后，
则答卷流程跳转到　　　　　　　　　。

新建跳题逻辑　　删除跳题逻辑

保存并发布　　保存　　预览

图 7-7　问卷制作页面

☑	问卷标题 ▼▲	状态 ▼▲	创建时间 ▼▲	发布时间 ▼▲	操作
☐	大学生月消费调查	已发布	2012-03-08 15:40:26	2012-03-08 16:12:16	撤销发布　重新发布　编辑　复制 问卷装扮　获取代码　预览　测试
☐	批量删除　批量永久删除				

问卷箱　　　　　　　　　　　创作新问卷

状态　全部　　　　　　　　　　　　　　查询

图 7-8　问卷箱页面

图 7-9　126 邮箱登录页面

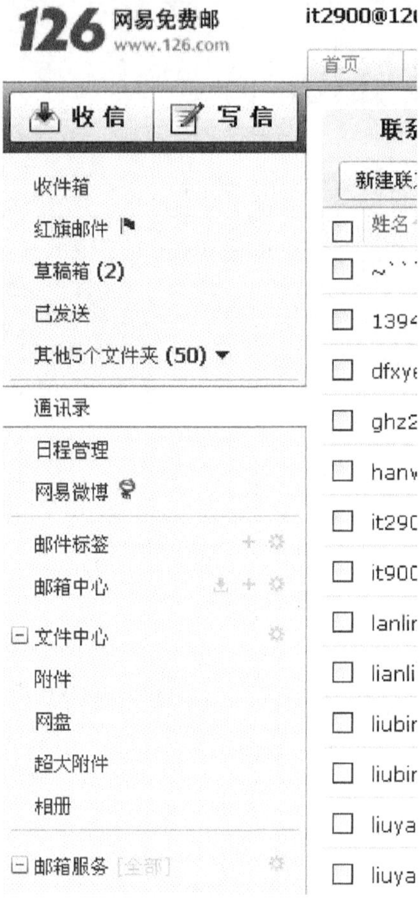

图 7-10　126 邮箱登录首页

查找合并重复联系人

图 7-11　通讯录页面

图 7-12 导出全部通讯录页面

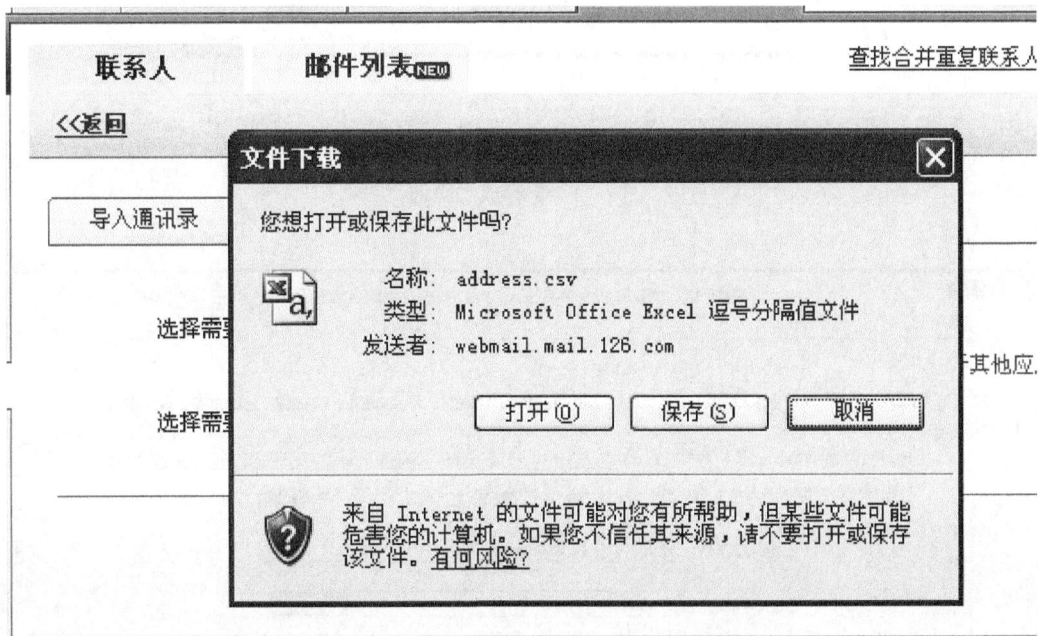

图 7-13 保存页面

2. 利用客户端发送邀请邮件

（1）从 http://www.zhijizhibi.com/admin.php? op＝PublicizeNow 下载压缩包，如图 7-16 所示，下载并解压后，找到名叫"知己知彼网客户端程序-v1.0 版"的 .bat 文件，如图 7-17 所示，双击运行其程序。

（2）程序运行后，打开一个黑底白字的界面，上方提示有两步的准备工作。第 1 步是粘贴在会员中心创建发送任务成功后系统分配的任务 key，如图 7-18 所示。任务 key 是在发送任务成功创建后系统分配的一串字母和数字，如图 7-19 所示。这个任务 key 可以先在会员中心复制好，再在黑底的界面窗口里点击鼠标右键，选择"粘贴"菜单来粘贴此 key，如图 7-20 所示。

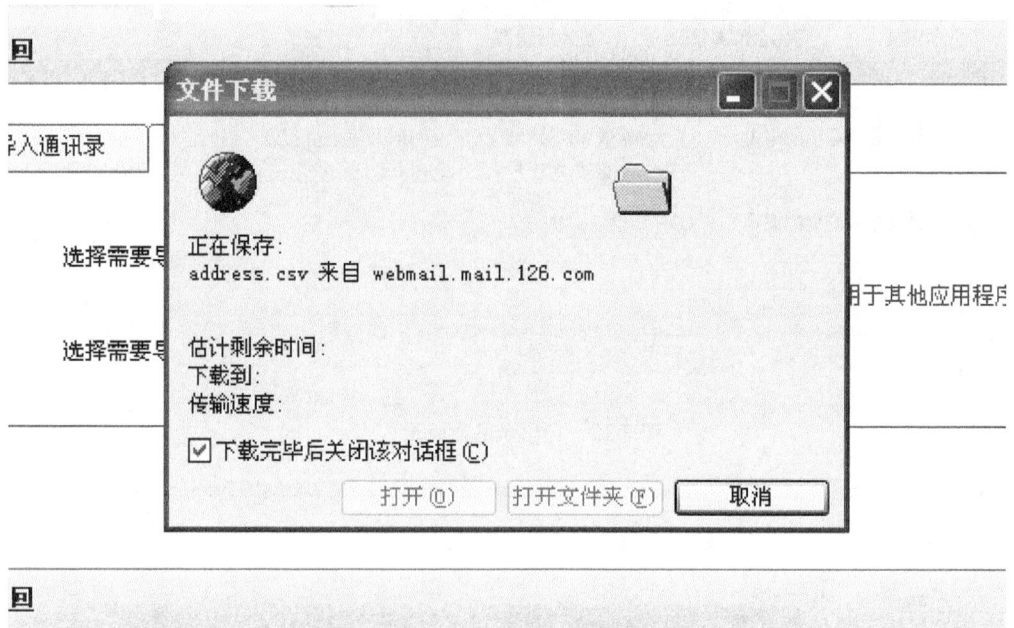

图 7-14 保存成功页面

图 7-15 导入通讯簿页面

（3）粘贴任务 key 并按回车键之后，程序进入第 2 步。第 2 步程序提示你使用某个邮箱来发邮件，并提示你输入你的邮箱账号，如图 7-21 所示，请只输入@字符前面的当前位置：　首页　>> 问卷宣传　>> 发邀请邮件　　　　　　　　　百套新问卷样式隆重上线！尽情体验！

发邀请邮件 － 新方式
　　　　　　　　　　　　　　　　　　　　　　　　　　查看全部发送任务key

新方式，100% 到达率！

新方式介绍　　　　　　　　　　　　　　　　　　　　收起详情 ∧

发邀请邮件的新方式是您下载本站客户端程序到您本机，并运行此程序，此程序将通过您自己的私人邮箱，向您的联系人发送邀请邮件！

优点：
　1：此法在您本机发送邀请邮件，对方邮件服务器不会把您的邀请邮件识别为垃圾邮件，直接到达收件箱！！！
　2：此法通过您自己的私人邮箱发送邀请邮件，不会被对方邮件服务器拒收！！！

邀请邮件不会被拒收！不会被识别为垃圾邮件！100% 到达率！

第一步：选择被宣传问卷，被邀请联系人，建立发送任务，获得任务key　　展开详情 ∨

第二步：下载本站客户端程序，绿色软件，无需安装，直接运行　　收起详情 ∧

当前版本为：v1.0，请您在下载后，先解压到本地目录后再运行。
下载链接：知己知彼网客户端程序-v1.0版

第三步：在您本机运行本站客户端程序发送邀请邮件，100% 到达！　　展开详情 ∨

选择您的私人邮箱类型

本站客户端程序支持以下类型的邮箱发送邀请邮件，请选择您的私人邮箱类型

图 7-16　知己知彼网客户端程序下载

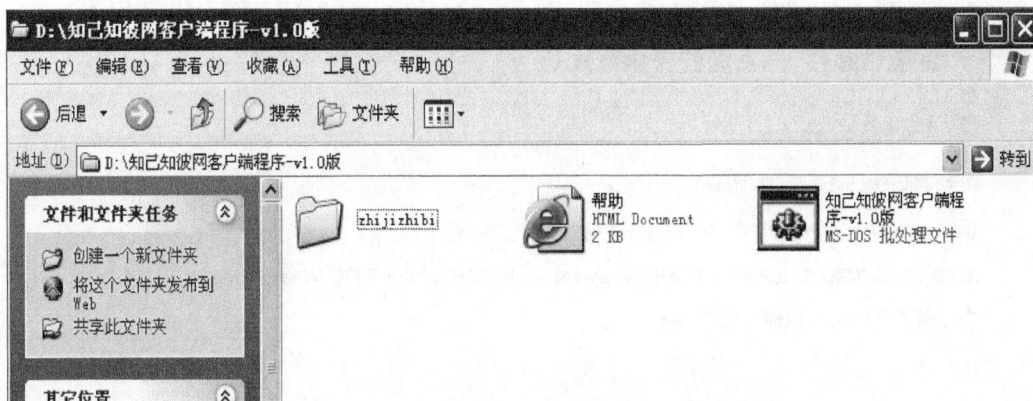

图 7-17　知己知彼网客户端程序-v1.0 版

字符。邮箱账号输入完毕并按回车键后，程序提示输入此邮箱账号的密码，如图 7-22 所示。

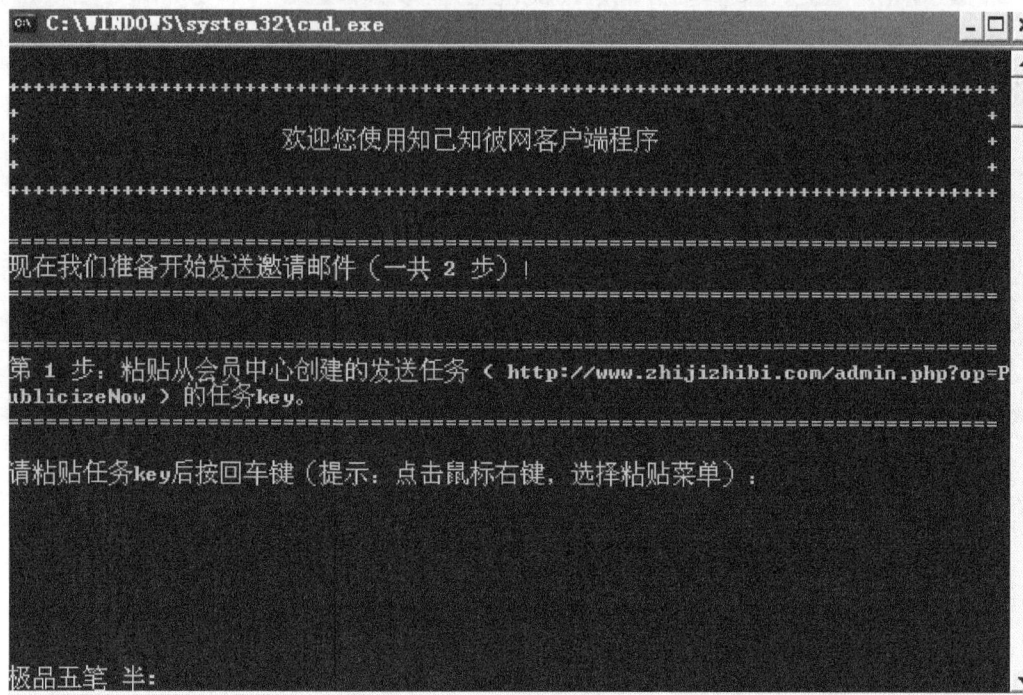

图 7-18　粘贴任务 key

图 7-19　任务 key

（4）程序在收集账号信息和密码后，登录到邮件服务器并开始逐一发送邀请邮件，如图 7-23 所示。

（5）进入邮箱可看到刚才发送的邮件，如图 7-24 所示。

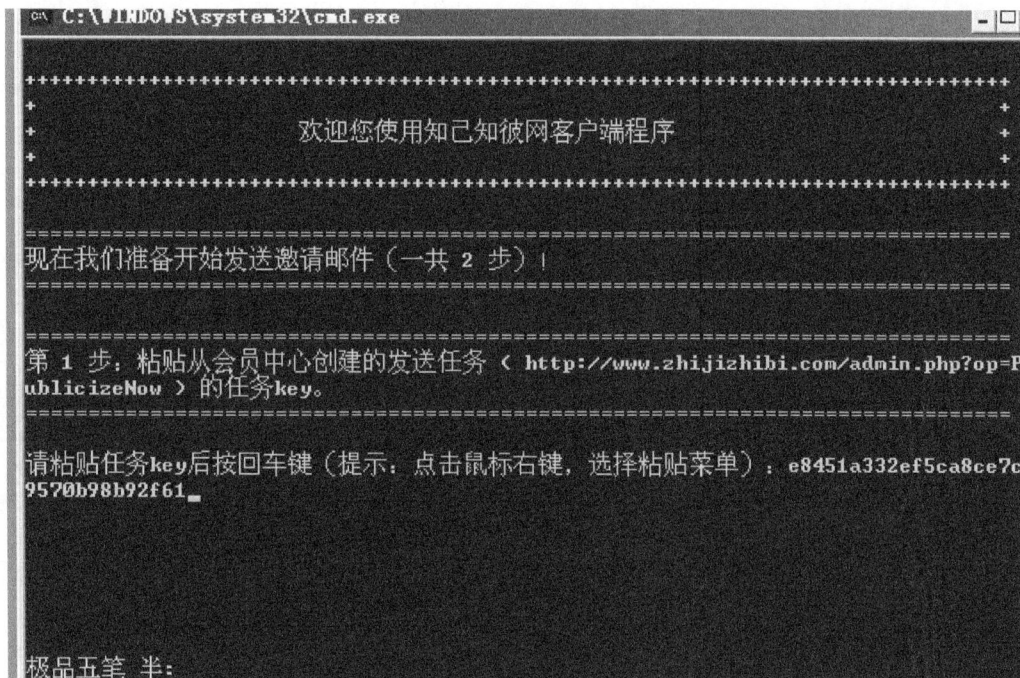

图 7-20　粘贴好任务 key 的截屏

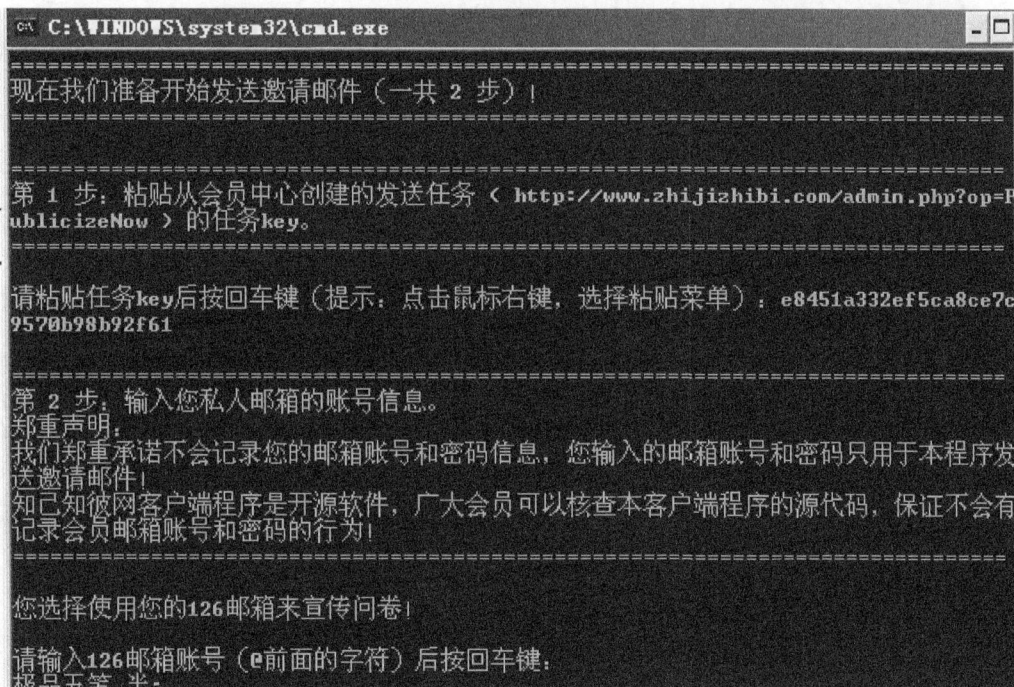

图 7-21　输入邮箱账号

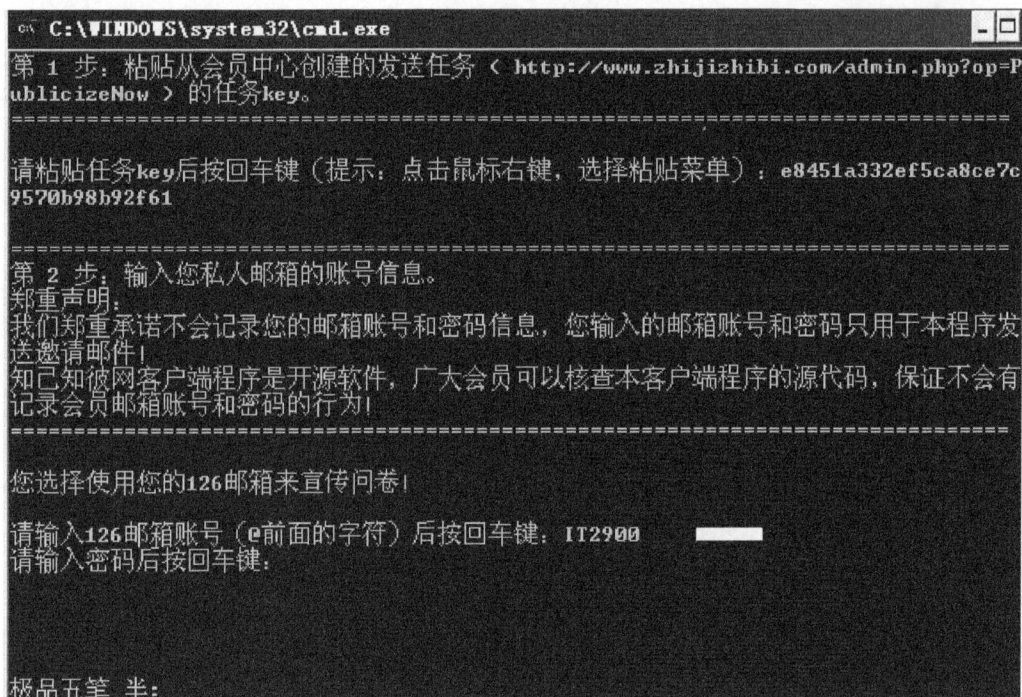

图 7-22   输入邮箱密码

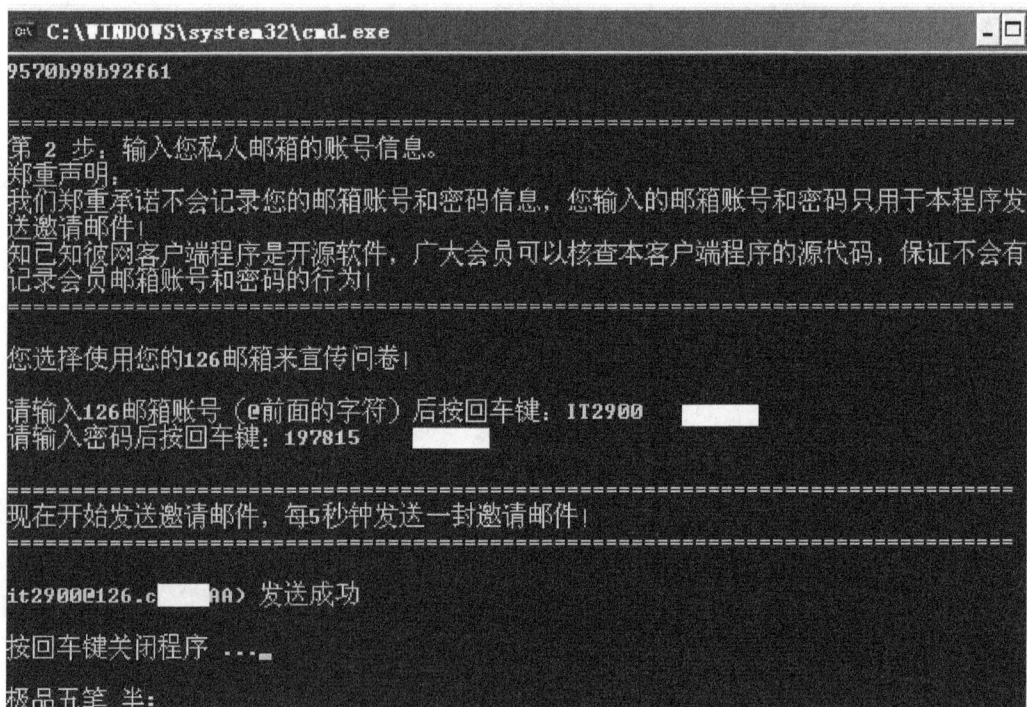

图 7-23   客户端程序开始发送邀请邮件

图 7-24　邀请邮件接收界面

实训二　网络市场间接调查

【实训简介】

网络市场间接调查是利用互联网的媒体功能，从互联网收集二手资料。作为一种信息媒体，互联网所涵盖的信息远远超过任何传统媒体，对调查者来说，其中蕴藏着大量有价值的商业信息，如网络广告，以及企业、政府部门网站上发布的需求信息和招商、招标信息等。因此，发现和挖掘有价值的信息，已成为网上间接调查的关键。为此，学生应熟练掌握利用互联网收集二手资料的方法。

【实训目的】

1. 熟悉网络市场间接调查的方法。
2. 掌握利用搜索引擎收集资料的方法。
3. 掌握利用相关网站收集资料的方法。

【实训内容与操作步骤】

（一）利用搜索引擎收集资料

1. 利用关键词在百度上搜索旅游业电子商务的相关资料
（1）登录百度，如图 7-25 所示。

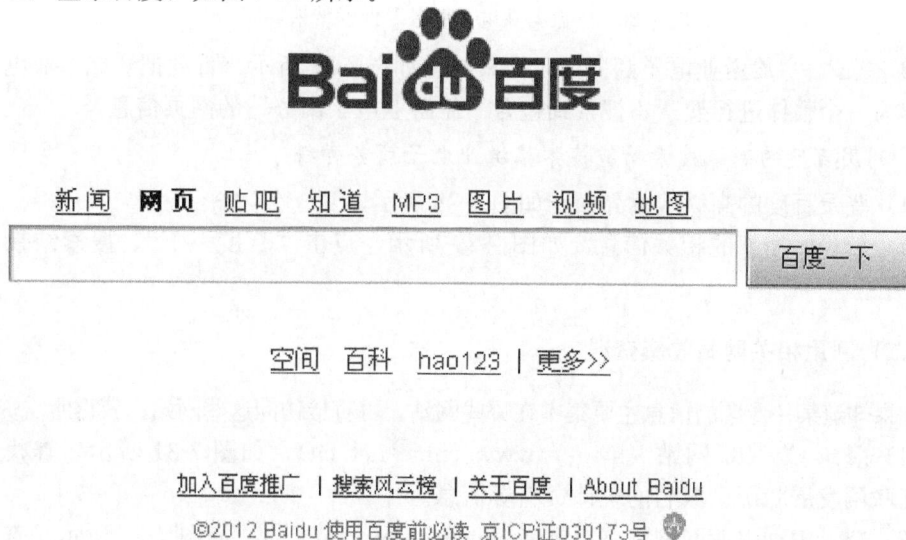

图 7-25　百度网站首页

（2）输入"旅游业电子商务"，百度自动分离"旅游业"与"电子商务"，可搜索到含"旅游业"或"电子商务"或"旅游业电子商务"的网页信息，如图 7-26 所示。

Baidu百度　新闻　**网页**　贴吧　知道　MP3　图片　视频　地图　更多▼

旅游业电子商务　　　　　　　　　　　　　　　　　百度一下

旅游电子商务,亚马逊,100%正版 www.Amazon.cn　　　　　　推广链接
亚马逊,中国最大的网上书店,旅游电子商务,全场重磅特惠,满29元免运费,最低1折任你选!

国际旅游业电子商务发展及其典型案例研究 百度文库
国际旅游业电子商务发展及其典型案例研究 - 毕业设计（论文）原创性声明 本人郑重声明:
所提交的毕业设计（论文），是本人在导师指导下,独立进...42页 浏览:372次
wenku.baidu.com/view/14e37e36eefdc8d376ee ... 2011-8-2
　　旅游业的电子商务应用.doc 3页 浏览:115次
　　旅游业电子商务应用.doc 21页 浏览:1388次
　　更多文库相关文档>>

旅游业 中国电子商务研究中心 - 专业电子商务研究、传媒与服务平...
我国专业服务电子商务产业的第三方机构,向B2C、B2B、团购网、服务商、网商、政府等提
供专业化的解决方案,包括研究报告、运营、认证、融资、营销、媒体、会议、招商...
b2b.toocle.com/search.cgi?f=search&terms= ... 2012-2-24 - 百度快照

旅游业——电子商务亮点--《中国市场》2007年13期
旅游业 电子商务 优势 策略...【摘要】：旅游电子商务是未来旅游业增强行业竞争力的重要
手段,它的核心是通过现代信息技术尤其是网络技术,去完成各种与旅游相关的商务...
www.cnki.com.cn/Article/CJFDTotal-SCZG200 ... 2012-1-29 - 百度快照

旅游业电子商务报告 - 项目管理 - 道客巴巴
旅游业电子商务 小组成员: 黄鹏 郑俊杰 高凤 旭 马淑新 潘海 峰 朱樹韜随着社会的发展,
旅游业已成为全球经济中发展势头最强劲和规模最大的产业之一。旅游业在...
www.doc88.com/p-45923114098.html 2012-3-1 - 百度快照

图 7-26　"旅游业电子商务"搜索结果页面

（3）输入"'旅游业电子商务'"，搜索结果如图 7-27 所示，百度把"旅游业电子商务"作为一个整体进行搜索，搜索到包含"旅游业电子商务"的网页信息。

2. 利用百度的高级搜索功能搜索旅游业电子商务资料

（1）登录百度的高级搜索界面，如图 7-28 所示。

（2）填写要搜索的相关信息，如图 7-29 所示，点击"百度一下"，搜索结果如图7-30所示。

（二）利用相关网站收集资料

如果知道某一专题的信息主要集中在哪些网站，可直接访问这些网站，获得所需资料。

（1）登录 CNNIC 网站（http://www.cnnic.net.cn），如图 7-31 所示，查找有关中国互联网发展状况、域名的统计资料等信息。

（2）登录中国农业网网站（http://www.zgny.com.cn），如图 7-32 所示，查找有关中国农产品行情的相关信息。

Bai**百度** 新闻 **网页** 贴吧 知道 MP3 图片 视频 地图 更多▼

"旅游业电子商务 "   百度一下

旅游业电子商务发展 百度文库
旅游业电子商务发展 - 电子商务案例分析,以e龙王为例介绍旅游业电子商务发展,从商业、管理、经营、资本以及技术五个模式加以分析... 24页 浏览:182次
wenku.baidu.com/view/787dad22482fb4daa58d ... 2010-12-6
　　旅游业电子商务战略.ppt 25页 浏览:56次
　　国际旅游业电子商务发展及其典型案例研究.doc 42页 浏览:372次
　　更多文库相关文档>>

求助旅游业电子商务的英文文献 百度知道
1个回答 - 最新回答: 2007年3月23日
旅游业是被认为最适合电子商务模式的领域之一.旅游业开展电子商务不仅可以降低成本、产生新的利润增长点,而且可以增强企业的竞争力,本文从我国旅...
zhidao.baidu.com/question/22684506.html 2007-3-22
　　零售业与旅游业电子商务有何异同 1个回答 2007-12-28
　　旅游业电子商务的发展前景 2个回答 2009-3-20
　　更多知道相关问题>>

电子商务应用领域：旅游业电子商务-无疑考试
旅游业电子商务一个旅游电子商务系统就是把相关旅游服务机构的营业柜台延伸到Internet这一新型和极具开发潜力的市场中去。一个完善的旅游电子商务系统至少应该提供如下功...
www.51kaoshi.com/ltem.aspx?id=157438 2012-2-24 - 百度快照

关于我国旅游业电子商务现状及对策分析 中华会计网校
2010年9月25日...[论文摘要]旅游业是被认为最适合电子商务模式的领域之一。旅游业开展电子商务不仅可以降低成本、产生新的利润增长点,而且可以增强企业的竞争力,本文从我...
www.chinaacc.com/new/287_294_201009/25li8 ... 2010-9-25 - 百度快照

图 7-27 " '旅游业电子商务'"搜索结果页面

Bai**百度** 高级搜索   帮助 | 百度首页

搜索结果　　　包含以下全部的关键词　　　　　　　　　　　　　　　　百度一下
　　　　　　　包含以下的完整关键词
　　　　　　　包含以下任意一个关键词
　　　　　　　不包括以下关键词

搜索结果显示条数　　选择搜索结果显示的条数　　　每页显示10条 ✓
时间　　　　　　　限定要搜索的网页的时间是　　　全部时间 ✓
语言　　　　　　　搜索网页语言是　　　　　　　　⊙ 全部语言 ○ 仅在简体中文中 ○ 仅在繁体中文中
文者格式　　　　　搜索网页格式是　　　　　　　　所有网页和文件
关键词位置　　　　查询关键词位于　　　　　　　　⊙ 网页的任何地方 ○ 仅网页的标题中 ○ 仅在网页的URL中
站内搜索　　　　　限定要搜索指定的网站是　　　　　　　　　　　　　　　例如: baidu.com

©2012 Baidu

图 7-28 百度高级搜索界面

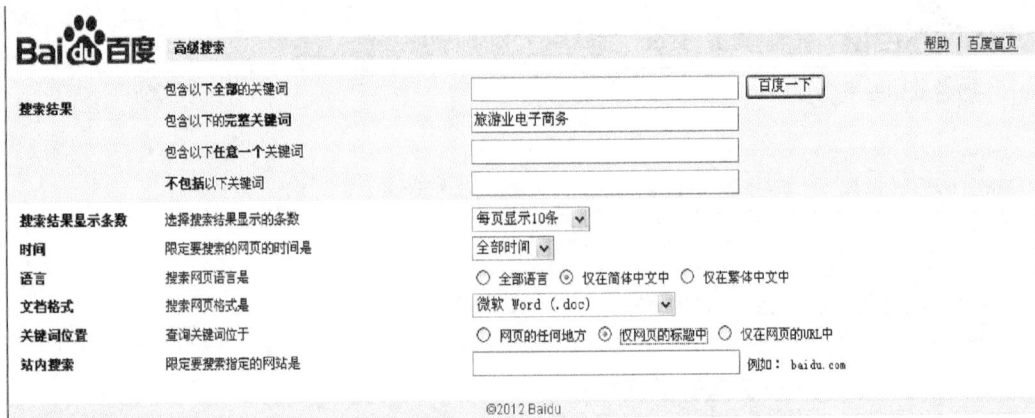

图 7-29　旅游业电子商务高级搜索界面

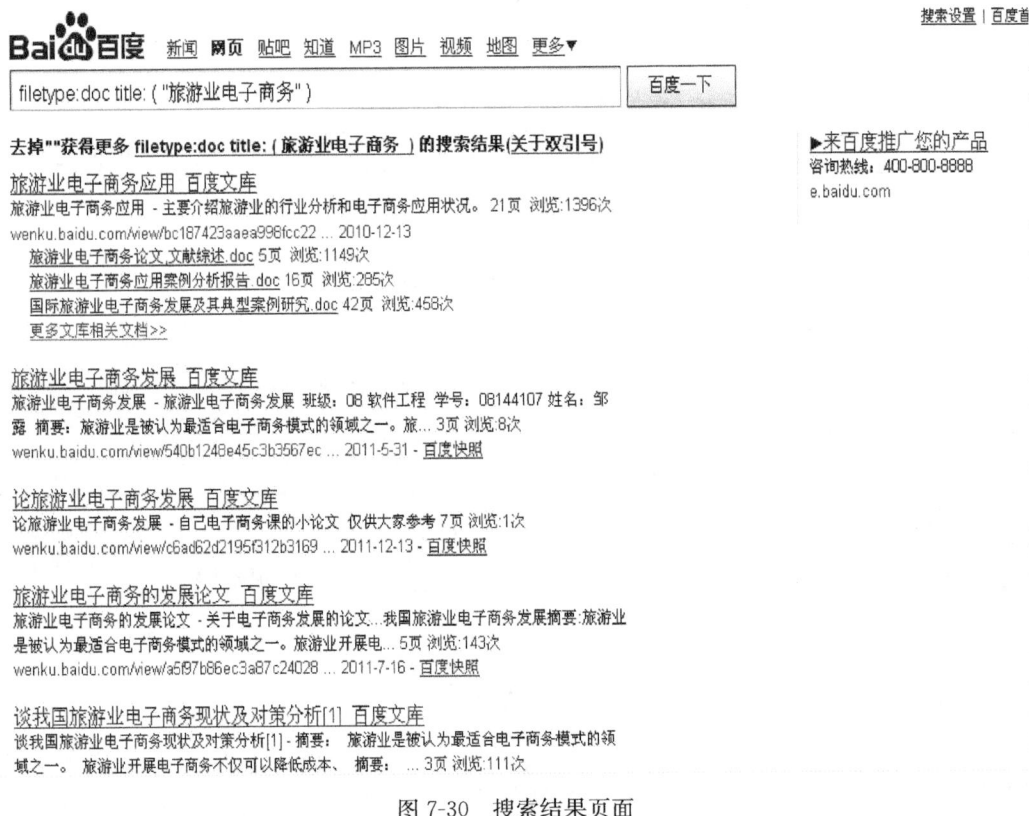

图 7-30　搜索结果页面

图 7-31　CNNIC 网站首页

图 7-32　中国农业网网站首页

实训三 网站推广

【实训简介】

网站是企业开展网络营销的工具，企业网站能否吸引大量流量是企业开展网络营销是否能够成功的关键，也是网络营销的基础。网站推广就是通过对企业网络营销站点的宣传，吸引用户访问，同时树立企业网上品牌形象，为企业营销目标的实现打下坚实的基础。网站推广的方法有多种，如搜索引擎注册、发布网络广告、病毒性营销、发送电子邮件、提供免费服务、发布新闻、互换链接、使用传统媒体等。本实训通过搜索引擎注册、互换链接的训练，使学生掌握网站推广的方法。

【实训目的】

1. 掌握搜索引擎的注册方法。
2. 掌握互换链接推广网站的方法。

【实训内容与操作步骤】

（一）搜索引擎注册

（1）在 IE 浏览器的地址栏中键入 http://www.baidu.com/search/url _ submit.html，即可看到免费登录网站的界面，如图 7-33 所示，把网站提交给百度搜索引擎。

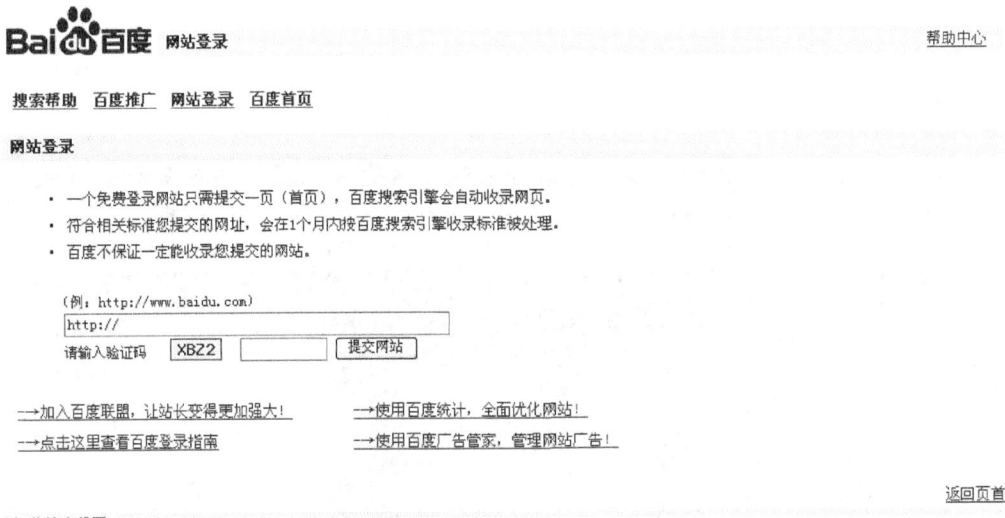

图 7-33 百度网站登录页面

（2）在 IE 浏览器的地址栏中键入 http://tellbot.youdao.com/report，即可看到免费登录网站的界面，如图 7-34 所示，把网站提交给有道搜索引擎。

（3）在 IE 浏览器的地址栏中键入 http://www.sogou.com/feedback/urlfeed-back.php，即可看到免费登录网站的界面，如图 7-35 所示，把网站提交给搜狗搜索引擎。

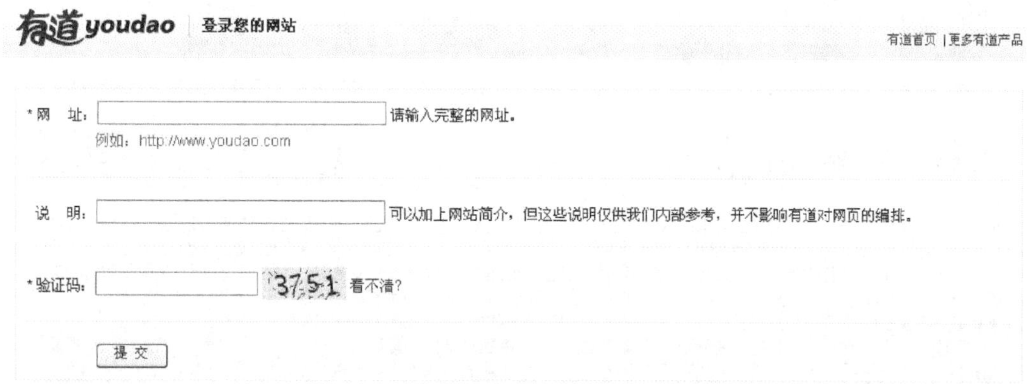

图 7-34　有道网站登录页面

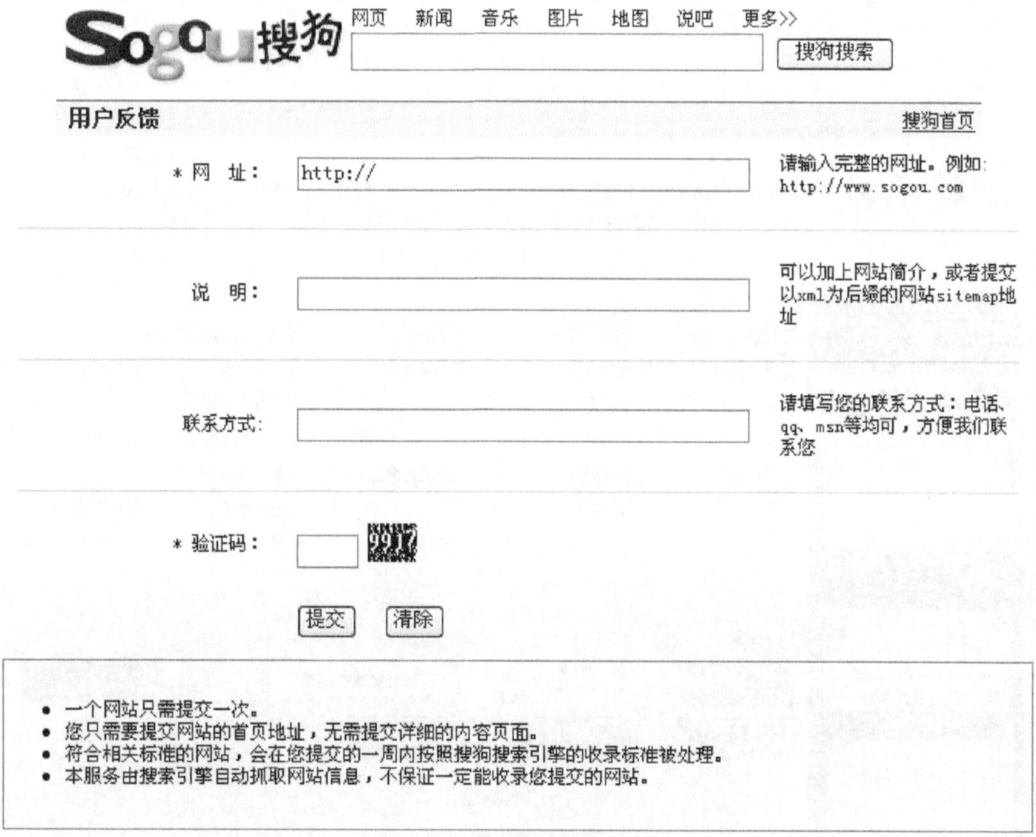

图 7-35　搜狗网站登录页面

（二）互换链接

（1）在 IE 浏览器的地址栏中键入 http://www.qy6.com，登录到中华企业录网站，单击页面下方的"友情链接"按钮，如图 7-36 所示。

（2）在打开的友情链接页面，如图 7-37 所示，按要求填写相应信息，等待中华企业录网站与你的网站做互换链接。

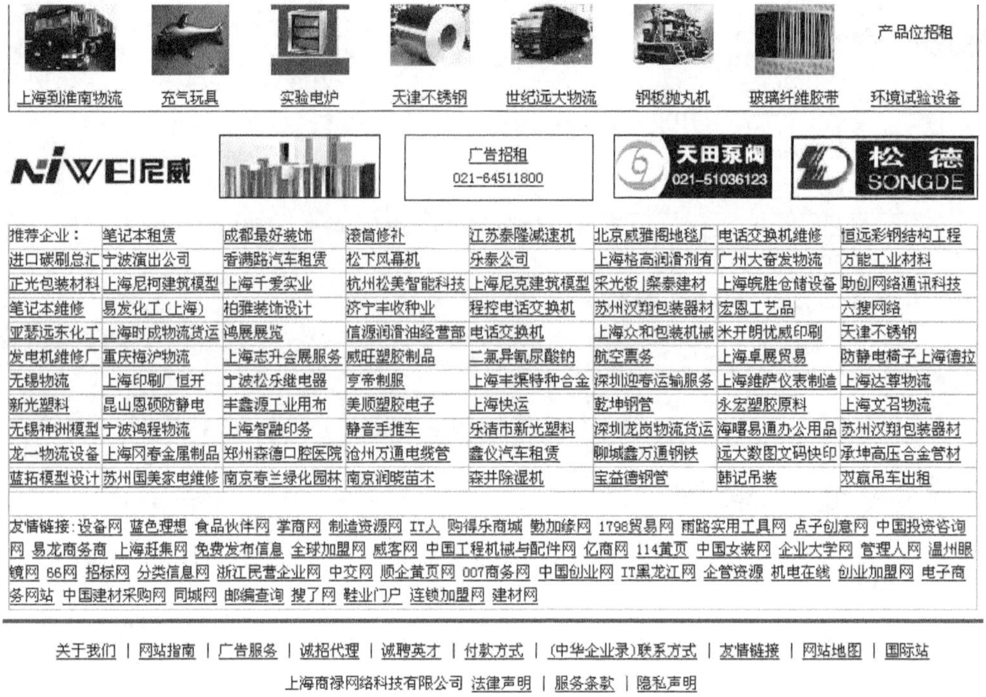
产品位招租
上海到淮南物流
充气玩具
实验电炉
天津不锈钢
世纪远大物流
钢板抛丸机
玻璃纤维胶带
环境试验设备
NIWEI尼威
广告招租
021-64511800
天田泵阀
021-51036123
松德
SONGDE
推荐企业：
笔记本租赁
成都最好装饰
滚筒修补
江苏泰隆减速机
北京威雅阁地毯厂
电话交换机维修
恒远彩钢结构工程
进口碳刷总汇
宁波演出公司
香满路汽车租赁
松下风幕机
乐泰公司
上海格高润滑剂有
广州大奋发物流
万能工业材料
正光包装材料
上海尼柯建筑模型
上海千爱实业
杭州松美智能科技
上海尼克建筑模型
采光板|粲泰建材
上海皖胜仓储设备
助创网络通讯科技
笔记本维修
易发化工(上海)
柏雅装饰设计
济宁丰收种业
程控电话交换机
苏州汉翔包装器材
宏恩工艺品
六搜网络
亚瑟远东化工
上海时成物流货运
鸿展展览
信源润滑油经营部
电话交换机
上海众和包装机械
米开朗优威印刷
天津不锈钢
发电机维修厂
重庆梅沪物流
上海志升会展服务
威旺塑胶制品
二氯异氰尿酸钠
航空票务
上海卓展贸易
防静电椅子上海德拉
无锡物流
上海印刷厂恒开
宁波松乐继电器
亨帝制服
上海丰渠特种合金
深圳迎春运输服务
上海维萨仪表制造
上海达尊物流
新光塑料
昆山恩硕防静电
丰鑫源工业用布
美顺塑胶电子
上海快运
乾坤钢管
永宏塑胶原料
上海文召物流
无锡神洲模型
宁波鸿程物流
上海智融印务
静音手推车
乐清市新光塑料
深圳龙岗物流货运
海曙易通办公用品
苏州汉翔包装器材
龙一物流设备
上海冈春金属制品
郑州森德口腔医院
沧州万通电缆管
鑫仪汽车租赁
聊城鑫万通钢铁
远大数图文码快印
承坤高压合金管材
蓝拓模型设计
苏州国美家电维修
南京春兰绿化园林
南京润晓苗木
森井除湿机
宝益德钢管
韩记吊装
双赢吊车出租
友情链接：设备网 蓝色理想 食品伙伴网 掌商网 制造资源网 IT人 购得乐商城 勤加缘网 1798贸易网 雨路实用工具网 点子创意网 中国投资咨询网 易龙商务商 上海赶集网 免费发布信息 全球加盟网 威客网 中国工程机械与配件网 亿商网 114黄页 中国女装网 企业大学网 管理人网 温州眼镜网 66网 招标网 分类信息网 浙江民营企业网 中交网 顺企黄页网 007商务网 中国创业网 IT黑龙江网 企管资源 机电在线 创业加盟网 电子商务网站 中国建材采购网 同城网 邮编查询 搜了网 鞋业门户 连锁加盟网 建材网
关于我们 | 网站指南 | 广告服务 | 诚招代理 | 诚聘英才 | 付款方式 | (中华企业录)联系方式 | 友情链接 | 网站地图 | 国际站
上海商禄网络科技有限公司 法律声明 | 服务条款 | 隐私声明

图 7-36 中华企业录网站首页

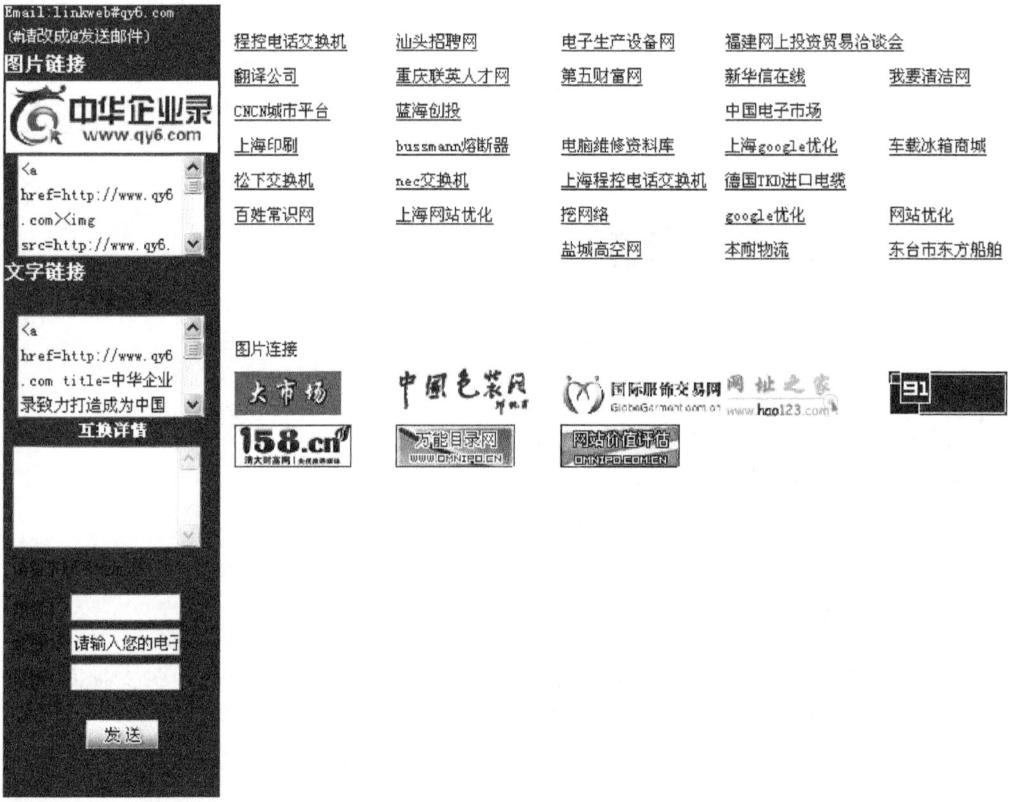
Email:linkweb#qy6.com
(#请改成@发送邮件)
图片链接
中华企业录
www.qy6.com
<a href=http://www.qy6.com><img src=http://www.qy6.
文字链接
<a href=http://www.qy6.com title=中华企业录致力打造成为中国
互换详情
请输入您的电子
发送
程控电话交换机
汕头招聘网
电子生产设备网
福建网上投资贸易洽谈会
翻译公司
重庆联英人才网
第五财富网
新华信在线
我要清洁网
CNCN城市平台
蓝海创投
中国电子市场
上海印刷
bussmann熔断器
电脑维修资料库
上海google优化
车载冰箱商城
松下交换机
nec交换机
上海程控电话交换机
德国TKD进口电缆
百姓常识网
上海网站优化
挖网络
google优化
网站优化
盐城高空网
本耐物流
东台市东方船舶
图片连接
大市场
中国色浆网
国际服饰交易网
网址之家
www.hao123.com
158.cn
万能目录网
网站价值评估

图 7-37 中华企业录网站友情链接页面

实训四　FAQ 的设计

【实训简介】

FAQ 是英文 frequently asked questions 的缩写，即"常见问题解答"。在很多企业的网站上都可以看到 FAQ，它列出了常用和常见的问题，是一种特定的在线帮助形式。在使用一些网站功能和服务时往往会遇到一些看似非常简单但不经过说明又可能很难搞清楚的问题，有时候甚至会因为这些细节问题的影响而失去大量的客户，而这只需简单的解释就能解决，这就是 FAQ 的价值。从网络营销的观点来看，一个好的 FAQ 系统应该至少可以回答用户 80% 的问题，这样不仅方便了用户，也大大减轻了网站工作人员的压力，同时还能节省顾客的成本，增加顾客的满意度。所以要成为一个优秀的企业网站，其必须要做的一个工作就是重视 FAQ 的设计。本实训通过对国内一些知名网上零售网站和家电企业网站的 FAQ 设计的体会，使学生掌握 FAQ 设计的形式与方法，以及 FAQ 的设计原则。

【实训目的】

1. 体验网站中 FAQ 的内容。
2. 熟悉 FAQ 的形式与方法。
3. 熟悉网站中 FAQ 的设计。

【实训内容与操作步骤】

（一）网上零售网站的 FAQ 设计

国内一些知名网上零售网站的 FAQ 体系设计比较完善，它们会针对用户在购物流程、商品选择、购物车、支付、配送、售后服务等方面的常见问题，对其分别给出解答。

（1）进入当当网首页，如图 7-38 所示，单击右上角的"帮助"超链接，进入当当网的帮助中心，如图 7-39 所示，体验项目的设置能否帮助不同级别的用户顺利使用该平台。

图 7-38　当当网首页

图 7-39　当当网的 FAQ

（2）登录京东商城网站，进入网站的帮助页面，如图 7-40 所示，体会京东商城网站的 FAQ 设计。

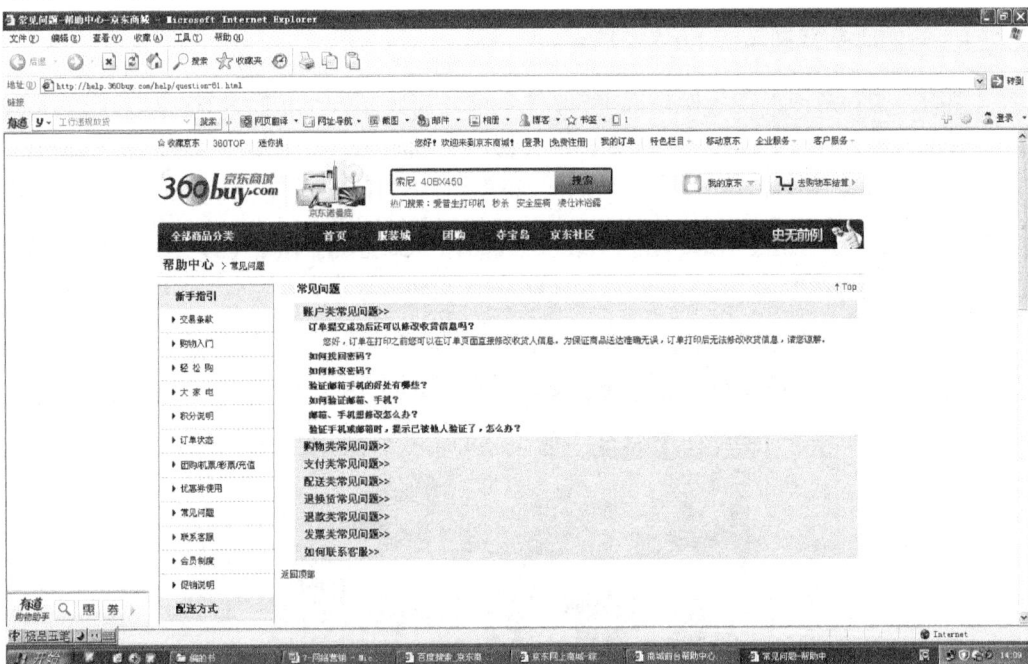

图 7-40　京东商城网站的 FAQ

（3）登录亚马逊中国网站的 FAQ 页面，如图 7-41 所示，体会亚马逊中国网站的 FAQ 设计。

图 7-41 亚马逊中国网站的 FAQ

(4) 比较三个网站的 FAQ 在实用性、有效性方面的差异，设计一个购物网站的 FAQ（包括功能实现和页面设计），使其集三家之所长，最好能加进自己的特色。

（二）家电企业网站的 FAQ 设计

一些知名企业网站的 FAQ 主要为网络消费者提供有关产品及企业情况等常见问题的解答，使他们能够迅速找到所需要的服务信息，同时也能够引发消费者浏览的兴趣。通过 FAQ，企业能够为每个消费者提供及时的日常服务。

(1) 登录长虹公司的网站（http://www.changhong.com.cn），如图 7-42 所示，点击"服务专区"菜单下的"常见问题"菜单，进入 FAQ 的页面，如图 7-43 所示，体会长虹公司网站的 FAQ 设计。

(2) 登录海尔公司的网站（http://www.haier.com/cn），如图 7-44 所示，点击"服务与支持"菜单，进入 FAQ 的页面，如图 7-45 所示，体会海尔公司网站的 FAQ 设计。

(3) 登录新飞公司的网站（http://www.xinfei.com/xinfei/index.aspx），如图 7-46所示，点击"绿色服务"菜单，进入绿色服务栏目的页面，点击右侧的"常见问题"，如图 7-47 所示，体会新飞公司网站的 FAQ 设计。

(4) 比较三个网站的 FAQ 在实用性、有效性方面的差异，设计一个企业网站的 FAQ（包括功能实现和页面设计），使其集三家之所长，最好能加进自己的特色。

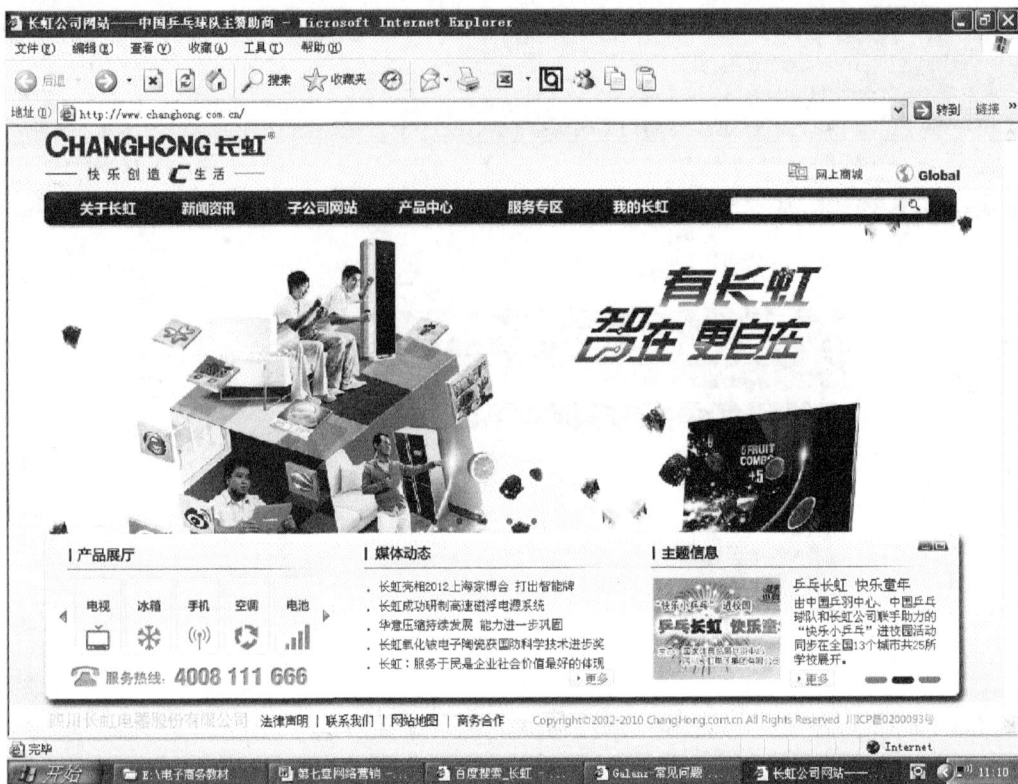

图 7-42　长虹公司网站首页

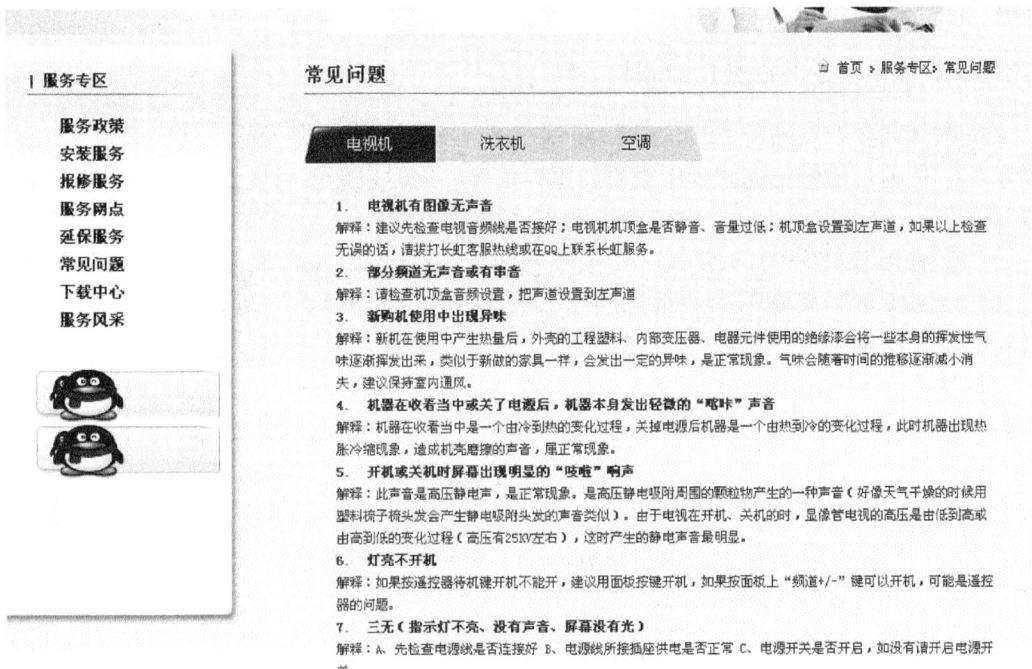

图 7-43　长虹公司网站的 FAQ

图 7-44　海尔公司网站首页

图 7-45　海尔公司网站的 FAQ

图 7-46 新飞公司网站首页

图 7-47 新飞公司网站的 FAQ

【实训习题】

1. 利用知己知彼网站设计一份大学生手机使用状况调查问卷，并邀请你的好友来填写调查问卷。

2. 采取哪些措施可以让更多的人知道你的调查项目，可以提高调查对象填写问卷的积极性？

3. 如何排除一些无效的调查问卷？

4. 在利用网络检索工具收集信息时要注意哪些问题？

5. 网站推广时应注意哪些问题？

6. 为某一企业设计一个对用户有效的 FAQ。

7. 设计一个对用户有效的 FAQ 应注意哪些问题？

8. 企业网站除了 FAQ 外，还可以通过什么方式来帮助用户解决其所遇到的问题？

第八章

电子商务应用系统规划与设计

电子商务应用系统的建设是一个循序渐进的过程，系统的建设可以从简单到复杂，不断发展。本章按照电子商务应用系统开发的生命周期，提供一整套电子商务系统源代码，以数码商城系统的规划、分析、设计、实现、调试与测试为实例，使学生能够充分了解电子商务应用系统的开发过程。

实训一　数码商城系统规划

【实训简介】

电子商务系统规划是指以支持企业开发电子商务系统为目标，确定电子商务的发展战略，给定未来电子商务系统的商务模式和模型，设计电子商务系统的总体结构，说明解决方案各个组成部分的结构及其组成，选择构造这一方案的技术方案，给出方案建设的实施步骤及时间安排，说明方案建设的人员组织，评估方案建设的开销和收益。本实训项目以数码商城系统为例，使学生充分了解和掌握电子商务系统规划过程。

【实训目的】

1. 了解数码商城系统开发的目的和意义。
2. 了解数码商城系统开发的思路和主要内容。
3. 熟悉数码商城运行环境。
4. 熟悉数码商城系统数据库。
5. 熟悉开发语言与开发工具。

【实训内容与操作步骤】

（一）数码商城系统开发的目的和意义

1. 开发目的

系统开发的目的就是要构建一个中小型的网上购物系统，方便用户购买数码产品。

用户可通过 Internet 登录商城，浏览其中的产品信息，将感兴趣的数码产品加入到自己的购物车当中，如果决定购买该产品，则可以将购物车中的商品作为订单下达。网上数码商城系统的管理员会定期处理用户下达的订单。使用该网站的用户可足不出户地购买到自己感兴趣的产品，而且可以使用产品搜索功能，更快地找到自己感兴趣的数码产品。

管理员登录后台后可以对商品信息和商品分类信息进行增加、修改和删除，对商城内的新闻进行添加、修改和删除，管理注册用户信息，管理商品订单。管理员可以方便灵活地进行管理。

2. 开发意义

通过网上数码商城系统，顾客可以足不出户、方便快捷地购买到质优价廉的数码产品，了解数码产品行业及特定产品的相关知识，节省大量的购物时间。商家能真正做到 7×24 小时服务，扩大服务范围，延长服务时间。商家通过会员注册信息及购买记录可以很好地了解顾客的需求，实现个性化服务，这对提高商城的效益大有裨益。因此，开发网上数码商城系统对商家和消费者都是很有意义的。

（二）数码商城系统开发的思路和主要内容

1. 确定电子商务网站功能定位

确定网站所涉及的商务活动的内容和流程。例如，我们在进行数码商城的设计时，先考虑确定网站发布的数码产品的种类，确定产品信息包括商品编号、商品名称、商品品牌、商品价格及商品描述等，再考虑确定信息的发布和信息的维护及管理。同时在确定了信息发布种类后，确定信息处理的流程为商品的浏览及搜索、账户登录、账户管理、购物车管理、支付。

2. 确定网站的收费对象和收费规则

在网站所涉及的商务内容确定了的情况下，确定收费对象和收费规则，再以此为依据确定网站的栏目。网站栏目的划分实际上就是系统功能模块的划分。在数码商城系统设计中，网站的收费对象为所有的浏览者。网站采取会员积分制（积分由所购买产品的价格决定），会员可根据自己积分的多少享受不同级别的优惠服务（会员按积分从低到高分两个级别，最高级别为 VIP 会员）。

3. 确定网站的栏目功能

在确定了网站的收费项目后，要确定网站的主要栏目和功能，包括网站的管理功能模块、网站的信息发布方式、网站商务活动的发布以及网站导航栏等。

网站的功能栏目的设置和系统的主要功能模块的划分是一致的。网站业务介绍性栏目应包括会员申请流程、收费标准、优惠措施、网站运行规则等，使用户对网站的服务有一个明确的了解，这是扩大网站的会员用户数量和提高网站的知名度及信誉所必不可少的栏目。

网站的导航栏是对网站的整体功能的全面介绍，使用户对网站的功能有一个清晰的了解，其也是网站不可缺少的栏目。同时也应有网站运行的相关提示信息，例如，在数码商城的设计中，我们在确定了收费对象和主要功能后，确定了网站首页的主要栏目为最新商品、热门商品、热销商品、特价商品等，并加入了购物指南栏目，对网站的主要功能及使用方法进行介绍。

4. 确定网站的系统结构

一个优秀的电子商务平台，根据环境以及所属业务的不断发展，其应具备良好的延展性和稳定性。应用程序可以采用 N 层架构。数码商城系统采用三层结构模型，即用户端 Web 浏览器、Web 服务器以及数据库服务器的 B/S 模型。它是一个基于 Web 浏览器的开放系统，用户可以通过 Web 浏览器访问服务器的网页，当用户向服务器发出一个数据请求后，Web 服务器将响应之，并向数据库服务器发出数据操作请求，数据库服务器执行请求，把结果返回给 Web 服务器，Web 服务器再把它传给用户端浏览器。所以，该系统是通过三层间不断发出的请求和响应联系在一起，并实现其功能的。

(三) 数码商城运行环境

1. Windows Server 2003 简介

Windows Server 2003 是 Windows Server 2000 改进后的较新的服务器操作系统。前者与后者相比，在可靠性、可用性、可扩展性、可操作性、安全性和对以前版本的兼容的可管理性等方面有了很大的提升。它为加强联网应用程序、网络和 XML Web 服务的功能提供了一个高效的结构平台。

由于数码商城采用的开发语言是 Microsoft 公司的 ASP（active server pages），因此平台将采用 Microsoft 公司的最新的服务器操作系统 Windows Server 2003。

2. IIS 6.0 简介

IIS 6.0 是 Windows Server 2003 自带的 Web 服务器。和 IIS 5.0 相比，IIS 6.0 提供了很多的新特性来增强 Web 服务器的可靠性、易管理性、可扩展性以及安全性。管理员可以利用 XML Metabase 在计算机之间传送服务器的配置信息，利用 XML Metabase 还可以实现远程管理。工作进程隔离模式可以保护 IIS 核心进程不会受缺陷程序的影响。此外，其仍然为应用程序保留了 IIS 5.0 隔离模式，给管理员提供了更多的选择。IIS 6.0 还引入了很多命令行脚本工具，WMI 提供者使用 COM 对象接口来提供对 IIS 的 Metabase 数据访问。由于有了这些新的改进，IIS 6.0 可以使服务器承载数以千计的网站，比以前的 IIS 5.0 具备更高的吞吐量和更快的启动速度。

因此数码商城将采用 IIS 6.0 作为 Web 服务器。数码商城的 IIS 配置方法是：在 Internet 服务管理器（IIS）中创建虚拟目录，名称为"Shop"，站点的主目录为"F：\ Shop"。

(四) 数码商城系统数据库介绍

1. My SQL 数据库

My SQL 数据库是一种多用户、多线程的符合 SQL 标准的关系型数据库。它是自由软件，代码开放，支持多种操作系统平台，其功能强大，具有灵活性以及丰富的应用编程接口和精巧的系统结构，受到了广大自由软件爱好者甚至是商业软件用户的青睐。尤其是其与 Linux、Apache、PHP（hypertext preprocessor）紧密结合，为建立基于数据库的动态网站提供了强大动力。

My SQL 是以一个客户机/服务器结构实现的，它由一个服务器守护程序 Mysqld 和很多不同的客户程序与库组成。My SQL 的主要特点是快速、健壮和易用。

2. SQL Server 数据库

SQL Server 数据库是 Microsoft 公司的数据库产品，与 Windows 完美结合，是客户机/服务器体系结构的关系型数据库管理系统（database management system，DBMS），可运行于台式机、笔记本上，是构建电子商务网站的首选。

SQL Server 数据库具有真正的客户机/服务器体系结构、图形化用户界面、丰富的编程接口工具、与 Windows NT 完全集成、良好的伸缩性、对 Web 技术的支持、提供数据仓库功能等特点。

3. IBM DB2 数据库

IBM DB2 数据库以能够快速处理异构数据，并为商务智能、在线事务处理及知识内容管理等应用提供整合的数据管理机制而著称。DB2 独特的存储器内置关系型数据库技术能将电子交易的速度提高 10 倍以上，强大的 XML 文档功能支持电子交易的实现。使用 DB2 数据连接器可以使用户跨平台获取非 DB2 数据。DB2 具有很好的网络支持能力，每个子系统可以连接十几万个分布式用户，可同时激活上千个活动线程，对于大型分布式应用系统尤为适用。

4. Oracle 数据库

Oracle 数据库是以高级结构化查询语言为基础的大型关系型数据库，是客户机/服务器结构数据库，同时是一个面向 Internet 环境的数据库，支持 Web 高级应用，具有海量处理能力，可运行在多种平台上。

Oracle 在数据库领域一直处于领先地位。Oracle 关系型 DBMS 是目前世界上流行的关系型 DBMS，系统可移植性好，使用方便，功能强，适用于各类环境。Oracle 10g 是 Oracle 数据库中的新版本，它是业界第一个为网格计算而设计的数据库，且有简化版、标准版和企业版多个版本可供选择，所有这些版本都使用相同的通用代码库构建，这意味着企业的数据库管理软件可以轻松地从规模较小的单一 CPU 服务器扩展到多CPU 服务器集群，而无需更改一行代码。无论是独立开发者、中小型企业，还是大型企业，这些世界一流的数据库版本中总有一款可满足其业务和技术的需求。

5. Access 数据库

Microsoft Access 是由 Microsoft 公司开发的 Microsoft Office 套装办公软件中的一个 DBMS。目前的较新版本 Access 2003 在继承前版本功能的基础上，不仅安全性大大增强了，而且又新增了导入、导出及链接，SQL 视图中基于上下文的帮助和处理 XML 数据文件等功能。Access 2003 可以自动识别和标记常见错误，同时提供更正错误的选项，因此开发工作也会变得更加轻松自如。

在电子商务应用中，My SQL、SQL Server、Oracle 是较为常用的数据库，这三种数据库间的比较，如表 8-1 所示。

表 8-1　常用的关系型数据库的比较

数据库	费用	操作系统/费用	速度	容量	备份恢复
My SQL	免费	Linux，免费	较快	较大	较好
SQL Server	按连接计算，较高	Windows，较高	快	较大	好
Oracle	按主频计算，较高	Linux/Windows，较高	最快	大	最好

（五）开发语言与开发工具介绍

在电子商务应用软件和网站的开发过程中离不开各种动态网页开发工具，当前比较常用的有以下几种。

1. ASP

ASP 是 Microsoft 公司提供的一种可将 HTML 和脚本以及可重用的 ActiveX Server Pages 组件结合在一起的动态页面构成技术，用来建立高效、动态、基于 Web 服务器的数据库应用程序访问环境。ASP 采用将 Script 嵌入 HTML 文本的方式，把动态部分有机地结合到静态的页面中，同时采用面向对象的特征以及对 ActiveX 控件的扩展，实现对 Web 数据库的动态访问，并使用 VBScript、JavaScript 等简单易懂的脚本语言，结合 HTML 代码，即可快速地完成网站的应用程序。

ASP 具有简单易学、安装使用方便（只需安装 Windows 的 IIS 组件）、开发工具强大而多样、对硬件的要求不高等优点。但 ASP 也有工作效率较低、无法实现跨操作系统的应用、无法完全实现企业级功能等缺点。

2. PHP

PHP 是一种跨平台的服务器端嵌入式脚本语言，大量地借用 C、Java 和 Perl 语言的语法，耦合 PHP 自己的特性，使 Web 开发者能够快速地写出动态页面。

PHP 语法简单，书写容易，具有快速学习、跨平台、良好的数据库交互、良好的安全性等特点。PHP 支持目前绝大多数的数据库，与 My SQL 数据库完美结合。PHP 是完全免费的，用户可以不受限制地获得源代码，甚至可以从中加进自己需要的特色。PHP 的缺点是其提供的数据库接口支持不统一，安装复杂，缺少企业级的支持，缺少正规的商业支持。

3. JSP

JSP（java server pages）是 Sun 公司出品的一种动态网页技术标准。JSP 技术可以很容易地整合到多种应用体系结构中，扩展到能够支持企业级的分布式应用。作为采用 Java 技术的家族的一部分，以及 J2EE 的一个成员，JSP 技术能够支持高度复杂的基于 Web 的应用。JSP 解决了 ASP 和 PHP 两种脚本级执行的通病，由于 JSP 页面的内置脚本语言是基于 Java 程序设计语言的，而且所有的 JSP 页面都被编译成为 Java Servlet，所以 JSP 页面就具有了 Java 技术的所有优点，包括健壮的存储管理和安全性。

JSP 技术的优点是一次编写、到处运行，系统的多平台支持，强大的可伸缩性，多样化和功能强大的开发工具支持等。

JSP 技术的缺点是使用较为复杂，占用的内存和硬盘空间较大。

4. . NET

. NET 是 Microsoft XML Web Services 平台。XML Web Services 允许应用程序通过 Internet 进行通信和数据共享，而不管其所采用的是哪种操作系统、设备或编程语言。

Microsoft 公司的 . NET 体系结构是 Windows 分布式网络应用程序体系结构的演进，Microsoft 公司对 . NET 的描述是："。NET 是一个革命性的新平台，它建立在开放的 Internet 协议和标准之上，采用许多新的工具和服务用于计算和通信。"简单地说，. NET 是一个开发和运行软件的新环境。. NET 环境中突破性的改进在于：使用统一的 Internet 标准（如 XML）将不同的系统对接；是 Internet 上首个大规模的高度分布式应用服务架构；使用了一个"联盟"的管理程序，这个程序能全面管理平台中运行的服务程序，并且为它们提供强大的安全保护平台。

实训二　数码商城系统分析

【实训简介】

数码商城系统分析的目的是在系统规划的基础上，通过对系统的需求分析、功能分析、可行性分析、安全性分析和主要业务逻辑分析等一系列的操作，构造出新系统的逻辑模型，解决电子商务系统将要"做什么"的问题。

【实训目的】

1. 熟悉数码商城系统需求分析。
2. 熟悉数码商城系统功能分析。
3. 熟悉数码商城系统可行性分析。
4. 熟悉数码商城系统安全性分析。
5. 熟悉数码商城系统主要业务逻辑分析。

【实训内容与操作步骤】

（一）数码商城系统需求分析

（1）需求分析的重点是调查、收集和分析用户数据管理中的信息需求和处理需求。信息需求是指用户需要从数据库中获得的信息的内容和性质。由用户的信息需求可以导出数据需求，即在数据库中应该存储哪些数据。处理需求是指用户要求完成什么处理功能，对某种处理要求的响应时间。明确用户的处理需求，将有利于后期应用程序模块的设计。需求分析具体可按如图 8-1 所示的几步进行。

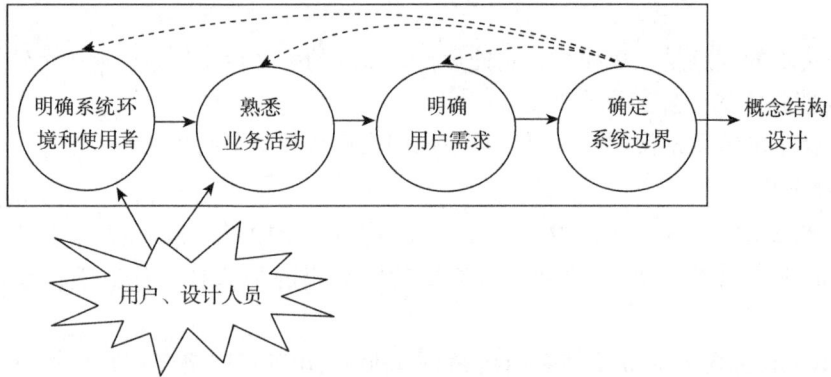

图 8-1　需求分析的过程

（2）调查了解用户的需求后，还需要进一步分析和抽象出用户的需求，使之转换为后续各设计阶段可用的形式。在众多分析和表达用户需求的方法中，结构化分析（structured analysis，SA）是一个简单实用的方法。SA 方法采用自顶向下、逐层分解的方式分析系统，用数据流图、数据字典描述系统，如图 8-2 所示。

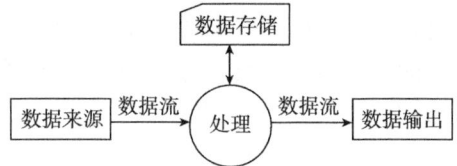

图 8-2　高层次系统抽象

在调查、分析用户的业务活动并确定系统边界后，得到了如图 8-3 所示的业务流图。

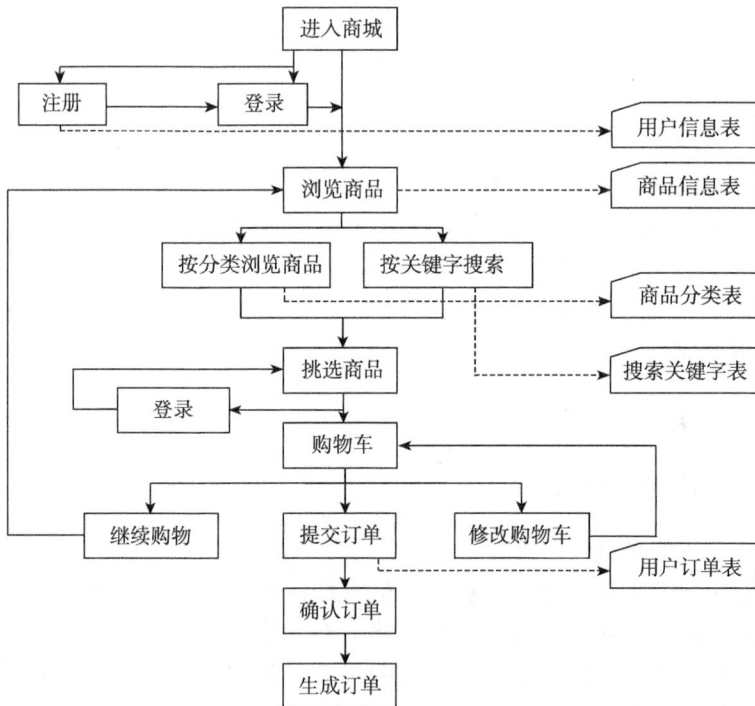

图 8-3　用户业务流图

根据实际应用环境对业务流图进行分解、细化。这里以最后一步"生成订单"为例，经过需求分析得到下单数据流图，如图 8-4 所示。

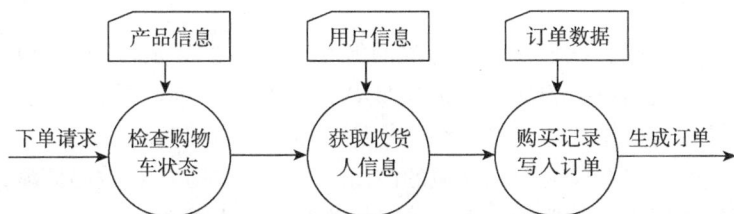

图 8-4 下单数据流图

数据字典是结构化设计方法的另一个工具，它用来对系统中的各类数据进行详尽的描述。对数据库设计来说，数据字典是进行详细的数据收集和数据分析后所获得的主要成果。对于数据字典中的内容，在数据库设计过程中还要不断地进行修改、充实和完善。产品数据字典如表 8-2 所示。

表 8-2 产品数据字典

数据项	类型
产品名	文本
产品型号	文本
出品公司	文本
产品品牌	文本
产品图片	文本
产品简介	备注
产品详细信息	文本
库存数量	整数
商品价格	整数

（二）数码商城系统功能分析

1. 用户功能分析

为方便用户购买产品，系统应该为其提供以下几种功能：

（1）商品浏览。以列表的方式显示数码产品信息，这样可以在页面显示大量的商品信息，同时可以提供更多的商品浏览方式，如分类浏览、最新商品、热销商品和特价商品等。

（2）商品显示。当用户找到感兴趣的商品时需要显示相关产品的详细信息，包括产品名称、生产商、价格、规格及相关介绍等，此外还可以显示产品被用户浏览过的次数、当前存货状况等。

（3）购物车。当用户找到需要的商品时，可先将该商品放入购物车中，然后继续寻找其他的商品，购物车中将存放当前用户打算购买的所有数码产品。

（4）商品订单。当用户在数码商城中找到了所有需要的商品并决定购买后，便可以下订单。管理员会定期处理用户下达的订单，并根据用户的订单信息将货物送达用户所指定的地址。

（5）商品搜索。网上数码商城与传统商城相比，其优势是，当用户知道商品的某部分信息时，即可使用系统的搜索功能按照数码产品的名称、类别、生产商、品牌等其中的一个条件进行模糊查找，并能快速找到所搜索的相关商品。

（6）用户注册。只有成为数码商城的注册用户后，其方可在数码商城系统中购物，因此系统需要提供用户注册功能及个人信息修改和密码维护功能。

2. 管理员功能分析

数码商城管理员的功能是维护系统正常运行，系统需要为其提供以下几种功能：

（1）管理员信息管理。其包括添加新管理员、删除管理员、修改密码。

（2）用户账号管理。由于只有成为数码商城的注册用户后其才能购买商品，管理员需要对用户账号进行管理。

（3）商品管理。各类数码产品是数码商城的内容所在，管理员需要维护系统中的产品信息，同时与产品相关的分类信息也需要维护。其具体包括添加、删除商品类别，添加、修改、删除商品信息。

（4）订单管理。在用户下达订单后，管理员需要对用户订单进行处理，为用户准备其所订购的商品，并组织送货、收取货款等。

（三）数码商城系统可行性分析

可行性分析的目的就是用最小的代价在尽可能短的时间内确定问题是否能够解决、是否值得去解决。下面从四个方面分析数码商城系统的可行性。

（1）技术可行性。数码商城系统采用 Microsoft Access 2003 进行后台数据库的管理、操作和维护，用 ASP 实现系统功能。Dreamweaver 8.0 可以方便地创建动态、快速、交互性强的 Web 站点。这充分说明数码商城系统在技术方面可行。

（2）经济可行性。由于目前我国互联网事业蓬勃发展，网上购物人数在国内呈现快速增长态势，企业商务网站要想以最低的投入成本获得更高的商业利润，必须开发一个易于管理、维护费用低廉、界面友好、安全可靠的商务系统。因此 ASP 的开发简易性、灵活性尤其是经济方面的可行性迎合了这一开发要求。

（3）操作可行性。该系统设计清晰，有良好的用户界面，操作简洁，有完善的异常处理机制和提示信息机制，因此在操作方面可行。

（4）法律可行性。数码商城系统没有违反国家相关法律规定，在法律方面可行。

（四）数码商城系统安全性分析

在现代社会中，网上购物已经成为各个传统产业提高自己应变效率的有力武器。在各大企业纷纷建立自己的网上购物平台的时候，作为一个网上购物网站，其安全性会直接影响企业和客户的利益，因此，网站的安全性应放在首要位置。

（1）用户权限安全性。系统设置管理员和一般用户两种用户身份以满足安全性要求，只有管理员才拥有用户管理、系统初始化等权限。

（2）系统安全性。系统对输入数据首先进行合法性检查，最大限度地满足数据的安全，保证系统的稳定。

（3）保证安全性的方法有合法性检验机制和数据加密机制等。

（4）数码商城系统对系统安全性作如下处理：首先，在网站注册的用户拥有唯一的账号，此账号唯一标识用户身份，用户凭此信息访问该系统。其次，系统还提供了密码加密机制，利用 MD5 报文摘要算法将用户密码转换为新的不可逆的字符串，以实现加密。

（五）数码商城系统主要业务逻辑分析

商品管理流程如图 8-5 所示。

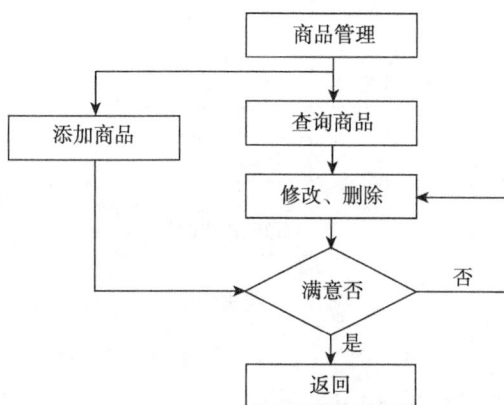

图 8-5　商品管理流程

用户登录流程如图 8-6 所示。

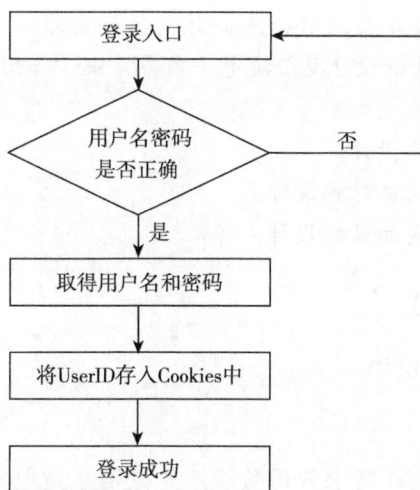

图 8-6　用户登录流程

购物流程如图 8-7 所示。

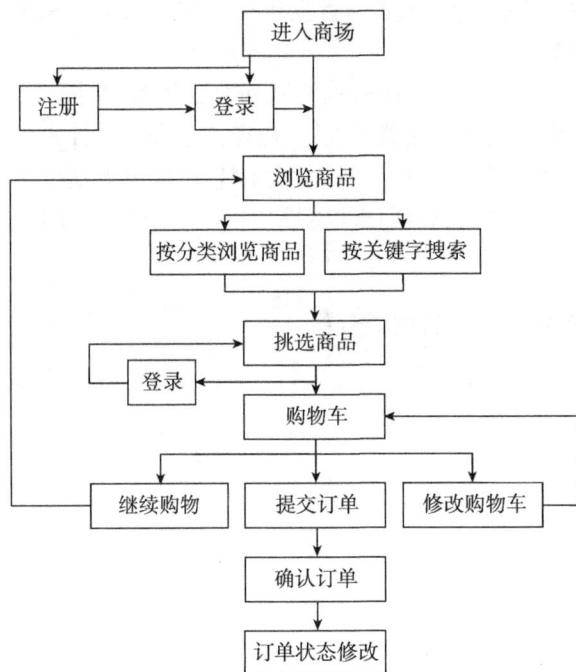

图 8-7　购物流程

实训三　数码商城系统设计

【实训简介】

数码商城系统设计是在系统分析的基础上，设计出能满足预定目标的系统的过程。系统设计的内容主要包括数码商城数据库设计、数码商城网站功能结构设计、数码商城网站页面结构设计等。系统设计要解决电子商务系统"如何做"的问题。

【实训目的】

1. 掌握数码商城数据库设计。
2. 掌握数码商城网站功能结构设计。
3. 掌握数码商城网站页面结构设计。

【实训内容与操作步骤】

（一）数码商城数据库设计

1. 概念结构设计

概念结构设计的任务是在需求分析阶段产生的需求说明书的基础上，按照特定的方法将其抽象为一个不依赖于任何具体机器的数据模型，即概念模型。概念模型使设计者的注意力能够从复杂的实现细节中解脱出来，而只集中在最重要的信息的组织结构和处理模式上。概念模型具有以下特点：

（1）概念模型是对现实世界的抽象和概括，它真实、充分地反映了现实世界中事物和事物之间的联系，能满足用户对数据的处理要求。

（2）由于概念模型简洁、明晰、独立于计算机，很容易理解，因此可以用概念模型和不熟悉计算机的用户交换意见，使用户能积极参与数据库的设计工作，保证设计工作顺利进行。

（3）概念模型易于更新，当应用环境和应用要求改变时，可以很容易地对概念模型进行修改和扩充。

（4）概念模型可以很容易地向关系、网状、层次等各种数据模型转换。

描述概念模型的有力工具是 E-R（实体—联系）图。E-R 模型是一个面向问题的概念模型，即用简单的图形方式（E-R 图）描述现实世界中的数据。这种描述不涉及数据在数据库中的表示和存取方法，非常接近人的思维方式。后来又提出了扩展实体联系模型（extend entity-relationship model），简称为 EER 模型。EER 模型目前已经成为被广泛使用的一种概念模型，为面向对象的数据库设计提供了有力的工具。

系统使用 E-R 方法建立概念模型，能够使数据库和程序结构更加清晰。产品实体 E-R 图如图 8-8 所示。

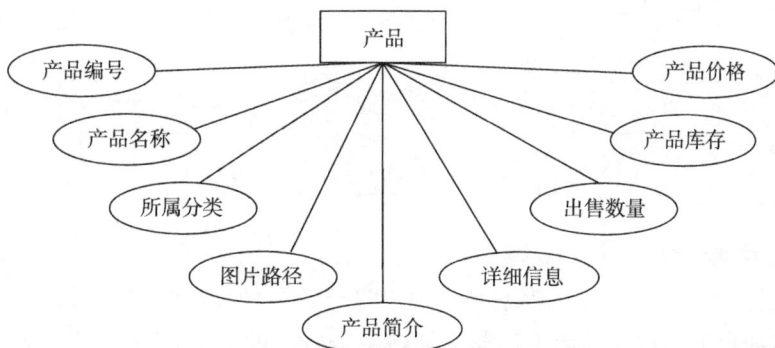

图 8-8　产品实体 E-R 图

用户实体 E-R 图如图 8-9 所示。

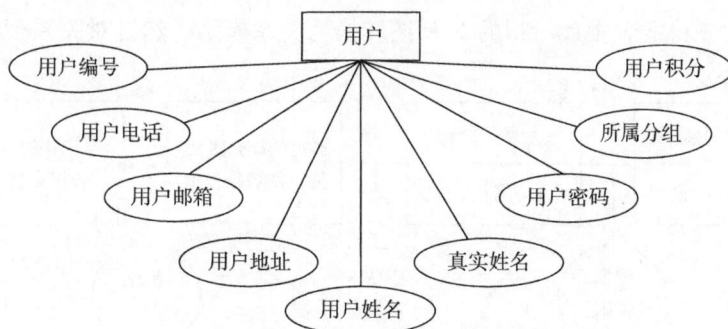

图 8-9　用户实体 E-R 图

订单实体 E-R 图如图 8-10 所示。

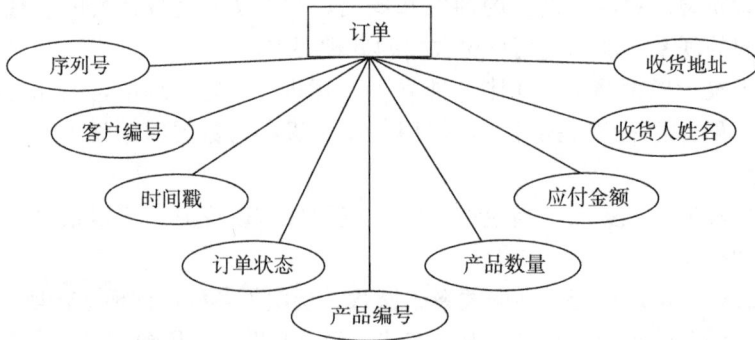

图 8-10 订单实体 E-R 图

实体及其联系的 E-R 图如图 8-11 所示。

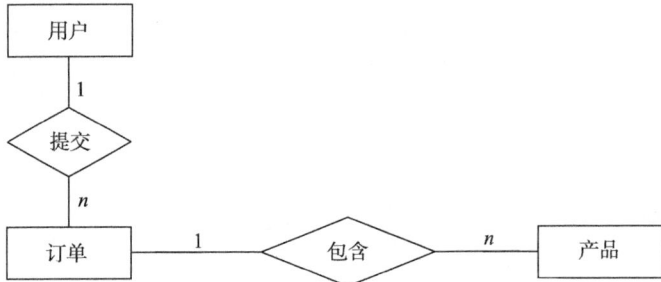

图 8-11 实体及其联系的 E-R 图

2. 逻辑结构设计

概念结构设计所得的 E-R 模型是对用户需求的一种抽象的表达形式，它独立于任何一种具体的数据模型，因而也不能为任何一个具体的 DBMS 所支持。为了能够建立最终的物理系统，还需要将概念结构进一步转化为某一 DBMS 所支持的数据模型，然后根据逻辑设计的准则、数据的语义约束、规范化理论等对数据模型进行适当的调整和优化，形成合理的全局逻辑结构，并设计出用户子模式。数据库逻辑结构的设计分为两个步骤：先将概念设计所得的 E-R 图转换为关系模型，然后对关系模型进行优化，如图 8-12 所示。

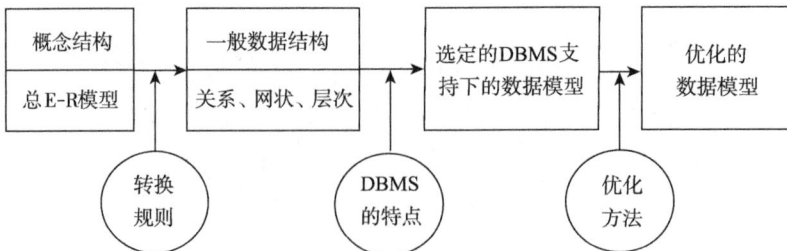

图 8-12 逻辑结构设计的过程

关系模型是一组关系（二维表）的结合，而 E-R 模型则是由实体、实体的属性、实体间的联系三个要素组成。所以要将 E-R 模型转换为关系模型，就是将实体、属性和联系都要转换为相应的关系模型。图 8-13、图 8-14 分别为用户—订单实体、订单—产品实体转换后的关系模型。

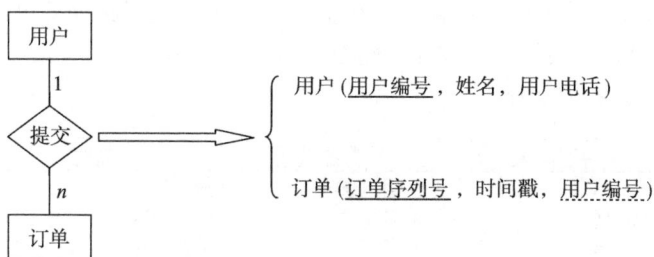

图 8-13　用户—订单实体关系模型转换

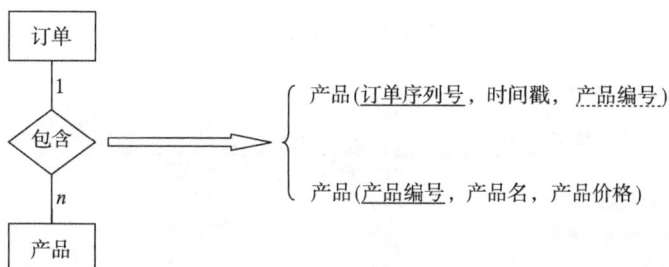

图 8-14　订单—产品实体关系模型转换

3. 物理结构设计

数据库物理设计阶段的任务是根据计算机系统（DBMS 和硬件等）的具体特点，为给定的数据库模型确定合理的存储结构和存取方法。所谓的"合理"主要有两个含义：一是要使设计出的物理数据库占用较少的存储空间；二是数据库操作应具有尽可能快的速度。

为了设计数据库的物理结构，设计人员必须充分了解所用 DBMS 的内部特征；充分了解数据系统的实际应用环境，特别是数据应用处理的频率和响应时间的要求；充分了解外存储设备的特性。数据库的物理结构设计大致包括确定数据库的存取方法和确定数据库的存储结构两方面。

（1）确定数据库的存取方法，就是确定建立哪些存储路径以实现快速存取数据库中的数据。现行的 DBMS 一般都提供了多种存取方法，如索引法、HASH 法等。其中最常用的是索引法。在数据库中，索引允许应用程序迅速找到表中的数据，而不必扫描整个数据库，使用索引可以大大减少数据的查询时间。但需要注意的是，索引虽然能加快查询的速度，但是增加索引也有其不利的一面：首先，每个索引都将占用一定的存储空间，如果建立聚簇索引（会改变数据物理存储位置的一种索引），所需占用的空间就会更大；其次，当对表中的数据进行增加、删除和修改时，索引也要动态地维护，这样就降低了数据的更新速度。因此，系统在产品表中的产品编号、订单表中的订单序列号、用户表中的用户编号上建立索引。

（2）确定数据库的存储结构主要是指确定数据的存放位置和存储结构，包括确定关系、索引、日志、备份等的存储安排及存储结构，以及确定系统存储参数的配置。系统采用的是 Access 数据库，在存储结构上直接确定数据库路径即可。

（3）从实际出发，根据实际需要，得到主要表的结构。

Category 表如图 8-15 所示。

字段名称	数据类型	说明
CategoryID	自动编号	分类ID
ParentID	数字	所属父类ID
Category	文本	分类名称
Categoryorder	数字	分类排序
Hide	数字	是否显示
Intro	备注	分类介绍

图 8-15　Category 表

Product 表如图 8-16 所示。

字段名称	数据类型	说明
ID	自动编号	产品ID
CategoryID	数字	所属分类
ProductName	文本	产品名
Type	文本	产品型号
Company	文本	出产公司
TradeMark	文本	商标品牌
Amount	数字	上架数量
Stock	数字	库存数量
ProductDate	文本	上市日期
AddDate	日期/时间	上架日期
Introduce	备注	产品简介
Detail	备注	详细介绍
Content	备注	商品备注
MarketPrice	数字	市场价格
MemberPrice	数字	会员价格
VipPrice	数字	VIP价格
Discount	数字	折扣
Recommend	数字	推荐
Pic	文本	产品图片地址
Score	数字	赠送给客户的积分
Grade	文本	产品级别
Solded	数字	卖出商品数
ViewNum	数字	浏览次数
DownLoadLink	文本	驱动程序下载地址

图 8-16　Product 表

4. 创建数据库连接

在进行动态网站开发时，一个很重要的步骤就是建立数据库连接，即访问数据库。访问数据库可以用 DSN 和非 DSN 两种方法，在这里使用后者，因为它比较方便。由于数码商城系统采用 Access2003 数据库存储数据，所以使用以下代码连接数据库：

```
<!-- ********************* Conn. asp ********************* -->
<%
dim conn，connstr，startime，Database
startime＝timer（）
Database＝" Data/♯Amphenol _ Online. mdb"
connstr＝" Provider＝Microsoft. Jet. OLEDB. 4. 0；DataSource＝" &Server. MapPath
(""&Database&"")
'On Error Resume Next
  Set conn ＝ Server. CreateObject（" ADODB. Connection")
  conn. open connstr
  If Err Then
    err. Clear
    Set Conn ＝ Nothing
    Response. Write" 数据库连接出错，请检查 Conn. asp 中的数据库指向。"
    Response. End
  End If
%>
```

由于这段代码几乎在后面的每个页面中都要使用，所以将其保存到一个单独的文件中，文件名为 Conn. asp，在所有与数据库连接的页面中只要包含该文件，就可以连接和打开数据库。

包含该文件时应该用到以下代码：

```
<!-#include File=" Conn. asp" -->
```

（二）数码商城网站功能结构设计

1. 前台功能结构设计

数码商城前台功能结构如图 8-17 所示。

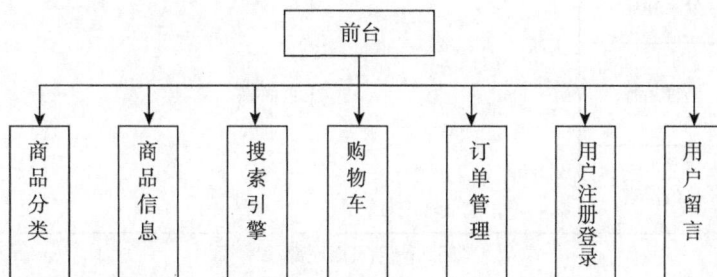

图 8-17　前台功能结构

2. 后台功能结构设计

数码商城后台功能结构如图 8-18 所示。

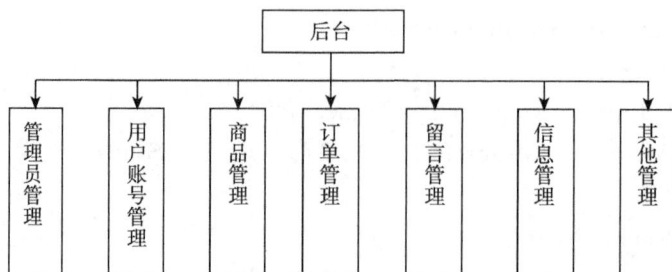

图 8-18　后台功能结构

(三) 数码商城网站页面结构设计

1. 前台页面结构设计

数码商城前台页面结构设计采用表格定位，包括网站 LOGO、搜索引擎、导航条、用户登录、旗帜广告、最新新闻、商品详细分类导航、销售品牌、热门搜索、主页面、网站信息（页面尾部）。主页面结构如图 8-19 所示，其余页面将沿用主页面的结构并对主页面和左栏目的相应位置作修改。

图 8-19　前台页面结构

2. 后台页面结构设计

数码商城后台页面采用了框架结构，左框架为系统菜单，右框架分为上下两部分，上面的框架显示系统信息，下面的框架为主页面，显示后台各个功能页。数码商城后台页面结构如图 8-20 所示。

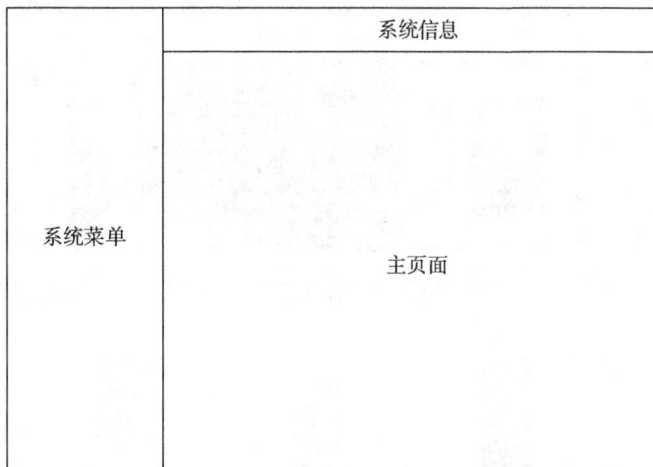

系统菜单	系统信息
	主页面

图 8-20　后台页面结构

实训四　数码商城系统实现

【实训简介】

数码商城系统是通过 ASP 技术和 Microsoft Office Access 数据库设计与实现的。数码商城系统完成了前台的产品展示模块、购物车模块、搜索引擎模块和后台的网站配置模块、产品管理模块、订单管理模块。通过此实训使学生熟悉和了解前台和后台各功能模块的实现过程。

【实训目的】

1. 掌握前台产品展示模块实现。
2. 掌握前台购物车模块实现。
3. 掌握前台搜索引擎模块实现。
4. 掌握后台网站配置模块实现。
5. 掌握后台产品管理模块实现。
6. 掌握后台订单管理模块实现。

【实训内容与操作步骤】

（一）前台产品展示模块实现

数码商城前台首页如图 8-21 所示。

图 8-21　数码商城前台首页

对于一个购物网站来说，产品展示是唯一能让消费者们了解商品详细信息的地方，在商品展台里，消费者可以了解到该商品的名称、类别、规格、价格、折扣程度和与商品相关的介绍等信息。其页面的运行效果如图 8-22 所示。

产品展示的页面为 Product. asp，要查看某个产品需提交该产品的 ID，所以访问地址应该为 Product. asp?ID＝某 ID 值。

其实现方法为：从 Product 表中检索出指定 ID 的产品数据并将其存入 rs2 记录集，从 ProductProperty 表中检索出产品属性并将其存入 rs3 记录集，用 html 标记格式化产品属性并输出。

产品展示的具体算法如下：

```
<%
id＝Request（"id"）
set rs2＝server. CreateObject（"adodb. recordset"）
rs2. open"select * from product where id＝"&id，conn，1，3
if rs2. eof and rs2. bof then
    response. Write "<script language='javascript'>alert（'查无此记录，请正确操作！'）；history. go（-1）；</script>"
    conn. close
    set conn＝nothing
```

图 8-22　产品展示运行效果

```
    response. End
end if
rs2（"viewnum"）＝rs2（"viewnum"）＋1
rs2. update
set rs3＝server. CreateObject（"adodb. recordset"）
rs3. open "select ＊ from productProperty"，conn，1，1
％＞
```

（二）前台购物车模块实现

在传统的自选超市购物中，消费者进入商场的第一件事情就是先取一个空的购物车或购物篮，以便在购物时随时存放选购的商品。在网上购物模式中，购物车也是必需的，只不过充当购物车角色的是网页实体。由于消费者在网上购物时往往要购买许多商品，因此需要实现的是临时存放消费者选购的商品信息。当消费者想知道自己都买了什么商品的时候，就可以通过"购物车"来查看。不仅如此，消费者还能对购物车中所购的商品进行删除或更改，并能了解其消费了多少，购物车系统能自动对所购商品进行价格统计。另外，消费者还可以更改他所购买商品的数量。

购物车的运行效果如图 8-23 所示。

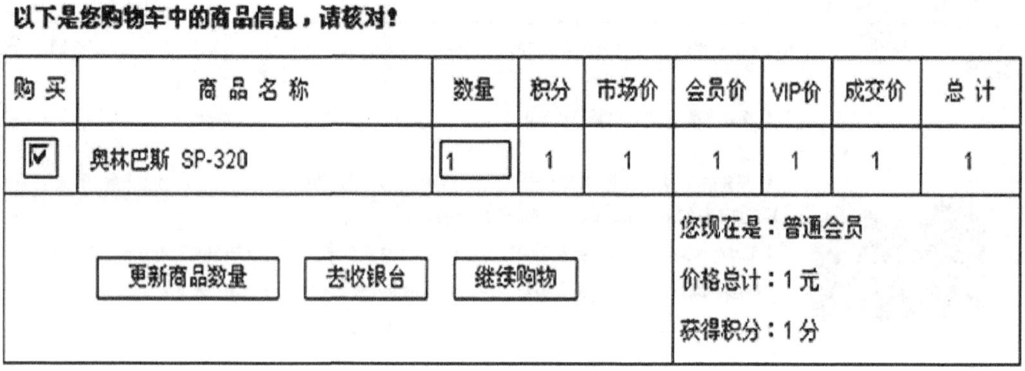

以下是您购物车中的商品信息，请核对！

购买	商 品 名 称	数量	积分	市场价	会员价	VIP价	成交价	总 计
☑	奥林巴斯 SP-320	1	1	1	1	1	1	1

更新商品数量　　去收银台　　继续购物

您现在是：普通会员

价格总计：1元

获得积分：1分

图 8-23　购物车的运行效果

购物车的实现页面为 Cart.asp。由于 Http 协议是面向无连接的，因此其也是无状态协议，购物车的关键在于对消费者浏览不同页面时的商品信息的状态进行维护。在数码商城系统中采用了在服务器端 ASP 的 Session 对象作为购物车状态维护的数据结构，具体结构为：

（1）Session（ProductList）作为购物车中商品种类的维护，ProductList 为字符串变量。

（2）Session（ID）作为购物车中商品数量的计数器，ID 为商品 ID。

加入购物车的具体算法如下：

```
<%
Products＝Split（Request（"Prodid"），"，"）
ProductList＝Session（"ProductList"）
ForI＝0 To UBound（Products）
    call PutToShopBag（Products（I），ProductList）
Next
Session（"ProductList"）＝ ProductList
Sub PutToShopBag（ Prodid，ProductList ）
    If   Len（ProductList）＝0 Then
        ProductList＝Prodid
    Else
      If   InStr（ ProductList，Prodid ）＜＝0 Then
      ProductList＝ProductList&"，"&Prodid &""
      end if
    End If
End Sub
%>
```

商品数量更新的算法如下：

```
<%
Quantity＝CInt（Request.Form（"Quantity" & rsCheck（"ID"）））
    If Quantity <＝0 Then
        Quantity＝CInt（Session（rsCheck（" ID"）））
        If Quantity <＝0 Then Quantity ＝1
    End If
Session（rsCheck（"ID"））＝Quantity
%>
```

完整的购物车实现代码参照页面 Cart.asp。用户从购物车中点击"去收银台"就进入了下订单流程，其实现页面为 Payment.asp。下订单分三个阶段：

（1）先对用户是否登录进行验证，页面为 Pament.asp?action＝1，如果登录则进入第二阶段，页面为 Pament.asp?action＝2，如图 8-24 所示。

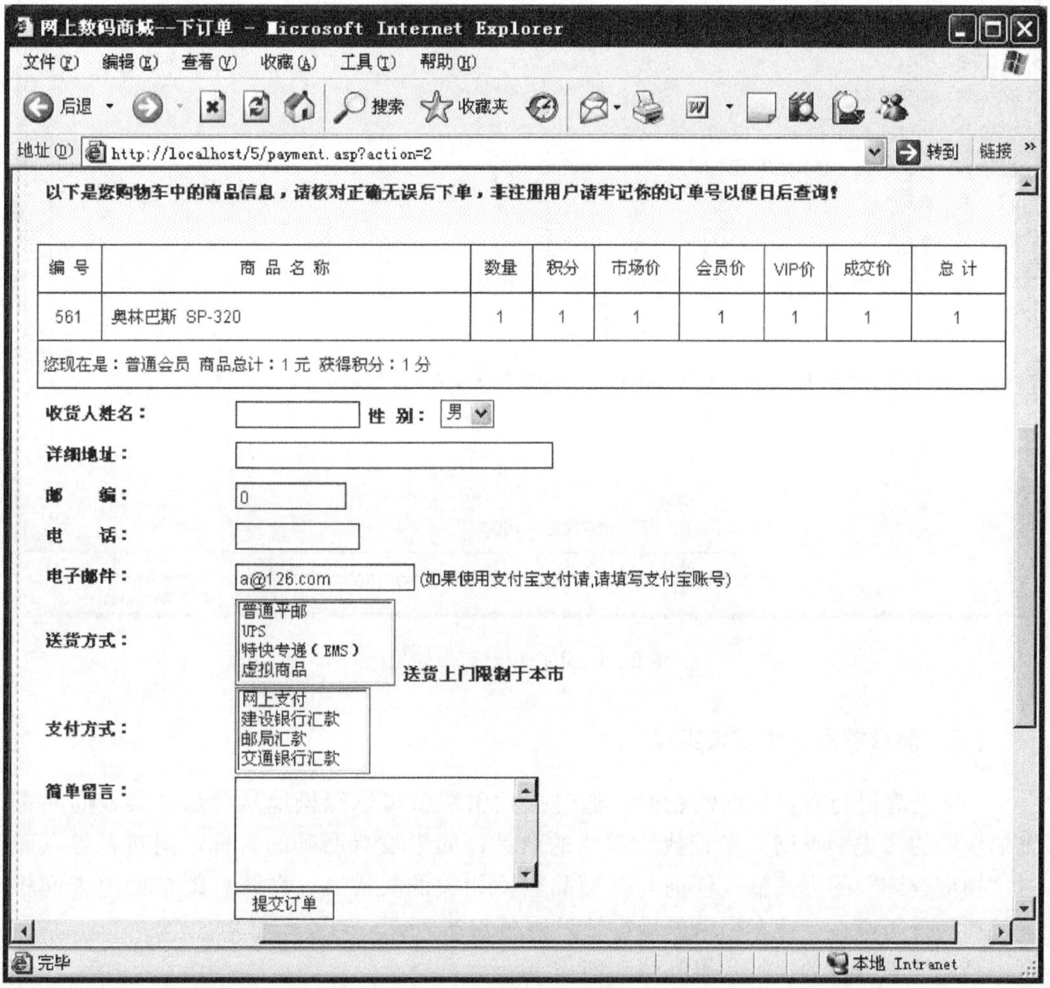

图 8-24　用户下订单阶段

（2）用户填写支付方式并提交订单后，就进入第三阶段，页面为 Pament. asp? action＝3。

（3）用户核对订单，如图 8-25 所示。

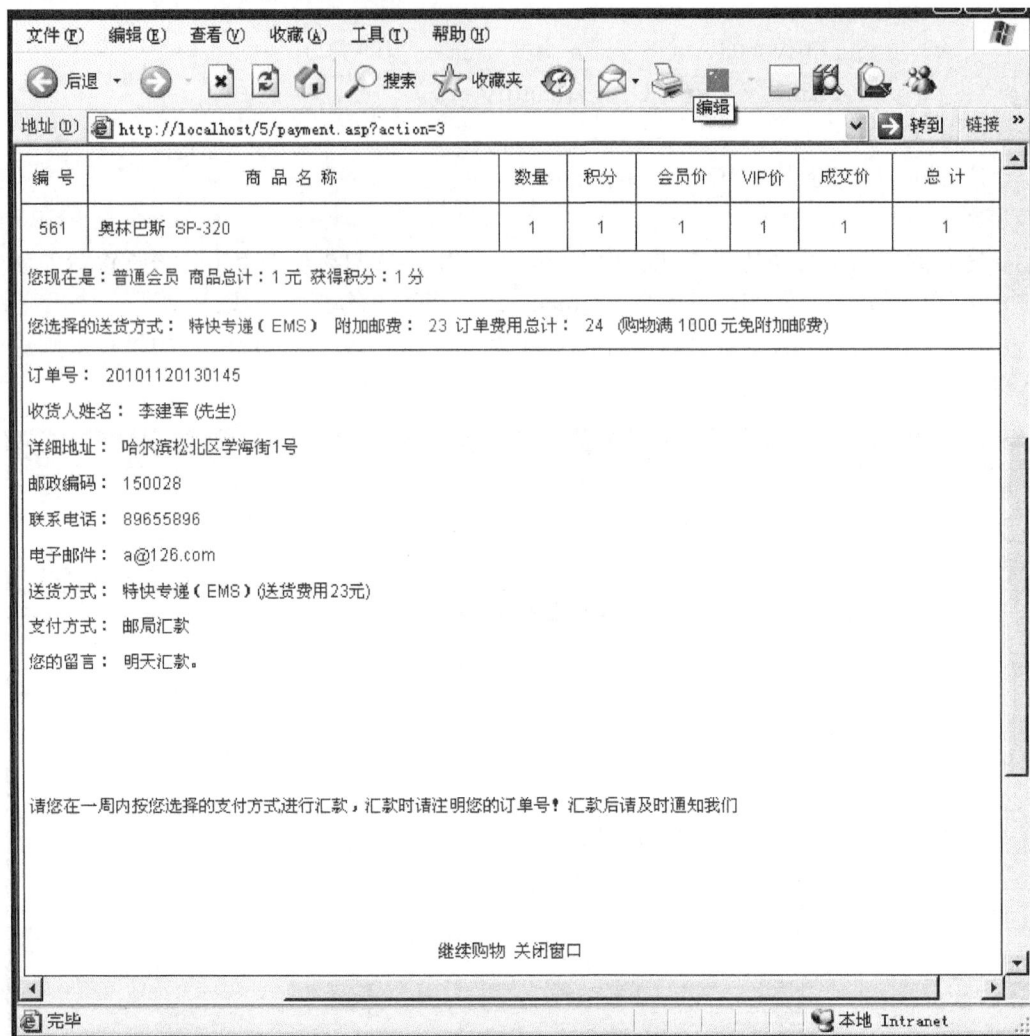

编　号	商　品　名　称	数量	积分	会员价	VIP价	成交价	总　计
561	奥林巴斯 SP-320	1	1	1	1	1	1

您现在是：普通会员 商品总计：1 元 获得积分：1 分

您选择的送货方式：特快专递（EMS）附加邮费：23 订单费用总计：24 （购物满 1000 元免附加邮费）

订单号：20101120130145

收货人姓名：李建军 (先生)

详细地址：哈尔滨松北区学海街1号

邮政编码：150028

联系电话：89655896

电子邮件：a@126.com

送货方式：特快专递（EMS）(送货费用23元)

支付方式：邮局汇款

您的留言：明天汇款。

请您在一周内按您选择的支付方式进行汇款，汇款时请注明您的订单号！汇款后请及时通知我们

继续购物 关闭窗口

图 8-25　用户核对订单阶段

（三）前台搜索引擎模块实现

当消费者进行有目标的购物时，通过搜索引擎就可以轻松地从商品分类或商品查询模块中的"类别查询"来查找所需要的商品；如果没有明确的目标，消费者可以通过"模糊查询"的方式输入任何与某商品名称相关的关键字，系统就能帮助他查询相关的商品是否存在。搜索引擎的运行效果如图 8-26 所示。

高级搜索引擎的运行效果如图 8-27 所示。

执行搜索的关键业务逻辑位于 Research. asp 页面，在这个页面中执行搜索引擎的

图 8-26 搜索引擎的运行效果

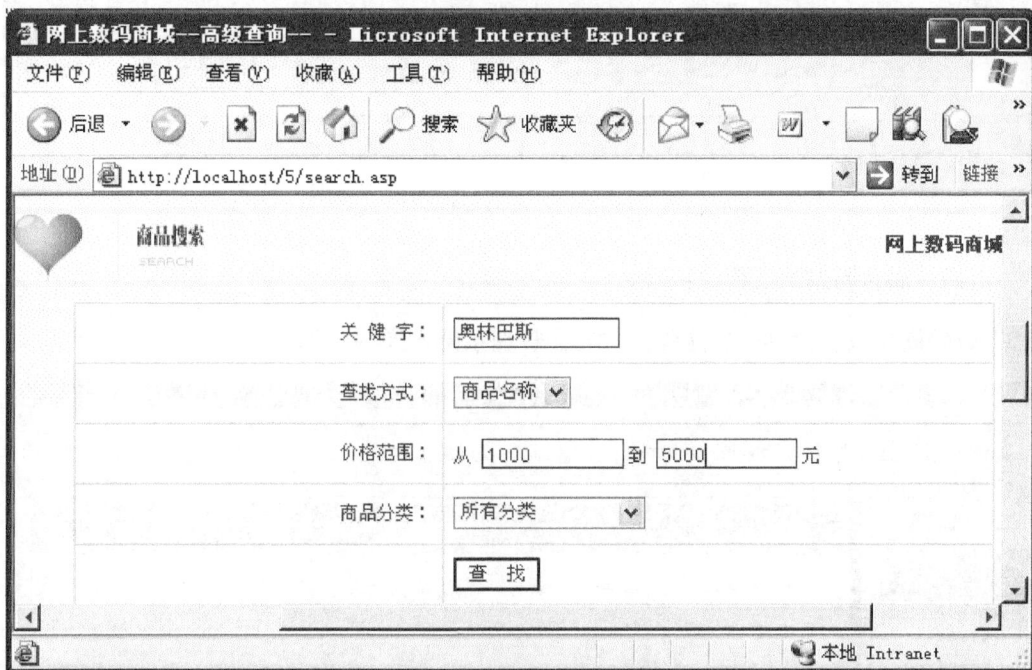

图 8-27 高级搜索引擎的运行效果

两种搜索功能：普通搜索和高级搜索。代码将根据提交的数据判断其搜索属于哪种搜索。其实现方法是，判断客户端提交的数据中的 jiage 变量是否为空，如果为空则为普通搜索，反之则为高级搜索。执行搜索时采用的是模糊搜索，即只要能匹配用户提交的关键字则返回该记录。模糊搜索执行以下 SQL 代码：

（1）商品详细信息的模糊搜索代码。

select id，Productname，Trademark，introduce，marketPrice，memberprice，productdate，detail from product where detail like '%" ＆searchkey&"%'

（2）商品名称的模糊搜索代码。

select id，Productname，Trademark，introduce，marketPrice，memberprice，productdate，detail from product where productname like '%" ＆searchkey&"%'

（3）商品简介和商品品牌的搜索代码类似，只要把 Productname 换成 Introduce 和 Trademark 即可。

搜索后运行效果如图 8-28 所示。

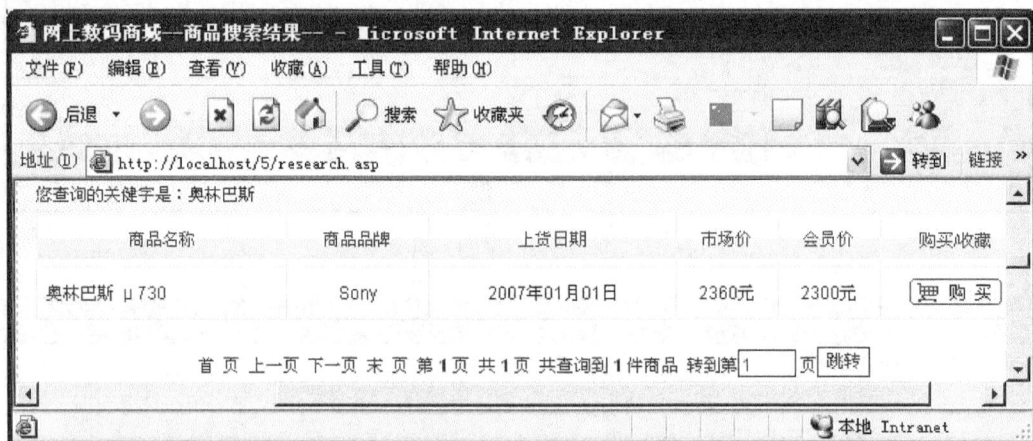

图 8-28　搜索后运行效果

（四）后台网站配置模块实现

数码商城系统提供了功能强大的后台管理系统，如图 8-29 所示。

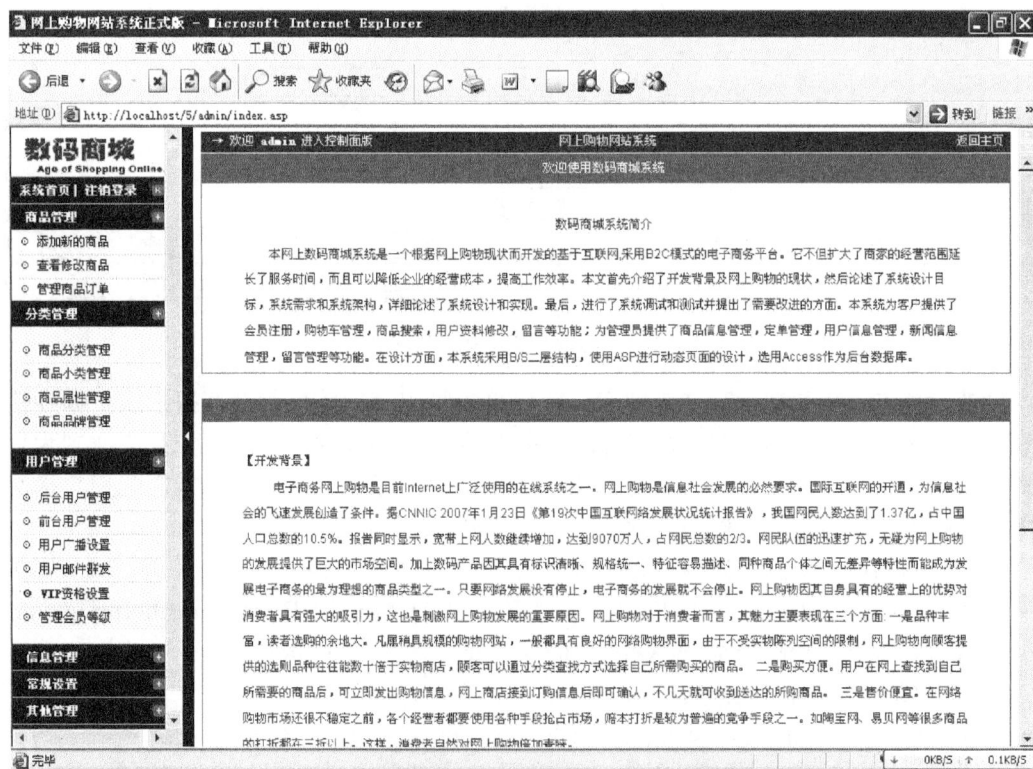

图 8-29　数码商城后台管理页面

一个成熟的网络应用应该具备配置模块，使商家能方便地进行配置，在更新企业信息时及时地对商城做出相应的更新，而不用修改源编码页面。对此该数码商城网站也做了相应的配置模块。

配置模块的运行效果如图 8-30 所示。

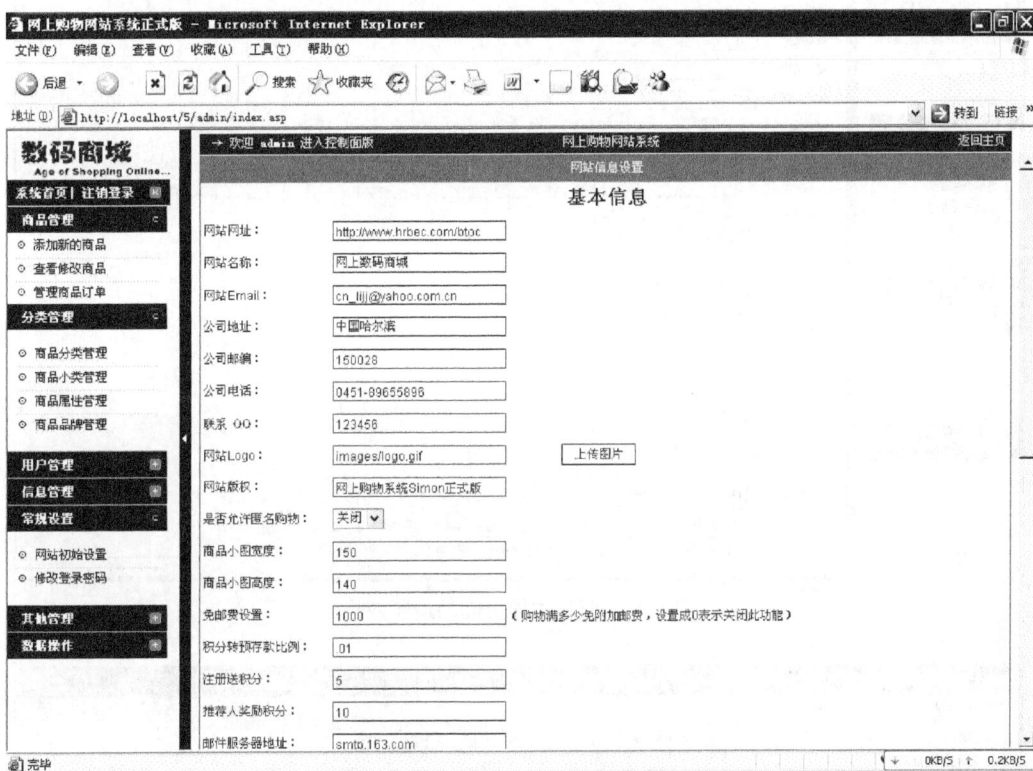

图 8-30　配置模块的运行效果

网站的配置信息主要依赖于数据库中 Config 表的数据，因此配置的实现就是对 Config 表进行读写操作，其实现的页面为 admin/config.asp，实现方法是：从 Config 表中检索出配置数据并将其存入 rs 记录集，用 html 标记定位，在表单中输出 rs 记录集的数据，保存和修改时进行数据写入操作。

（五）后台产品管理模块实现

各类数码产品的信息是数码商城的内容所在，管理员需要维护系统中的产品信息，同时与产品相关的产品类型信息也需要维护。其具体包括添加、删除商品类别，添加、修改、删除商品信息。

数码商城系统商品添加页面的运行效果如图 8-31 所示。

商品添加的实现页面为 admin/addpro.asp。用户在选择商品大类时，相应的大类所拥有的小类也会做出更新。

商品修改、删除的实现页面为 admin/chkpro.asp，页面运行效果如图 8-32 所示。

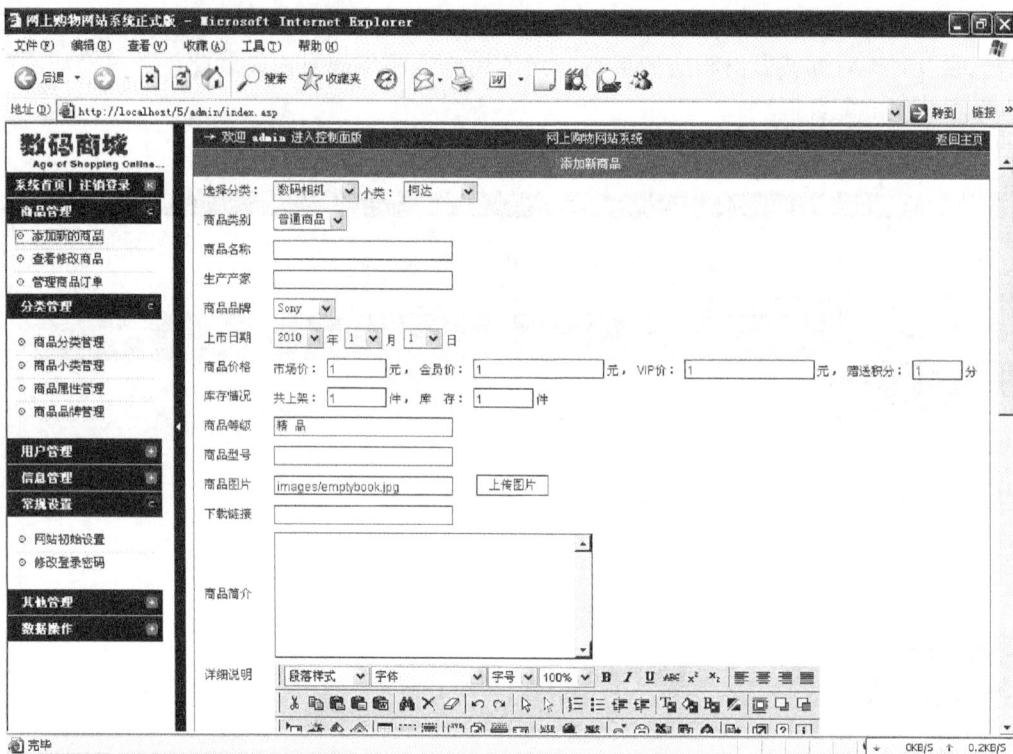

图 8-31　商品添加页面的运行效果

图 8-32　商品修改、删除页面的运行效果

　　删除商品时管理员可以成批地删除，甚至全部删除页面中的产品。

　　点击商品名将进入商品编辑页面，即 admin/editpro. asp。其页面结构与添加商品的页面一致，区别在于：①进入页面时必须提交商品参数，提交方式为 editpro. asp?id＝商品 ID。②页面会根据商品 ID 自动检索商品数据并添入页面相应的表单控件中。其页面的运行效果如图 8-33 所示。

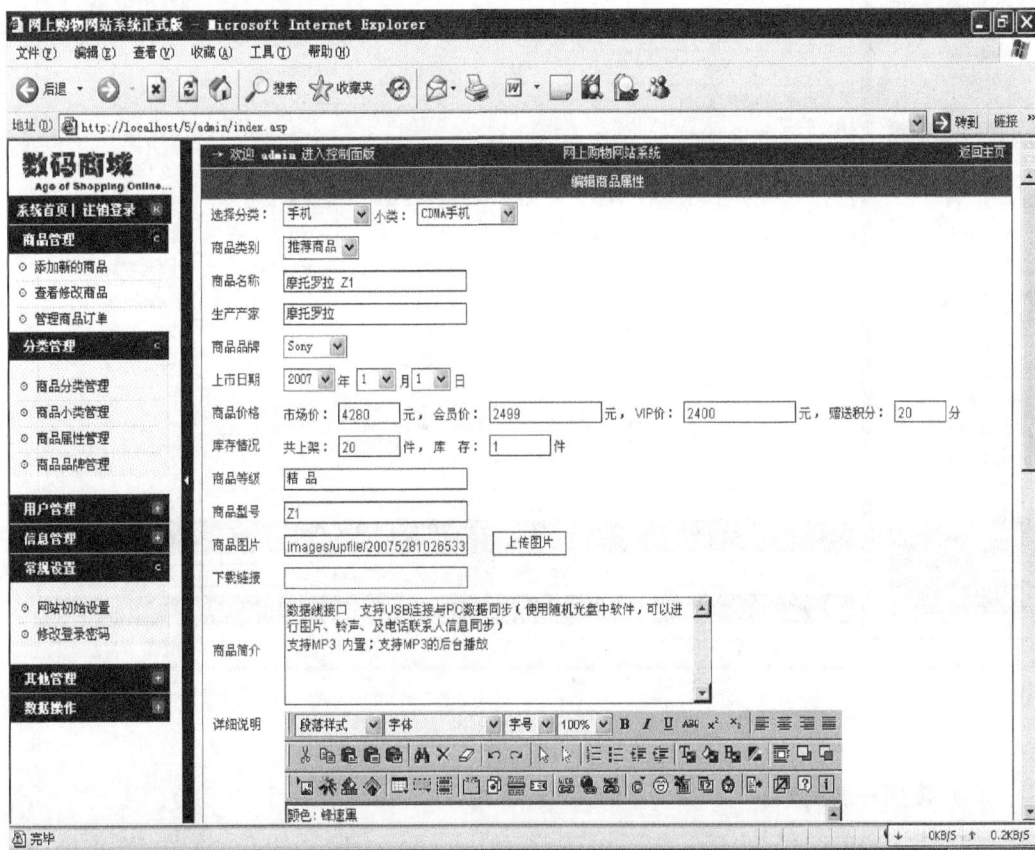

图 8-33　商品编辑页面的运行效果

（六）后台订单管理模块实现

　　客户下订单之后，管理员就可以对订单的状态进行修改或者删除，但不能对订单的内容作修改。订单管理的实现页面为 admin/editorder. asp，其运行效果如图 8-34 所示。

　　通过这个 SQL 语句从数据库中检索出数据并将其提交给 rs 记录集，然后 rs 记录集作分页输出，即页面的效果。页面还提供了订单查询功能，实现方法是将表单提交的搜索关键字值作为 SQL 语句的搜索条件，实现的 SQL 代码如下：

图 8-34   订单管理页面的运行效果

（1）按用户名搜索。

"select distinct（OrderSeria），userid，realname，TimeStamp，deliverymethord，paymethord，state from orders where state＜6 and username＝'"&namekey&"'order by TimeStamp desc"

（2）按订单号搜索。

"select distinct（OrderSeria），userid，realname，TimeStamp，deliverymethord，paymethord，state from orders where   OrderSeria＝'"&OrderSeria&"'order by TimeStamp"

当点击订单号后就进入了订单状态修改和删除的页面，即 admin/vieworder. asp，运行效果如图 8-35 所示。同样进入该页面必须提交两个参数，一个是订单序列号 OrderSeria，另外一个是 UserID，只有这两个参数都提交了才能确定一笔订单。

查看订单 - Microsoft Internet Explorer

订单号：20101120130145，详细资料：　　　　　　　　　　打 印

订单状态：　☑ 未作任何处理→ □ 服务商已收款→ □ 服务商已发货→ □ 用户已收到货　　修改订单状态

商品列表：

商品名称	数量	市场价	会员价格	VIP价	成交价	积分	金额小计
奥林巴斯 SP-320	1	1元	1元	1元	1元	1分	1元

此会员等级：普通会员

送货方式：特快专递（EMS）附加邮费：23元 金额总计：24元，获得积分：1分

订货人姓名：　hrbec

收货人姓名：　李建军 (先生)

收货地址：　　哈尔滨松北区学海衔1号

邮政编码：　　150028

联系电话：　　89655896

电子邮件：　　a@126.com

送货方式：　　特快专递（EMS）

支付方式：　　邮局汇款

用户留言：　　明天汇款。

下单日期：　　2010-11-20 13:01:45

管理员回复：

删除订单　关闭窗口

回复

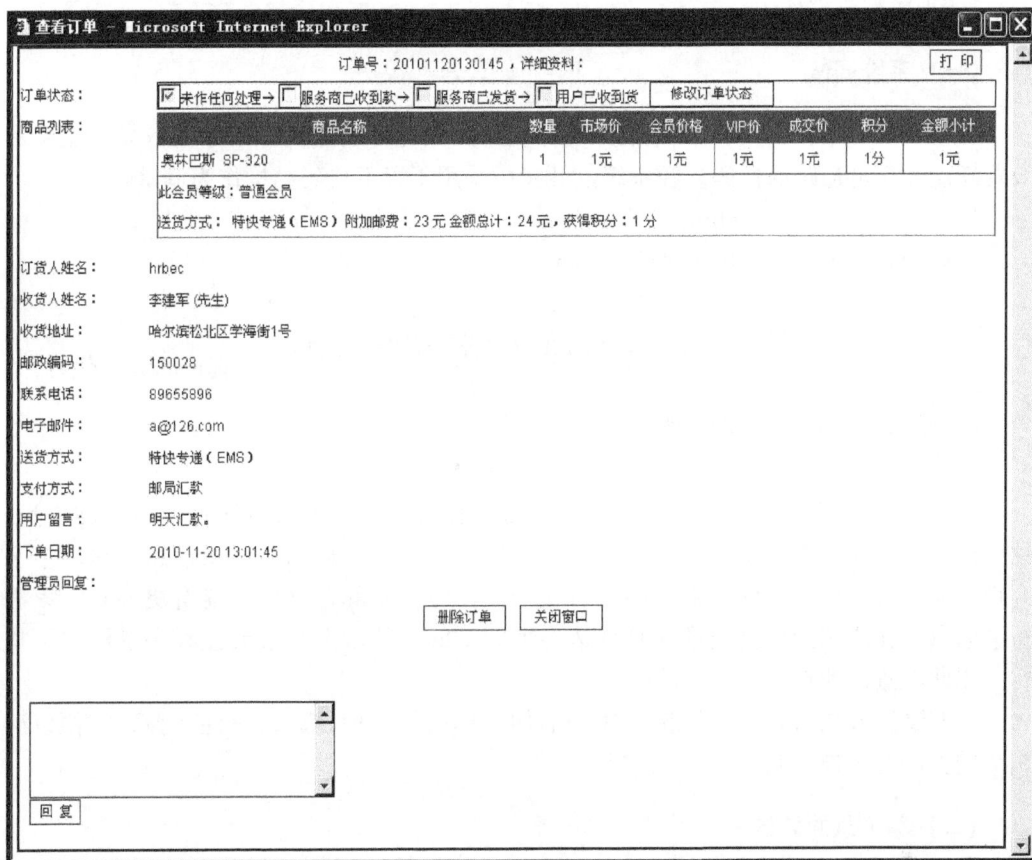

图 8-35　订单状态修改和删除页面的运行效果

实训五　数码商城系统调试与测试

【实训简介】

为使数码商城系统在运行时能够达到安全、高效、稳定的技术指标，就要对系统进行调试。系统调试是一个复杂的过程，需要有耐心，在系统开发的每一个过程中都要进行细心的调试，包括单个页面和多个页面调试，以及数据库连接调试和电子商务系统测试。

【实训目的】

1. 掌握系统调试。
2. 掌握单个页面调试。
3. 掌握多个页面调试。
4. 掌握数据库连接调试。
5. 掌握电子商务系统测试。

【实训内容与操作步骤】

(一) 系统调试

由于 ASP 开发没有 IDE（集成开发环境）的支持，因此调试工作需依靠手工编写设置断点和变量追踪的代码。在系统的开发中采用了以下代码结构作为调试代码：

```
1'-----------------Debug-----------------
2 Response. write " 调试信息：<br>"
3                    .
4                    .  （具体的变量追踪或者测试代码）｝真正的调试代码
5                    .
6 Response. end   '（设置断点）
7'-----------------Debug-----------------
```

其中，1～7 为行号，第一行和第七行为注释行，利用单引号注释了后面的信息，此标记之间的代码为调试代码。第二行在调试时在页面中输出"调试信息"这四个字并换行。第三行至第五行为真正的调试代码，当然在实际调试中可能有更多行。第六行为断点，在追踪到指定变量值时就达到了调试的目的，没有必要让程序继续往下执行，因此设置该断点。

当调试完成之后只需要在调试代码前加个单引号，把调试代码注释掉，方便以后出现同类问题时进行调试。

(二) 单个页面调试

在开发过程中，每个页面的设置都可能影响整个系统的运行。因此，要对每个页面的主要组成部分进行调试，包括列表、表格、背景颜色、字符风格、文本控制等。在本次设计时，对以上内容都进行了反复调试，直到达到满意的效果。

在单个页面中一般用到的调试是页内变量的追踪，这时只要在页内的不同位置嵌入相同的调试代码，就能追踪到一个变量在不同时候的取值。

(三) 多个页面调试

多个页面的调试主要有链接和表单调试。链接调试的内容有链接属性 Href 与 Name 的使用和链接路径的选择及路径的对错等。表单调试的内容有表单属性 Action 和 Method 的选择、文本框和按钮的制作，以及表单的内容能否按所希望的那样在页面和页面间传递。

在设计中经常要做的是表单调试，这是因为在不同页面中传递数据时，两个或多个页面所接收的和所传递的数据类型、数据宽度会因其不一致而出现运行错误或者溢出。这时调试的办法是在接收数据的页面开始处插入调试代码。例如，实现后台的订单查看页面 ViewOrder. asp，在该页面中接收的数据应该是 UserID 和 OrderSeria，而另一个页面传递过来的参数是 UserName，这导致 UserID 变量被引用时出现默认值为 0，从而程序运行结果出错。调试这个错误时用到的代码如下：

```
1'----------------Debug----------------
2 Response. write userid
3 Response. end
4'----------------Debug----------------
```

第一行和第四行为调试代码注释行，第二行追踪 UserID 变量值并输出，第三行为断点，中断程序运行。如果没有传递 UserID 变量，调试代码将输出 0，当然非注册用户的 UserID 也为 0，这在调试时要引起注意。

（四）数据库连接调试

在数码商城系统设计中所有用到数据库的页面都需要调用"Conn. asp"文件，用"Conn. asp"文件连接数据库，这样可以降低错误率，提高代码重用率和效率，用 ADO 方法进行连接，但是在调试时，出现了数据库连接错误。

其原因是为了保证 Access 数据库的安全性而更改了数据库的扩展名。这是因为 Access 数据库是文件型数据库，库的文件名要是泄露了，整个库就有被下载的可能。这时网站将不再有安全性可言。解决办法是更改库的扩展名为 ∗.asp 或者 ∗.asa。这时经过测试，数据库还是有被下载的可能，解决办法是在库的前面添加一个 ♯ 号，这样 ASP 解释器看到 ♯ 号后就认为后面的页面是可被执行的，而执行时出错，这就达到了防下载的目的。

当更改了数据库的扩展名而没更改 Conn. asp 中的库的地址变量 Database 值时，就出现了数据库连接错误。解决办法是修改前台和后台 Conn. asp 中的 Database 变量，将其扩展名修改成和库文件扩展名一致。

（五）电子商务系统测试

1. 测试概述

测试在系统的开发过程中是必不可少的，它是保证系统质量和可靠性的关键步骤。测试应贯穿系统开发的各个阶段，不仅在系统编码完成之后需要统一进行测试，在编写每个模块之后也应对其进行测试。测试的步骤是分别按硬件系统、网络系统和软件系统进行测试，最后进行整个的系统综合测试。

其中，软件系统测试又分为单元测试、集成测试、系统测试和验收测试。

（1）单元测试。单元测试也称为模块测试，是对源程序的每一个程序单元进行测试，通常在编码阶段进行，是软件测试最基本的部分。单元测试主要对模块的模块接口、局部数据结构、重要的执行路径、出错处理和边界条件五个方面进行检查。

（2）集成测试。集成测试也称为组装测试，是在软件系统集成过程中所进行的测试。其主要目的是对通过单元测试的模块按照一定的策略组装成的能够完成预期功能要求的软件系统进行测试。集成测试主要检查各单元之间的接口是否正确。事实上，即使在单元测试中所有模块都通过了测试，在组装之后，其仍可能会出现问题，如穿过模块的数据被丢失等问题。

（3）系统测试。系统测试是对系统设计与开发结果的检验和总结，在测试的过程中要检测系统的正确性、完整性、可用性。电子商务系统的测试指标主要用来衡量和评估系统质量的优劣，可以从以下几方面测试系统：①系统的可靠性。可靠性是指系统的可靠程度，主要是对系统的平均无故障时间、系统发生故障后的平均恢复时间、系统故障发生的频度等方面进行测试。②系统的健壮性。健壮性主要是指系统达到极限边界时的恶化程度。健壮性可以从系统的最大并发用户数、系统最大输入/输出能力等方面衡量。一般来讲，如果系统负荷超过设计指标后，仍然能够正常运行，其健壮性就比较好。③系统的正确性。正确性是衡量应用软件是否能达到设计功能的要求。④系统的安全性。安全性主要是指用户的权限设置、网页 URL 链接等方面是否会存在隐患。⑤兼容性。兼容性主要是指应用软件能否在不同的系统上运行，运行的结果是否一致。

（4）验收测试。验收测试是根据用户的需求验证系统，是在投入使用之前的最后测试。验收测试的任务是进一步验证系统的有效性，即检查系统的功能和性能是否与用户的要求一致。验收测试是以用户为主的测试。

2. 调试

调试的任务就是对于测试时所发现的错误，找出其原因和具体的位置，并进行改正。调试过程主要由确定错误位置及改正错误这两个步骤组成。与测试不同，调试工作主要由程序开发人员来进行，采用的方法有试探法、回溯法、对分查找法、归纳法、演绎法等。

3. 测试的原则

根据测试的概念和目标，在进行测试时应当遵循以下原则：

（1）应尽早并且不断地进行测试。

（2）测试工作应避免由原软件开发人员或小组来承担（单元测试除外）。

（3）在设计测试方案时，不仅要确定输入数据，而且要根据系统的功能确定输出结果。

（4）在设计测试用例时，不仅要包含合理、有效的输入条件，也要包含不合理、失效的输入条件。测试用例是对一个特定的软件产品进行测试任务的描述，包括测试方案、测试方法、测试技术、测试策略等。

（5）在测试程序时，不仅要检测程序是否做了该做的事，还要检测程序是否做了不该做的事。

（6）充分重视测试中的群集现象。

（7）严格按照测试计划来进行，避免测试的随意性。

（8）妥善保存测试计划、测试用例，将其作为软件文档的组成部分，为维护提供方便。

4. 测试的方法

（1）白盒测试。白盒测试也称结构测试，是指对程序内部结构和逻辑进行测试，详细检查程序的过程和细节，观察是否每条通路都能按预期的要求正确进行。适合于白盒测试的设计方法主要有逻辑覆盖法、基本路径测试等。

（2）黑盒测试。黑盒测试也称功能测试，在测试时把软件看成一个黑盒子，完全不考虑程序的内部结构及其逻辑，通过测试来检测软件的每个功能是否能按预期要求正常进行。适合于黑盒测试的设计方法主要有等价类划分、边界值划分、错误推测法、因果图、功能图等。

5. Web 系统的测试

Web 系统的测试主要是指与企业网站系统相关的测试，它不但需要检查和测试系统网站是否按照设计的要求运行，还要从用户的角度出发，考虑客户端的兼容性、Web 系统的安全性和可用性等。

（1）用户界面测试。其主要测试网站地图、导航条、内容、颜色/背景、图像、表格等。

（2）功能测试。其主要是确保系统与用户之间的交互功能可以正确执行，包括网站中的链接、表单、数据、Cookies 等。

链接测试的目的是检查各个 URL 所连接的页面是否正确。

表单测试的目的是检查每个表单与 CGI 程序是否正确地连接，是否能够正确地发送用户请求。

数据校验的目的是检查非法数据或者错误数据输入后，系统能否正常工作。

Cookies 当中保存了用户的部分信息，Cookies 测试的目的是检查 Cookies 中的内容是否正确和安全。

（3）接口测试。其主要检查本地系统能否正确调用外部服务接口。在接口测试时，需要注意当接口发生错误时，系统能否进行有效的错误处理。

（4）配置和兼容性测试。其主要检验应用能否在不同的客户端使用，包括硬件设置兼容性、平台兼容性、浏览器兼容性、配置设置兼容性。

（5）数据库测试。数据库测试一方面是指对数据库本身的完整性进行测试；另一方面是将数据库与应用系统相结合，对数据一致性、输出结果及数据库容量进行测试。其包括数据完整性测试、数据有效性测试、数据操作测试。

（6）安全性测试。它是验证应用程序的安全服务和识别潜在安全性缺陷的过程。安全性测试并不最终证明应用程序的安全性，而只是用于验证系统的防范能力，检验系统的安全机制和保密措施的有效性。其包括：①性能测试，主要测试系统是否满足系统分析说明对性能的要求，结合硬件、软件及网络，对系统的整体性能进行测试。②负载测试，是为了测试系统在某一负载级别上的性能，查看数据在超负荷环境中运行时，程序是否能够承担。③压力测试，是为了让应用程序发生故障，通过增加处理负载使其性能降低，直到资源饱和或发生错误而使应用程序开始出问题。其目的是验证软件在各种极端的环境和系统条件下是否还能正常工作。

6. 测试工具的选择

运用测试工具进行测试可以减少测试过程中的重复劳动，适当降低测试成本。常用的测试工具分为白盒测试工具和黑盒测试工具。

（1）白盒测试工具。白盒测试工具一般是针对代码进行测试，测试中发现的缺陷可以定位到代码级。其可以分为静态测试工具和动态测试工具：①静态分析工具直接对代码进行分析，不执行被测程序，也不需要对代码编译链接，仅对代码进行语法扫描，进行控制流分析、数据流分析、接口分析和表达式分析等，找出不符合要求的代码。②动态分析工具就是通过选择适当的测试用例，运行测试程序，将测试结果和预期结果作比较，以发现错误。

（2）黑盒测试工具。黑盒测试工具主要包括功能测试工具和性能测试工具，其原理是利用脚本的录制/回放功能模拟用户的操作，将被测系统的输出结果记录下来，并与预先给定的标准结果进行比较。

在整个数码商城系统设计完成后，就按照以上内容对整个系统进行了测试，其中也存在一些不足和至今没有实现的功能，经反复修改、测试，最后基本上达到了正确的结果。

【实训习题】

1. 简述开发语言与开发工具 ASP、PHP、JSP、.NET 的优点和缺点。
2. 简述数码商城系统需求分析的过程。
3. 简述数码商城系统功能分析的过程。
4. 论述数码商城数据库设计。
5. 简述前台购物车模块实现和搜索引擎模块实现。
6. 简述什么是白盒测试和黑盒测试。

主要参考文献

北京博导前程信息技术有限公司 . 博星卓越综合物流系统使用说明书

陈孟建 . 2011. 电子商务网络安全与防火墙技术 . 北京：清华大学出版社

董德民，严兴尧，张锋 . 2007. 电子商务实验指导 . 北京：中国水利水电出版社

董德民 . 2005. 电子商务实验指导 . 北京：中国水利水电出版社

李建军 . 2011. 电子商务概论 . 哈尔滨：哈尔滨工业大学出版社

刘丹 . 2011. 常见电子商务支付平台 . 电子商务，(9)：23

宁宁，乔兴旺 . 2007. 物流信息系统综合实验教程 . 重庆：重庆大学出版社

欧阳昱 . 2009. 电子商务实验指导 . 北京：航空工业出版社

沈鑫剡 . 2011. 计算机网络安全 . 北京：人民邮电出版社

宋文官，徐继红 . 2010. 电子商务概论 . 大连：东北财经大学出版社

孙建国 . 2011. 网络安全实验教程 . 北京：清华大学出版社

陶安 . 2006. 电子商务支付模式研究 . 大众科技，(7)：30

王忠元 . 2011. 电子商务概论与实训教程 . 北京：机械工业出版社

韦琦，张大卡，林勋亮 . 2010. 物流企业运作管理仿真综合实习教程 . 北京：经济科学出版社

文杰书院 . 2010. 网上购物与开店创业 . 北京：机械工业出版社

肖德琴 . 2009. 电子商务安全保密技术与应用 . 广州：华南理工大学出版社

翟丽丽，李建军 . 2011. 电子商务概论 . 北京：科学出版社

张新彦，李建军 . 2010. 网络营销 . 哈尔滨：哈尔滨工业大学出版社

126 网易免费邮箱网址 www.126.com

阿里巴巴网址 www.alibaba.com.cn

艾瑞咨询网网址 www.iresearch.cn

百度网址 www.baidu.com

长虹公司网址 www.changhong.com.cn

当当网网址 www.dangdang.com

东北网网址 www.dbw.cn

海尔公司网址 www.haier.com

瑞星网网址 www.rising.com.cn

搜狗搜索引擎网址 www.sogou.com

淘宝网网址 www.taobao.com

新飞公司网址 www.xinfei.com

亚马逊中国网址 www.Amazon.cn

有道网址 www.youdao.com

招商银行网址 www.cmbchina.com

支付宝地址网址 www.alipay.com

知己知彼网网址 www.zhijizhibi.com

中国互联网络信息中心网址 www.cnnic.net.cn

中国建设银行网址 www.ccb.com

中国数字认证网网址 www.ca365.com

中华企业录网址 www.qy6.com

中资源网址 www.zzy.cn